国家出版基金项目
NATIONAL PUBLICATION FOUNDATION

当代经济学系列丛书
Contemporary Economics Series

陈昕 主编

当代经济学文库

中国经济学概论

洪银兴 著

格致出版社
上海三联书店
上海人民出版社

主 编 的 话

上世纪 80 年代，为了全面地、系统地反映当代经济学的全貌及其进程，总结与挖掘当代经济学已有的和潜在的成果，展示当代经济学新的发展方向，我们决定出版"当代经济学系列丛书"。

"当代经济学系列丛书"是大型的、高层次的、综合性的经济学术理论丛书。它包括三个子系列：（1）当代经济学文库；（2）当代经济学译库；（3）当代经济学教学参考书系。本丛书在学科领域方面，不仅着眼于各传统经济学科的新成果，更注重经济学前沿学科、边缘学科和综合学科的新成就；在选题的采择上，广泛联系海内外学者，努力开掘学术功力深厚、思想新颖独到、作品水平拔尖的著作。"文库"力求达到中国经济学界当前的最高水平；"译库"翻译当代经济学的名人名著；"教学参考书系"主要出版国内外著名高等院校最新的经济学通用教材。

20 多年过去了，本丛书先后出版了 200 多种著作，在很大程度上推动了中国经济学的现代化和国际标准化。这主要体现在两个方面：一是从研究范围、研究内容、研究方法、分析技术等方面完成了中国经济学从传统向现代的转轨；二是培养了整整一代青年经济学人，如今他们大都成长为中国第一线的经济学家，活跃在国内外的学术舞台上。

为了进一步推动中国经济学的发展，我们将继续引进翻译出版国际上经济学的最新研究成果，加强中国经济学家与世界各国经济学家之间的交流；同时，我们更鼓励中国经济学家创建自己的理论体系，在自主的理论框架内消化和吸收世界上最优秀的理论成果，并把它放到中国经济改革发展的实践中进行筛选和检验，进而寻找属于中国的又面向未来世界的经济制度和经济理论，使中国经济学真正立足于世界经济学之林。

我们渴望经济学家支持我们的追求；我们和经济学家一起瞻望中国经济学的未来。

2014 年 1 月 1 日

ABSTRACT

In compliance with the demands set forth by General Secretary Xi Jinping on the construction of an indigenous knowledge system in China, Chinese economics, as its crucial component, is rooted in China's reform and opening up. It tells the story of China, examines the laws governing the Chinese economy, and guides its economic development. As a discipline centered around economic construction, Chinese economics should not only offer theoretical analyses of economic systems but also guide its economic practices.

The research methodology of Chinese economics is problem-oriented. It requires the application of the Marxist scientific worldview to address issues pertaining to China, its people, the era, and the world. Then it fulfills the needs of China and the demands of the times. This process results in progressive theoretical innovations that better guide Chinese practices. Thus, it is essential to depart from and return to reality. This approach starts from the actual conditions to address practical problems. Only by doing so can Chinese economics be a practical science, focusing on the "Crucial National Matters" only.

I. Chinese Economics Answers the Inquiries of China

There are three main challenges that Chinese economics must tackle:

1. Overcoming the "middle-income trap". As China enters the upper-middle-income stage, it needs to address issues such as the environment, income inequality, and high-quality development.

2. Navigating a new journey of Chinese-style Modernization. After achieving a moderately prosperous society, China is embarking on a new journey of modernization with many unknown areas to explore.

3. Perfecting the socialist market economy. After forty years of market-oriented reforms, there is a need to perfect the socialist market economy, especially its foundational systems, to continue advancing economic reforms at a higher level and achieving a more mature and well-established socialist market economy.

The theoretical framework of Chinese economics encompasses five dimensions:

1. Economic Systems: to examine the structure and mechanism of economic systems.

2. Economic Operations: to include both micro and macro analyses of economic operations.

3. Economic Development: to study the patterns and challenges of economic development.

4. Development Engine: to investigate the driving forces behind economic development.

5. Economic Security Issues: to prevent the new economic security risks of Chinese economy.

II. Chinese Economics Addresses the Inquiries of Its People

In response to the pressing concerns of its people, Chinese economics seeks to answer the questions of its people: how to satisfy their aspirations for a better life. The primary focus lies in improving the quality of people's lives, which touches upon two main aspects:

1. Significant improvement in people's income and consumption.

2. Upgrading consumption, which means shifting from pursuing quantity to quality products or services. This refers to people's awareness of the products' or services' quality, grade, brand, hygiene, health, and safety.

Additionally, Chinese economics addresses the goal of common prosperity. In accordance with the essence of socialism, it is necessary to eliminate poverty and promote common prosperity.

III. Chinese Economics Responds to the Inquiries of the Era

Listening to the voice of the times and answering its call are the starting point and destination of theoretical innovation.

Chinese economics needs to accurately position the development stage to answer the questions of the times. First, as China's socialism enters a new era, the main challenge to be addressed is the imbalanced and insufficient development that fails to meet the people's aspirations for a better life. A new stage of socialism is marked by shifting from extensive growth model to intensive one.

Secondly, as we enter the era of the digital economy, we witness a profound integration of the Internet, big data, artificial intelligence, and the real economy. At present, China stands at the threshold of modernization, and it is crucial to actively embrace the new technology and industrial revolution represented by the digital economy.

IV. Chinese Economic Theories Answer the Inquiries of the World

The new journey of Chinese-style modernization requires obtaining international resources and markets, especially high-end technology, through openness. Past experiences have proven that the most cutting-edge technologies cannot be acquired or purchased. Particularly, as China's technology significantly improves and approaches to modern standards, it encounters sanctions imposed by developed countries. Faced with this global transformation, China is striving to develop high-level technology on our own, while aiming to enhance the level of an open economy on a larger scale, in broader domains, and at deeper levels.

In a new era of globalized economy, the comparative advantage of resource endowment no longer holds a competitive edge for China. It needs to accelerate the establishment of a global talent center and innovation hub, forming a comparative advantage in international talent competition. Faced with decoupling of the advanced technology from developed countries, China should create an open and innovative ecosystem with global competitiveness to bypass the technological blockade of developed countries. Also, it is essential for China to promote institutional openness, including rules, regulations, management, standards, etc., and implement a strict system for protecting intellectual property rights.

Opening up to the outside world poses new security issues for Chinese economy. Risks such as the global financial crisis, inflation spillovers, exchange rate risks, risks of being decoupled from the global industrial chain may endanger national economic security. Economic security is the foundation of national security. The more open it is, the more we should coordinate development with security by preventing systemic financial risks and various types of risk chain reactions.

This book is thus divided into four parts. The first part is the introduction, which outlines the disciplinary system of Chinese economics, clarifies the category of wealth and emphasizes the analysis of the goals, processes, and paths of Chinese-style modernization as the main theme of the book.

The second part elaborates on the basic economic system, which starts with market-oriented reforms and then examines the reforms of ownership structure, the goal of common prosperity, and the corresponding income distribution system. This section also analyzes the digital economy, capital, and property rights.

The third part focuses on economic development, which explores new development stages, patterns and concepts. It investigates the modern industrial system, self-reliance in high-tech development, and high-level openness to the outside world.

The fourth part, analyzing national governance, delves into the modernization of the national governance system, public economy, and macro-governance issues. The book is arranged to reflect the efforts to address the questions related to China, its people, the era, and the world.

目　录

导论篇

1

2

3

基本经济制度篇

4

市场经济和要素的市场化配置　　　　　　　69

5

数字经济和互联网平台经济　　　　　　　　99

6

多种所有制经济的共存和壮大　　　　　　115

经济发展篇

11

12

13

14

政府治理篇

16

17

18

CONTENTS

Introduction

1

2

3

Economic Institution

4

5

6

7

8

9

10

Economic Development

11

12

13

14

15

Government Governance

16

17

18

导论篇

中国经济学的学科特点

　　2022 年 4 月,习近平总书记考察中国人民大学时强调:"加快构建中国特色哲学社会科学,归根结底是建构中国自主的知识体系。"①中国经济学就是基于中国国情和改革开放实践而形成的中国自主知识体系的重要组成部分。中国经济学是基于中国国情和改革开放实践,在创新中形成的 21 世纪的马克思主义经济学学科。中国经济学植根于中国大地,讲中国故事,研究中国经济规律。国家近期确定的中国经济学教材建设,内容包括中国特色社会主义政治经济学、中国微观经济学、中国宏观经济学、中国发展经济学、中国金融学、中国财政学、中国开放型经济学、中国区域经济学和中华人民共和国经济史等,这些就成为中国经济学的学科分支。本书主要涉及中国特色社会主义政治经济学和中国发展经济学,同时也涉及中国的宏观经济学、开放型经济学及区域经济学方面的重大问题。

---

① 《坚持党的领导传承红色基因扎根中国大地 走出一条建设中国特色世界一流大学新路》,《人民日报》2022 年 4 月 26 日。

1.1 中国特色社会主义政治经济学在中国经济学中的指导地位

中国在较短时间内一跃成为世界第二大经济体,全面建成了小康社会,历史性地消灭了绝对贫困现象。中国经济发展的成功堪称世界奇迹,指导产生这个经济奇迹的经济学理论,不是西方经济学,而是植根于中国大地、讲中国故事、研究中国经济规律的中国经济学。

改革开放和社会主义现代化建设的丰富实践是中国经济学研究和发展的"富矿"。其成果写在中国的大地上。进入新时代以后,以习近平经济思想为代表,中国经济学在发展阶段、经济制度、经济运行和经济发展等方面都取得了突破性的理论进展。可以自信地说,中国有自己的经济学,即中国经济学。中国经济学不仅提供基本的经济学理论,还为中国社会主义经济实践提供理论指导,已成为中国的主流经济学。

中国经济学的范围有多宽?长期以来,经济学学科似乎有一种分工:政治经济学的研究限定在生产关系上,经济运行问题的研究交给西方经济学,经济发展的研究交给发展经济学(也主要是西方的),这样,政治经济学就只剩下几个干巴巴的关于生产关系的原则性规定和教条。实践证明,这种学科分工是不准确的。马克思当时创立政治经济学时有六册计划,包括:资本,地产,雇佣劳动,国家,对外贸易,世界市场。可见马克思政治经济学涉及的内容非常广泛,《资本论》只是马克思六册计划的第一册。这意味着不能把《资本论》看作其政治经济学的全部。中国特色社会主义政治经济学作为以经济建设为中心的经济学,不能只提供经济制度分析的理论,同时还要提供经济运行和发展的理论。经济运行分析即社会主义市场经济条件下的经济运行的理论,经济运行的微观分析关注效率,宏观分析则关注经济增长和宏观经济的稳定。经济发展分析即以建设社会主义现代化强国为目标的经济发展理论,根据创新、协调、绿色、开放、共享的新发展理念,关注高质量发展的研究。对外经济分析则依据人类命运共同体理论,关注开放发展研究。

中国经济学以中国特色社会主义政治经济学为指导思想。中国特色社会主义政治经济学包括以社会主义基本经济制度理论为代表的经济制度理论,以社会主义市场经济理论为代表的经济运行理论,以及以新发展理念为代表的经济发展理论等理论体系。中国特色社会主义政治经济学是 21 世纪的马克思主义政治经济学,是习近平新时代中国特色社会主义经济思想的学理化成果,为中国经济学的各个学科提供思想和理论基础。

中国特色社会主义政治经济学要能承担起中国经济学各个学科的基础作用,需要在坚持马克思主义基础上守正创新。其路径就是习近平总书记指出的:"马克思主义政治经济学要有生命力,就必须与时俱进。我们要立足我国国情和我们的发展实践,深入研究世界经济和我国经济面临的新情况新问题,揭示新特点新规律,提炼和总结我国经济发展实践的规律性成果,把实践经验上升为系统化的经济学说,不断开拓当代中国马克思主义政治经济学新境界。"①当代中国马克思主义政治经济学新境界主要涉及以下几个方面的坚持和发展:

第一,关于为什么人的问题。经济学是有阶级性的。马克思创立的政治经济学,公开主张和维护无产阶级利益,为无产阶级和全人类的解放事业服务。《共产党宣言》明确指出:"过去的一切运动都是少数人的,或者为少数人谋利益的运动。无产阶级的运动是绝大多数人的,为绝大多数人谋利益的独立的运动。"②中国哲学社会科学为谁著书、为谁立说,是为少数人服务还是为绝大多数人服务,是必须搞清楚的问题。中国特色社会主义政治经济学明确以人民为中心,与所谓"普世价值"的最大不同在于服从于全体人民的福祉和共同富裕,不被某个利益集团绑架,不只是代表某个社会阶层的利益,而是代表全体人民的根本利益,谋求包括各个利益群体在内的全体人民的福祉。因此,中国特色社会主义政治经济学是以发展生产力、增进人民福祉为目标的政治经济学,以共同富裕为目标的政治经济学,以人的全面发展为目标的政治经济学。

第二,关于研究对象的问题。马克思主义政治经济学研究对象是生产力

---

① 习近平:《不断开拓当代中国马克思主义政治经济学新境界》,《求是》2021 年第 16 期。

② 《马克思恩格斯文集》第 2 卷,人民出版社 2009 年版,第 42 页。

和生产关系,是偏重生产关系还是生产力,取决于所处阶段的研究任务。马克思主义经济学对资本主义的分析,任务是揭示资本主义被社会主义替代的客观规律,研究对象偏重生产关系,也就是研究资本主义生产关系对生产力发展的阻碍作用。中国进入社会主义社会时,生产力水平没有达到、超过发达的资本主义国家的水平。中国特色社会主义政治经济学的一个重大突破就是明确中国还处于社会主义初级阶段,这个阶段社会主义的本质就是解放和发展生产力,消灭剥削,消除两极分化,逐步达到共同富裕。中国特色社会主义的实践不只是生产关系的改革和调整的实践,还是发展生产力的实践。处于社会主义初级阶段的中国特色社会主义政治经济学必须把对生产力的研究放在重要位置,是研究在一定生产关系下的发展生产力的经济学。

第三,关于研究任务的问题。马克思主义政治经济学的基本任务是阐述社会主义代替资本主义的必然性。中国特色社会主义政治经济学的任务则是为创造此物质和文化条件提供理论。进入社会主义初级阶段的政治经济学的基本任务由批判旧社会转向建设新社会。需要研究社会主义初级阶段的经济规律及相应的中国特色的社会主义的经济制度、发展道路,进而提供建设新社会的理论指导。在社会主义初级阶段的社会主义不是完全消灭私有制,恰恰要在公有制为主体的前提下利用多种私有制经济发展生产力。尤其是进入新发展阶段后,社会主要矛盾转向人民美好生活需要与不平衡不充分发展的矛盾,经济发展由高速增长转向高质量发展。中国特色社会主义政治经济学研究任务的着力点就要转向针对社会主要矛盾的转化的发展问题,尤其要针对不平衡不充分的发展研究实现高质量发展的路径。特别是中国在全面建成小康社会以后,开启了现代化建设的新征程,时代赋予中国特色社会主义政治经济学的研究任务是加强发展中大国的现代化研究,加强对改革开放和社会主义现代化建设实践经验的系统总结,加强对贯彻新发展理念的中国式现代化新道路的研究阐释,提炼出有学理性的新理论,概括出有规律性的新实践,着力提出能够体现中国立场、中国智慧、中国价值的改革和发展的理论。

第四,关于学科主线的问题。对于所要构建的中国特色社会主义政治经济学的主线,目前是有争议的。毫无疑问,政治经济学研究的主线涉及生产力和生产关系两大方面。根据 21 世纪马克思主义经济学对社会主义经济特征的规定,对中国特色社会主义政治经济学的研究对象和主线也从生产力和生产关系两个方面加以概括:一是对生产力的研究。对生产力,研究什么? 邓小平说:不能只讲发展生产力,一个是解放生产力,一个是发展生产力,应该把解放生产力和发展生产力两个方面讲全了。①很显然,前者是改革问题,后者是发展问题。习近平说:牢固树立保护生态环境就是保护生产力、改善生态环境就是发展生产力的理念。②这样,中国特色社会主义政治经济学理论体系的构建,就是要建立解放、发展和保护生产力的系统化的经济学说。解放生产力属于生产关系层次的改革和完善,涉及基本经济制度的改革和完善,资源配置方式的改革,国有企业的改革,基本分配制度的改革和完善,宏观调控体系的改革和完善等。发展和保护生产力,涉及的是经济发展的两个方面:前者是增进物质财富,后者是增进生态财富。二是对生产关系的研究。中国特色社会主义政治经济学研究对象突出生产力并不意味着不需要研究生产关系。政治经济学既研究生产关系又研究生产力,两者结合在一起分析所产生的理论才能准确指导中国的经济发展,尤其是需要利用社会主义经济的制度优势推动中国式现代化。社会主义生产关系的特征是共同富裕。社会主义的目标是在生产力得到充分发展的基础上实现共同富裕,尤其是在全面建成小康社会消除绝对贫困现象以后,推动共同富裕问题就成为中国式现代化的重要方面。共同富裕不仅需要发展,也需要改革。把上述两个方面合起来,解放、发展和保护生产力,实现共同富裕就成为中国特色社会主义政治经济学的主线。

政治经济学作为意识形态的指导地位的功能是不可否认的。中国特色社会主义政治经济学要提供思想教育教材,要建立社会主义的制度自信、道路自信、理论自信和文化自信。只有政治经济学能够分清社会主义和资本主义,中国特色社会主义政治经济学明确社会主义基本经济制度下的所有制结构,区分公有经济和非公有经济。这是政治经济学学科功能使然。但区分公有和非公有的目的不是为了解决谁战胜谁的问题,而是服从于发展

---

① 《邓小平文选》第三卷,人民出版社 1993 年版,第 370 页。
② 《习近平谈治国理政》第一卷,外文出版社 2018 年版,第 209 页。

生产力和实现共同富裕的要求,公有制和非公有制经济在各自的领域各展所长,平等竞争、共同发展,体现公有制的主体地位和非公有制经济大力发展两个"毫不动摇"。需要指出,中国特色社会主义政治经济学的指导地位功能不仅仅在于此。在中国经济学中,中国特色社会主义政治经济学作为主流经济学还有以下两个重要的指导地位功能,不但不能忽视,而且要进一步加强。

第一,提供基本的经济学理论。中国特色社会主义政治经济学不只是研究社会主义初级阶段的经济关系,还提供经济运行和经济发展的基本规律,提供基本的经济学原理。它所提供的经济学理论不但不会被西方经济学所替代,更是面对现实,对改革发展中的各种经济现象作出理论的解释和概括,尤其是为社会主义市场经济的微观和宏观的运行提供基本的经济范畴和经济学原理。

第二,运用中国特色社会主义政治经济学原理,对国家和企业的经济决策、经济发展、经济改革提供理论指导。用政治经济学理论讲好中国的故事,对中国的改革开放提出建设性意见。中国特色社会主义政治经济学如果不能为经济运行和发展提供理论指导,就会丧失主流经济学地位;中国特色社会主义政治经济学如果成为一个致用的学科,就会居主流经济学地位。

1.2 中国经济学分析中国经济的维度

经济学旨在对一定的社会经济进行经济分析,既要解释世界,又要指导改造世界。与一般的经济学不同,中国经济学注重的是经济规律分析。经济学要能准确解释世界,就必须透过现象看本质,不仅要知其然,而且还要知其所以然。知其所以然就是对各种经济现象从经济规律上作出科学解释。不同的社会经济条件产生不同的经济规律,中国经济学的任务是揭示处于社会主义初级阶段的经济规律。所揭示的经济规律就是人们对客观规律的认识。认识经济规律的目的就是尊重经济规律,提供按经济规律改造世界的理论,具体地说,提供按经济规律推动中国式现代化的理论。

中国经济学分析面对的是三个层面的经济:第一个层面是社会经济关系本质层面,涉及对社会经济制度的分析,是对生产力和生产关系矛盾运动的规律性说明。第二个层面是经济运行层面,涉及对资源配置方式和相应的经济体制机制的分析。经济运行又分为微观经济运行和宏观经济运行,分析的目的是提高资源配置的效率和实现宏观经济的均衡和安全。第三个层面是经济发展层面,这是发展中国家所特有的研究层面。这样,中国特色社会主义政治经济学作为研究社会主义经济关系的本质及运行和发展规律的学科,其内容,不仅阐述社会主义经济制度的质的规定性,指出社会主义代替资本主义,向共产主义发展的必然趋势,而且还要提供在社会主义市场经济条件下的经济运行的理论,以及以建设社会主义现代化强国为目标的经济发展理论。包含了这些内容的中国特色社会主义政治经济学作为中国经济学的核心学科并成为中国经济学各个学科的基础和指导思想绝不为过。

在全面建设小康社会阶段,加快经济增长和摆脱贫困成为经济学分析的着力点。开启现代化建设新征程后的经济学分析的着力点转向实现更高质量、更有效率、更加公平、更可持续、更为安全的经济发展。按此要求,中国经济学对当代中国经济的分析有五个维度。

其一,经济制度。任何一种经济现象都有其制度背景。根据马克思的分析,经济发展在每个历史时期都有它自己的规律。生产力的发展水平不同,生产关系和支配生产关系的规律也就不同。这一层面分析的目标是解决社会经济制度是否适应和促进生产力发展,也就是解放生产力。在中国式现代化进程中,中国经济制度建设的基本要求就是习近平所说的:"既要创造比资本主义更高的效率,又要更有效地维护社会公平,实现效率与公平相兼顾、相促进、相统一。"①经济制度有两种类型:一类是社会的基本经济制度,中国经济学研究处于社会主义初级阶段的基本经济制度,涉及所有制结构、分配制度和社会主义市场经济。另一类是基于一定社会基本经济制度的经济体制,它既要反映前一种制度的基本要求,又可能有不同的具体形式,也即不同的制度安排。比如市场经济作为资源配置方式在不同的国家就有不同的模式,在此基础上就有具体的制度安排,如企业制度、市场制度、财政体制、金融体制等。虽然这些体制有时也称为经济制度,但同前一种类型的制

---

① 《习近平在学习贯彻党的二十大精神研讨班开班式上发表重要讲话》,新华社 2023 年 2 月 7 日。

度是不同的。基本经济制度是相对稳定的,经济体制是可以随着发展的需要调整和改变的。因此经济制度分析,不仅涉及对基本经济制度的坚持和完善,而且要在坚持一定社会基本经济制度的前提下寻求适合生产力发展的经济体制,这就涉及经济体制改革。

其二,经济效率和效益。经济学的经济运行分析必然要进行经济效率效益分析,不仅涉及资源配置效率,还涉及投入和产出效益的比较。马克思使用要素生产率概念,如土地生产率、资本生产率、劳动生产率等。诺贝尔经济学奖得主索罗提出全要素生产率的概念。这些都是中国经济学所要涉及的重要方面。此外,交易成本也成为制度效益的分析工具。用这些分析工具衡量经济效率和效益得出的结果,能够成为完善经济制度、改革经济体制和确定经济发展战略的依据。中国在推进供给侧结构性改革时就把降低制度性交易成本和提高全要素生产率作为改革目标。

其三,经济发展。中国是发展中大国,发展是硬道理,实现现代化是发展的第一要务。中国式现代化拓展了发展中国家实现现代化的新道路。中国式现代化是分阶段推进的。在低收入阶段关注的是通过全面小康社会建设摆脱绝对贫困问题,而在全面建成小康社会以后,开启的现代化新征程是要转向高质量发展,推动全体人民共同富裕。相应地,经济发展就涉及在构建新发展格局、贯彻新发展理念基础上实现高质量发展和创新中国式现代化道路问题。

其四,发展动力。政治经济学对资本主义的分析是要寻求推翻这个社会的动力,对当代中国经济的分析是要寻求建设新社会并推动社会发展的动力。首先是制度的动力。社会主义基本经济制度涉及三大动力:一是激发多种所有制经济的动力;二是让一切劳动、知识、技术、管理和资本的活力竞相迸发,让一切创造社会财富的源泉充分涌流;三是市场经济的活力。其次是需求侧的动力。市场化改革使企业发展受市场的调节,产生的市场竞争压力转化为企业的内在动力。宏观调控体制改革形成消费、投资和出口三驾马车协同拉动力。其中,消费拉动力越来越大。最后是供给侧的动力。供给侧的结构、效率、创新和相应制度方面存在很大的改革空间,供给侧的结构性改革就是要在这些方面寻求发展的动力。

其五,经济安全,也就是规避经济风险。经济安全既有宏观的,也有微观的。宏观经济安全要求保持宏观经济均衡,防止高通货膨胀和高失业率,以及经济风险的国际输入。2008年国际金融危机爆发后,人们对经济安全问题比任何时候都重视,特别是为防止发生系统性金融风险,提出了货币政策和宏观审慎管理的双支柱调控。现实中的经济安全分析还涉及规避微观风险,如市场(包括价格和汇率)风险、并购风险等。经济学的研究也从资源配置延伸到风险配置,例如现代金融学的研究从金融资源的配置延伸到各种风险工具的配置。经济学的风险分析,除了规避风险外,还有风险管理问题。对有风险收益的风险,不是规避问题,而是需要敢于冒风险。例如,创新有风险,但可能得到创新收益,企业家就是要敢于冒这种风险。再如,面对市场风险进行对冲,不仅可以降低风险损失,还可能得到风险管理的收益。这种风险管理也是经济安全分析的重要方面。

总而言之,经济制度、经济效率和效益、经济发展、发展动力、经济安全是经济分析的五个维度。经济运行难免遇到一系列的矛盾,例如速度和效益的矛盾,安全和风险的矛盾,公平和效率的矛盾等,但无论如何权衡与取舍,经济分析的目标都是促进生产力发展并在此基础上推动中国特色社会主义发展。

1.3 中国经济学回答时代之问

研究经济问题需要问题导向,问题导向即所处发展阶段的重大发展问题导向。处于什么发展阶段就有什么样的发展目标、发展方式、发展动力。中国经济改革开放之所以能取得成功,就在于准确定位中国所处的社会主义初级阶段,以及进入新发展阶段所面临的社会矛盾和发展任务,推进符合时代特征的经济改革和经济发展。

1.3-1 进入社会主义初级阶段新阶段的重大经济问题

社会主义初级阶段是由所处的生产力水平决定的。所谓社会主义初级阶段指的是中国进入社会主义社会时,还需要有个阶段完成别的发达国家所经历的生产社会化、市场化和现代化的任务。服从于这个任务,这个阶段的主题是改革和发展,改革超越生产力发展水平和社会主义发展阶段的生产关系及其具体形式,发展生产力。就如习近平所说:"社会主义初级阶段不是一个静态、一成不变、停滞不前的阶段,也不是一个自发、被动、不用费多大气力自然而然就可以跨过的阶段,而是一个动态、积极有为、始终洋溢着蓬勃生机活力的过程,是一个阶梯式递进、不断发展进步、日益接近质的飞跃的量的积累和发展变化的过程。"①

随着中国特色社会主义进入新时代,经济发展也进入新发展阶段。这是社会主义初级阶段的新阶段,或者说是社会主义初级阶段的升级版。新发展阶段之所以说它"新",主要是因为社会主要矛盾发生了重大变化。过去是人民日益增长的物质文化需要同落后的社会生产之间的矛盾,现在转向人民对美好生活的需要同不平衡不充分发展之间的矛盾。解决不平衡不充分的发展就成为发展的重点。中国社会主要矛盾的变化,没有改变对中国社会主义所处历史阶段的判断。中国仍然处于并将长期处于社会主义初级阶段,中国是发展中大国的地位没有改变。这意味着发展社会生产力的根本任务没有变,发展是硬道理没有变,市场化改革的方向没有变。需要改变的是发展方式。其内容涉及:发展是要在人民消费升级的背景下满足人民对美好生活的需要;发展的问题已经不是数量不足,而是不平衡不充分的发展,涉及的是发展的质量。实现高质量发展的发展方式就成为经济学研究的着力点。

1.3-2 进入数字经济时代的重大经济问题

在世界范围内,第一次产业革命提供了机械化的劳动手段,第二次产业革命提供了电气化的劳动手段,第三次产业革命则提供了信息化的劳动手段。现在虽然仍然属于信息化时代,但信息化已经发展到智能化和数字化的时代,表现为互联网、大数据、人工智能与实体经济的深度融合。这是崭新的、充满了基于数字技术的经济和社会体验的时代。这个阶段对经济社会发展具有挑战性,对传统的经济学理论具有颠覆性,主要涉及以下方面:

---

① 《习近平总书记 2021 年 1 月 11 日在省部级主要领导干部学习贯彻党的十九届五中全会精神专题研讨班上的讲话》,《求是》2021 年第 9 期。

第一,依托的技术是数字技术,人工智能使万物互联互通成为可能。随着信息技术和人类生产生活交汇融合,互联网快速普及,全球数据呈现爆发增长、海量集聚的特点,对经济发展、社会治理、国家管理、人民生活都产生了重大影响。第二,数据成为关键的生产要素。数字经济的资源基础是数据。通过互联网可以掌握大数据,通过云计算可以处理和提供大数据,企业通过互联网获得的大数据将成为发展的重要资源。数据的生产要素作用主要体现在,数据是科技创新的重要要素。互联网、人工智能都以大数据为技术基础。数据不仅是宏观经济运行和调控的依据,也是企业管理和营销的依据。获取和处理数据的能力成为竞争力的重要标志,谁垄断数据谁就垄断市场。数据成为生产要素后,围绕数据的生产、报酬、交易和消费等的独特运行,就成为数字经济的运行。第三,互联网平台成为数字经济依托的载体。互联网平台依托数字技术实现产业的深度融合和跨界。互联网平台同时也是大数据的采集、开发和运用的平台。

发展数字经济是把握新一轮科技革命和产业变革新机遇的战略选择。首先,数字化的知识和信息成为关键生产要素。大数据是比石油资源还重要的资源,大数据产业成为基础性产业,世界各国都把推进经济数字化作为实现创新发展的重要动能,在前沿技术研发、数据开放共享、隐私安全保护、人才培养等方面作了前瞻性布局。[①]其次,利用互联网新技术新应用对传统产业进行全方位、全角度、全链条的改造,加快制造业、农业、服务业数字化、网络化、智能化。再次,政府治理和社会管理各个方面利用大数据,既精准又便捷,尤其是在疫情防控、治安管理等方面作用突出。最后,实物产品和服务数字化,如在音乐、出版、新闻、广告、服务代理、金融服务等领域,消费者不用通过购买实物产品,而是通过手机等移动终端就可直接交易和消费数字产品和服务。

1.3-3 进一步完善社会主义市场经济的重大经济问题

中国原来的经济运行方式是计划经济,改革后转向社会主义市场经济,

---

① 习近平:《审时度势精心谋划超前布局力争主动 实施国家大数据战略加快建设数字中国》,《人民日报》2017 年 12 月 10 日。

即市场决定资源配置。发达国家的市场经济发展了数百年。而中国从计划经济转向社会主义市场经济仅有 40 多年的历史，是发育不成熟、不完善的市场经济同社会主义的结合。对于社会主义市场经济，我们先前定义为市场在国家宏观调控下对资源配置起基础性作用，后来定义为市场对资源配置起决定性作用和更好发挥政府作用。由此开始了由不完善不成熟的市场经济向完善成熟的市场经济的转型。党的十九大明确加快完善社会主义市场经济体制的两个改革重点：一是完善产权制度，二是完善要素的市场化配置。在更高起点、更高层次、更高目标上推进经济体制改革，构建更加系统完备、更加成熟定型的高水平社会主义市场经济体制。相应地，所要建立的经济运行机制就是市场机制有效、微观主体有活力、宏观调控有度的。完善要素的市场化配置，就是以要素市场化配置改革为重点，加快建设统一开放、竞争有序的市场体系，推进要素市场制度建设，实现要素价格市场决定、流动自主有序、配置高效公平。2019 年召开的党的十九届四中全会又进一步提出，完善公平竞争制度，强化竞争政策基础地位的要求。这是实现要素市场化配置的重要制度安排。党的二十大进一步明确要求建立完善产权保护、市场准入、公平竞争、社会信用等的市场经济基础制度。

建设高标准市场体系就是筑牢社会主义市场经济有效运行的基础，主要涉及以下内容：第一，市场体系是要素市场配置的载体和平台。按高标准要求需要补市场体系短板，涉及：完善并规范金融市场；建设和规范土地市场；发展技术市场；充分开放劳动力市场尤其是人才市场；数据的市场分享。第二，强化竞争政策的基础地位。公平而充分的竞争是市场经济的本质特征。竞争政策则是政府为保护、促进和规范市场竞争而实施的经济政策。所要强化的竞争政策主要表现在：资源配置以竞争为导向；市场主体的培育以竞争为基础；产业组织政策以竞争为基础；市场秩序建设以规范竞争秩序为基础。特别需要建立和完善针对新经济业态的竞争秩序。第三，激发市场主体的活力。市场选择和经济激励是政治经济学所要研究的增强微观经济主体活力的两个重要方面。原有的市场经济理论强调的是市场选择、优胜劣汰。信息不完全理论产生以后，现代市场经济理论就强调激励。中国的经济运行既要充分发挥市场对资源配置的决定性作用，以提高效率，也要激发市场主体的活力。市场主体因为高税收、高杠杆率及相应的高利息率、高的社会负担而严重缺乏活力。为此,中国经济学研究不仅需要寻求增强市场主体活力的路径,还要针对实体经济企业降低税费,降低企业的利息和其他的社会负担。市场主体活了,整个经济才能活。

1.3-4 开启现代化新征程后的重大经济问题

中国是发展中大国,在发展阶段上告别了低收入阶段进入了上中等收入阶段。中国已经全面建成小康社会,紧接着开启了现代化建设新征程。进入中等收入阶段后,需要防止陷入"中等收入陷阱",要跨越"中等收入陷阱"。"中等收入陷阱"涉及发展模式问题,若难以摆脱低收入阶段的发展模式,后果是既无法在劳动力成本方面与低收入国家竞争,又无法在尖端技术研制方面与发达国家竞争。中国所面临的"中等收入陷阱"威胁有三大表现:一是收入差距扩大;二是物质资源供给趋紧;三是环境污染严重。特别是进入新发展阶段,改革开放以后支持中国经济 30 多年高速增长的要素已经得到了充分释放,如果不能动员出新的发展要素,再加上国际上经济逆全球化盛行,潜在经济增长率就会出现下降趋势。

我们清醒地认识到"中等收入陷阱"威胁的存在,不等于我们一定会陷入这一陷阱,而是需要在正确理论的指导下通过发展和现代化来跨越它。跨越"中等收入陷阱"的路径,就是习近平说的"通过转变经济发展方式实现持续发展、更高水平发展是中等收入国家跨越'中等收入陷阱'必经的阶段"。[①]其路径就是立足新发展阶段、贯彻新发展理念、构建新发展格局。新发展格局是以国内大循环为主体、国内国际双循环相互促进的格局。构建新发展格局需要中国经济学一系列的理论创新,关键是以下三个方面的理论突破。

首先,增强内循环的内生动力和可靠性。新发展格局下的经济发展需要依托规模处于世界前列的国内市场,抓住扩大内需这个战略基点,使生产、分配、流通、消费更多依托国内市场,提升供给体系对国内需求的适配性,形成需求牵引供给、供给创造需求的更高水平的动态平衡。在低收入阶段的经济增长主要是靠投资拉动,长期地以高积累(高储蓄)支持高投资。进入

---

① 《习近平谈治国理政》第二卷,外文出版社 2017 年版,第 240 页。

新发展阶段,投资需求对优化供给结构起关键作用,不仅要提升供给对需求的适配性,还要以自主可控、高质量的供给引领新的需求。相比投资需求,消费需求增长的潜力更大,消费对经济增长的贡献更大。消费对经济发展的基础性作用在于以需求牵引供给。中国式现代化所要扩大的消费需求,不仅是消费总量,更重要的是消费需求结构的升级,中高端消费对经济的拉动作用更大。建立扩大消费的长效机制,需要解决好"能消费""愿消费"和"敢消费"问题。具体地说,在生产和分配环节提供能消费的收入支撑,在流通环节提供愿消费的市场环境,以完善的基本公共服务和社会保障确保敢消费的预期。在国民收入分配中提高消费的比例,改变高积累低消费状况。

其次,高水平科技自立自强。实践证明最前沿的技术是引不进来的。尤其是当中国的科技水平显著提升,接近现代化水平时,就会遇到发达国家断供、"卡脖子"等阻碍。这就提出科技的自立自强的要求:以原创性创新成果,突破发达国家的围堵和遏制,占领科技和产业的世界制高点。实现高水平科技的自立自强的道路主要涉及:第一,科技创新与发达国家并跑,只有凭借并跑中的科技创新才能进行平等的新科技相关问题的国际交流和对话,提升自己的科技创新能力,突破发达国家对中国断供和"卡脖子"的技术。第二,在重要科技领域领跑,直接瞄准国际最新技术取得突破性进展。在重要科技领域成为全球领跑者,在前沿交叉领域成为开拓者。第三,与自主可控的现代产业体系结合:建立创新引领的现代产业体系。围绕产业链部署创新链,围绕创新链布局产业链。不仅要依靠具有自主知识产权的创新成果突破产业链上的"卡脖子"技术,还要推动产业迈上全球价值链的中高端。

最后,提升国际循环质量和水平。开启现代化新征程后,对外开放也进入新时代。更高质量的开放发展,不仅要求在开放中获取国际资源和市场,更要求获取高端技术,在更大范围、更宽领域、更深层次上提高开放型经济水平。第一,从培育国内科技和产业优势的需要出发利用国际资源和国际市场,包括创新要素的引进,外商直接投资的升级。第二,依托中国超大规模市场优势,以国内大循环吸引全球资源要素,既要把优质存量外资留下来,还要把更多高质量外资吸引过来,提升贸易投资合作质量和水平。第三,参与外循环的竞争优势,不是建立在原来的资源禀赋的比较优势基础上的,而是如党的二十大所说的,加快建设世界重要人才中心和创新高地,形成人才国际竞争的比较优势。按此要求形成具有全球竞争力的开放创新生态。第四,由政策性开放转向制度型开放,即规则、规制、管理、标准等制度型开放,培育国际经济合作和竞争新优势。

1.4　中国经济学的方法论基础

马克思主义政治经济学采用的基本分析方法是辩证唯物主义和历史唯物主义的哲学方法,尽管它也常常用到数学方法。这是中国经济学的方法论基础。

1.4-1　抽象法

马克思说:"分析经济形式,既不能用显微镜,也不能用化学试剂。二者都必须用抽象力来代替。"①最为典型的是对供求关系的分析,就如马克思所说,"供求实际上从来不会一致;如果它们达到一致,那也只是偶然现象,所以在科学上等于零",但是在政治经济学上必须假定供求是一致的,"这是为了对各种现象在它们的合乎规律的、符合它们的概念的形态上来进行考察,也就是说,撇开由供求变动引起的假象来进行考察"。②这种抽象分析方法,是要寻求供求一致时的内在的必然性,并以此作为经济分析的标杆。

马克思当时之所以突出抽象法,原因是与自然科学相比,经济学无法通过实验室进行实验。这个结论在当时的科学实验条件下是准确的。特别是马克思的理论是要以社会主义替代资本主义,根本不可能在资本主义条件下进行实验。经济发展到现当代,信息技术的发展使一部分(当然不是全部)经济学原理可以利用计算机和信息手段进行模拟和实验,2002 年获得诺贝尔经济学奖的就是在实验经济学方面作出贡献的经济学家。③中国改革开放以来不少社会主义经济理论的进展就是从改革开放的试点中得出的结

---

① 马克思:《资本论》第一卷,人民出版社 2004 年版,第 8 页。
② 马克思:《资本论》第三卷,人民出版社 2004 年版,第 211 页。
③ 弗农·史密斯:《经济学中的理性》,中国人民大学出版社 2013 年版。

论。这表明实验和试点同样可以成为经济学的方法。

对于抽象范畴，马克思有明确的规定："只有作为最现代的社会的范畴，才在这种抽象中表现为实际上真实的东西。"①马克思在分析资本主义社会时面对多种生产关系存在，运用科学的抽象法，抽象出占支配地位的资本主义生产关系来进行研究和叙述。这就是马克思所说的："在一切社会形式中都有一种一定的生产决定其他一切生产的地位和影响，因而它的关系也决定其他一切关系的地位和影响。这是一种普照的光，它掩盖了一切其他色彩，改变着它们的特点。"②而面对处于社会主义初级阶段的生产关系，不只是公有制为主体，多种非公有制经济充满活力，而且多种所有制经济的混合也成为基本经济制度的重要实现形式。在此背景下，公有制经济不可能成为掩盖其他所有制色彩的"普照的光"。因此，中国特色社会主义政治经济学对生产关系的研究就不能限于对公有制经济的研究，其他非公有制经济和混合所有制经济也应成为政治经济学研究的对象。不仅如此，分配关系也是这样，不仅要研究按劳分配，还要研究要素报酬。

包括数学在内的科学研究方法实际上也是抽象法。许多人认为，一门学科只有在使用数学时，才称得上是科学。可以肯定，能够得到数学证明的理论是科学的理论。但不能反过来说，没有数学证明的理论就不是科学的。数量分析是一种论证方式。新思想产生后需要得到论证，许多经济学大师最早提出的理论和思想都不是数学形式的，恰恰是后人力图用数学去证明其理论。尽管数量经济学是经济学的一个学科，但在中国经济学中数学分析有其缺陷：第一，现实中许多经济关系是无法量化的。某些在西方国家可以量化的经济关系在中国不一定能够量化，原因是中国的经济关系正处于转型中，经济关系越复杂，越难以量化。第二，可用的数据都是过去的，依据过去数据的数学分析只是对过去经济活动的回顾和实证，很难准确说明中国经济的现在时和将来时，尤其是在日新月异的技术进步时代产生的新经济。甚至一些数学推断的结论可能会对创新性思维产生束缚。模型分析方法也是数量分析方法。模型是理论的一种规范化表达，它通常是对两个或

---

① 《马克思恩格斯文集》第8卷，人民出版社2009年版，第29页。
② 同上书，第31页。

多个变量之间假设关系的数学表述。实际上，模型分析也是一种抽象分析的方法。所有的模型都是舍掉一些对分析不必要的部分而使所分析的现实经济问题简单化。当我们使用模型这一重要的经济分析工具时，又必须注意到，由于模型作了抽象，经济模型产生的理论会丢掉大量社会、经济和政治的现实性。当用一种经济模型来帮助制定实际的制度安排时，通常需要重新引入在建立模型时被舍弃的社会、经济和政治的现实因素。钱颖一教授的《剖析现代经济学》一文在肯定数学在经济学中的重要作用的同时指出，"经济学不是数学"。[1]有关经济的想法是最重要的，数学和计量方法只是体现和执行经济想法的工具。经济学的主要领域是靠经济学知识而不是数学取胜，最终是经济学想法决定了一篇文章的贡献，而不是数据推导。经济学家的工作毕竟不是为了开拓数学理论前沿，那是数学家的事情。因此，我们不能将经济学家与数学家混同，就像我们不能把物理学家和数学家混同起来一样。我们不能以数学水平的高低来衡量一名经济学家的水平，也不能以运用数学的多少和它的难易程度来作为评判经济学论文质量高低的标准。因为经济学研究所作出的贡献主要是创新思想的贡献。

1.4-2 辩证法

现代经济分析的辩证法表现在习近平所多次倡导的"两点论"和"重点论"。他以市场和政府作用为例，指出"在市场作用和政府作用的问题上，要讲辩证法、两点论，'看不见的手'和'看得见的手'都要用好，努力形成市场作用和政府作用有机统一、相互补充、相互协调、相互促进的格局"。[2]"两点论"就是一分为二，"重点论"就是抓矛盾的主要方面。但即使明确了某一方面是重点，也不能偏废另一方面。中国40多年经济改革的逻辑和理论突破，每一个方面都体现"两点论"和"重点论"的统一。例如，社会主义市场经济体制建设涉及的是政府和市场关系两点；改革的重点是市场化，不仅是充分发挥市场作用，还要完善市场。所有制改革涉及公有制为主体和多种所有

---

[1] 钱颖一：《剖析现代经济学》，《中国经济报告》2019年3月。

[2] 中共中央文献研究室编：《习近平关于社会主义经济建设论述摘编》，中央文献出版社2017年版，第58页。

制经济共同发展两点,即两个"毫不动摇";改革的重点是发展多种所有制经济,先是放开并发展多种非公有制经济,后是推进包括公有制经济和非公有制经济的混合所有制经济。分配制度改革涉及按劳分配为主和按要素分配两点;改革的重点是按要素分配,先是推进要素参与分配,后是完善按要素分配。经济运行体制改革涉及的是供给侧和需求侧两点;改革重点是供给侧,先是去产能、去库存、去杠杆、补短板、降成本,后是培育新动能,实现新旧动能转换。

根据唯物辩证法,"两点论"中的重点是根据需要确定的,明确重点的一方,不能偏废非重点的一方。在另一个场合,根据需要,另一方也会成为重点。明确这一点对改革的协同性非常重要。改革到一定阶段,矛盾发展到一定阶段,原先非重点的可能会转化为重点。例如所有制的改革,起初的重点在发展非公有制经济,到一定阶段国有经济如不作相应改革,不仅国有经济效益进一步下降,更为重要的是国有经济的主导地位也可能丧失。这意味着国有企业改革和国有资产管理的改革逐步成为改革的重点。再如分配制度的改革,在改革初期针对大锅饭的分配制度所产生的共同贫困需要以提高效率为改革的着力点。随着改革的深入,面对过大的收入差距,为推动共同富裕,就要更为重视公平与效率的协调。再如宏观经济调控,面对产能过剩等结构性问题,需要推进供给侧改革解决长期发展问题,但在短期内面临经济增速下行压力,为了稳经济就需要与扩大内需有机结合起来。

1.4-3 问题导向

中国经济学研究的基本方法是问题导向。党的二十大提出,坚持和发展马克思主义,必须同中国具体实际相结合。需要运用马克思主义科学的世界观和方法论推进问题导向的理论创新,不断回答中国之问、世界之问、人民之问、时代之问,作出符合中国实际和时代要求的正确回答,形成与时俱进的理论成果,更好指导中国实践。中国经济学需要的是重大的改革和发展问题导向的理论创新。问题导向同理论创新密切相关。问题是创新的起点,也是创新的动力源。对中国经济学来说,对理论创新起导向作用的问题是时代之问。聆听时代的声音是理论创新的出发点,回应时代的呼唤是理论创新的任务。只有聆听时代的声音,回应时代的呼唤,认真研究解决所处时代重大而紧迫的问题,才能推动理论创新。指导解决问题是理论创新的根本任务。

中国经济学研究肩负着推进马克思主义中国化时代化、建设中国特色社会主义的重任。复杂又艰巨的改革和发展问题提出了理论创新的要求。理论创新与问题导向之间相互呼应。问题导向是理论创新的需求,理论创新是理论供给。创新的实践没有止境,理论创新也没有止境。针对问题的理论创新接连不断,推动社会的进步。

中国经济学的研究和创新突出问题导向有明确的针对性:首先,要破除先验论。从先验的理论条条出发求证先验的理论,只能形成脱离实际的教条,不能解释现实的经济问题。其次,不能照搬照抄反映西方价值观的西方理论,食洋不化不能解决中国问题。再次,要克服模型导向。中国经济学不简单排斥模型分析方法,但否认模型导向。一些学者采用西方经济学的范式,采用通用的数学模型,用中国的数据,在国际刊物上发表论文,这种研究实际上还是西方经济学的框架,不能看作是中国经济学,而只是西方经济学的中国案例应用。

现实中的问题很多,作为导向的问题只能是"国之大者"。原因是现阶段的社会科学研究不是"茶余饭后"的谈题,而是解决国计民生的重大问题:一是以人民为中心的问题,例如人民群众急难愁盼的问题,共同富裕的问题。二是发展的重大问题,例如高质量发展问题,构建新发展格局问题。三是改革的深层次问题,例如发展和完善平台经济问题,发挥资本作用并防止其无序扩张问题。四是国家安全问题,例如防止系统性金融风险问题,防止国际风险的传导问题。所有这些问题导向的研究不只是摆出问题,更要提出真正解决问题的新理念、新思路、新办法。这是理论创新之要。

问题导向不仅要从实际出发,还要实事求是,针对问题提出解决的方案。这是理论创新的源和本。理论的指导力不仅在于准确反映问题、解释世界,还在于以正确的理论指导解决问题,改造世界。以问题导向研究现实的中国特色社会主义经济,意味着不仅从实际出发,还要回到现实,解决实际问题。需要坚持问题导向和系统观念结合。只有这样,中国经济学才是致用的科学。

中国经济学的理论指导力,以对现实经济的解释力为基础。所谓解释现实,就是扎根中国大地,讲中国故事,直面现实经济问题,而不是追求空洞的抽象分析。具体地说,中国特色社会主义政治经济学要把基本经济制度学理化、系统化。但不能就此为止。如果不研究经济制度的实现形式,政治经济学所阐述的原理只能是空中楼阁、空洞说教,制度优势转化为治理优势关键在基本经济制度实现形式的完善。根据党的二十大关于完善社会主义基本经济制度的要求,所有制的研究要深入到产权层面,涉及:以现代产权制度为核心建立现代企业制度;依靠产权流转做大做强做优国有资本和民营资本;国资管理转向管资本为主;农地制度实行所有权、承包权和经营权的三权分置。分配制度的实现形式是各种生产要素参与收入分配的机制:劳动、资本、技术、管理等要素按投入、按贡献、按市场供求参与收入分配。对社会主义市场经济的研究要深入到对有效市场和有为政府的研究。

1.4-4 与西方经济学的关系

中国经济学的方法论还涉及与西方经济学的区别和联系。当代世界的经济学有两大理论体系或范式,一是马克思主义经济学,二是西方经济学。总体上说,中国经济学是马克思主义经济学的中国化和时代化。它同西方经济学有明显的区别,尤其是在世界观上有根本区别,但在研究经济问题上有相通之处。

马克思主义经济学研究的基本问题是生产关系和生产力,以及两者之间的关系,偏重于经济关系本质层面的分析,注重研究物与物关系背后的人与人之间的社会关系,研究经济制度的本质规定,特别是注重对经济关系运动的规律性分析。它建立的各种经济范畴都反映一定的社会关系,关注生产关系对生产力的阻碍和促进作用,突出生产力发展对生产关系的决定性作用。相应地,就有解放和促进生产力发展的生产关系的调整和完善理论。马克思主义政治经济学由其研究的基本问题决定,在中国经济学中的指导地位是不可否认的。

西方经济学研究的基本问题是资源配置问题,涉及生产什么、怎样生产和为谁生产。其理论范式包括古典和新古典经济学的市场选择理论,新制度经济学的交易成本理论和激励理论,信息经济学的信息不完全理论。相应地,就有突出效率的经济运行理论。西方经济学偏重于经济运行层面的分析,对经济现象表层进行描述和分析,更为关注经济变量之间的关系。根据萨缪尔森的定义,其首要任务是对生产、失业、价格和类似的现象加以描述、分析、解释,并把这些现象联系起来进行系统的分析。由于中国经济学也会涉及经济运行层面,因此借鉴西方经济学理论也是必要的。

这两个理论体系依照各自的研究方法、层次对分析经济过程有不同的理论和现实意义。马克思主义政治经济学与西方经济学的研究对象总体上不在一个层面上,也可能存在交叉。偏重经济运行分析的西方经济学,也会涉及经济制度的分析,但这种制度分析是以资本主义基本经济制度是永恒的制度为前提的,是在这一前提下对具体制度或体制展开分析。偏重生产关系分析的马克思主义政治经济学也会分析经济运行,但它对经济运行分析的重点是各种生产关系在经济运行中的作用和调整。对同一经济现象和经济范畴,西方经济学和马克思主义政治经济学有不同的研究角度和层次。例如价格范畴,西方经济学根据供给、需求及各自的弹性,描述这些变量之间的关系,说明价格是由供求关系决定的,是一种均衡价格。而马克思主义政治经济学把价格界定为价值的货币表现。价格的运动体现价值规律的作用,价格围绕着价值上下波动。供求平衡的价格就是反映价值的价格。根据研究任务需要,讨论价格体制改革要以马克思主义经济学理论为指导,描述市场价格变动则可能会用到西方经济学。再如对产业利润、商业利润、利息和地租等分配范畴的分析,西方经济学把它们看作是要素报酬的形式,而马克思主义政治经济学则将之界定为剩余价值分割的形式,并由此确定了各自量的界限。再如制度分析,西方的制度经济学以资本主义经济制度为既定前提,重点研究企业制度、市场制度、产权制度;马克思主义政治经济学把对制度的研究重点放在人与人之间的关系、国家与企业之间的关系、政府和市场的关系等之上,当然也要在社会主义基本经济制度的框架内研究现代企业制度、市场制度和产权制度。由于马克思主义政治经济学涉及的是本质层次、制度层次的分析,因而它应该成为经济分析指导思想的理论基础。

中国经济学完全排斥西方经济学的概念也是不现实的。现实的中国特色社会主义经济本身就包含了同非公有制经济的混合,作为其理论概括的中国经济学就会有相应的理论的混合。在坚持社会主义核心价值观的前提下,中国经济学有选择地借鉴西方经济学的理论和范畴是建立在对自身的制度自信、道路自信、理论自信和文化自信的基础上的。中国经济学可以使用一些西方经济学的范畴和原理,例如,微观经济学领域的帕累托最优、资源配置理论、市场经济理论、全要素生产率等,宏观经济学领域的总供给和总需求、拉动经济增长的三驾马车、总需求管理的财政货币政策等,制度经济学领域的交易成本、产权理论、信息不完全理论等,发展经济学领域的二元结构理论、中等收入陷阱理论、创新理论、可持续发展理论、知识经济理论、经济全球化理论等。这些范畴和原理进入中国经济学就使中国的发展理论可以同世界流行的经济学理论进行客观比较并为我所用。当然,这些西方经济学的范畴和原理进入中国经济学有个批判地吸收并与中国实际相结合的问题。特别是要在其所反映的制度性质和中国的基本国情方面进行中国化改造。其中,最为重要的中国化要求就是适应人口大国、处于上中等收入发展阶段的实际,反映社会主义生产关系对共同富裕的要求。

总的来说,中国经济学是发展的、包容的、与时俱进的。进入新发展阶段的中国经济学在经济改革和发展的实践中必然会有不断的创新和突破性进展。

参阅

洪银兴:《中国经济学的学科特点和理论创新》,《南京大学学报(哲学·人文科学·社会科学)》2023 年第 2 期。

财富理论及其在中国经济学中的价值

习近平总书记在党的十八届三中全会上提出："我们要通过深化改革，让一切劳动、知识、技术、管理、资本等要素的活力竞相迸发，让一切创造社会财富的源泉充分涌流。"①这就明确了对财富以及创造财富的源泉的研究在中国经济学中所处的重要地位。在社会主义现阶段，经济建设成为中心任务，增进社会财富成为中国经济学的目标，促进创造财富的源泉充分涌流将成为中国经济学的研究任务。构建财富理论，不仅要系统研究马克思的财富理论，还要研究财富理论在习近平新时代中国特色社会主义经济思想中的发展。

2.1　财富范畴的理论界定

对一定社会的经济理论分析需要有基本的经济范畴及以此为基础的理

---

① 《习近平谈治国理政》第一卷，第93页。

论分析。《资本论》的逻辑起点是商品。《资本论》开宗明义提出："资本主义生产方式占统治地位的社会的财富，表现为'庞大的商品堆积'，单个商品表现为这种财富的元素形式。"①马克思运用科学的抽象法将财富的商品形式区分为使用价值和价值两要素。马克思建立的马克思主义政治经济学实际上既包含价值理论，也包含财富理论。他服从于推翻资本主义的需要尤为重视价值论分析，创造了科学的劳动价值论。以《资本论》为代表的政治经济学研究资本主义经济的基本经济范畴是价值，贯穿始终的是价值理论分析。分析中国特色社会主义经济能否继续以价值范畴作为基本经济范畴并相应进行价值分析呢？这要从价值作为分析资本主义经济的基本范畴的原因分析起。

马克思主义政治经济学进行价值分析主要基于以下两方面原因：一是揭示资本主义经济基本矛盾。马克思建立科学的劳动价值论，明确指出劳动是创造价值的唯一源泉。依据其科学的劳动二重性理论，明确活劳动创造价值，进而揭示出在活劳动创造的价值中，劳动者得到的只是相当于其劳动力价值的部分，剩下来的均作为剩余价值被资本家无偿占有了。随着社会劳动生产率的提高，被资本家占有的剩余价值越来越大，剩余价值资本化产生资本积累。由此，发现无产者是资本主义社会的掘墓人，并得出资本主义必然被社会主义所取代的科学结论。因此价值论分析的过程也是资本主义社会各种矛盾的揭示过程。二是揭示商品经济进而市场经济的内在矛盾。马克思主义政治经济学认为，资源配置的效率在于每个部门投入的劳动必须是社会必要劳动时间。在商品经济中，社会必要劳动时间不能直接计算出来，因此需要"价值"插手其间。而在消灭了商品经济的未来社会中，"人们同他们的劳动和劳动产品的社会关系，无论在生产上还是在分配上，都是简单明了的"。社会必要劳动时间能够直接计算出来，"人们可以非常简单明了地处理这一切，而不需要著名的价值插手其间"。②

以上价值分析的原因表明，在中国特色社会主义政治经济学中分析现实的社会主义经济时仍然需要价值论分析的主要原因是，处于社会主义初级

① 马克思：《资本论》第一卷，第47页。
② 《马克思恩格斯全集》第20卷，人民出版社1971年版，第334页。

阶段的中国经济仍然要发展市场经济,仍然需要价值规律作用,仍然需要利用价值分析来认识其存在的矛盾,以及完善市场经济的途径。但是,价值分析的作用仅此而已。

以人民为中心的发展观的基本要求是"增进人民福祉、促进人的全面发展、朝着共同富裕方向稳步前进作为经济发展的出发点和落脚点"。①实现这个目标的基础是财富的增长,需要的是创造财富的各种源泉充分涌流。服从于这个目标,社会主义经济分析不能只是进行价值分析,更要重视财富理论,甚至需要以财富论替代价值论作为主要的分析工具。相应地,财富就成为中国特色社会主义政治经济学的基本经济范畴。财富理论替代价值论贯穿于中国特色社会主义政治经济学的始终。②

中国特色社会主义政治经济学要从马克思主义政治经济学的财富理论那里得到滋养。马克思的财富理论,可以从马克思关于价值分析和财富分析的理论逻辑来揭示。马克思在创造价值理论时从商品这种财富形式中抽象出价值,把与财富相关的因素一步步舍象抽象出价值范畴。当我们考察财富时,则要将马克思的价值分析的理论逻辑由抽象还原到现实,也就是从抽象的价值回到具体的财富范畴。

根据马克思的财富规定以及社会主义的本质要求,中国特色社会主义政治经济学中的概念不只具有马克思的一般规定,还反映进入新时代的中国特色社会主义的本质特征。

首先,财富就是使用价值。马克思主义政治经济学的基本范畴商品是价值和使用价值的统一,"不论财富的社会形式如何,使用价值总是构成财富

---

① 中共中央文献研究室编:《习近平关于社会主义经济建设论述摘编》,第31页。
② 马克思的价值论与财富论,是从不同的角度提出的两个重要理论。财富论适用于一切社会经济形态,更适用于社会主义和共产主义社会。劳动价值论适用于一切商品经济,商品价值关系不是永恒范畴。未来进入共产主义社会时,商品生产消亡了,由使用价值构成的财富,会以产品的形式独立存在。以使用价值为内容的财富将以实物形式满足社会成员的物质文化需要。社会主义将最终实现使"集体财富的一切源泉充分涌流",达到"以所有的人富裕为目的"。(卫兴华:《马克思的财富论及其当代意义》,《人民日报》2019年1月21日。)

的物质内容"。①根据定义,成为财富的使用价值必须是有用的,是对社会有用的。这样"更多的使用价值本身就是更多的物质财富"。②在马克思的分析中,价值和财富不是同一个量。产品的总价值包括转移的旧价值即生产资料价值(C)和新创造价值(V+M)。V+M即活劳动创造的价值,也就是马克思所定义的价值产品。这里的关键在于对C的评价。价值分析认为C是转移价值,不是新创造价值。但财富分析则非常重视C在财富创造中的作用。第一,它本身是财富的一部分,新创造的财富是C+V+M之和。第二,C作为劳动的物的条件对财富创造起重要作用,尤其是在现代起着越来越大的作用。这样,财富是社会总产品的概念,生产总值指标不过是以价格计算的财富数量(不是价值量)。

其次,财富的积累。在马克思那里,财富的积累是基于剩余价值资本化的资本积累。因此,积累的资本就是社会财富的增大,即资本增值。这是社会扩大再生产的源泉。"社会的财富即执行职能的资本越大,它的增长的规模和能力越大。"③由资本积累形成的追加资本"主要是充当利用新发明和新发现的手段"④,从而促进社会劳动生产力提高。马克思基于价值分析对资本积累得出的结论是资本主义财富的增长与财富的创造者发生异化。劳动者只是为了用自己创造的财富来增加别人的财富。就如他所说,积累意味着征服社会财富世界,扩大资本家的私人统治,增加他的臣民的人数,满足贪得无厌的欲望。进入社会主义社会后,满足人民不断增长的物质和文化需要的基础是社会财富的不断积累。因此所要重视的财富不只是社会总产品的增加,还要关注资本积累。即使是民营经济中的私人财富的积累,也属于社会财富的积累。更为重要的是公有资产在社会总资产中占优势的公有制经济积累的财富主要是公共财富,资本积累不仅是社会财富的直接增大,更是增进社会财富的基础。习近平把公有制经济看作是长期以来在国家发展历程中形成的"全体人民的宝贵财富"。⑤公有资本积累是为人民谋福祉,

① 马克思:《资本论》第一卷,第49页。
② 同上书,第59页。
③ 同上书,第742页。
④ 同上书,第724页。
⑤ 《习近平谈治国理政》第二卷,第259页。

不仅表现为增加居民收入,还表现为增进居民家庭财富,从而避免习近平所强调的绝不能出现的"富者累巨万,而贫者食糟糠"的现象。①

最后,财富的形态。以人民为中心的发展思想具体体现在,人民"期盼有更好的教育、更稳定的工作、更满意的收入、更可靠的社会保障、更高水平的医疗卫生服务、更舒适的居住条件、更优美的环境"。②这些美好生活的需要是由各种社会财富来满足的。亚当·斯密在《国富论》中对财富下的定义是:"国民财富非由不可消费的货币财富构成,而由社会劳动每年所再生产的可消费的货物构成。"③他当时所明确的财富是物质财富,后来马克思所认定的财富也是物质财富,相应地,生产财富的部门是物质生产部门。马克思当时已经发现服务是资本家享用的奢侈性财富,但由于不被广大人民所享用因而还不是财富。而在现时代,许多服务也已经成为劳动者必需的,因此服务也就成为财富,服务作为社会财富也从个人服务扩展到生产性服务,进而扩大到文化、教育、医疗等服务。国民生产总值的统计范围包括了物质财富和服务财富。相应地,财富生产就有三次产业部门。特别需要指出马克思当时还预见到未来社会中,自由时间是衡量财富的重要尺度。当自由时间成为财富增长的决定性因素时,表现为生产和财富的宏大基石的,既不是人本身完成的直接劳动,也不是人从事劳动的时间,而是对人本身的一般生产力的占有。那时,衡量财富的价值尺度将由劳动时间转变为自由时间,增加自由时间即增加使个人得到充分发展的时间,那时"由于给所有的人腾出了时间和创造了手段,个人会在艺术、科学等等方面得到发展"。④这些方面的发展就被概括为精神财富。这样,精神财富将成为现代社会财富的重要形态。不仅如此,随着工业文明时代转向生态文明时代,习近平总书记明确提出"青山绿水就是金山银山"。⑤生态也是财富,干净的水、清新的空气、多样性的生物、绿色的环境是宝贵的生态财富。这种财富观体现人与自然和

① 中共中央文献研究室编:《习近平关于社会主义经济建设论述摘编》,第25页。
② 同上书,第19页。
③ 斯密:《国民财富的性质和原因的研究》下卷,郭大力、王亚南译,商务印书馆1974年,第244页。
④ 《马克思恩格斯全集》第46卷(下),人民出版社1980年版,第218—219页。
⑤ 《习近平谈治国理政》第二卷,第209页。

谐共生。经济发展不仅要谋求物质财富,还要谋求生态财富。绿色发展的理念要求财富的增进必须建立在人和自然和谐共生的基础上。相应地,GDP的计算也有绿色 GDP 指标。所有这些表明,现时代的财富形态包括物质财富、服务财富、精神财富和生态财富。

基于上述财富概念建立的财富理论贯穿于经济学的始终,财富的生产、交换、分配和消费成为分析的主线。

2.2 以财富增长衡量生产力水平和供给能力

发展生产力需要对生产力水平进行科学评价。习近平总书记指出:"从政治经济学角度看,供给侧结构性改革的根本,是使我国供给能力更好满足广大人民日益增长、不断升级和个性化的物质文化和生态环境需要,从而实现社会主义生产目的。"[①]供给能力实际上反映生产力水平,财富的增长反映生产力发展水平和社会供给能力。

在马克思的分析中,以价值衡量生产力和以财富衡量生产力效果是不一样的。对生产力水平作价值论评价主要用于阶级矛盾分析。价值量与社会劳动生产力提高呈反向变化关系,由此对资本和劳动者产生不同影响。活劳动创造的价值是劳动者的必要劳动价值和剩余价值之和。社会劳动生产力提高降低劳动力价值,从而增加相对剩余价值。这样,所有提高劳动生产率所产生的生产力都被资本占有。同时,资本积累所带动的资本有机构成提高导致失业的增加。因此,价值分析的结论是,社会劳动生产力的提高是与劳动者的利益相对抗的。这符合马克思揭示资本主义社会掘墓人的本意。

价值本身衡量不出生产力水平,马克思指出:"不管生产力发生了什么变化,同一劳动在同样的时间内提供的价值量总是相同的。"[②]价值量只同劳动时间相关。在同样的劳动时间内具有较高生产率的活劳动,可以创造较

---

① 《习近平谈治国理政》第二卷,第 252 页。
② 马克思:《资本论》第一卷,第 59—60 页。

多的使用价值。但是,这并不意味着较高生产率的活劳动能够创造更多的价值。提高劳动生产力只是指同一劳动时间内创造了更多的使用价值,不管生产力发生什么变化,在同一劳动时间中仍然凝结着相同的价值总量。因此,只是从价值方面评价难以评价生产力发展水平,更谈不上寻求发展生产力的途径。

财富量与社会劳动生产力呈正向变化关系。马克思的财富分析发现,生产力是具体劳动的生产力。生产力水平是由同一劳动时间中创造的使用价值来衡量的。这就是说,财富量是衡量生产力的标准。就如马克思所说:"生产力当然始终是有用的、具体的劳动的生产力,它事实上只决定有目的的生产活动在一定时间内的效率。因此,有用劳动成为较富或较贫的产品源泉与有用劳动的生产力提高或降低成正比。"①对生产力水平的价值评价和财富评价的典型案例就是马克思说的,"一个英国的纺纱工人和一个中国的纺纱工人以同样的强度劳动同样多的小时,那么在宇宙当中他们会创造出相等的价值。但是,尽管有这种相等,使用一架强有力的自动机劳动的英国人一周的产品的价值和只使用一架手摇纺车的中国人一周的产品的价值,仍有大得惊人的差别。在同一个时间内,中国人纺一磅棉花,英国人可以纺好几百磅"。②显然,以财富增长衡量的生产力水平就是以产出成果来衡量的生产力水平。

在价值分析中,作为生产资料的资本被称为不变资本。由资本积累所引起的资本有机构成提高意味着活劳动比重的相对下降,因此创造的价值量呈下降趋势。财富分析则相反,资本积累所导致的资本有机构成提高意味着物化劳动即非劳动要素的比重上升,是社会劳动生产力提高的标志,对使用价值即财富的增加具有巨大的推动力。

过去的政治经济学教科书一直以马克思关于简单劳动过程的三要素即劳动力、劳动资料、劳动对象三要素作为生产力要素的定义。卫兴华教授认为应该以马克思关于决定劳动生产力的多因素来定义生产力要素,即"工人的平均熟练程度,科学的发展水平和它在工艺上应用的程度,生产过程的社

① 马克思:《资本论》第一卷,第59页。
② 同上书,第699页。

会结合,生产资料的规模和效能,以及自然条件"。①实践证明发展生产力即财富创造应该是多要素的。财富是劳动、资本、土地、知识、技术、管理等要素共同创造的。随着社会和科技进步,直接劳动以外的要素对财富创造所起的作用会越来越大,尤其是科学技术。特别要注意到,在数字经济背景下,数据也成为财富创造的要素。基于生产力要素的规定,从财富增长角度对生产力水平就有以下客观的评价。

首先是劳动要素对财富创造贡献的评价,有两个方面:一方面,财富创造中的劳动要素是不均质的。马克思提出了简单劳动和复杂劳动的概念,技术和管理属于复杂劳动,"比较复杂的劳动只是自乘的或不如说多倍的简单劳动,因此,少量的复杂劳动等于多量的简单劳动"。②在价值论分析中,复杂劳动需要化为简单劳动进行分析,明确它能创造出多倍的价值。而在财富观的分析中,这类复杂劳动基本上处于技术和管理岗位。在技术和管理岗位上的劳动对财富创造的贡献评价会更大,也更加重要。至于与资本、技术、管理并列的劳动准确地说只是指直接劳动。另一方面,虽然劳动是财富之父,但在现代经济中,直接劳动的作用在明显下降。"随着大工业的这种发展,直接劳动本身不再是生产的基础,一方面因为直接劳动变成主要是看管和调节的活动,其次也是因为,产品不再是单个直接劳动的产品,相反地,作为生产者出现的,是社会活动的结合"。③因此,"以劳动时间作为财富的尺度,这表明财富本身是建立在贫困的基础上的"。④这个结论对新时代寻求增进财富的动力非常重要。就转变发展方式以增强供给能力来说,直接劳动只有同资本、科技、管理要素结合才能有更高的劳动生产率,以更少的劳动时间生产出更多的社会财富,以更好满足人民日益增长的美好生活需要。

其次是科技要素对财富创造贡献的评价。价值论对科技作用的评价是不全面不充分的,其评价只是限于首先采用先进技术的生产者比其他生产者有更高的劳动生产率从而获得超额剩余价值。这就是马克思所说的,"生产力特别高的劳动起了自乘的劳动的作用,或者说,在同样时间内,它所创

---

① 马克思:《资本论》第一卷,第53页。
② 同上书,第58页。
③④ 《马克思恩格斯文集》第8卷,第200页。

造的价值比同种社会平均劳动要多","采用改良的生产方式的资本家,比同行业的其余资本家,可以在一个工作日中占有更大的部分作为剩余劳动",① 也就是能获得超额剩余价值。但当全社会都采用此项新技术时,社会劳动生产力提高,超额剩余价值随之消失,产生相对剩余价值。也就是社会劳动生产力提高的结果是劳动力价值(必要劳动价值)的下降,剩余价值增加。而用财富观来评价,科技对生产力水平的决定性作用就充分显示了。"随着大工业的发展,现实财富的创造较少地取决于劳动时间和已耗费的劳动量,较多地取决于……科学的一般水平和技术进步,或者说取决于这种科学在生产上的应用。"②科学和技术使执行职能的资本具有一种不以它的一定的量为转移的扩张能力。科技的每一个进步,不仅增加有用物质的数量和用途,进而扩大投资领域,"它还教人们把生产过程和消费过程中的废料投回到再生产过程的循环中去,从而无需预先支出资本,就能创造新的资本材料"。③这也就是我们今天讲的循环经济思想。正因为如此,自人类社会从进入资本主义社会起,"科学获得的使命是:成为生产财富的手段,成为致富的手段"。④在建设新社会的条件下,财富增进同提高社会劳动生产力具有一致性,经济增长就是财富的增进。科学技术的第一生产力作用就可以得到充分的肯定。

2.3 财富创造的要素及各种要素的结合作用

在马克思的分析中,价值创造的要素和财富创造的要素是不一样的。劳动是价值创造的唯一源泉。价值增殖的途径,或者是延长劳动时间,或者是提高劳动强度,或者是降低必要劳动价值(依靠社会劳动生产力的提高)。这种分析符合寻求资本主义社会掘墓人的目标,但无法说明与财富增进相

---

① 马克思:《资本论》第一卷,第370页。
② 《马克思恩格斯文集》第8卷,第195页。
③ 马克思:《资本论》第一卷,第699页。
④ 《马克思恩格斯文集》第8卷,第356页。

关的经济发展问题。

与劳动是价值创造的唯一要素不同,财富创造是多种生产要素的结合。财富增进的源泉和动力是多要素的。在马克思看来,财富创造过程"是制造使用价值的有目的的活动,是为了人类的需要而对自然物的占有,是人和自然之间的物质变换的一般条件,是人类生活的永恒的自然条件"。①这样,财富增进就涉及各类生产要素的作用和动员。马克思在《哥达纲领批判》中针对"劳动是财富的唯一源泉"的错误观点有一段精辟的论述:"劳动不是一切财富的源泉。自然界同劳动一样也是使用价值(而物质财富就是由使用价值构成的!)的源泉,劳动本身不过是自然力即人的劳动力的表现……'劳动只有作为社会的劳动',或者换个说法,'只有在社会中和通过社会','才能成为财富和文化的源泉'。"②这一段论述可以概括为这样两个重要观点:第一,除了劳动,自然界也是财富的源泉。第二,劳动不能孤立地创造财富,需要同其他要素结合起来创造财富,劳动同其他要素结合的过程,就是通过社会的劳动过程,即人和自然的结合过程。因此财富分析需要研究创造财富的各种要素,研究在财富创造中的要素组合关系(包括社会分工方式),以及在生产方式变迁中的历史特性和动态结合关系。

首先,资本是财富创造的第一推动力。马克思关于"第一推动力"的意义是说,包括劳动力和土地等在内的各种生产要素是被资本并入生产过程的。不仅如此,资本还将科学技术并入财富生产过程。这不仅在于技术生产力可能成为资本的生产力,而且在于它能够使资本有更高的生产力。资本在财富创造中的作用,不仅在于它本身的投入所起的作用,更重要的是它在不同要素之间的配置所起的提高生产力的作用。资本是更多地投在增加要素数量上,还是投在提高要素质量上,是更多地投在物质要素上,还是投在人力资本等创新要素上,所产生的财富增长的效应是不一样的。可见资本要素配置所推动的要素组合是提高全要素生产率的关键。不仅如此,资本的运作会使资本具有扩张能力。"资本一旦合并了形成财富的两个原始

---

① 马克思:《资本论》第一卷,第215页。
② 《马克思恩格斯选集》第3卷,人民出版社1995年版,第298—300页。

要素——劳动力和土地,它便获得了一种扩张的能力,这种能力使资本能把它的积累的要素扩展到超出似乎是由它本身的大小所确定的范围。"①

其次,在财富创造中"人和自然,是携手并进的"。②人在劳动过程本身中"还要经常依靠自然力的帮助",因此"正像威廉·配第所说,劳动是财富之父,土地是财富之母"。③恩格斯进一步将此解释为:劳动和自然界一起才是一切财富的源泉,自然界为劳动提供材料,劳动把材料变为财富。可见自然资源在创造国民财富中的重要作用。这里所讲的自然资源是广义的,除了土地和各类自然资源外,也包括了环境和生态,以及生物多样性。马克思从经济上将外界自然条件分为两大类:一类是生活资料的自然富源,例如土壤的肥力、渔产丰富的水,等等。另一类是劳动资料的自然富源,如奔腾的瀑布、可以通航的河流、森林、金属、煤炭,等等。这两类自然富源在不同的发展阶段上起着不同的决定性作用。"在文化初期,第一类自然富源具有决定性的意义;在较高的发展阶段,第二类自然富源具有决定性的意义。"④当然,财富创造不能依赖自然,也不意味着自然越富饶,经济越发展,财富越多。恰恰是"过于富饶的自然使人离不开自然的手,就像小孩子离不开引带一样"。⑤自然资源对增进财富作用,"不是土壤的绝对肥力,而是它的差异性和它的自然产品的多样性,形成社会分工的自然基础,并且通过人所处的自然环境的变化,促使他们自己的需要、能力、劳动资料和劳动方式趋于多样化。社会地控制自然力,从而节约地利用自然力,用人力兴建大规模的工程占有或驯服自然力——这种必要性在产业史上起着最有决定性的作用"。⑥在人类历史上,人和自然的关系,如习近平总书记所说,"在生产力落后、物质生活贫困的时期,由于对生态系统没有大的破坏,人类社会延续了几千年。而从工业文明开始到现在仅三百多年,人类社会巨大的生产力

---

① 马克思:《资本论》第一卷,第 697 页。
② 同上书,第 696 页。
③ 同上书,第 56—57 页。
④ 同上书,第 586 页。
⑤ 同上书,第 587 页。
⑥ 同上书,第 587—588 页。

创造了少数发达国家的西方式现代化,但已威胁到人类的生存和地球生物的延续"。①现在,正在进入生态文明时代,习近平总书记提出了绿色发展理念,强调建立人和自然和谐共生的关系。

马克思的财富理论分析不仅指出了财富创造的多种要素,还指出了各种要素结合提高全要素生产率的途径。因此习近平指出供给侧结构性改革的目标是:"优化现有生产要素配置和组合,提高生产要素利用水平,促进全要素生产率提高,不断增强经济内生增长动力。"②

马克思没有直接使用全要素生产率的概念,但他提出了各种要素的生产力的概念。如劳动生产力、资本生产力、土地生产力,而且他还指出每个要素生产力的提高不是孤立的,实际上提出了全要素生产率的思想。现在讲的全要素生产率就是指财富创造中各种生产要素结合所产生的生产力,财富创造中要素的高效组合主要涉及生产方式和管理的作用。

马克思指出:"一切规模较大的直接社会劳动或共同劳动,都或多或少地需要指挥,以协调个人的活动,并执行生产总体的运动";因此管理不仅是"资本的价值增殖过程"的管理活动,还是"制造产品的社会劳动过程"的管理活动。③与剩余价值生产的管理不同,财富创造的管理活动,不只是管理劳动,更为重要的是组织和配置投入生产过程的各种要素,根据提高全要素生产率的要求,"供给侧管理,重在解决结构性问题,注重激发经济增长的动力,主要通过优化要素配置和调整生产结构来提高供给体系质量和效率,进而推动经济增长"。④

随着社会的进步、经济的发展,各种财富创造要素的结合呈现出的趋势是:"科学日益被自觉地应用于技术方面。"⑤对财富增进起决定性作用的生产要素日益由有形的物质要素转向无形的管理、技术、知识等要素。这些要素所有者都会成为现代财富创造的中心。

---

① 习近平:《之江新语》,浙江人民出版社 2013 年版,第 119 页。
② 中共中央文献研究室编:《习近平关于社会主义经济建设论述摘编》,第 108 页。
③ 马克思:《资本论》第一卷,第 384—385 页。
④ 中共中央文献研究室编:《习近平关于社会主义经济建设论述摘编》,第 99 页。
⑤ 马克思:《资本论》第一卷,第 874 页。

2.4 财富分配和生产要素参与收入分配

分配是生产的反面。上述财富创造要素的分析表明,基于财富分配的收入分配,必然提出生产要素参与收入分配的要求。其目标是让各种创造社会财富的源泉充分涌流。

财富的分配首先要解决生产条件的分配。生产条件的分配,表现生产方式本身的性质。在马克思所设想的"生产的物质条件是劳动者自己的集体财产"的未来社会中,生产资料即 C 的分配应当是对社会总产品的直接扣除。就是说,"应当扣除:第一,用来补偿消耗掉的生产资料的部分。第二,用来扩大生产的追加部分。第三,用来应付不幸事故、自然灾害等的后备基金或保险基金"。①财富扣除了用于再生产的生产资料后,余下的部分用于收入分配。这就是分配的对象——社会总收入减去生产资料价值(或物化劳动的价值)——社会净收入,即(V+M)。社会主义条件下考虑到再分配,可以作为收入分配的部分同样只能是新创造价值。当然,考虑到扩大再生产,新创造价值还可能需要有一部分资本化后再进行收入分配。这意味着财富分配和价值分配的内容是同一个量,都是对新创造价值(V+M)的分配。但由于分析目标不同,收入分配的财富分析同价值分析的着力点不相同。

一些学者试图以劳动价值论来说明现阶段各种要素参与收入分配,实际上是不成功的。基于劳动是创造价值的唯一源泉的分配,即价值论的收入分配,是对新创造价值的分配。服从于揭示阶级矛盾的目的,劳动价值论认为收入分配就是在 V 和 M 之间的分配。活劳动创造的价值区分为必要劳动价值和剩余价值。收入分配是以资本为中心的分配。劳动者的工资定义为劳动力价值的转化形式。剩余价值被资本家无偿占有,接下来的分配就是剩余价值在产业资本家、土地所有者、商业资本和货币资本家之间的分割。剩余价值分割理论是要说明工人阶级面对的是整个资本家阶级的剥削。而社会主义现阶段的多种要素参与收入分配显然不是剩余价值分割。因此,

① 《马克思恩格斯选集》第 3 卷,第 302 页。

价值分配的研究结论不可能解决现阶段实现财富增进和发展的问题。

既然明确财富是各种生产要素参与创造的,与价值分析不同,财富分析的目标就是解决各个要素所有者为增进财富而提供生产要素的动力。就如马克思所说,"真正的财富就是所有个人的发达的生产力"。①财富增进的制度安排就在于"财产形式"的安排,财富分配研究的是"财富在这种还是那种财产形式下能更好地发展的问题"②,也就是参与财富创造的各个要素的所有权的实现。

在社会主义初级阶段各个要素所有者之间不是对立的而是合作和协同的关系。财富分配是在参与财富创造的要素所有者之间按照各自对财富创造的贡献进行分配。财富增进要求各种创造财富的要素充分涌流,就要使各个要素所有者各尽其能,各得其所。这意味着虽然可分配的财富是新创造价值,但分配的原则是各种参与财富创造的要素按贡献取得报酬。这种机制一旦形成,就能有效地使财富的一切源泉都充分涌流,劳动、资本、技术和管理等各种要素创造财富的活力充分迸发。各种要素属于不同的所有者,由此产生财富的占有,从而产生财产概念。财产是具有明确所有权的财富。财产从其产生之日起就表现为一定制度保护下的权利。根据马克思的提示,财富的占有关系也就是财富以财产所有权在各种要素所有者之间进行分配的关系。这个理论解决了用价值理论无法解释的非劳动要素参与收入分配的理论和实践问题。

具体地说,要素所有权实际上是不同要素所有者的财产占有关系,马克思明确指出,工资、利润、地租等收入分配形式,都是相应的要素所有权的实现,现阶段的生产要素所有权包括劳动者的劳动力所有权、资本所有者的财产权、土地所有者的财产权、技术所有者的知识产权、企业家的人力资本所有权等。新创造价值就根据要素所有权进行分配。这说明,从财富分配的角度分析,各个要素所有者参与财富分配有其合理性和客观必然性。这是实现各个要素所有权的诉求。面对各个要素所有者,要形成创造财富的各个源泉充分涌流的机制,就必须解决财产所有权在收入分配中的有效实现

---

① 《马克思恩格斯全集》第 31 卷,人民出版社 1998 年版,第 104 页。

② 《马克思恩格斯选集》第 2 卷,人民出版社 1995 年版,第 5—6 页。

问题,使得各个要素所有者各尽其能,各得其所。

进一步研究的是各种要素参与收入分配的实现路径。是凭投入,凭贡献,还是凭供求?从增进财富角度考虑,目标只能是有效解决财富的一切源泉,包括劳动、资本、技术和管理等各种要素创造财富的活力充分迸发。按此目标,只能是投入、贡献和供求结合的原则。这就是由市场评价贡献,由贡献决定报酬,同时还要加上要素市场的供求关系。可见,与价值分析所要说明的劳动创造的价值被资本占有不同,财富分配的分析是要明确,各种要素的分配份额不是谁剥削谁的问题,而是谁贡献大谁得到更大份额的问题。由此,促进市场评价的贡献越大的要素,其报酬越大。这种公平原则与资源配置的效率目标,与要素组合的效率原则是一致的。这种要素分配体制体现的是各尽所能,各得其所。其效应就是真正实现马克思所期望的社会财富像泉水一样涌流出来。

总的来说,所要构建的中国特色社会主义政治经济学作为解放、发展和保护生产力的系统性经济学说,需要把财富作为基本经济范畴,并且把财富分析贯穿于中国特色社会主义政治经济学的始终,系统研究财富的生产、交换、分配和消费。

参阅

洪银兴:《中国特色社会主义政治经济学财富理论的探讨——基于马克思的财富理论的延展性思考》,《经济研究》2022 年第 5 期。

经济学视角的中国式现代化

中国式现代化从建设小康社会就开始了。现在全面建成了小康社会,开启了现代化建设的新征程。习近平总书记强调,我们坚持和发展中国特色社会主义,推动物质文明、政治文明、精神文明、社会文明、生态文明协调发展,创造了中国式现代化新道路,创造了人类文明新形态。2022 年 10 月召开的党的二十大明确:从现在起,中国共产党的中心任务就是团结带领全国各族人民全面建成社会主义现代化强国、实现第二个百年奋斗目标,并且强调以中国式现代化全面推进中华民族伟大复兴。推进中国式现代化是一项探索性事业,还有许多未知领域,需要我们在实践中去大胆探索。现代化涉及政治、经济、文化、法治、社会等领域,这里从经济学维度研究中国式现代化。

3.1 建设社会主义代替资本主义的物质基础

社会主义代替资本主义的必然性可以用生产力和生产关系的矛盾来说明,同样,社会主义社会的完善和发展也要以社会生产力的发展来说明。马克思在《资本论》中对未来社会的基本特征作出预见性规定后,紧接着就指出,这些规定性的实现,"需要有一定的社会物质基础或一系列物质生存条件,而这些条件本身又是长期的、痛苦的发展史自然产物"。①这既指出了新社会需要一定的物质基础,又指出了这些物质基础的形成需要长期的历史发展。

所谓新社会的物质基础,根据马克思的思想,必须是生产力高于资本主义条件下所达到的水平。原因是未来社会是建立在资本主义制度已经容纳不了自身生产力的物质基础之上的,使"新生产形式的物质基础发展到一定的高度,是资本主义生产方式的历史使命"。②马克思主义经典作家指出发达的资本主义是社会主义的入口,实际上指出了社会主义是在发达的资本主义国家所达到的生产力水平基础上建立。因此,社会主义社会的生产力基础是生产力已经达到并超过资本主义国家所达到的水平,这也就是社会主义的物质基础。

列宁的一国胜利学说指出了社会主义可以首先在一国取得胜利,社会主义可以在经济落后的国家取得胜利,特别是在帝国主义最薄弱的环节取得胜利。但他并没有认为社会主义可以在经济落后的国家建成。列宁认为,高于资本主义的劳动生产率是社会主义战胜资本主义的条件。在现实中根据列宁的一国胜利学说,进入社会主义社会的国家都没有经过高度发达的资本主义阶段。这些国家包括中国在内,在取得社会主义革命胜利时,其生产力还没有达到资本主义国家所达到的水平,或者说生产力没有达到足以实现社会主义的水平。进一步说,虽然这些国家进入了社会主义社会,社会主义的物质基础还没有建立起来。

中国没有经历资本主义社会,是从半殖民地半封建社会跃入社会主义社会的。1956年新中国的社会主义改造提前完成,这标志着中国实现了从新民主主义到社会主义的转变,进入了社会主义社会。但是,旧中国的半殖民地半封建的基础遗留下来的是十分落后的社会经济和科学技术。新中国在过渡时期没有真正完成国家的工业化任务。一直到今天,中国虽然进入了

①　马克思:《资本论》第一卷,第97页。
②　马克思:《资本论》第三卷,第500页。

社会主义社会,并且取得了举世瞩目的伟大成就,但是社会主义的物质技术基础尚未整体建立起来,社会主义尚未从根本上建成,尚处于初级阶段。

马克思当时预见的资本主义和社会主义是时间上先后的两个社会,社会主义社会的生产力水平无疑高于资本主义,否则就进不了社会主义社会。而在现实中的社会主义和资本主义是在空间上并存的两个社会,目前阶段这两个社会存在明显的生产力水平差别。就像新中国的生产力水平较旧中国要高得多,但同并存的发达的资本主义国家相比在很多方面还差得多。并且,达到和超过资本主义国家的生产力水平是一个动态的概念。现今的社会主义国家的生产力水平可能已经超过当年马克思预言实现社会主义时英国所达到的水平,但不能说社会主义已经有了自己强大的物质技术基础。原因是在马克思以后到现在,资本主义国家的生产力水平又有了较大的发展。虽然资本主义国家的经济增长速度不高,但它们的基数较大。在这种情况下,社会主义国家的经济增长速度必须更快,而且需要经过较长的时期,才能最终赶上并超过资本主义国家的生产力水平。中国的社会主义处于初级阶段是由生产力水平决定的。只要生产力没有达到、超过发达资本主义国家所达到的水平,这时的社会主义社会就只能处于初级阶段。

因此,社会主义革命可以在经济落后国家取得胜利,但不能在经济落后国家最终建成社会主义。这就是说,社会主义社会可以在物质基础没有完全具备时建立,但社会主义最终取代资本主义需要超过发达资本主义生产力水平的物质基础,需要通过发展社会生产力,创造出更高水平的社会生产力来建立这种物质基础。这个途径就是加快推进工业化、市场化和现代化。

3.2　现代化的一般性和中国式

现代化可以说是当今世界的热词。在历史学、社会学、科技史和经济学等学科中广泛运用,但各自的表述不尽一致。从历史学的角度来定义现代化指的是发达国家所经历的从传统到现代的历史过程。具体地说,是指人类社会从传统的农业社会向现代工业社会转变的历史过程。从社会学的角度定义现代化指的是在科技革命推动下社会已经和正在发生的转变过程,不仅涉及经济,还涉及政治、社会、文化、心理等方面的变化。最为典型的是美国社会学家英克尔斯依据对几个现代化国家的实证分析概括的10项现代化水平指标。这10项指标是:(1)人均GNP(国民生产总值)在3 000美元以上;(2)农业增加值在GNP中占12%—15%;(3)第三产业在GNP中占45%以上;(4)非农业就业人口在总就业人口中占70%以上;(5)识字人口占总人口的30%以上;(6)适龄青年接受高等教育的人数占10%以上;(7)城市人口占总人数的50%以上;(8)平均每个医生服务的人口在100个以下;(9)平均寿命在70岁以上;(10)人口自然增长率在1%以下。这些指标对后起的发展中国家推进现代化有一定的参考价值,但随着经济和社会的发展,这些指标越来越不能准确而全面地反映现代化水平,现实中许多指标都有所提高。

经济学对现代化的研究更为关注其进程和发展战略。美国经济学家罗斯托的经济成长阶段论直接使用了"经济现代化"的概念,他界定:一个国家从贫穷走向富有,从传统走向现代,分为六个阶段:(1)传统社会;(2)为起飞创造条件的阶段;(3)起飞阶段;(4)向成熟推进阶段;(5)高额群众消费阶段;(6)追求生活质量阶段。其中起飞阶段是传统社会与现代社会的分水岭。也就是说,过了起飞阶段就进入了现代化阶段。

经济学家对经济现代化的研究可以分为两种研究范式。一种范式是以发达国家为对象,研究其所走过的现代化历程。最为典型的是1971年诺贝尔经济学奖获得者库兹涅茨的现代经济增长理论。他在考察欧美发达国家近百年经济发展的进程基础上提出,自19世纪后半叶开始,发达国家经济增长的主要源泉一直是科学技术,标志着这个经济时代的重大创新是科学被广泛运用于经济生产领域。他把这个时代称为现代经济增长阶段,经济发展是现代化的中心问题。发展的程度除了用人口和人均产值的持续稳定增长来衡量外,重要的是工业化和城市化等巨大的结构性变化。另一种范式是以发展中国家为对象,研究其追赶发达国家的发展进程。以1979年诺贝尔经济学奖获得者刘易斯和舒尔茨为代表。他们的基本思想是以存在的二元结构出发,以发达国家现代化为蓝本,推动工业化和改造传统农业。不能忽视的是中国发展经济学家张培刚教授的贡献。他在哈佛大学期间所作的博士学位论文《农业与工业化》中指出:所谓现代化,首先的也是最本质的,必须包括工业化的基本内容;但除此而外,它还要包括其他如政治思想、生活观念、文化修养等方面的许多新的内容,其中不少部分又是由工业化这一大变革过程所必然引起而发生的。

已有的现代化理论属于过去时,而社会主义发展中国家的现代化理论则属于现在时和将来时,需要依据国情和所处的发展阶段进行创造和建构。中国特色社会主义进入新时代后推进的现代化,既要体现社会主义的要求,也要反映中国进入新时代后的经济特征,走中国特色社会主义的现代化道路。

现代化作为中国人的百年梦想,实际上反映的是人民对美好生活的向往。就如习近平总书记所说,一个国家走向现代化,既要遵循现代化一般规律,更要符合本国实际,具有本国特色。[1]中国的现代化作为世界现代化进程中的重要组成部分,折射出现代化的诸多共性,反映了现代化过程中的一般性规律。中国作为处于社会主义初级阶段的发展中大国,尊重现代化的一般性规律,重视从其他国家现代化的成败得失中总结经验,关注世人普遍认可的现代化一般标准。之所以提出中国式现代化命题,是因为世界上不存在定于一尊的现代化模式,不存在放之四海而皆准的现代化标准。每个国家都有自己的国情和自己的文化,各自的现代化道路有各自的特色,打上不同社会制度的烙印。已有的实现现代化的国家都是资本主义国家。我们是在社会主义国家推进现代化,是在发展中的大国推进现代化。中国的发展阶段、政治制度、经济体制和文化背景迥异于西方国家,现代化不可能是西方现代化的"翻版"。从中国的国情出发,走出一条有别于西方式的现代化道路,既要发挥自己的后发优势,更要发挥自己的制度优势。中国现代化的目标、道路从中国国情出发,就有两大优势。一是后发优势,在引进国外现代化先进成果的同时,避开先行现代化国家所走过的弯路。二是制度优势,中国的社会主义基本经济制度和举国体制更有利于高质量推进现代化。

邓小平最早提出中国式的现代化概念。他指出:"中国式的现代化,必

---

[1] 《习近平在学习贯彻党的二十大精神研讨班开班式上发表重要讲话》,新华社2023年2月7日。

须从中国的特点出发。"①他从中国底子薄、人口多、耕地少的特点出发,擘画了从全面小康、基本实现现代化到全面实现现代化的"三步走"的现代化战略。在改革开放以来的长期探索和实践基础上,经过党的十八大以来在理论和实践上的创新突破,习近平经济思想成功推进和拓展了中国式现代化。

何为中国式现代化?习近平总书记依据中国国情,明确指出:"我们推进的现代化,是中国共产党领导的社会主义现代化,必须坚持以中国式现代化推进中华民族伟大复兴,既不走封闭僵化的老路,也不走改旗易帜的邪路,坚持把国家和民族发展放在自己力量的基点上、把中国发展进步的命运牢牢掌握在自己手中。"②与以"资"为本的西方式现代化不同,中国式现代化是以人民为中心的现代化。这是中国式现代化的本质特征,如习近平所说:"现代化的最终目标是实现人的自由而全面的发展。"③其突出表现是:

第一,人口规模巨大的现代化。中国人口达 14 亿,占世界人口总量的18.3%。其规模超过现有发达国家的人口总和(约为 10 亿人)。14 亿人口的国家整体实现现代化,将彻底改写现代化的世界版图。当然,在如此大规模人口的国家推进现代化对 GDP 总量的增长提出了更高的要求。

第二,全体人民共同富裕的现代化。涉及两方面内容:一是富裕,所要满足的人民群众日益增长的美好生活需要,不仅仅是经济的,还有文化、精神、健康、生态等多方面的需求。二是共同,不是富裕一部分人,而是富裕全体人民。以人民为中心的现代化要以人民群众的切身感受为前提。生活水平、环境质量、公共服务、法治环境的相对比较直接影响人民对现代化的评价和认可。

第三,物质文明和精神文明相协调的现代化。现代化不能只见物不见人。与人的现代化密切相关的教育、科技、人才是全面建设社会主义现代化国家的基础性、战略性支撑。与过于追求物质文明层面的西方式现代化不同,中国式现代化不仅注重物质文明,还强调精神文明。实现人的现代化,

①　《邓小平文选》第二卷,人民出版社 1983 年版,第 164 页。
②　习近平在省部级主要领导干部专题研讨班开班式上的重要讲话,2022 年 7 月 26 日。
③　习近平:《携手同行现代化之路》,《人民日报》2023 年 3 月 16 日。

既离不开物质生活的改善,也离不开精神生活的丰富,思想道德及科学文化素质的提高。物质文明与精神文明相互促进,相辅相成。物质文明会对精神文明提出更高的要求,精神文明的发展也会成为物质文明建设的动力。中国不仅要成为经济强国,也要成为文化教育强国。

第四,人与自然和谐共生的现代化。尊重自然、顺应自然、保护自然,是全面建设社会主义现代化国家的内在要求。其意义不仅在于当代人的健康和安全,提供更多优质生态产品以满足人民日益增长的对优美生态环境的需要,还要可持续发展,实现生态、资源的代际公平。因此,中国式现代化坚决抛弃轻视自然、破坏自然的现代化模式,坚定不移走生态优先、绿色发展之路。

第五,走和平发展道路的现代化,即在人类命运共同体中推进现代化。中国式现代化不能走当年资本主义国家掠夺他国资源并破坏他国环境的现代化道路,要走和平发展的现代化道路,以人类命运共同体的理念开放发展、互利共赢。

总的来说,中国式现代化坚持和发展中国特色社会主义,创造中国式现代化新道路,创造人类文明新形态。

3.3　中国式现代化的目标

中国式现代化承认现代化的一般规律和国际标准。明确一般标准的意义在于明确中国所处的发展阶段及推进现代化所要努力的方向。现代化的一般经济目标包括以下内容:

首先是人均 GDP 水平。早年邓小平同志提出中国式现代化蓝图时就把基本实现现代化的具体目标定在中等发达国家水平上。党的二十大进一步明确人均 GDP 达到中等发达国家水平作为 2035 年基本实现现代化的目标。2022 年中国的人均 GDP 为 1.274 1 万美元,目前的中等发达国家的人均 GDP 已经达到 3 万美元(如 2020 年韩国人均 GDP 为 3.14 万美元)。而且中等发达国家水平是动态的,到 2035 年时其人均 GDP 水平会更高。因此,按 14 亿人口的规模计算的人均 GDP 要达到中等发达国家水平就必须有更高的 GDP 总量。

其次是人民收入和消费水平。收入水平方面,就是库兹涅茨所讲的,受制于分配的各种收入的提高几乎与国民总产值的提高并驾齐驱,收入差距趋向缩小,即倒 U 型曲线。消费水平方面,即罗斯托所讲的高额群众消费阶段,指的是社会进入工业高度发达的时期,汽车、耐用消费品广泛推广使用。当然,现在所讲的高额群众消费已经超过了这个水平。

再次是生活质量。罗斯托认为进入到追求生活质量阶段,涉及自然(居民生活环境的美化和净化)和社会(教育、卫生保健、交通、生活服务、社会风尚、社会秩序)两个方面。与医疗、教育、文化娱乐、旅游有关的服务部门加速发展,成为主导部门。

中国式现代化是中国共产党领导下的社会主义现代化。中国式现代化目标设定不只是反映上述一般性要求,更要反映社会主义要求。与以资为本的西方现代化不同,中国式现代化是以人民为中心,体现人民至上。

3.3-1 高品质生活

现代化要使人民过上高品质生活。如党的二十大报告的描述:幼有所育、学有所教、劳有所得、病有所医、老有所养、住有所居、弱有所扶,建成世界上规模最大的教育体系、社会保障体系、医疗卫生体系,人民群众获得感、幸福感、安全感更加充实、更有保障、更可持续。

人民收入水平和消费水平的显著提高是高品质生活的基础。在此基础上的生活品质高端化突出表现在以下两个方面:

一是消费升级。即由追求消费的数量转向追求消费的质量。其表现是由低收入人群的消费层次转向中等收入人群的消费层次,由满足中低端消费转向中高端消费。具体地说,是更为关注消费的品质、档次、品牌、卫生、健康和安全。消费升级与产业升级方向是一致的。产业升级的产品和服务基本上是满足升级后的消费需求。消费升级对产业升级有明显的拉动作用。

二是人居环境的绿色化和美化。党的二十大要求,城乡人居环境明显改善,美丽中国建设成效显著。为此需要实施城市更新行动,加强城市基础设施建设,打造宜居、韧性、智慧城市。同时要使农村基本具备现代生活条件。

尤其要改善农村卫生和居住条件。

3.3-2　全体人民共同富裕

　　一个国家人民的富裕程度和福利水平与生产力的发展水平密切相关。虽然目前中国人享受的社会福利水平同某些发达国家(如北欧国家)有差距,但人民至上的中国式现代化在建成富强、民主、文明、和谐、美丽的现代化强国后,人民的福利水平和富裕程度一定会更高。共同富裕不可能完全消除富裕程度的差距,不可能回到过去的平均主义分配制度。中国式现代化是在共享发展中推动共同富裕。虽然,中国目前的福利水平因生产力水平与某些发达国家有一定的差距,但中国式现代化与西方式现代化的最大区别就在于我们与共同富裕同时推进,而不是在实现现代化后再去推进共同富裕,而且可以肯定中国在达到现代化水平后,人民的福利和富裕水平一定会更高。无论是最终目标还是在进程中,都不能够出现习近平总书记强调杜绝的"富者累巨万,而贫者食糟糠"的现象。

　　共同富裕需要政府导向,这就是进一步扩大需要居民支付一定费用所享用的公共消费。其内容包括:健全基本公共服务体系,提高公共服务水平,推进基本公共服务的平等化,增强均衡性和可及性。增大用于科学、文化教育、卫生保健、环境保护等方面消费的比重。健全政府财政为主导的社会保障体系,扩大社会保障覆盖面,加强各类养老服务机构和设施的建设。在财政能力有限的条件下,扩大公共消费,需要政府改革和转型,减少行政性开支,逐步转向公共服务型政府。

3.3-3　促进人的精神文明

　　与西方式现代化单纯追求物质层面的现代化不同,中国式现代化是物质文明与精神文明相协调,不断促进人的全面发展。根据建成富强、民主、文明、和谐、美丽的社会主义现代化强国目标,推动物质文明、政治文明、精神文明、社会文明、生态文明协调发展,这是人类文明新形态。

　　党的二十大报告指出:"物质富足、精神富有是社会主义现代化的根本要求。物质贫困不是社会主义,精神贫乏也不是社会主义。"中国式现代化就是要"促进物的全面丰富和人的全面发展"。

丰富人民精神世界是中国式现代化的重要方面。人的精神文明程度的提升,即人的思想素质、观念和思维的现代化。提升人的精神文明程度是人的现代化的重要方面,既是现代化的目标,也是现代化的手段。为此,中国式现代化需要发展社会主义先进文化,增加先进文化的供给。不能设想一个国家和地区在经济上达到现代化后还是文化的沙漠。也不能设想,人在物质上富有,但精神上空虚会成为现代人。中国式现代化不只是表现为在经济上进入世界强国之列,还表现在建成文化强国。文化现代化与经济现代化是有区别的。经济现代化有个追赶发达国家的问题,文化现代化虽然不排斥对世界优秀文化的学习和交流,但不完全是追赶发达国家,更不是文化的西化,而是体现文化自信。文化产品不同于物质产品,它有先进和落后的问题,有方向问题。社会主义先进文化重要的是价值观的先进性。中国有五千年的文化底蕴和积淀,有条件在保持传统文化优势的基础上,高起点发展体现时代和科技特征的社会主义现代文化推动中华优秀传统文化创造性转化、创新性发展,实现党的二十大报告提出的"发展面向现代化、面向世界、面向未来的,民族的科学的大众的社会主义文化"。这种与提高人的精神文明程度相关的文化建设就是习近平所说的"既传承历史文化、又融合现代文明",[1]体现马克思主义基本原理同中华优秀传统文化的结合。

文化的作用在以文化人。在中国式现代化进程中以文化人的作用在于对各个市场主体经济行为进行引导。这对推进中国式现代化具有十分重要的意义。

首先是解决人的价值观和道德观问题。在中国式现代化中所要促进的人的现代化就是要以社会主义核心价值观为引领,用社会主义核心价值观铸魂育人。建设具有强大凝聚力和引领力的社会主义意识形态,巩固和壮大奋进新时代的主流思想舆论,坚定社会主义现代化的理想和信念。党的二十大就提高全社会文明程度提出实施公民道德建设工程,其内容就是弘扬中华传统美德,加强家庭家教家风建设,推动明大德、守公德、严私德,提高人民道德水准和文明素养,在全社会弘扬劳动精神、奋斗精神、奉献精神、创造精神、勤俭节约精神。公民道德可以说是人的现代化之本。从社会资

---

① 习近平:《携手同行现代化之路》,《人民日报》2023 年 3 月 16 日。

本角度所要求的道德规范,不只是个别人的洁身自好,而是要求整个社会的道德规范,由此形成中国式现代化的坚实根基和力量。

其次是促进人的观念达到现代水准,适应和推动现代技术和现代社会发展。现代化道路不是充满鲜花,而是布满荆棘。也就是说现代化进程是有摩擦、有成本的。减少现代化摩擦和成本的基本途径是人成为现代人。现代人是具有现代知识、现代观念、现代思维方式和现代行为方式的人。就如诺贝尔经济学奖得主缪尔达尔指出的:"现代技术不是得到和使用一种工具问题。现代技术跟随现代思想而出现。你不能以古代的思想去掌握现代工具。"①人的观念现代化是指人的心理态度和价值观念从传统向现代的转化。这就需要如《共产党宣言》里要求的:"它在自己的发展进程中要同传统的观念实行最彻底的决裂。"②对中国式现代化形成共识和认同需要从两个方面入手:一方面,要冲破传统思想观念的障碍和束缚,突破在低收入发展阶段的发展理念,从而克服发展范式上的路径依赖。其中包括:由固步自封不思进取的观念转向勇于改革创新的观念;改变过去的单纯追求高速度的增长观念,转向高质量发展观;从掠夺自然资源、支配自然的观念转向保护自然并与自然和谐共生的绿色发展观念;从追求一部分人的富裕转向富裕全体人民的理念。另一方面,要构建相互信任的营商环境。现代化的营商环境不仅是法治化环境,还涉及文化环境。相互信任的社会关系网络是不可多得的社会资本。诚信文化所形成的互惠性的社会关系网络会使实施合同、规范和维持市场秩序最为有效,从而减少推进现代化的成本和摩擦。

再次是弘扬承担社会责任的企业家文化。企业文化是企业家道德观、价值观的体现。企业家文化不只是创新文化,还应该包括其承担社会责任的文化。企业唯利是图是一种文化,企业承担社会责任也是一种文化。经济学中一直有"经济人"假设,最为典型的是亚当·斯密的"看不见的手"的假说:每个人都只关心自己的利益,在一只看不见的手的指引下,最终实现社

① 缪尔达尔:《亚洲戏剧》,转引自阿恩特:《经济发展思想史》,商务印书馆1999年版,第199页。

② 马克思、恩格斯:《共产党宣言》,《马克思恩格斯文集》第2卷,人民出版社2009年版,第52页。

会的利益。后来的经济学家逐步发现这种价值观的缺陷。诺贝尔经济学奖得主诺思在解释制度变迁时指出,将什么都解释为人们按自我利益行事的理论,不能解释问题的另一面,即社会利益的实现并不都是在大家追求自身利益中实现的。诺思所推崇的企业不是仅仅追求自身的利润目标,还应有主动实现社会目标的意识形态。"其基本目的在于促进一些群体不再按有关成本与收益的简单的、享乐主义的和个人的计算来行事。"①这种意识形态主要是指社会强有力的道德和伦理法则。企业竞争力一定意义上说是企业文化的竞争力。企业活动所要实现的价值不仅是物质的价值,还有企业的文化价值。在现代社会中,企业之间的竞争在颇大程度上是企业形象的竞争。企业形象就是由企业文化所产生的企业声誉。成功的企业是靠现代价值观的引领发展起来的。为了实现社会的利益,企业应遵守社会共同的道德标准,克服市场运行中各种机会主义的搭便车和违约行为。习近平参观南通博物苑张謇生平展时对企业家文化给予充分的肯定:张謇在兴办实业的同时,积极兴办教育和社会公益事业,造福乡梓,帮助群众,影响深远,是中国民营企业家的先贤和楷模。张謇的事迹很有教育意义,要把这里作为爱国主义教育基地,让更多人特别是广大青少年受到教育,坚定"四个自信"。②很显然,中国式现代化的微观基础是勇于承担社会责任的中国式企业家。

3.3-4 促进人的全面发展

人的全面发展是马克思设想的未来生活的特征。在《资本论》中,马克思明确指出未来社会的一个重要特征是人的自由而全面的发展。马克思设想的未来社会的人,不仅是自由人,还是全面发展的人。这就是马克思所说的,未来社会是一个"更高级的、以每一个个人的全面而自由的发展为基本原则的社会形式"。③人的全面发展是马克思基于"现代工业的基础是革命的"科学判断提出来的。他说:"现代工业通过机器、化学过程和其他方法,

---

① 诺思:《经济史中的结构与变迁》,上海三联书店 1994 年版,第 11 页。
② 《习近平赞扬张謇:民营企业家的先贤和楷模》,新华网 2020 年 11 月 13 日。
③ 马克思:《资本论》第一卷,第 683 页。

使工人的职能和劳动过程的社会结合不断地随着生产的技术基础发生变革。这样,它也同样不断地使社会内部的分工发生革命……大工业的本性决定了劳动的变换、职能的更动和工人的全面流动性。"①由此,对工人提出的生死攸关的问题是,"用那种把不同社会职能当作互相交替的活动方式的全面发展的工人,来代替只是承担一种社会局部职能局部个人"。②其出路就是通过教育来使劳动者成为全面发展的人。他设想,"工人阶级在不可避免地夺取政权之后,将使理论的和实践的工艺教育在工人学校中占据应有的位置"。③这表明,基于技术进步所带来的分工、技能的革命性变化,劳动者必须成为自由而全面发展的人,唯此才能够胜任由技术基础变革所带来的分工职能的不断革命。

进入新时代的现代产业的基础更是革命性的,尤其是数字经济条件下,数字技术不仅排斥简单劳动,而且排斥技能劳动,不仅替代某个就业岗位,甚至替代某个就业行业,从而分工职能的变动、劳动者的流动性更为全面频繁。在此背景下,人的全面发展在现代化进程中显得更为紧迫和重要。根据进入新时代的现实条件,尤其是国家创新发展战略的实施及数字经济的技术条件,党的二十大在说明物质文明和精神文明相协调的现代化时落脚在"促进物的全面丰富和人的全面发展"。

首先是身体素质的现代化。党的二十大报告提出了推进健康中国建设的目标,把保障人民健康放在优先发展的战略位置。这次新冠病毒疫情进一步反映了健康中国建设的重要性。2021年中国人均预期寿命为78.2岁,比2010年的74.83岁提高了3.37岁,根据国家2035年远景目标纲要,到2030年,人均预期寿命将突破79岁。按此要求推进人的现代化,根据健康中国建设要求,进一步健全公共卫生体系,不仅要提高医疗水平,还要提高公共卫生和防疫水平。加大力度推进生物技术和医疗技术领域的科技进步,增强城乡居民抗疾病风险的能力。

其次是人的文化素质的现代化。现代化需要提高全民族的文化水平。教

①　马克思:《资本论》第一卷,第560页。
②　同上书,第561页。
③　同上书,第561—562页。

育、科技、人才是全面建设社会主义现代化国家的基础性、战略性支撑。这三个方面都是人的全面发展的依托。提高全民族的教育水平是推动人的现代化、应对科技进步的必要过程。截至 2021 年,中国劳动年龄人口平均受教育年限由 2010 年的 9.08 年提升至 10.9 年,新增劳动力平均受教育年限达 13.8 年,九年义务教育巩固率达 95.4%,高中阶段毛入学率为 91.4%,高等教育毛入学率为 57.8%。高等教育进入世界公认的普及化阶段。全国第七次人口普查显示,中国具有大学文化程度的人口为 21 836 万人,每 10 万人中具有大学文化程度的由 2010 年的 8 930 人上升为 15 467 人,比例从 8.9%上升至 15.5%。这个指标同发达国家相比还有一定的差距。中国要实现现代化,教育就要率先实现现代化。不仅要求提高受教育年限普及高等教育,还要提高各类教育的质量,推进优质教育资源的均衡配置,促进人才的区域合理布局和协调发展。加快建设世界重要人才中心和创新高地,形成人才国际竞争的比较优势,以此来支持国家进入创新型国家的前列。

最后是劳动者知识和技能的现代化。习近平总书记从推动共同富裕的角度提出:"要防止社会阶层固化,畅通向上流动通道。"[1]社会阶层固化实际上是分工的固化。畅通低收入群体向上流动通道的前提是打破分工的固化。这就是自由流动。这是人的自由而全面发展中"自由"的含义。为此,需要有完善的劳动力市场。进一步的要求是全面发展。这涉及劳动者适应新技术的就业能力的提升。现阶段数字化技术在各个产业中不断渗透,产业数字化背景下,数字化不仅替代部分就业岗位,甚至替代某个行业,不仅替代简单劳动,甚至替代部分复杂劳动。在此背景下,任何就业岗位都不可能是持久的。因此皮凯蒂在《21 世纪资木论》中提出"教育和技术赛跑"的论断,即面对日新月异的技术进步,教育应该与之赛跑,走在技术进步的前面。[2]劳动者的学习能力的提升就是教育和技术赛跑。现阶段尤其要克服"数字鸿沟",不仅要求教育体系以足够快的速度跟上技术进步步伐,更要加强数字化技术的教育培训。面对日新月异的知识创新和技术进步,教育不能限于在校教育,还需要推进劳动者在职培训之类的终身教育机制建设。

---

[1]　习近平:《扎实推动共同富裕》,《求是》2021 年第 20 期。

[2]　皮凯蒂:《21 世纪资本论》,中信出版社 2014 年版,第 311 页。

现代社会的人应处在一个连续不断的教育过程中，终身学习，不断更新自己的知识结构。人只有成为全面发展的人，才能胜任现代化条件下就业岗位的不断改变。

3.4 中国式现代化的进程

低收入国家现代化的一般进程就是摆脱贫困。当年邓小平擘画的"三步走"现代化战略的第一步就是全面建设小康社会。2020年，全面建成了小康社会。现在开启的现代化新征程分两步。第一步，2035年基本实现现代化；第二步，2050年建成富强、民主、文明、和谐、美丽的社会主义现代化强国。

对于以二元结构为特征的发展中国家来说，其现代化，如库兹涅茨所说，需要非农业部门的份额持续上升，现代部门迅速增长并通过各种链条带动经济中其他方面的增长。因此工业化、城市化和改造传统农业成为现代化的一般进程。建构中国式现代化理论毫无疑问需要借鉴已有的现代化理论，包括把发达国家达到的现代化水平作为参照系，把工业化、城市化、信息化、农业现代化作为现代化的必由之路。但是，在发展方式上不可能是一样的。

中国创造了工业化、信息化、城镇化、农业现代化"四化同步"的经验。就如习近平指出的："我国现代化同西方发达国家有很大的不同。西方发达国家是一个'串联式'的发展过程，工业化、城镇化、农业现代化、信息化顺序发展，发展到目前水平用了二百多年时间。我们要后来居上，把'失去的二百年'找回来，决定了我国发展必然是一个'并联式'的过程，工业化、信息化、城镇化、农业现代化是叠加发展的。"[①]中国的创造突出在两个方面：一方面在农村进行的工业化与城镇化、农业现代化同步推进；另一方面，工业化同信息化融合发展，实现工业化的跨越式发展。基于这种创造，就如习近平所肯定的，我们用几十年时间走完西方发达国家几百年走过的工业化历程，创造了经济快速发展和社会长期稳定的奇迹，为中华民族伟大复兴开辟了

---

① 中共中央文献研究室编：《习近平关于社会主义经济建设论述摘编》，第159页。

广阔前景。

进入中国式现代化新阶段，根据"四化同步"的成功经验，在经济后发地区要实现现代化跨越，需要补工业化的课，补城镇化的课，补农业现代化的课，而且要迎头赶上信息化机遇，以数字化赋能。就全国范围而言，尤其是发达地区，推进中国式现代化的这四方面进程有了新内容。

3.4-1 工业化向建设现代化产业体系提升

2022 年，三次产业增加值占 GDP 比重分别为：第一产业 7.3％，第二产业 39.9％，第三产业 52.8％。这表明全国范围传统意义的以降低农业比重为内容的工业化任务已基本完成。进一步的任务是建设现代化产业体系，这种产业体系不只是指三次产业结构，更重要的是各次产业的质量和水准。其内容主要涉及以下三个方面。

一是推进新型工业化。推动制造业高端化、智能化、绿色化发展。建设制造强国、质量强国、网络强国、数字中国。二是构建优质高效的服务业新体系。推动现代服务业同先进制造业、现代农业深度融合。加快发展物联网，建设高效顺畅的流通体系，降低物流成本。三是打好产业基础高级化、产业链现代化的攻坚战。世界范围内每一次产业革命浪潮都带动了产业基础高级化。第一次产业革命带动了产业基础机械化，第二次产业革命带动了产业基础电气化，第三次产业革命带动了产业基础信息化。当前正发生的产业革命所推动的产业基础高级化的趋势是数字化（智能化），具体地说是促进数字经济和实体经济深度融合。

在当前产品内分工为主的分工条件下，产业竞争力反映在产业链供应链的竞争力上。在新发展格局中补链强链延链，不仅要增强以我为主的产业链的国际竞争力，还要推动产业迈上全球价值链中高端，现实中还需要突破产业链上的"卡脖子"环节。因此，产业链现代化需要围绕产业链部署创新链，围绕创新链布局产业链。

3.4-2 信息化进入数字经济新赛道

信息化就是当今的科技现代化。在现代，科技革命和产业革命是结合在一起的。至今以信息化为代表的产业革命还没有结束，但有根本性进展。

就如里夫金所描述的,20世纪90年代和21世纪的前10年,信息与通信技术革命和第二次工业革命完成了整合。互联网信息技术与可再生能源的出现让我们迎来了第三次工业革命。[1]当前世界范围的信息化进入数字经济阶段,数字经济正在成为国际经济和科技竞争的新赛道。数字经济是信息和知识的数字化成为关键生产要素,以现代信息网络为重要载体,以有效利用信息通信技术为提升效率和优化经济结构重要动力的广泛经济活动。[2]现在中国跨入现代化的关口就在于主动融入以数字经济为代表的新科技和产业革命。

发展数字经济的路径主要表现在:首先是知识和信息数字化,越来越多的产品、服务、财富通过数字化供人们享用。其次是数字产业化。作为生产要素的数据是对海量数字通过科学的算法进行采集、分析、处理、研究后成为作为生产要素的大数据。再次是产业数字化。互联网、大数据、人工智能与实体经济深度融合,表现为制造业、服务业和农业各个产业都实现数字化。物联网、大数据、云计算、人工智能、机器人、增材制造、新材料、增强现实、纳米技术和生物技术等很多新兴技术在各个产业广泛运用。数字经济还会渗透到政府和社会管理各个领域,实现政府治理数字化和社会管理数字化。

3.4-3　城镇化回归城市化

中国已有的城镇化基本上属于农民进城的城镇化,中国的城镇化率至2022年为65.22%。传统的农民进城意义上的城镇化基本到位。转向城市化是以城市现代化推动城乡现代化,主要有以下三个考虑。

一是进入现代化新征程后,城镇化的新内容就是党的二十大所要求的:推进以人为核心的新型城镇化。根据以人为核心的城镇化要求,推进农业转移人口的市民化。市民化不仅要使进入城镇的转移人口享受平等的市民权利,还要进一步使留在农村的农民享受市民权利。现有的大中城市无力解决巨大数量的农业转移人口的市民化问题,可行的路径是农业转移人口进入当地城镇实现市民化。现在讲的城镇化,主要不是农业人口向城市转

---

[1]　里夫金:《第三次工业革命》,中信出版社2012年版,第15—31页。
[2]　《二十国集团创新增长蓝图》,《人民日报》2016年9月6日。

移意义上的城市化,而是倒过来,推动城市发展的势头和要素"化"到农村城镇,在城市和城镇深度融合发展的基础上实现城镇城市化。就是要使农村基本具备现代生活条件,不仅需要引导优质基本公共服务资源进入城镇,还需要引导社会资本在城镇建设现代商业设施,使城镇具有城市功能和农民市民化的能力。

二是克服大中城市的"城市病"。随着产业、人口高度集聚和家庭轿车的普及,沿海城市尤其是特大城市和大城市普遍存在人口拥挤、交通拥堵、环境污染、房价高昂等"城市病"。已有的城市承载不了进一步的人口城市化,更谈不上现代化了。为此需要实施城市更新行动,加强城市基础设施建设,打造宜居、韧性、智慧城市。特别是要把造成"城市病"的源头(主要是所占空间大、所需就业人口多的制造业)外移。

三是解决后发地区少城和无城可"化"问题,增强其集聚发展要素功能,以此来协调区域发展。城市及集聚经济,是市场中心,是人流、物流、信息流和资金流的集聚地,同时也是周边农村现代要素的集散地。实践证明区域中心城市的现代化水平越高,其外围包括农村的现代化水平也越高。后发地区经济落后的原因就是城市要素供给不足。因此,在区域经济中推进城市化就是要增加后发地区的城市供给。在此基础上,以城市群、都市圈为依托构建大中小城市协调发展格局。

回归城市化不是简单回归,而是城市的提升。在中国式现代化中,城市是现代化的中心和策源地,是城乡现代化的动力源。城市成为科技和文化的创新中心,就可以将现代化势头和要素推向农村,带动农村的现代化。城市现代化的基本路径是增加现代城市要素供给,实现产、城、文化、生态"四位一体"的融合发展。

3.4-4 农业农村现代化

根据木桶原理,现代化进程是由短板决定的,相比工业化、信息化、城镇化,中国的农业现代化仍然是"四化同步"的短板。现代化新征程中实现农业现代化,需要从根本上克服农业的弱势状态,改变农村的落后面貌。党的二十大提出:坚持农业农村优先发展,加快建设农业强国。如何解决农业由弱变强?关键就是习近平总书记在二十大不久后召开的中央农村工作会议上指出的：促进农业高质高效、乡村宜居宜业、农民富裕富足。按此要求，农业农村现代化主要涉及以下三个方面。

一是改变农业发展范式，即由农产品"数量剩余"范式转向"品质加附加值"范式，发展优质、高效、高附加值农业，涉及农产品的品种的优化、品质的提升、农产品由初级品向最终产品的延伸，以及农业全产业链中采用现代技术增加产品附加值，由此构建与居民消费快速升级相适应的高质高效的现代化农业产业体系。生物技术和数字技术创新成为农业技术创新的重点，其意义在于提升品种、品质和附加值，提供绿色化的技术。这种发展范式下的农业可能改变自身的弱势地位。

二是改变发展农业农村的路径。过去基本上是靠农业农村外部的发展带动农业农村发展，即以非农化发展农业，以城镇化发展农村，以农业劳动力转移富裕农民。新时代的现代化则需要直面农业和农村。发展现代农业，也就是构建现代农业产业体系、生产体系、经营体系。

三是解决谁来经营现代农业的问题。在农业中青壮年劳动力大量流出的情况下，中国的粮食到 2022 年已经是连续 19 年丰收，说明农业效率并不低。但是经营现代农业，发展"品质加附加值"范式农业，目前种田的老人妇女就力不从心了。现代农业需要从城市引入知识型职业农民，尤其是需要农业投资者，需要新型农业经营主体。为使农业投资者进入，新型农业经营主体进入，不仅需要保证其收益，还需要提供达到城市水准的现代生活条件。因此乡村振兴是吸引农业投资者和新型农业经营主体的必要条件，尤其需要改善农村城镇和乡村的居住和卫生条件，建设和美乡村。

3.5 中国式现代化新道路

理论和实践表明发展中国家现代化道路一般有两条：一是科技现代化先行，二是对外开放。

现有的发达国家基本上都是先后在三次产业革命中实现现代化的。每次现代化浪潮都是由产业革命或科技革命推动的。因此库兹涅茨把现代经济增长看作是以划时代的创造发明为基础的一个过程。进入现代经济增长时代的标志明确为科学被广泛地运用于经济生产领域。后发国家要实现现代化就需要对外开放。后发国家现代化可以利用世界范围的技术和知识存量,通过引进技术等途径进入现代经济增长阶段。

中国错过了前三次产业革命,因此在现代化上落伍了。已开启的现代化新征程上,不能再错过新科技和产业革命。尤其是进入生态文明时代,推进现代化,已经没有先行国家当时那种宽松的资源、环境供给。走和平发展道路的中国式现代化也不可能再走当年西方发达国家掠夺他国资源的道路,而只能走绿色发展之路。实现绿色发展归根到底还是要靠科技创新。因此中国式现代化必须走创新发展之路,这就是习近平所说的把创新摆在国家发展全局的突出位置。

中国在开启现代化新征程时,经过 30 多年的高速增长,潜在的增长要素已经得到了充分释放,如果没有新的要素被动员出来,潜在经济增长率就有下降的趋势。再加上国际环境的变化,逆全球化盛行,发达国家采取断供、"卡脖子"等途径阻碍后发国家的科技进步。因此立足新发展阶段,中国式现代化道路需要创新和拓展,需要贯彻新发展理念,构建新发展格局,迈上更高质量、更有效率、更加公平、更可持续、更为安全的现代化之路。贯彻新发展理念的现代化道路可称为中国式现代化新道路。

3.5-1 构建新发展格局

进入新发展阶段,发展格局也转为新发展格局。新发展格局是以国内大循环为主体、国内国际双循环相互促进。新发展格局下的经济发展需要依托规模处于世界前列的国内市场,抓住扩大内需这个战略基点,使生产、分配、流通、消费更多依托国内市场,提升供给体系对国内需求的适配性,形成需求牵引供给、供给创造需求的更高水平的动态平衡。同时要依托国内市场推动内外循环的相互促进。根据党的二十大报告,内循环的要求是增强国内大循环内生动力和可靠性,外循环的要求是提升国际循环质量和水平。

在低收入阶段的经济增长主要是靠高投资拉动,也就是长期地以高积累(高储蓄)支持高投资。进入新发展阶段,培育消费力与发展生产力同等重要。相比投资需求,消费需求增长的潜力更大,消费对经济增长的贡献率更高(目前已经超过 60%)。消费对经济发展的基础性作用在于以需求牵引供给。中国式现代化所要扩大的消费需求,不仅在消费总量方面,更重要的是在消费需求结构方面,即消费结构的升级,中高端消费对经济的拉动作用更大。

扩大消费需求不只是消费环节的问题,还需要生产、分配和流通环节共同发力,建立扩大消费的长效机制,解决好"能消费""愿消费"和"敢消费"问题。具体地说,第一,在生产和分配环节提供能消费的收入支撑。有收入支撑的消费增长不仅需要稳定的高就业率,还需要扩大中等收入者比重并使中等收入者达到大多数,这部分群体的消费需求最为旺盛。第二,在流通环节提供愿消费的市场环境。相关的决定性因素包括稳定的物价水平、规范的市场秩序。第三,以扩大的公共消费和完善的社会保障确保敢消费的预期。在国民收入分配中提高消费的比例,改变高积累、低消费状况。第四,消费增长离不开服务业发展。借助互联网平台,网络消费和共享经济等新服务业态可以从广度和深度上扩大消费需求。适应新经济的新的消费业态,包括信息消费、绿色消费、旅游休闲消费、教育文化体育消费、养老健康家政消费等,都是扩大消费的强大推动力。

现代化建设离不开投资需求。在新发展格局中投资对优化供给结构起着关键作用。针对前一时期因盲目投资、重复投资产生的投资失败的风险,需要明确的是,扩大的应是有合理收入回报的投资需求。在构建新发展格局中,投资需求的关键性作用突出在:第一,解决供给对需求的适配性,不仅要突破内循环中的"卡脖子"环节,还要满足消费需求增长和升级的需要。第二,满足创新驱动经济发展需要。创新成为发展的第一动力,创新投资及增大研发费用就成为创新的推动力。第三,以自主可控、高质量的供给创造引领新的需求。

3.5-2 高水平科技的自立自强

本来根据前述经济学家的观点,后发国家的现代化可以通过引进和模仿从发达国家获取的技术。但是实践证明最前沿的技术是引不进来的,尤其是当中国的科技水平显著提升,接近现代化水平时,就会遇到发达国家断供、"卡脖子"等阻碍。这就是习近平指出的,"近代以来,西方国家之所以能称雄世界,一个重要原因就是掌握了高端科技。真正的核心技术是买不来的。正所谓'国之利器,不可以示人'。只有拥有强大的科技创新能力,才能提高我国国际竞争力"。① 这就提出科技的自立自强的要求：以原创性创新成果，突破发达国家的围堵和遏制，占领科技和产业的世界制高点。就要如党的二十大要求的，把科技自立自强作为国家发展的战略支撑。科技创新的目标即面向世界科技前沿、面向经济主战场、面向国家重大需求、面向人民生命健康。实现高水平科技的自立自强的道路主要涉及以下方面。

第一，科技创新与发达国家并跑，就是与国际接轨。库兹涅茨说，不管创新资源的来源如何，"任何单个国家的经济增长都有其国外的基础"，科技和产业的"时代划分是以许多国家所共有的创造发明为依据的。这是现代经济增长的一条特殊真理"。②在现代具有划时代意义的共有的创造发明是数字化、智能化、绿色化科技。这些新科技同样成为中国科技创新的主攻方向，只有凭借并跑中的科技创新才能进行平等的新科技相关问题的国际交流和对话，提升自己的科技创新能力，突破发达国家对中国断供和"卡脖子"的技术。

第二，在重要科技领域领跑。所谓领跑就是与未来接轨，直接瞄准国际最新技术取得突破性进展。在重要科技领域成为全球领跑者，在前沿交叉领域成为开拓者。这种领跑者地位不是在实现现代化以后才形成，而是在现代化进程中就要不断开拓领跑领域。

第三，发展新经济。经济发展的每一个时期都会产生反映当时最新科技水平的新产业和新动能，被称为新经济。现在所讲的新经济就是数字经济。这是崭新的、充满了基于数字技术的经济和社会体验的经济。发展数字经济是把握新一轮科技革命和产业变革新机遇的战略选择。在数字经济这个新赛道上与发达国家并跑、领跑，进入国际前沿，必将加快中国的现代化进程。当然，现代科技日新月异，需要领跑的科技领域更为广泛，如新能源、新材料。科学研究需要有前瞻性，提前布局。只有这样，才能实现中国式现代化的目标。

第四，建立自主可控的现代化产业体系。科技现代化的直接作用是产业

---

① 中共中央文献研究室编：《习近平关于科技创新论述摘编》，中央文献出版社 2016 年版，第 39—40 页。

② 库兹涅茨：《现代经济增长》，北京经济学院出版社 1989 年版，第 250、251 页。

现代化,形成自主可控的现代化产业体系。这就是说,创新要实,实就实在产业化创新。既包括前瞻性培育战略性新兴产业,高科技产业化,又包括传统产业现代化。实现工业化与信息化、绿色化的融合,围绕产业链部署创新链,围绕创新链布局产业链。不仅要依靠具有自主知识产权的创新成果突破产业链上的"卡脖子"技术,还要推动产业迈上全球价值链中高端。

实现高水平科技自立自强需要一系列的基础性安排。第一,充分发挥科学家和企业家的创新主体作用,形成关键核心技术攻坚体制。第二,根据科技是第一生产力,实施科教兴国战略。第三,根据人才是第一资源,实施人才强国战略。第四,根据创新是第一动力,实施创新驱动发展战略。第五,建设实现创新驱动发展的新基础设施,主要涉及基于新一代信息技术演化生成的基础设施,深度应用互联网、大数据、人工智能等技术,支撑传统基础设施转型升级的融合基础设施,支撑科学研究、技术开发、产品研制的具有公益属性的基础设施等。

3.5-3　高水平对外开放

新发展格局不排斥对外开放,但要升级对外开放,实现更高水平的对外开放。改革开放后,中国主要以资源禀赋的比较优势融入经济全球化。中国开启现代化新征程,对外开放也进入新时代,需要更高质量的开放发展。不仅需要在开放中获取国际资源和市场,更要获取高端技术。实现中国式现代化需要在更大范围、更宽领域、更深层次上提高开放型经济水平。

第一,出口导向的开放型经济转向内循环需要导向的开放型经济,也就是从培育国内科技和产业优势的需要出发利用国际资源和国际市场,包括创新要素的引进,外商直接投资的升级,引资、引技、引智并举,以推动开放式创新。中国参与国内国际双循环的环节与创新链融合,提升产业链现代化水平。

第二,依托中国超大规模市场优势,更大力度地吸引和利用外资。纵观全球,发达国家和新兴经济体都把吸引和利用外资作为重大国策,招商引资国际竞争更加激烈。以国内大循环吸引全球资源要素,既要把优质存量外资留下来,还要把更多高质量外资吸引过来,提升贸易投资合作质量和水平。坚持"引进来"和"走出去"并重,以"进"促"出",推动形成陆海内外联动、东西双向互济的开放格局,实行高水平的贸易和投资自由化便利化政策。加快建设贸易强国,维护多元稳定的国际经济格局。

第三,参与全球化经济和国际竞争的战略,由资源禀赋的比较优势转向竞争优势,依靠科技创新培育竞争优势。参与外循环的竞争优势,不是建立在原来的资源禀赋的比较优势基础上的,而是如党的二十大报告所说的,加快建设世界重要人才中心和创新高地,形成人才国际竞争的比较优势。按此要求形成具有全球竞争力的开放创新生态,需要着力引进创新资源(尤其是创新人才),进行开放式创新,重视处于国际前沿、引领产业创新的具有自主知识产权的核心技术和关键技术的研发,重视研究型大学的基础性研究的开放。着力点是发展创新导向的开放型经济,着力引进创新资源。过去通过引进外资来利用国际资源,现在开放式创新就要根据创新链环节的需要着力引进掌握高端核心技术的科技和管理人才。

第四,由政策性开放转向制度型开放,即规则、规制、管理、标准等制度型开放。利用制度型开放,升级外商直接投资。在有序放宽市场准入的同时,注重外资质量。引进的外资以创新为导向进行选择:进入的环节是高新技术研发环节,鼓励外资在中国本土创新研发新技术。新发展格局不排斥产业链的国际布局,尤其是以全球价值链进入"一带一路"国家和地区,形成面向全球的贸易、投融资、生产、服务的价值链,培育国际经济合作和竞争新优势。

第五,在开放中统筹发展与国家经济安全。防止中国的现代化被国际风险打断。这就是习近平总书记警示的,"应对外部经济风险、维护国家经济安全的压力也是过去所不能比拟的"。[①]世界金融危机、通货膨胀的输入,国际市场及汇率风险,全球产业链中的脱钩断链,都可能危及国家经济安全,而经济安全是国家安全的基础。因此,越是开放,越要重视安全,统筹好发展和安全两件大事,增强自身竞争能力、开放监管能力、风险防控能力。这就要求建立多元平衡、安全高效的全面开放体系;创新和完善宏观调控,尤其要防止系统性金融风险,有效防范各类风险连锁联动。

---

① 　中共中央文献研究室编:《习近平关于社会主义经济建设论述摘编》,第24页。

3.5-4　国家治理体系和治理能力现代化

社会主义制度和举国体制是中国式现代化的制度基础。在此基础上,推进中国式现代化需要一系列的制度改革。改革和创新是中国式现代化的两大动力。改革的目标就是习近平指出的"既要创造比资本主义更高的效率,又要更有效地维护社会公平,实现效率与公平相兼顾、相促进、相统一"。①这个要求体现在社会主义基本经济制度三个方面的坚持和完善。

首先,坚持和完善公有制为主体多种所有制经济共同发展的所有制结构。发展公有制经济和发展民营经济两个"毫不动摇",尤其是在发展多种所有制经济方面需要强有力的制度安排。

其次,构建初次分配、再分配、三次分配协调配套的基础性制度安排。在推动共同富裕上,三次分配各具功能。其中,初次分配是基础,在初次分配领域就要处理好公平与效率的关系;再分配领域更讲公平,政府在其中的行为起导向作用;第三次分配则是先富人群承担社会责任的体现,是推动共同富裕的补充。

最后,建设高标准市场体系。相应地完善产权保护、市场准入、公平竞争、社会信用等市场经济基础制度,优化营商环境。这是市场经济决定资源配置条件下实现资源有效配置的制度基础。

基于基本经济制度的要求,当前推动中国式现代化特别需要两个方面的制度建设。一是依法规范和引导资本健康发展,形成国企敢干、民企敢闯、外企敢投的制度环境。二是建设法治化营商环境。依法规范和引导资本健康发展,规范和支持平台经济新业态,对各类资本同样有"能投资""愿投资"和"敢投资"的要求。相应地需要有效市场和有为政府的协同作用。

总的来说,中国式现代化道路不仅是马克思主义经济学说同中国具体实际相结合的道路,也是现代化的一般理论与中国国情相结合的道路。贯彻新发展理念的现代化是中国式现代化的新道路,拓展了发展中国家转向现

---

① 《习近平在学习贯彻党的二十大精神研讨班开班式上发表重要讲话》,新华社2023 年 2 月 7 日。

代化的新路径。

参阅

洪银兴:《论中国式现代化的经济学维度》,《管理世界》2022 年第 4 期。

基本经济制度篇

市场经济和要素的市场化配置

社会主义市场经济是基本经济制度的重要组成部分。在市场经济前冠以社会主义，不改变市场经济的基本规定性，但有实实在在的内容。其含义是使市场对资源配置起决定性作用和更好发挥政府作用。在40多年市场化改革的基础上，党的二十大进一步提出构建高水平社会主义市场经济体制的要求。其内容包括建设高标准市场体系，全面完善产权、市场准入、公平竞争、社会信用等市场经济基础制度。这是社会主义市场经济有效运行的体制基础，也是推进中国式现代化的体制保证。

4.1　市场决定资源配置是市场经济的一般规律

在任何社会中，社会总资源（在马克思主义经济学中指的是社会总劳动时间）都是有限的，而各个方面的需要是无限的。这就提出了资源配置效率问题。经济学所研究的资源配置指的是有限的资源如何在各种用途（部门）

间有效配置。理论和实践都证明,市场配置资源是最有效率的形式。市场决定资源配置是市场经济的一般规律,市场经济本质上就是市场决定资源配置的经济。

4.1-1 市场对资源配置的决定性作用

依据资源配置方式,有计划经济和市场经济之分。如果是由政府决定生产什么、怎样生产和为谁生产,就是计划经济;如果是由市场决定生产什么、怎样生产和为谁生产,就是市场经济。

无论是马克思主义经济学还是西方经济学,共同的结论是,在市场经济条件下,只有市场机制才能实现资源的有效配置。马克思对资源配置的说明是社会劳动时间在各个部门的分配:社会劳动时间在各个部门的有效分配的标准是每个部门耗费的劳动时间总量是社会必要劳动。其实现依赖于价值规律的充分作用,市场机制是价值规律的作用机制。"竞争,同供求比例的变动相适应的市场价格的波动,总是力图把耗费在每一种商品上的劳动的总量归结到这个标准上来。"①西方经济学对此的说明是福利经济学的定律,即:每一个竞争性经济都具有帕累托效率,每一种具有帕累托效率的资源配置都可以通过市场机制实现。②市场按效率原则竞争性地配置资源,能促使资源流向效率高的地区、部门和企业。中国经济已经过了依靠资源投入的阶段,资源和环境供给不可持续问题已经非常突出,确确实实到了向效率要资源的阶段。因此,将资源配置的重任交给市场就显得更为迫切。

所谓市场决定资源配置,是指依据市场规则、市场价格、市场竞争配置资源,实现效益最大化和效率最优化。市场机制是指在竞争性市场上供给、需求和价格之间相互制约的联系和运动。市场机制配置资源有两大功能:一是优胜劣汰的选择机制,二是奖惩分明的激励机制。市场机制的这种功能是在消费者行使主权、机会均等、自由竞争、企业自主经营、资源自由流动

---

① 马克思:《资本论》第三卷,第214页。
② 帕累托效率也称帕累托最优,指的是如果经济中没有任何一个人可以在不使他人境况变坏的同时使自己的情况变得更好,那么这种状态就达到了资源配置的最优化。换句话说,如果一个人可以在不损害他人利益的同时能改善自己的处境,他就在资源配置方面实现了帕累托改进。

的市场环境下形成的。等价交换机制体现交换的公平原则;通过信息机制的作用,卖者和买者直接见面,并产生横向信息反馈;通过竞争机制的作用优胜劣汰,市场经济只承认竞争的权威,而不承认其他权威;通过风险和利益机制,竞争和风险联系起来,经济行为者对自己的行为负责并承担风险。所有这些机制的作用结果就是效率的提高。

市场决定资源配置表现在市场决定生产什么、怎样生产和为谁生产。所谓市场决定生产什么,是指生产什么东西取决于消费者的货币选票。在消费者行使主权、消费者自由选择的条件下,生产者只有按消费者需求、按市场需要决定生产什么、生产多少,才能真正提供社会所需要的产品。这里讲的消费者货币选票指的是有支付能力的需求。所谓市场决定怎样生产,是指在竞争性的市场环境中企业自主决定自己的经营方式,自主决定自己的技术改进和技术选择。只要竞争是充分的,生产者就会选择最先进的技术、最科学的经营方式、最便宜的生产方法,从而资源配置的效率就会提高。所谓市场决定为谁生产,是指生产成果在要素所有者之间的分配,涉及的是要素所有者之间的分配关系,取决于各种生产要素市场上的供求关系。市场配置的资源涉及劳动、资本、技术、管理和自然资源。各种资源都有供求关系和相应的价格,相互之间既可能替代又可能补充。由此就提出调节资源配置的一个重要目标:最稀缺的资源得到最节约的使用并且能增加有效供给,最丰裕的资源得到最充分的使用。这种调节目标是由各个要素市场的供求关系所形成的要素价格来调节的。要素需求者依据由市场决定的生产要素价格对投入要素进行成本和收益的比较,以最低的成本使用生产要素,要素供给者则依据要素市场价格来调整自己的供给。与此相应的体制安排是各种要素都进入市场,各种要素的价格都在市场上形成,并能准确地反映各种生产要素的稀缺性,调节要素的供求。与此相应的制度安排是生产要素都进入市场,其配置由市场调节。

1992年党的十四大提出使市场在国家宏观调控下对资源配置起基础性作用的突破性理论,之后经过十五大、十六大、十七大直到2012年的十八大,一直是这种提法。2013年,党的十八届三中全会明确提出市场对资源配置起决定性作用。这表明中国的社会主义市场经济理论又取得了突破性进展。这里的关键是明确"基础性"作用和"决定性"作用的内涵区别。首先,在原来的市场的"基础性作用"定义中,实际上存在两个层次的调节,即国家调节市场,市场调节资源配置。市场在其中起基础性调节作用。而市场的"决定性作用",意味着不再存在两个层次的调节,市场不再是在政府调节下发挥调节作用,而是自主地起决定性作用。其次,原来的市场起基础性作用的初衷,是通过国家调控市场来实现宏观和政府目标,在这里市场实际上起不到决定性作用。而当市场起决定性作用时,政府所调控的不再是对资源配置起决定性作用的市场机制,而是调控影响宏观经济稳定的价格总水平、就业总水平和利率总水平。在这里,政府是在没有直接干预市场调节资源配置的前提下,对其产生的宏观结果进行调控。最后,在原来的市场的"基础性作用"定义中,政府需要预先调控市场,并时时调控市场。而当市场起决定性作用时,宏观调控是在反映宏观经济的失业率和通货膨胀率超过上限或下限的情况下才进行的,虽然不排斥必要的微调。这就给市场的充分作用留下了很大的空间。

市场决定资源配置突出的是市场的自主性。这种自主性不仅表现为市场自主地决定资源配置的方向,同时也表现为市场调节信号即市场价格也是自主地在市场上形成,不受政府的不当干预。关于价格在市场上形成,马克思主义经济学有过明确的规定。价格只有在竞争性的市场上形成,才能形成准确反映市场供求的价格体系,才能反映价值规律的要求。当年马克思就指出,市场上"不承认任何别的权威,只承认竞争的权威"。①因此,政府就没有必要再直接定价。改革以来,国内竞争性领域的价格基本上已经放开,由市场决定。现在需要进一步推进水、石油、天然气、电力、交通、电信等垄断性领域的价格改革。根据政府规制理论,自然垄断部门不是所有环节都需要政府规制,其中作为网络型自然垄断环节的前向和后向环节都可以作为竞争性环节,其价格应该放开在市场上形成。政府定价范围就主要限定在重要公用事业、公益性服务、网络型自然垄断环节。凡是能由市场形成价格的都交给市场,政府不进行不当干预。这样,市场价格信号就更为准确,市场调节范围就更为广泛。而且,市场价格形成不只是指商品价格,还涉及各种生产要素的价格体系。按照上述市场要求,作为市场调节信号的

---

① 马克思:《资本论》第一卷,第412页。

价格、利率和汇率都应该在市场上形成,反映市场对各种要素的供求关系。

4.1-2　市场经济体制的特征

　　资源由市场配置,需要相应的经济体制来保证。中国的市场化改革,就是要建立社会主义市场经济体制,在社会主义市场经济体制中实现市场对资源配置的决定性作用。在市场经济前冠以社会主义,并不意味着市场经济有社会主义的或资本主义的。市场经济作为经济体制有自身的规定性。

　　市场经济的体制特征,可以用马克思在《资本论》中所揭示的商品交换领域通行的规则来概括。马克思指出,这个领域,"占统治地位的只是自由、平等、所有权和边沁"。①马克思实际上指出了市场经济体制的基本规则。一是自由。即贸易自由,是指商品的交换只取决于买者和卖者自己的自由意志。"他们是作为自由的、在法律上平等的人缔结契约的。契约是他们的意志借以得到共同的法律表现的最后后果。"②这就是说市场经济是建立在自由交换基础上的契约经济。如果契约得不到执行,市场经济就不能运行。二是平等。所谓平等,是指买卖双方彼此只是作为商品所有者发生关系,用等价物交换等价物,即公平交易。在市场经济条件下,各个经济主体是平等的利益主体,不存在任何人身依附关系,只有等价交换才是各个利益主体所能接受的。三是所有权。所谓所有权,是指每个人都只支配自己的东西。"他们必须承认对方是所有者。这种具有契约形式的(不管这种契约是不是用法律固定下来的)法权关系,是一种反映着经济关系的意志关系。"③所有权是市场经济的前提和根本。没有所有权,也就没有交换,没有分工,也就没有契约形式的法权关系。这几个方面同党的二十大提出的完善产权保护、市场准入、公平竞争、社会信用等市场经济基础制度是一致的。

　　至于边沁④,马克思使用边沁概念,就是指利己心,即在市场经济条件下,使各个经济主体连在一起并发生关系的唯一力量。"是他们的利己心,是他们的特殊利益,是他们的私人利益。正因为人人只顾自己,谁也不管别

---

①②　马克思:《资本论》第一卷,第 204 页。

③　同上书,第 103 页。

④　边沁(1748—1832)是提出功利主义原理的英国社会学家。

人,所以大家都是在事物的预定的和谐下,或者说,在全能的神的保佑下,完成着互惠互利、共同有益、全体有利的事业。"①马克思这里的表述同著名的亚当·斯密的"看不见的手"的表述是一致的:每个人都关心自己的利益,在一只看不见的手的指引下,最终实现社会的利益。后来的经济学家提出了不同的观点,就如诺贝尔经济学奖得主诺思在解释制度变迁时指出的,将什么都解释为人们按自我利益行事的理论,不能解释问题的另一面,即对自我利益的计较并不构成动机因素的那些行为。这意味着社会利益的实现并不都是在大家追求自身利益中实现的。许多社会的公共利益需要各个参与者自觉地承担社会责任来实现。

人们一般认为市场经济是竞争性经济。这个定义是不完整的。市场经济是竞争和合作相兼容的经济。市场调节面对的是各个追求自身利益的竞争者,市场调节的功能是对各个竞争者的活动进行协调,从而在各个竞争者之间建立起一定的合作关系,达到资源在各个竞争者之间最佳配置的目标。具体地说,在市场经济中,有的生产服装,有的生产食品,有的生产汽车,有的生产玩具……没有谁在指挥他们,但是社会各个生产者能形成一种合作关系,各个成员通过市场能得到所需要的物品。显然,按照效率目标建立各个生产者之间的合作关系,是市场经济作为调节资源配置的机制的基本功能。这就是诺贝尔经济学奖得主弗里德曼所说的,"价格制度使人们在他们生活的某个方面和平地合作,而每个人在所有其他方面则是各行其是"。②

4.2 要素的市场化配置

中国社会主义市场经济体制改革的方向是市场对资源配置起决定性作用。要素的市场化配置是市场决定资源配置的实现形式。如果包括资本、劳动、技术、管理、数据等在内的生产要素没有市场化配置,市场决定资源配置就是空话。

---

① 马克思:《资本论》第一卷,第204页。
② 弗里德曼:《自由选择》,商务印书馆1982年版,第18页。

4.2-1 要素的自由流动

市场决定资源配置在体制上的安排就是要素的自由流动。在市场条件下,要素(资源)流向最有效率的部门和企业。这就是马克思在《资本论》中揭示的:第一,资本有更大的活动性,也就是说,更容易从一个部门和一个地点转移到另一个部门和另一个地点。第二,劳动力能够更迅速地从一个部门和一个地点转移到另一个部门和另一个地点。[①]实现资本和劳动力自由流动的重要前提,一是社会内部已有完全的贸易自由,消除了自然垄断以外的一切垄断,二是信用制度的发展已经把大量分散的可供支配的社会资本集中起来。根据马克思的提示,要素自由流动的含义突出在两个方面:一是要素流动没有任何人为的障碍,如市场垄断、行政的限制;二是社会为要素自由流动提供通畅的通道,马克思当时讲的是信用制度,现在除了银行以外还有资本市场等金融制度。

市场调节资源配置的前提条件是各类生产要素都进入市场系统。不仅如此,各个要素市场的调节及在市场调节下的要素流动必须是协同的,市场秩序的混乱常常表现为各个要素市场调节作用的不协同和要素流动方向的不协同。中国目前的市场经济是从计划经济转化来的,因而要实现要素的市场化配置需要在体制上解决要素自由流动的基础性条件:

第一,各种要素都进入市场。计划经济的特点是要素高度集中在政府手中,转向市场经济就意味着各种生产要素由国家手中放出来交给市场。现在的问题是计划经济的残余仍然存在,各种生产要素没有完全放给市场。地方、部门的封锁和保护,繁琐的行政审批制度实际上是要素的行政控制,阻碍要素自由流动。因此,政府对生产要素放得越彻底,要素的流动越自由。现阶段推动要素进入市场有两个突出问题。一是劳动力市场的开放。长期以来囿于社会主义条件下劳动力不是商品的意识形态问题,劳动力迟迟不能进入市场,劳动力通过市场自由流动受阻。市场化改革冲破了这个教条,劳动力市场逐步开放。现在的问题是城乡劳动力的流动仍然受户籍制的阻碍。需要以深化户籍制度改革为突破口,打破城乡、地域、行业分割

---

① 　马克思:《资本论》第三卷,第 218 页。

和身份、性别歧视,实现劳动力在城乡之间自由流动。二是大数据进入市场分享。在现代科技条件下大数据成为重要的生产要素。现实中数据要素运用突出存在两个问题:其一,数据产权不明晰,屡被侵犯;其二,大数据被高度垄断,不能进入市场被共享。对此要以数据集中和共享为途径,推动技术融合、业务融合、数据融合,打通信息壁垒,形成覆盖全国、统筹利用、统一接入的数据共享大平台。

第二,存量要素的自由流动,涉及优胜劣汰背景下顺畅的退出机制,即竞争机制使要素退出劣势企业而获得新生并流向优势企业。针对现阶段存在的退出障碍,一方面需要消除地方保护、行政干预和各种违规补贴,放开市场竞争,形成劣势企业的正常退出机制。另一方面,要建立强制退出机制,针对长期无生产经营活动、严重侵害消费者权益等严重违法失信企业探索建立强制退出市场制度。对达不到节能环保、安全生产、食品药品、工程质量等强制性标准的市场主体,依法予以取缔,吊销相关证照。再一方面是完善破产制度,鼓励通过兼并重组、债务重组、破产清算等方式进行企业资产重组。

4.2-2 要素价格市场化

市场调节不只是指市场决定资源流向哪里,还决定各种要素(资源)在企业中最为有效的组合,起作用的是各个要素市场上供求决定的价格。各种要素在企业中、在行业中的组合,是以各种要素市场上由供求关系决定的价格为导向的。

生产要素由谁来定价?是国家定价,还是市场定价?就看由谁来配置资源。市场决定资源配置的重要标志是市场运行的自主性,不仅表现为市场自主地决定资源配置的方向,同时也表现为市场调节信号即市场价格也是自主地在市场上形成。现阶段,要素价格市场化主要涉及以下方面:

首先是物质性生产要素价格形成的市场化。现在竞争性领域的价格基本上已经放开,由市场决定。但涉及水、石油、天然气、电力、交通、电信等垄断性领域中的物质性的生产要素价格没有完全放开。关键是打破行政垄断。国家试图通过对资源性产品和垄断行业产品的国家定价办法来进行规制,也就是通过限价政策来消除资源型垄断企业的超额利润。但政府规制的效果并不理想。在垄断企业的平均成本随产量增加而下降的情况下,企业的边际成本小于平均成本,若政府规定价格等于边际成本,则垄断企业必然会以减少产量来降低管制带来的损失。现实中往往是政府限价的垄断企业产品供不应求。

针对政府规制和部门的垄断造成的低效率问题,20 世纪 80 年代,世界各地在自然垄断产业中掀起了"管制改革"的浪潮,由垄断走向竞争已成为世界各地自然垄断产业市场化改革的主导趋势。政府规制改革的可能性在于科技进步和企业组织创新的成果的推动,使得某些受规制产业不再具有自然垄断的性质。例如电报被传真代替,电话被移动通信代替。这使对相关行业的规制手段失去了现实的必要性。专业化分工的发展也改变了自然垄断的范围。随着产业的发展和产业需求的扩大,企业内部的垂直一体化分工便转化为社会专业化分工。其中有相当部分生产环节不具有自然垄断性质,如电力行业中的发电环节、电力设备生产环节就具有明显的竞争性。针对某些产业环节适合于竞争而其他环节适合于垄断经营的混合产业结构,规制改革的措施是,将竞争性业务从垄断性业务中分离出来,例如电力行业规制改革,只是保留网络部分的垄断和国家定价,而把发电、电力设备生产、供电服务等环节作为竞争性环节交给市场定价。这样,政府定价范围就主要限定在重要公用事业、公益性服务、网络型自然垄断环节。同时赋予被规制企业以更多的确定商品价格或服务收费的自由度,使被规制企业更加趋于按商业原则经营。各种激励性规制方式使企业受到了利润的刺激或竞争的压力,对于促进企业降低成本、提高生产效率及资源配置效率具有积极意义。

其次是资本、劳动、土地、技术等要素价格形成的市场化。对要素配置起作用的是市场上形成的这些生产要素的价格比例。利息、工资、地租、技术转让费和管理报酬分别是资本、劳动、土地、技术和企业家要素的价格。要素价格分别在对应的资本市场、劳动力市场、土地市场、技术市场和企业家市场上形成,对有效地配置和使用各种生产要素起调节作用。在市场上形成各种要素的价格,反映各种要素的市场供求关系,准确地反映各种生产要素的稀缺性。企业依据由市场决定的生产要素价格对投入要素进行成本和收益的比较,以最低的成本使用生产要素,要素供给者则依据要素市场价格来调整自己的供给。其效果是最稀缺的资源得到最节约的使用并且能增加有效供给,最丰裕的资源得到最充分的使用。

最后是健全资本、劳动、土地、技术、管理等由要素市场供求决定的报酬机制。在广义的价格理论中,人们把利息率、工资和地租分别看作是使用资本、劳动力、土地等生产要素的价格,要素价格的作用就在于决定要素报酬。经济学的基本问题之一是为谁生产,指的就是生产要素的价格比例决定要素所有者谁可以在总产品中得到多少收益。收入分配体制改革的目标是,一切劳动、知识、技术、管理、资本的活力竞相迸发,一切创造社会财富的源泉充分涌流。要素报酬的影响是双向的。一方面,要素提供者依据由市场决定的生产要素价格安排供给;另一方面,要素的需求方对投入要素进行成本和收益的比较,以最低的成本组合生产要素,使稀缺的要素得到节省使用,充裕的要素得到充分利用。现实中,技术要素和管理要素都不是均质的,各个企业对这些要素的需求也是有差别的,相应地就会有不同的报酬。客观的评价标准只能由竞争性的要素市场提供。对技术要素,最为可靠的是技术市场对知识资本和知识产权价值的评价。对管理要素,最为可靠的是企业家市场对职业经理人所拥有的人力资本存量的评价。这些评价就会成为企业向技术和管理人员提供劳动报酬或分割剩余的市场标准。在现代经济中,知识资本和人力资本的作用越来越大。相应地,其在收入分配中所占份额也会增大,收入分配明显向知识和技术要素倾斜。这种状况在科技创新和创业中更为明显。

4.2-3 建设完备的要素市场

建设高标准市场体系,就是筑牢社会主义市场经济有效运行的体制基础。

要素市场化配置,要有完备的要素市场。要素市场的发育程度,涉及资本、土地、劳动力、技术等要素的市场化程度。中国市场体系不完备的一个主要表现是要素市场的放开成长滞后于产品市场。市场化改革以来,生产资料、资金、劳动力、技术、房地产等要素先后不同程度地进入了市场。但是,各种要素进入市场的程度、各种要素市场放开的程度和完善程度存在着很大的差异。因此生产要素市场秩序建设的首要内容是健全生产要素市场,使各种生产要素同等地进入市场。其中有三个市场特别要关注。

一是金融市场。要素的自由流动要有通道。要素的市场化配置会有很大一部分通过金融体系进行。马克思在《资本论》中就发现竞争和信用是资本自由流动并实现资本集中的杠杆。信用制度的发展能够把大量分散的资本集中起来。"信用每当遇到特殊刺激会在转眼之间把这种财富的非常大的部分作为追加资本交给生产支配。"①显然,要素自由流动需要顺畅的通道和机制。信用制度发展到现在产生了包含现代银行和各类资本市场的金融体系。金融体系越是发达,越是有利于资本的自由流动。针对现实中存在的所有制等方面的歧视问题,推动要素自由流动需要解决金融体系的开放性,发展普惠金融。金融体系不仅要面向国有企业、大企业,还要面向民营企业,面向小微企业,面向农村。只有这样,才能真正实现要素的自由流动。金融市场开放的重要标志是利率市场化。利率是资本使用的价格。马克思在《资本论》中指出,利息率是由自由竞争决定的比率,"任何时候都由供求决定",不存在"自然利息率"。这种由市场调节的利息率也起着调节供求的作用。利息率高低直接影响对资本要素的需求。利息率是产业资本和商业资本"从事活动时计算上的前提和项目"。②利息率波动是经济周期的内在机制。中央银行也可以利用利息率杠杆对经济波动进行逆周期的调节。

供给侧结构性改革的一个重要内容是去杠杆,也就是降低银行负债率,相应配套是发展多层次资本市场。资本市场具有如下功能:(1)将资源(资本)从储蓄者转移到投资者。(2)融资。(3)选择项目。人们需要的资金量总是大于可供利用的资金量。(4)监督。这能确保资金按既定的方式被使用。(5)履行合同。必须促使借贷者还债。(6)转移、分担和共同承担风险。(7)分散风险。分散投资于大量不同的项目,进而使总的风险减少。③结构调整和升级,提高企业效益需要完备而充分作用的资本市场。现阶段的资本市场主要是股票市场。股票市场的重要功能是能够对厂商创造的未来回报趋势的现值作出估计,进而引导投资决策。当然,股市上的投机过度也可能

---

① 马克思:《资本论》第一卷,第729页。
② 马克思:《资本论》第三卷,第413页。
③ 斯蒂格利茨:《社会主义向何处去》,吉林人民出版社1998年版,第240页。

提供错误信息,这需要市场规范来纠正。资本市场的一个明显优势是能够给投资者提供多元投资场所和多种投资工具。资本市场借助这些投资场所和工具能够起到转移和分散风险的作用。资本市场融资可以通过其转移和分散风险的功能降低全社会的风险。当然,要使资本市场具有这种功能就需要有完备的市场体系。完备的资本市场应该是涵盖各种证券,包括债券、股票、基金和期权的市场,同时还应该包括不采取证券形式的产权交易市场。

二是土地市场。土地在农业中是重要的生产要素。城镇土地是居住和建设的重要要素。中国目前的城镇土地市场是以国有土地使用权为核心,以土地出让、转让、租赁为交易内容的市场。土地市场包括两级。一级市场是土地使用权转让市场。由政府通过批租和拍卖的方式转让国有土地的使用权。根据党的十八届三中全会关于全面深化改革的决定,农村集体土地也可以进入市场。土地二级市场是土地流通市场,也就是从土地一级市场获得土地使用权后进入土地流通的市场。根据马克思的分析,土地价格是"资本化的地租,从而,正是这个资本化的贡赋,表现为土地价格,因此土地也像任何其他交易品一样可以出售"。①凡是资本化的收入,就像股票价格一样,都可能提供投机的机会。土地资源具有稀缺性和不可再生性,因此人们对土地价格的走向往往有过高的预期。土地的投机炒卖和土地价格的膨胀就在所难免。中国地少人多,必须十分珍惜和合理使用土地资源,加强土地管理,切实保护耕地,严格控制农业用地转为非农业用地。建设和完善土地市场的基本要求是,一方面规范政府管理和调控土地市场的行为,另一方面在土地一级市场上引入市场竞争机制,对经营性土地一律采取招标拍卖形式进行土地供给,再一方面严格规范和监管土地二级市场,防止过度投机。

三是技术和信息市场。信息和技术是重要的生产要素,技术和信息市场是促进科研与生产相结合的纽带,发展技术和信息市场,可以使科研单位的科技成果及时向商品转化,为创新驱动经济发展服务。中国现阶段技术和信息市场已经开放,但受经验和技术准备不足的限制,这些市场的发育程度都很低。要发展和完善技术和信息市场涉及三个方面的制度安排:其一,强

---

① 马克思:《资本论》第三卷,第874页。

化知识产权保护制度,涉及技术的确权和定价。需要完善技术、信息交易法规,加强技术和信息市场的管理,坚决打击假冒、盗版和侵权行为。其二,实行技术成果有偿转让,实现技术产品和信息商品化、产业化,采取鼓励、扶植政策,吸引企业进入技术市场。其三,发展科技中介,克服科技供求信息不对称问题。

4.2-4　建设全国统一大市场

从经济形态的发展阶段看,中国是从自然经济直接进入计划经济,又从计划经济向市场经济转型的。因此,严格地说,中国的统一市场一直没有形成。现阶段存在的市场分割还不是指对统一市场的分割,而是指现有的市场是被条条和块块分割的,没有形成统一市场。条条和块块分割市场的实质是政府分割市场的行为。块块即地区封锁,它由地方政府行为所致;条条即行业垄断,其实质是行政垄断。行政性垄断同样肢解了统一的全国市场。因此现阶段建设统一开放的全国市场,就是要打破市场的行政性垄断和地区封锁,实现商品和各种生产要素在全国范围自由流动,各个市场主体平等地进入各类市场交易。

统一市场可以从多角度作出规定,除了完善的市场体系规定外,还有如下三个方面规定:一是从产品和要素的流动性作出规定,即在统一市场上,市场充分竞争性的特征是指要素自由流动,企业自由流动,产品和服务自由流动。二是从各类市场主体的市场地位作出规定,即统一市场是指各类市场主体平等地进入各类市场并平等地使用生产要素。三是从市场规则作出规定,即各个地区的市场规则统一,各个地区市场按照统一的规则运作。

首先是打破行业的行政垄断。行业垄断形成有两种情况,一种是自然垄断,一种完全是由政府管制的原因造成的垄断(即行政垄断)。行业的行政垄断是以行政权力为基础的垄断,它的核心是政企不分。针对中国现阶段行业垄断以行政垄断为主的特点,反垄断首先要破除垄断所依附的行政基础,放松管制本身就是一种良好的反垄断政策。即使是自然垄断行业在维持垄断的同时需要也引入竞争。

其次是打破城乡市场分割。中国的城乡市场分割是在历史上形成的。城乡市场分割的主要特征是:城乡市场化发展水平的不平衡,工农业产品价格形成机制的分割,以及城乡要素市场的分割。统一农产品购销市场的基本目标是保障农民的市场主体地位,从而保障农民合法的交易权益(等价交换)。统一农产品购销市场的制度涉及使现代流通组织成为农产品流通的主体,以及规范中间商行为。在中国现行的体制中城乡市场分割最为突出的是金融市场的分割,农村难以通过城乡统一的金融市场获取农村发展所需要的先进生产要素。因此,城乡统一市场建设的重要目标是农村的企业和农户能够作为平等的市场主体进入金融市场获取资金,资金能够通过城乡统一的市场顺畅地进入农村。

最后是打破地区封锁。这与存在的地区差距相关。面对生产要素在市场调节下的流动,地方政府常常利用政府的行政力量进行干预。所谓的市场分割可以明确界定为地方政府利用行政力量保护本地市场,形成区域间的市场分割。市场的地区分割有其历史背景。中国发展市场经济的起点是在广大的农村存在着自给自足的自然经济。在自然经济的范围内谈不上市场,因而这里的分割不是分割市场,而是非市场的封闭性分割。现阶段分割市场的含义是指由地方政府行为造成的对地区市场的行政壁垒,因此统一区域市场实际上是改革政府的过程,基本思路是打破各个地区市场的行政壁垒。统一市场建设不仅需要改革地方政府,也需要地方政府主动介入。统一市场的前提是统一政策,统一各个地区干预市场的政策。地区间建设统一市场的核心是不同地区之间合作和共享。所谓合作,就是要求区域内地方政府之间克服以邻为壑过度竞争的现象,寻求全面合作的路径。所谓共享,就是要求区域内各种经济资源和基础设施实现共享。统一市场建设的主体是企业。强化优胜劣汰的竞争、城市化、政府规制改革都是统一市场的动力。分布在不同地区的同一个供应链上不同环节的企业由竞争关系转向合作关系,是统一市场的强大动力。从根本上协调区域发展的基本途径是建设覆盖全国的统一市场。统一市场虽然不可能一下子消除区域差距,但它可以在打破地区封锁和市场分割的基础上实现要素和产品的无行政障碍的流动。中国幅员广阔,统一市场不可能一下子全面形成。统一市场的形成是渐进的、局部推进的。先是区域内形成共同市场(如毗邻地区),在此基础上各个区域市场层层扩张,相互渗透和辐射,最终形成覆盖全国的统一市场。尤其要关注各个地区的城市化水平。后发展地区城市化水平低,很难集聚发展要素,因此其统一市场建设需要与提高城市化水平相配合。

4.3 市场失灵及其制度性缺陷

市场配置资源是否有效,前提是市场机制是否完善。市场经济本身也有缺陷,这是连现代西方经济学也承认的。市场经济的缺陷涉及两个方面:一是其能力所限,即通常讲的市场失灵;二是市场经济本身的制度性缺陷,表现为交易成本、信息不完全以及产生的各种机会主义行为。这些制度性缺陷正是需要政府更好发挥作用之处。这也是完善社会主义市场经济体制的内容。中国的市场经济由计划经济转型而来,市场体系和市场秩序的混乱现象更为严重,难以实现市场配置资源的有效性。

4.3-1 市场失灵

市场失灵理论认为,单靠市场调节,并不能自动实现社会利益。原因是,人们进行私人决策时,只考虑其行为的私人成本,并不考虑由此带来的不由他本人承担的社会成本,这部分成本转嫁给了社会。当私人行为的成本和收益不对等时,资源就得不到有效配置。

具体地说,市场失灵的领域主要有以下方面:一是市场制度无力解决收入分配中的两极分化问题。市场机制能有效地实现效率目标,但对公平分配无能为力。市场竞争及优胜劣汰的机制不可避免地产生不同企业、不同集团、不同地区、不同阶层的收入差距的扩大,尤其是产生资本积累和贫困积累的两极分化。二是市场无力解决市场垄断和外部性问题。外部性是在相互作用的经济单位中,一个经济单位的活动对其他经济单位的影响,进而造成私人成本和社会成本的不一致。具体地说,企业活动有有益外部性和有害外部性两个方面的问题。有害外部性,如环境污染、违反经济合同等问题,造成企业内部成本外部化。这是市场失效的反映,靠市场调节是无法克服的。三是市场制度不能提供公共产品。公共产品与私人产品的区别有两个特点:非排他性和非竞争性。公共产品消费的非排他性是指无法排除他人从公共产品中获得收益;公共产品消费的非竞争性是指消费者的增加并不引起生产成本的增加,即增加的消费者引起的社会边际成本为零。由此产生的问题是免费搭车现象难以避免。每个人都消费它,而不论是否为此进行支付。消费公共产品的免费搭车现象造成公共产品的私人供应的失灵。当然公共产品不由市场提供,不等于不能由私人生产,也不排除政府向私人购买用于公共服务。四是市场调节无力稳定宏观经济。影响经济健康增长的宏观问题主要是通货膨胀和高失业率,市场本身无力克服这些宏观失衡困境。如果要让市场调节来实现宏观均衡,就只能靠经济危机来强制地实现均衡,那要付出很大的代价。

以上市场失灵的表现说明了市场不是万能的,市场的作用是有限的。市场失灵的领域同时也是需要政府干预的范围。这是一般的市场经济理论所说明的政府要进入的领域和政府作用的范围。面对市场对资源配置的决定性作用,凡是市场能做的,比政府做得更好的,都交给市场。但这并不意味着不要政府对经济的干预。社会主义市场经济的制度优势不只是一般市场经济理论所讲的在于克服两极分化、外部性和宏观失衡等方面的市场失灵,还体现社会主义的制度要求。全社会的资源除了进入市场的市场资源外,还有公共资源。公共资源是未明确私人所有的资源,涉及没有明确私人所有权的自然资源、政府的法律和政策资源,公共财政提供的公共性投资和消费需求等。公共资源的配置不能由市场决定,原因是公共资源配置是要满足公共需求,遵循公平原则,只能由政府决定。

4.3-2 竞争不完全和市场垄断

人们通常用人人都受市场调节来描述市场经济,实际上这种人人都受市场调节依赖的是完全竞争的环境。完全竞争的假设是指,没有一个厂商在市场上所占的份额大到能控制市场的程度。而在现实中完全竞争市场并不存在。就如萨缪尔森所说,"从来没有百分之百的纯粹自行调节的企业制度。虽然维多利亚女王时代的英国接近于此"。[1]既然现实中不存在完全竞争,市场自动均衡市场供求的作用就是不完全的。"看不见的手"的作用就

---

① 萨缪尔森:《经济学》,商务印书馆 1979 年版,第 27 页。

要受到限制。因此,竞争的制度是组织经济社会的一种办法,但是它并不是唯一的办法。

所谓不完全竞争是指有一个厂商或某些厂商在市场上所占的份额大到能控制市场的程度。在现实的不完全竞争市场上,所有成功的厂商具有一个共同的特点:他们运用市场支配力,操纵市场价格、限制竞争。在竞争受到限制、价格可能被少数厂商控制的市场上,市场调节实现有效配置资源的功能必然受到限制。最严重的对完全竞争的背离来源于垄断成分。就垄断造成的不完全竞争市场来说,主要有三类市场结构:(1)完全垄断市场;(2)寡头垄断市场;(3)垄断竞争市场。完全垄断市场是不完全竞争市场的极端情况。完全垄断市场上只有一个生产者,或者说单一的卖者几乎具有全部的垄断力量。其他厂商无法进入其行业,同时,没有任何行业能生产其产品的替代品。现实中具有完全垄断性质的市场主要是供水、供电、供气等公用事业公司等。寡头市场上售卖者的数目多于一个,但却不是多到每个售卖者对市场的影响小到可以忽略不计的程度。垄断竞争是指许多厂商生产和销售有差别的同类产品。在这样的市场中竞争和垄断并存,竞争因素是指许多厂商生产同类产品,垄断因素形成的主要原因是产品的差别。这种差别更多地反映消费者偏好的差别,涉及适应消费者偏好的产品的质量、设计、颜色、式样、服务等特点的不同,也可以来源于独有的专利权、商标、企业名称、包装的特征等的不同。此外,有关产品的售卖行为如经营方式、店址的便捷度、公平交易的信誉、待客方式、效率等等,所有这些差别使得具有某种垄断能力的垄断者出现。这类市场可以说面广量大。

现实的市场结构还有卖方市场和买方市场两种形态。卖方市场是卖方为主导的市场,这种市场是短缺的市场。由于短缺,产品是"皇帝的女儿不愁嫁"。面对卖方的垄断,消费者的需要得不到充分的满足,存在消费者之间的竞争。买方市场是买方为主导的市场,是"消费者为皇帝"的市场。这种市场是供过于求的市场。面对买方的垄断,生产者面临着严重的产品实现问题,存在卖方之间的竞争。从竞争效率考虑,买方市场上的竞争比卖方市场上的竞争更有效。由于存在买方垄断,卖方之间的竞争则较为充分。只要卖方之间存在着充分竞争就能较好地解决资源配置的效率问题。因此,买方市场环境是有效竞争的重要条件。

4.3-3　交易成本

传统的市场经济理论把人们在市场上的交易过程归结为单纯的市场机制的操作,市场的运行被假定为无成本的过程,搜寻市场信息和通过市场配置资源均是无成本的。人们在市场调节下的调整也是无摩擦的,因此,市场这只看不见的手协调和组织经济是无成本的。所有的变化都可以通过市场的完全运行来实现。诺贝尔经济学奖得主科斯发现,实行市场制度必然产生交易成本。原因是在市场制度下,任何一项经济交易的达成,都需要进行合约的议定、讨价还价、对合约的执行和监督,要取得生产者和消费者的生产和需求的信息,等等。因此,交易成本包括寻找市场、寻找真实价格的信息成本、谈判成本、签约成本和监督合约执行的成本。这种实行市场制度的成本,不可能靠市场本身来降低。在交易成本为正时,需要寻求某种市场以外的制度建设来降低这种制度性成本。例如,针对企业间交易成本过高的状况通过产权交易以企业代替市场就能节省交易成本。中国在转向市场经济以后所出现的高昂的流通成本,尤其是企业之间的"血拼"式竞争都可以从交易成本理论中得到说明。如果交易成本不降低,市场配置资源的效率就会大打折扣。

交易成本本来是指市场交易的成本,这是实行市场制度所固有的成本。按交易成本理论作进一步推广,交易成本就是实行一种制度安排的成本,由此便产生比较制度成本(费用)问题。比较制度费用是选择制度的重要依据。市场、企业、政府及其他方面的制度,都有运转成本。因此在进行社会主义市场经济体制的建设中,必须进行比较制度成本的分析。以最低的制度成本对企业、政府、市场等方面的制度作出选择。例如,把市场交易活动内部化为一个企业的产权调整,只有在其成本低于收益时才是有效的。政府干预经济的成本也只有在低于其收益时才是有效的。现实中存在的企业项目的政府审批也被看作制度性交易成本。因此,中国在推进供给侧结构性改革时明确提出克服制度性交易成本的要求。

基于上述竞争不完全理论和交易成本理论,接着说明反垄断问题。政治经济学理论曾经认为垄断导致停滞、腐朽、垂死,这是针对资本主义进入垄断阶段而言的。现代经济学讨论反垄断时,有一个策略选择的问题:是反垄断结构还是反垄断行为。就市场结构而言,有效竞争不反对垄断组织的形成。首先,社会化大生产的发展趋势使得生产集中并走向垄断。在小规模生产为主体的市场上,看似竞争充分,但竞争更为激烈,竞争费用更大。由分散的生产走向生产的大规模集中,甚至出现寡头垄断的市场,本身是市场经济发展的结果。现代市场经济是不可能建立在分散的原子型企业基础上的。其次,现代市场有组织性的基础是出现垄断组织。垄断是降低竞争费用的合作方式,相互竞争的企业在达到势均力敌的境地后,为避免两败俱伤,而主动地寻求相互合作,由此在一定范围形成的垄断会减轻各自的竞争费用负担,从而节约社会资源。这也体现资源配置的效率。而且企业达到垄断地位是其提高效率的结果。最后,市场范围的扩大使得原本在某个地域的垄断,面临着更大范围的竞争。波音和麦道的合并,使得其在美国国内形成垄断,但在更大的世界市场中,它们又面临着空客的竞争。因此,垄断没有消除竞争,而是形成更高层次更大范围的竞争。企业之间的兼并和联营,生产和市场向优势企业集中,具有明显的正效应。在垄断竞争市场上,许多生产者为创造自己在市场上的垄断优势、扩大自己的市场占有份额,而努力根据消费者的不同偏好提供差别性产品。这本身也是竞争,社会由此可得到利益。显然,在肯定竞争时不能一味地反对垄断,无视垄断可能产生的效率。

经济学家还从创新的角度指出了垄断形成所产生的福利效应。厂商之所以要进行研究开发是为了获得投资回报,然而要获得回报就必须获得创新成果的垄断利益,这就是不完全竞争,否则会挫伤创新的积极性。现实中的专利权就可以为创新者提供暂时的垄断权。这种垄断被称为熊彼特垄断。[1]虽然竞争有利于推动技术创新,但对创新的技术拥有垄断收益权,能够解决技术创新的动力问题。因此,反垄断不能反发明专利这类的垄断权。新技术的推广只能通过购买发明专利之类的途径进行。在现代经济中,技术创新往往需要进行企业之间的合作研发,这种合作研发与作为垄断的合谋有微妙的区别。合作研究开发的成果不可能被发现者所独占,而是可以

---

[1] 斯蒂格利茨:《社会主义向何处去》,第161页。

使本行业其他厂商共同受益。①因此,如果将合作创新作为合谋来反,同样会阻碍技术进步。

不反垄断结构形成,但必须反垄断行为及不正当竞争行为。垄断企业取得了垄断地位后,所采取的制定垄断价格、排他性交易、进入壁垒、寻租、增加对手成本等都属于垄断行为。反垄断法主要针对的是利用垄断地位的垄断行为和操纵市场的行为。我们对某些企业进行反垄断调查,主要是反对其在市场上采取的一些损害消费者利益的垄断行为。

4.3-4 信息不完全下的机会主义行为

市场信息不完全的原因主要有两个,一是信息不对称。信息分布不均匀,利益关系阻碍信息披露和流动,市场机制本身并不能保证披露真实信息。二是市场参与者会制造信息噪音、发布虚假信息。信息不完全理论说明了市场的不完全,现实中的市场是信息不完全市场。

在信息不完全的情况下,经济行为者会有机会主义行为,包括逆向选择(契约签订前隐瞒信息)和道德风险(契约签订后隐瞒信息),其后果就是劣币驱逐良币,即诺贝尔经济学奖得主阿克洛夫提出的柠檬原理:当市场中有内在质量不一而消费者无法辨别的商品时,优质商品的供给方要求较高的价格而劣质商品的供给者只要求较低的价格;同时,消费者由于信息的不对称无法判定商品的优劣,只愿意出对应于预期平均质量水平的价格,于是优质商品的供给者不愿低价成交而蒙受损失,劣质商品的供给者却通过成交获得了部分额外收益,因此最优质商品被驱逐出了市场。此时市场中商品的平均质量进一步下降,消费者因此也只愿出更低的价格,于是次优的商品也被驱逐出市场,最后剩下的只有劣质品了。因此,信息不完全市场的交换达不到最优和双赢。

斯蒂格利茨将基于信息不完全的市场失效与传统市场失效理论下的市场失效作了比较:"新的市场失效是以不完全信息、信息的有偿性以及不完备市场为基础的;而原始的市场失效是与诸如公共物品、污染的外部性等因素相联系的。这两种市场失效之间主要存在两种差别:原始的市场失效在

---

① 斯蒂格利茨:《社会主义向何处去》,第129页。

很大程度上是容易确定的,其范围也容易控制,它需要明确的政府干预。由于现实中所有的市场都是不完备的,信息总是不完全的,道德风险和逆向选择问题对于所有市场来说是各有特点的,因此经济中的市场失效问题是普遍存在的。"[1]

指出上述市场的不完全和不完善,不是不要市场决定资源配置,而是要求通过一系列的制度安排建设和完善市场秩序,使市场更为有效地对资源配置起决定性作用。就中国现阶段来说,只是依靠市场的选择功能并不一定能选择正确的资源配置方向,还需要强化市场激励功能。其中包括产权、契约、分配和信息等方面的制度建设。同时要规范市场秩序,没有这些方面的制度安排和建设很难设想市场能有效配置资源。

4.4 完善市场经济的基础性制度

中国的市场经济是在存在自然经济残余的情况下,由计划经济转变来的,因此市场体系和市场秩序的混乱现象更为严重。由这种市场来决定资源配置,难以实现市场配置资源的有效性。因此完善市场不能等待市场的自发发展,政府需要围绕市场决定资源配置的要求承担起培育和建设市场的职能。其基本要求就是党的二十大报告所指出的:完善产权保护、市场准入、公平竞争、社会信用等市场经济基础制度。

4.4-1 完善产权保护

现代产权制度的特征是归属清晰、权责明确、保护严格、流转顺畅。

产权激励是市场主体活力的基础。有恒产者有恒心。市场主体能够服从市场调节的根本原因在于自身的产权利益与其市场行为相关。经济行为收益同风险相匹配,最致命的风险是产权丧失,最重要的收益是财产增值。产权激励是市场经济最强大的动力源,产权激励制度涉及产权的界定、配置和流转,把人们经济活动的努力和财产权利紧密地联系在一起,明晰企业产

---

① 斯蒂格利茨:《社会主义向何处去》,第48页。

权的归属、控制、产权收益和风险,把经济活动的风险和财产收益联系在一起。这是稳定持久的激励。

产权是市场交易的前提。根据马克思的分析,市场交易就是所有权的交易。从经济学角度来分析产权,它不仅仅是指人对物的权利,还指由人们对物的使用所引起的相互认可的行为关系。任何商品(包括资产)只有在产权界定清楚的情况下才能进行交易,市场价格机制也才能发挥作用,资源也才能得到有效配置。产权制度安排具有降低市场配置资源成本的功能。现实中企业之间不仅需要为寻找市场支付成本,相互之间的竞争也需要支付成本。通过并购之类的产权制度安排,企业代替市场,就能降低交易成本。

产权被用来界定人们在经济活动中如何受益、如何受损,以及他们之间如何进行补偿的规则。市场配置资源不只是指资源流到哪里去,还涉及资本、劳动、技术、管理、土地等要素的组合。市场调节中决定为谁生产就是指各种要素的所有者在社会总产品中凭借所有权获取的收益。各种要素的收益取决于在各自市场上的供求状况,并决定各种要素投入的组合。由此,实现市场所配置的资源最有效率的组合和配置,从而提高全要素生产率。

产权通过市场流转。市场配置的要素基本上是有一定产权归属的要素,既有增量又有存量。相比增量要素,存量要素规模巨大。市场对这部分要素的配置意义更大。通过企业产权结构重组,存量结构调整,可以在优化资产质量中提高要素配置效率。在现阶段以产权流转方式进行的要素市场化配置主要涉及两个方面:一是使被束缚在低效率的产能过剩的部门和企业的资源由死变活。在淘汰过剩产能、污染产能、落后产能基础上"腾笼换鸟"腾出发展的空间和资源发展新产业、新业态。二是企业在资产重组中做强做优做大。无论是对国有企业还是对民营企业,由市场来决定谁的效率高。谁的效率高,谁就是兼并重组的主体。由此,资产向高效率企业集中。

产权的有效激励要求严格保护产权。保护产权要以公平为核心,全面保护,依法保护。以知识产权保护为例。知识和技术属于无形资产。知识产权保护能够促进社会由模仿创新向自主创新的转变。在现代经济中,许多知识可以被编码化或者数字化为信息,例如成为软件、商标、专利、品牌、论著等等,也包括创造出新产品的知识和技术。知识产权保护面临两个方面的问题:一是知识市场信息最不完全;二是创新成果的创新成本大于复制成本。知识的创新及其应用转化为新技术新产品是需要支付成本的,其中还包括无法补偿的沉没成本。但创新成功后对创新技术和产品进行复制的成本就很低,甚至为零。这就会产生"搭便车"的现象,免费搭车者不付代价从别人的创新成果中获利。进入市场后,免费搭车者还会以更低的价格参与竞争。这样,支付了创新成本的创新者得不到补偿就不会有创造"知识"和转化成新技术新产品的动力。针对侵犯知识产权的制度安排就是建立知识产权保护制度。知识产权是指人类智力劳动产生的智力劳动成果所有权。它是依照各国法律赋予符合条件的著作者、发明者或成果拥有者在一定期限内享有的独占权利。知识产权保护就是给予经济主体或者法律主体对某种技术或者知识的所有权并对此加以保护,从法律上保障所有者的权益。这里的知识并不仅仅局限于字面上的内容,它是对"具有稀缺性、进步性,能够将生产者与其他厂商或者个人区别开来的技术、能力、产品"等的高度概括,知识产权包括版权(著作权)和工业产权(专利权、商标权等)两大类。保护知识产权需要完善有利于激励创新的知识产权归属制度,包括有效保护职务发明人的产权权益。没有这种保护就不会有创新的动力。严格的知识产权保护制度包括使用专利技术者向专利所有者支付报酬,通过法律制度保护其收益权,使那些使用这些新知识的公司必须支付费用,这在本质上是对创新的一种"价格激励"。这种报酬直接给了创新者,产生激励创新效应。

4.4-2 完善市场准入制度

建设法治化的营商环境要求实行统一的市场准入制度。市场准入主要涉及两个阻力,一是市场垄断,限制竞争者进入,二是行政性限制。市场垄断已经在前面分析过,这里主要分析行政性准入。

要素自由流动的微观基础是企业的自由选择和市场的准入。要素总是流向企业的,要素是被企业带动了流动的。企业的自由选择也就是自主地选择生产什么、怎样生产和为谁生产。正因为企业的这种自由选择,才有市场的调节。当然,企业要为自由选择承担利益和风险。自负盈亏、优胜劣汰则是对企业自由选择正确与否的检验和评价。与企业的自由选择相对应的是市场的自由进入。企业选择的主要方面是选择市场,包括销售市场和购买市场。与此相关的是市场准入。市场准入的领域和范围越大,企业选择越是自由,要素流动越是自由。由于计划经济的残余,中国目前的市场准入的领域和范围不是充分的,既有所有制的限制,又有行政审批的障碍,还有资本规模的壁垒,等等。实现企业的自由选择、要素的自由流动,需要打破这些市场准入限制。

所谓公平的市场准入,指的是各类企业无歧视地进入市场,实行完善的市场准入负面清单制度。负面清单对各类企业都是适用的。负面清单涉及关系人民群众生命财产安全、国家安全、公共安全、生态环境安全等领域,明确市场准入的质量安全、环境和技术等标准。在负面清单以外领域,对各类市场主体都应准入,尤其是没有所有制歧视。

按照要素市场化配置的要求,需要营造宽松便捷的市场准入环境。建立公平统一、开放透明的市场准入规则。所谓便捷的准入,是指市场准入便利化,克服制度性交易成本。针对阻碍资本自主选择和要素自由流动的政府审批的制度性限制,政府对市场主体的"放"表现为在市场准入便利化方面,大幅削减各种行政审批,基本取消各类不必要的证照。尤其是创办科技企业的基本条件是知识、技术及专利之类的科技成果,因此,科技企业登记和开业不以资金规模为门槛,而是以高新技术研究成果为门槛,在符合法律法规规定的前提下,探索灵活的登记模式。此外,政府也要建立市场信息披露制度,为市场参与者提供产能、技术水准、市场需求等信息,由此从社会范围降低信息成本。

4.4-3 营造公平竞争的环境

完善公平竞争突出的是解决市场秩序问题。公平而充分的竞争是市场经济的本质特征。就如马克思所说,市场只承认竞争的权威,不承认任何别的权威。优胜劣汰的市场竞争的结果是效率的提高、供求的平衡。市场充分竞争的表现就是马克思说的社会内部已有完全的贸易自由,消除了自然垄断以外的一切垄断。优胜劣汰的竞争能够出清市场,无论是剩余的供给还是剩余的需求。所谓公平竞争,表现在:市场准入公平,市场交易公平,机会均等。这种市场就有两大功能:一是优胜劣汰的市场选择机制;二是奖惩分明的市场激励机制。虽然经过市场化改革,在国内各个市场上的竞争局面已经形成,但还需要更为深入地促进公平且充分的竞争。

竞争是市场经济的运行机制。要素的市场化配置说到底是竞争机制配置资源。市场决定资源配置涉及资源流向和配置的市场选择,靠的是竞争机制。表现在各类市场主体的自由选择及要素的自由流动。企业的自由选择也就是自主地选择生产什么、怎样生产和为谁生产,自由进入和无障碍退出某个市场。生产什么取决于消费者的货币选票,供求平衡取决于追求利润最大化的生产者和追求效用最大化的消费者之间的公平竞争;怎样生产即采取何种生产方式取决于生产者之间的竞争,由此推进技术进步并提高生产效率;为谁生产取决于各类要素市场的供求及相应的竞争,由此使最稀缺的要素得到最节省的使用,要素实现最有效率的组合,全要素生产率得以提高。市场竞争中形成的价格信号和优胜劣汰的竞争促使资源流向符合市场需要的行业、效率高的企业。经济增长由主要依靠资源投入转向创新驱动,也得靠竞争的作用,竞争是转向创新驱动的动力源。

基于竞争机制在资源配置中的上述功能,国家制定的竞争政策要起到基础作用,就是要为充分发挥竞争机制的功能提供政策环境,包括政府退出市场配置资源的领域,对资源配置起调节作用的价格放开由市场决定等。竞争本身属于微观经济,竞争政策则是国家宏观调控经济的重要方面。转向社会主义市场经济体制要求市场机制的充分作用,这需要国家实施支持和保护竞争的政策。竞争政策不是孤立的。根据公平竞争的要求,竞争政策起的基础性作用,主要表现在以下方面。

第一,市场主体的培育以竞争为基础。市场经济的微观基础是市场主体。市场主体的基本特征是自主经营、自负盈亏、自担风险。市场主体的培育所需要的竞争政策涉及多种所有制经济的关系。在中国现阶段基本经济制度的重要组成部分是公有制为主体多种所有制经济共同发展。故培育市场主体主要涉及两个方面:一是在制度和政策上确保公有制企业尤其是国有企业的市场地位与其他所有制企业处于平等地位,各种所有制经济公平竞争,大家都平等地进入和退出市场。市场竞争机会均等。既不存在对哪种所有制经济的保护,也不存在对哪种所有制经济的歧视,即不存在所有制倾斜政策。这就是所谓的竞争中立。二是对国有企业来说,无论是主体地位还是主导作用都不是靠政府保护而是靠竞争来维持的。为经营困难而亏损的企业提供各种财政补贴、税收优惠、贷款放松等软性预算约束实际上是使企业的经营与风险承担脱钩,由此弱化竞争效应。强化竞争政策的基础地位就是要硬化企业预算约束,促使其不是盯着国家要补贴要优惠,而是盯着市场,唯一地依靠自身的市场竞争能力的提升来保持和巩固主体地位。

第二,产业组织政策以竞争为基础。产业政策是国家引导产业发展(产业结构的协调和转型升级)的政策,涉及国家对产业的选择、扶持、激励和淘汰等方面的政策。产业政策包括产业结构政策和产业组织政策。竞争政策属于产业组织方面的政策。竞争政策在产业组织中起基础性作用有两方面含义:一是对产业组织突出市场机制的自组织和选择作用。虽然产业政策反映政府意志,但是产业政策的实施主要依靠竞争机制:竞争性选择产业发展方向,竞争性选择鼓励发展的产业,竞争性淘汰落后产业,竞争性建立上下游产业联系。例如,供给侧结构性改革提出了去产能、去库存、去杠杆、降成本、补短板的任务。这是从生产领域加强优质供给,减少无效供给。其实现途径就不能靠行政手段,而是产业政策提出产业发展方向,并且在环保、安全、劳动者保护等方面明确严格的标准。具体的实施就要靠公平的市场竞争,依靠市场优胜劣汰来去过剩产能、去库存。由此去掉的产能和库存更准,效果更好。二是在垄断和竞争的关系上,市场上存在的垄断结构和垄断行为是与市场决定的资源配置方式相对立的。垄断会在一定程度上阻碍国家产业政策的实施。不同的产业有不同程度的垄断,因而有不同程度的竞争。面对不同垄断(竞争)程度的市场,产业政策会有不同的引导方向。以竞争为基础的产业组织政策要求在更大范围减少垄断。无论对哪种市场,都要反垄断行为。相应地需要完善反垄断法和反不正当竞争法。

第三,市场秩序建设以规范竞争秩序为基础。竞争是否有效,关键在竞争是否有序。市场交易有成本,竞争也会有费用。市场信息不完全,不可避免产生机会主义行为,出现劣币驱逐良币现象,过度竞争和竞争不足并存,"血拼"式竞争则使竞争各方不堪重负,严重浪费资源。所有这些无序现象都会弱化甚至扭曲竞争效应,由此提出市场秩序规范和建设问题。有效竞争不是说竞争越激烈越有效。对竞争也要作费用和效用的分析。如果竞争费用过高,甚至达到"血拼",高于竞争所产生的效率,这种竞争就是划不来的。降低竞争费用的机制,就是合作。竞争与合作相配合,便可降低竞争费用,从而放大竞争的效用。市场调节面对各个追求自身利益的竞争者,功能是对各个竞争者的活动进行协调,从而在各个竞争者之间建立起一定的合作关系。市场经济是竞争和合作相兼容的经济。现代经济重视竞争,但更为重视合作。首先是兼容,不兼容就无法进入市场。其次是资源共享,得不到共享资源就不能得到规模效益。因此维持有效竞争的市场监管不仅需要防止企业间的"血拼"式竞争,还要促进企业间的合作,降低竞争费用。最初的市场秩序理论以形成充分竞争的市场秩序为中心,主要涉及反垄断、破除政府保护等内容。现代市场经济理论基于交易成本、市场信息不完全等理论提出了建立市场竞争秩序的要求。中国的市场建设重点在建立统一开放竞争有序的市场,尤其是规范竞争行为。规范竞争秩序有两方面要求:一是克服过度竞争,降低竞争费用。二是在信息不完全的市场上克服机会主义行为。互联网平台经济正迅猛发展,一系列新的经济业态不断出现,因此特别需要建立和完善针对新经济业态的竞争秩序。

强化竞争政策实际上是市场经济的制度建设。一方面需要一系列的制度配套,如公平竞争的审查制度等;另一方面对整个市场经济的制度建设起导向作用,包括针对不充分竞争、不公平竞争和过度竞争所安排的制度。

4.4-4　完善社会信用

市场经济是契约经济。就如马克思所说,在市场上的买卖双方,"他们是作为自由的、在法律上平等的人缔结契约的。契约是他们的意志借以得到共同的法律表现的最后结果"。[①]显然,市场经济是建立在自由交换基础上的契约经济。在市场经济中经济行为者之间是靠契约即合同维系的,如交易合同、信贷合同、就业合同、债务合同等。如果契约不能执行,市场经济也就失效。但在现实中由于信息不对称产生各种类型的失信行为,如欠债不还、不执行交易合同、偷工减料、以次充好、采用劣质原材料、销售过期产品等。更有甚者坑蒙拐骗、横行霸道,利用虚假信息来欺骗消费者,通过不正当手段将自己的劣质产品在市场上出售。最典型的案例如在奶制品生产中加进三聚氰胺;在生产病毒疫苗过程中使用未获批准的生产工艺,使用超过规定有效期的原液,虚假标注制剂产品生产日期,把生产结束后的小鼠攻毒

---

① 马克思:《资本论》第一卷,第 204 页。

试验改为在原液生产阶段进行等。这些弄虚作假的机会主义行为严重危害人民身体健康,不可容忍。

市场上的机会主义行为可以用信息不完全理论来说明。在信息不完全的情况下,经济行为者产生逆向选择和道德风险的机会主义行为,既可能是生产销售假冒伪劣产品,又可能是坑蒙拐骗、失信违约。这些行为是信息不完全市场所固有的,单纯靠市场的自动调节是无效的,需要一系列的制度安排。制度有两类:一类是正式的制度安排,如法律、产权制度、合同等;另一类是非正式的制度安排,如规范和社会习俗等。对制度安排有明确的"可实施"的要求,可实施也就是"可执行"。

针对信息不完全市场上产生的机会主义行为,克服现实中存在的不守信用的状况,需要完善法律调节机制,建立信誉机制以及与声誉机制相配套的社会信用网络系统,建立某种激励和约束机制,使守信用者得到利益刺激,不守信用者受到惩罚。

针对社会信用的正式制度安排主要有以下方面:

一是完善法治,依法惩治制售假冒伪劣商品等违法行为。加大对与百姓生活密切相关、涉及人身财产安全的日常消费品的打假力度,严惩不符合强制性标准、掺杂掺假、以假充真、以次充好、以不合格产品冒充合格产品等违法行为。首先是完善市场法规。现实中维护市场经济秩序的法律法规体系和相关法律条文不完善,如《反不正当竞争法》《合同法》对地方保护主义的法律调整不完善,《消费者权益保护法》《商标法》等存在一定的法律空白。这不仅给假冒伪劣商品的出现以可乘之机,而且使制假售假的成本低。其次是严格执法。关键是防止部分执法人员执法犯法的寻租行为,以及对假冒伪劣产品的打击不力等问题。

二是制定信息披露规则。强制市场参与者准确披露进入市场的产品和服务的信息;针对操纵信息和散布虚假信息制定惩戒规则。尤其是利用大数据等现代技术提高信息的完全程度。

三是企业信用体系建设。企业信用是企业的社会资本。针对企业的信用缺失,市场监管的重要方面是信用体系建设。其中包括建立企业征信系统,建立市场主体准入前信用承诺制度,将信用承诺纳入市场主体信用记录。对严重违法失信企业建立"黑名单"制度,将信用信息作为惩戒失信市场主体的重要依据。实行跨部门信用联合惩戒,加大对失信企业惩治力度,建立企业信用修复机制,鼓励企业重塑信用。

四是标准鉴别。质量标准可以说是伪劣产品的"照妖镜",尤其是在产品和服务多元化和多样化时。市场监管需要有标准可循。标准可以克服不确定性和信息不完全。标准向市场传递产品的质量信息,以区别"优质产品"与"劣质产品",进而维护消费者利益。标准是判断质量的尺度,质量"达到"了规定的产品标准,产品质量就有了保证。质量认证是提供"信任"的关键。ISO9000 国际标准对质量保证的定义是:"致力于对达到质量要求提供信任的活动",即由于向市场上提供了"信任",才消除了质量信息不完全。现实中作为调控经济和监管市场的标准,不仅有技术标准,还有环保标准、质量标准。以标准监管企业及其市场行为可以说是科学管理。

五是品牌管理。面对琳琅满目的商品,品牌就起到克服信息不完全的作用。品牌的关键在于被识别和被信任。为此需要完善商标注册和管理机制。实施商标品牌战略,提高产品服务的品牌价值和影响力,推动中国产品向中国品牌转变。增强商标品牌意识,加强对自主商标、战略性新兴产业商标品牌的培育。建立完善商标品牌评价体系,加强商标品牌推广和标准制定。品牌被假冒也就失去信任。市场监管就是加大对商标、地理标志、知名商品特有名称等保护力度,将故意侵犯商标权、假冒商标、违法商标代理行为等纳入全国信用信息共享平台和国家企业信用信息公示系统,加大对失信行为的惩戒力度。

针对社会信用的非正式的制度安排主要有两个方面:

一是道德规范。对不守信用的违约行为,法治可以说是一种较为有效的对策。法律制度越严格,不守信用的成本越大,人们越守信用。反过来,人们越是比较重视信誉,法律调节越是有效。但是法治针对违约行为的惩治不可能总是有效。原因是现实中的合同是不完全的,完备的法律也不存在,"即使世上最睿智和最谨慎的头脑也不能消除法律的漏洞"。司法过程相当缓慢,执法过程也会遇到困难。现实中的失信行为,大部分不明显触及法律,属于道德问题。执法的效果也与道德规范相关。如果当事人不在乎自己的信誉,法律惩罚的威慑力就非常有限。在一个缺少道德规范的社会里,法律执行也往往是困难的。道德规范对法律制度有替代性。人们越是讲诚信,越是重视自己的信誉,越是能守信用,人们之间的信用度越高,信用合同就越是能得到遵守,法律插手调节的需求也就越小。反之,越是缺少诚信、缺少道德规范的地方,越是需要法律调节。

二是声誉机制的作用。声誉机制既有激励功能,又有惩罚功能。守信用者形成好的声誉,有人愿意借钱给他,有人愿意同他做买卖;失信者形成不好的声誉,人们不愿意借钱给他,不愿意同他做买卖。在声誉机制中,失信方与授信方之间的矛盾,扩大为失信方与全社会的矛盾。失信方受到全社会的惩罚,这是对失信者的市场惩罚。声誉机制建设的必要条件是,社会信用机制要能够识别诚信者和失信者,相应地,传播机制使诚信者和失信者的信息被广而告之。

在维持市场秩序方面,政府要建立遵从市场秩序的文化和道德规范。市场秩序的道德基础即诚信问题。只有当交易者基于诚信从事市场活动,各种市场规范才能起作用。社会信用体系建设涉及两个方面,一方面是制度性信用,即通过各种法定的和非法定的方式建立健全征信体系,通过法律手段严厉打击欺诈等失信行为。另一方面是道德性信用,即褒扬诚信,鞭挞失信,形成全社会共同遵守的道德观和价值观。这两方面相辅相成,机会主义行为得以克服,诚信成为自觉的行为,也就是全社会自觉地遵从社会信用。

参阅

洪银兴:《实现要素市场化配置的改革》,《经济学家》2020 年第 2 期。

数字经济和互联网平台经济

　　关于经济时代的划分,马克思有个经典的判断:"劳动资料的遗骸对于判断已经消亡的经济社会形态也有同样重要的意义。各种经济时代的区别,不在于生产什么,而在于怎样生产,用什么劳动资料生产。"①在世界范围内,第一次产业革命提供了机械化的劳动手段,第二次产业革命提供了电气化的劳动手段,第三次产业革命则提供了信息化的劳动手段。现在虽然仍然属于信息化时代,但信息化已经发展到智能化和数字化的阶段,提供的是智能化、数字化的劳动手段。因而还有第四次产业革命的说法。移动互联网及其平台正在成为主要的劳动资料,这是经济发展进入足以称为新的经济时代的特征,即数字经济时代特征。在数字经济背景下,互联网平台代替市场发挥作用,不仅颠覆了某些市场经济理论,而且丰富了市场经济理论。

5.1　进入数字经济时代的特征

　　世界范围的经济技术正在进入数字经济的时代,这是崭新的、充满了基

---

① 　马克思:《资本论》第一卷,第 210 页。

于数字技术的经济和社会体验的时代。习近平总书记指出,综合判断,发展数字经济意义重大,是把握新一轮科技革命和产业变革新机遇的战略选择。①根据 2016 年 G20 杭州峰会《二十国集团数字经济发展与合作倡议》的定义,数字经济是指以使用数字化的知识和信息作为关键生产要素、以现代信息网络作为重要载体、以信息通信技术的有效使用作为效率提升和经济结构优化的重要推动力的一系列经济活动。②现阶段表现为互联网、大数据、人工智能、物联网与实体经济的深度融合。现在中国跨入现代化的关口就在于主动融入以数字经济为代表的新科技和产业革命。

5.1-1　数字经济的基本特征

信息化就是当今的科技现代化。在现代,科技革命和产业革命是结合在一起的。当前世界范围的信息化进入数字经济阶段,正在成为国际经济和科技竞争的新赛道。进入数字经济时代有如下重要特点。

第一,知识、信息甚至部分财富数字化,越来越多的产品、服务、财富通过数字化供人们享用。如音乐、出版、新闻、广告、服务代理、金融服务等,消费者不用购买实物产品而可以通过手机等移动终端直接交易和消费数字产品和服务。人们通过数字化的平台及其终端获取信息和服务,形成信息财富的共享。依托互联网和物联网,社会生产和生活的各个环节互联互通。网上教育、网上通信、网上新闻、网上交易、网上直播、网上娱乐等网上活动成为人们经济活动的主要形式,只要是经济活动,谁都离不开移动互联网及其平台。互联网平台使经济社会产生革命性变化。

第二,数据成为重要生产要素。人们的经济活动都在产生数字。对海量数字通过科学的算法进行采集、分析、处理、研究后成为作为生产要素的大数据。大数据的特点在于对海量数据进行分布式数据挖掘,大数据具有"4V"特点:Volume(大量)、Velocity(高速)、Variety(多样)、Value(价值)。显然,作为现代生产要素的数据,不是一般的数据,是在互联网上经过分析和处理的数据。大数据成为比石油资源还重要的资源。数据是现代科技的重

---

① 习近平:《不断做强做优做大我国数字经济》,《求是》2022 年第 2 期。
② 《二十国集团创新增长蓝图》,《人民日报》2016 年 9 月 6 日。

要要素,互联网、人工智能都是以大数据为技术基础。数据是宏观经济运行和调控的依据,是企业管理和营销的依据。获取数据的能力成为竞争力的重要标志,谁垄断数据谁就垄断市场。数据成为生产要素后,围绕数据的生产、报酬、交易和消费等的独特运行,就产生数字经济。可以说,无论是生产者还是消费者,谁都离不开数字经济。

第三,数字经济依托的技术是数字技术,涉及算力、算法和互联网平台。数字技术一般包括人工智能技术、区块链、大数据和云计算。数字技术与技术创新的融合要求海量的数据、不断优化的算法模型、持续提高的计算能力应用于实体经济,提高实体经济的智能化水平。云计算技术把许多计算资源集合起来,通过软件实现自动化管理。区块链技术优化了实体经济产业升级中遇到的信任和自动化问题,增强共享和实施重构助力产业升级,重塑信任关系,实现商流、信息流、资金流的合一,建立起高效的价值传递机制。大数据技术大大超越传统数据库软件工具捕获、存储、管理和分析的能力,提高实体经济企业的决策水平,从而给实体经济带来价值。大数据技术、人工智能技术、云计算技术、区块链技术可以提高实体经济的生产力,改变实体经济的生产关系。企业通过互联网平台掌握大数据,通过云计算处理并提供大数据。人工智能使万物互联互通成为可能。互联网平台和大数据,数字网络技术和服务正在成为经济发展的主要推动力,也正在使各个产业的技术基础发生革命性变化。依托数字技术的数字经济能使生产率和经济获得更快更长期的发展。随着信息技术和人类生产生活交汇融合,互联网快速普及,全球数据呈现爆发增长、海量集聚的特点,对经济发展、社会治理、国家管理、人民生活都产生了重大影响。世界各国都把推进经济数字化作为实现创新发展的重要动能,在前沿技术研发、数据开放共享、隐私安全保护、人才培养等方面做了前瞻性布局。[1]

第四,数字经济依托的载体是互联网平台。互联网平台依托数字技术实现产业的深度融合和跨界。互联网平台的基础是数据。互联网平台同时也是大数据的采集、开发和运用的平台。例如,对在互联网平台上自然生成的

---

[1] 习近平:《审时度势精心谋划超前布局力争主动 实施国家大数据战略加快建设数字中国》,《人民日报》2017 年 12 月 10 日。

各类各地消费者的消费偏好、交易频次、消费品种和数量等数据加以计算和开发,可以生成市场供求等方面的各类数据,供各种决策所用,成为生产要素。就如实验经济学在解决市场供求均衡及相应的均衡价格问题时需要众多的买者和卖者进行实验,现在依靠互联网平台的数据计算就能实现。不论是搜索引擎、电商平台,还是物流快递、打车平台,数据量越大,分析越准确,对市场需求的预判就越精准。从一定意义上说,互联网平台上企业的垄断地位由其垄断数据的能力决定。对数据来源的掌握,处理和分析数据的能力,尤其是数据的应用范围和能力反映平台的竞争能力。数据所有权的归属也尤为重要。2022 年 6 月,中央全面深化改革委员会审议通过了《关于构建数据基础制度更好发挥数据要素作用的意见》,提出要建立数据产权制度,建立合规高效的数据要素流通和交易制度,完善数据要素市场化配置。

5.1-2　发展数字经济

首先是数字产业化。数据分为原始数据和作为生产要素的数据。每个人的经济活动都在提供数据,这些原始数据很重要,但不被利用毫无价值。成为生产要素的数据是经过采集、处理、分析,用于某种生产和服务目的的数据。由此产生通过各种数字平台对数据进行采集、处理、分析,并通过一定的算力和算法使其成为生产要素的产业,即数字产业化。大数据产业将成为基础性产业,发展新一代信息技术和信息产业(5G)依靠信息技术创新驱动,不断催生新产业、新业态、新模式。

其次是推动产业数字化,利用互联网新技术新应用对传统产业进行全方位、全角度、全链条的改造,实施网络化、智能化。互联网、大数据、人工智能与实体经济深度融合,表现为制造业、服务业和农业各个产业都实现数字化。物联网、大数据、云计算、人工智能、机器人、增材制造、新材料、增强现实、纳米技术和生物技术等很多新兴技术在各个产业广泛运用。现代工业和服务业以新一代信息技术(数字化)和智能化为支撑,实现数据共享,发展新产业和新产业技术。数字化不完全摒弃传统产业,而是通过数字技术和互联网、物联网平台对传统产业进行渗透,数字技术及其平台进入哪个产业领域,哪个产业领域就能得到根本改造和提升,由此传统产业部门一跃进入数字化社会。制造业也是这样,如国内某个著名制造业企业董事长所说的:

核心业务全部在网上,管理流程全部靠软件,产品必须高度智能化。制造业的竞争力由此大幅提升。

最后是政府治理数字化和社会管理数字化。数字经济渗透到政府和社会管理各个领域,实现政府治理数字化和社会管理数字化。政府治理和社会管理各个方面利用大数据,既精准又便捷,尤其是在疫情防控、治安管理等方面作用突出。此外,大数据已成为宏观调控的重要依据。

5.2 互联网平台替代市场

从电子计算机产生以来,对经济产生革命性影响的科学技术进步轨迹是:计算机→互联网→移动互联网→微信平台等互联网平台。由此形成的"互联网+"和"+互联网"互动进入社会生产的各个领域及社会再生产的各个环节:生产+互联网、消费+互联网、交换+互联网、分配+互联网。社会生产的各个环节又通过互联网互联互通,如网上教育、网上通信、网上新闻、网上交易、网上娱乐等等,网络成为人们经济活动的主要场所。互联网和物联网使万物互联互通成为可能。只要是经济活动,谁都离不开互联网及其平台,因此经济学上有了平台经济之说。面对新科技及其在经济上的广泛应用,经济学研究相应地需要由物质生产和交易的现场转向在互联网平台从事的各种经济活动。互联网平台介入经济活动的各个领域,必然产生一系列新的经济理论问题,有些可能是颠覆性的。

5.2-1 互联网平台颠覆传统市场

目前国内进入市场的互联网平台主要涉及:微信等社交类平台,淘宝等电商类平台,支付宝等移动支付类平台,顺丰等快递平台,等等。互联网平台的业态不只是影响市场,而且会对整个经济活动产生深度影响。现在我们所认为的传统产业特别是消费性服务业,只要加上移动互联网,就能进入现代产业体系。具体地说,"互联网+零售"即产生网购,"互联网+金融"即产生互联网金融,"互联网+媒体"即产生新媒体,"互联网+教育"即产生"慕课"(MOOC),"互联网+出租车"即产生网约车,"互联网+物流"即产生快递。面对"互联网＋"的挑战，实体店之类的经济面临生存危机，其生存和发展的必由之路是"＋互联网"。如零售实体店遇到网购产业的冲击，需要"＋互联网"；金融业面对互联网金融业的冲击，需要"＋互联网"；"农业＋互联网"则产生农村电商。尤其要注意到，"＋互联网"的，不只是服务业，制造业也有这种趋势。工业互联网通过对人、机、物、系统等的全面连接，构建起覆盖全产业链、全价值链的全新制造和服务体系，为工业乃至产业数字化、网络化、智能化发展提供基础设施和实现途径。各类产业运用数字技术加上互联网平台，正在成为中国产业转型升级的新动力、新路径。

已有的市场理论有几个重要思想：首先，市场是个交易场所，是种交易关系。市场配置资源有效性的重要条件是，参与者人数足够多，竞争充分。而在现实的市场上，交易双方参与者并不足够多，竞争也不充分。因此就产生实验经济学模拟市场喊价系统的思想。其次，货币介入商品流通后对交易的重大影响是：货币不一定即时支付，因此买卖可以在时间空间上分离，可能产生支付链条断裂。再次，商品交换存在交易成本，也就是寻找市场、寻找价格、签订合约、监督合约执行所需要支付的成本。

互联网平台进入市场后，上述市场缺陷就可能在很大程度上得到克服。互联网平台进入市场的基本功能是提供交易和消费的平台。从电子商务到网约车，都是给市场参与者提供开放式平台。互联网平台进入市场，从一定意义上说是代替了部分市场功能。其经济特征主要有：一是移动终端。消费者利用移动终端，即时购买、消费、支付（平台承担了第三方支付的功能）。二是市场参与者大众化的开放式平台。三是产生平等共享的公共财富和共享经济。四是跨境电子商务打破进入国际市场的各种壁垒。在现行的采购者驱动的全球价值链中，沃尔玛之类的采购商拥有强大的品牌优势和销售渠道，垄断全球商品流通网络。中国的产品和企业只能处于其价值链的中低端，很难进入全球高端市场。现在由互联网平台提供的跨境电子商务可能打破以沃尔玛为代表的采购商驱动的全球价值链的垄断，在电商提供的跨境"互联网＋"平台上进行国际贸易，为中小企业进入国际市场提供机会，特别是进入"一带一路"市场，实现全球资源的共享；互联网跨境电商把中国商品卖到全球，把全球商品卖到中国，即"买世界卖世界"。互联网实现了全球公共资源的共享和利用。

互联网平台功能相对于原先的市场和市场交易的认识可以说是颠覆性的。市场信息不完全理论指出了市场不确定性,信息不对称及其导致的劣币驱逐良币;著名的"囚犯困境"又指出了信息不对称条件下市场交易者之间的互不信任。移动互联网平台代替市场,利用互联网平台的电子商务甚至可以跨境,这就在很多方面颠覆了传统市场理论:第一,市场不再是个场所,而是随时随地可以进入的平台。消费者在实体店获得商品的消费体验,在互联网上购买,再加上网上直播,缩短供应链,明显降低了信息成本。第二,依靠移动终端,即时购买、消费、支付,供求不受时间空间限制,降低了交易成本。第三,互联网依靠大数据和云计算服务很大程度上可以克服市场信息不完全。在互联网上可以为用户提供充分的市场信息、充分的选择机会,也可为用户提供个性化的定制服务,为用户创造更大价值,"消费者是上帝"得到真正体现。第四,平台代替实体市场后,通过网络寻找市场,交易成本和信息成本大大降低,凭借节省的费用降低商品和服务价格,以低价吸引消费者。互联网平台也挑战现行市场体制:网购支持电子商务,冲击实体零售,迫使实体店转型,要么提供展示和体验功能,要么自己也要"+互联网"。网上建立的支付宝、余额宝、微信支付等平台,承担大众、小额、便捷的金融服务,推动金融活动数字化。

移动互联网平台上的社交网络提供开放的、超广泛的、无限的空间。比如微信平台。进入微信的每个人拥有多个群和朋友圈,相互间交叉,从而扩大人际网络范围。进入微信群和朋友圈要以互信为基础,如果某个人不被信任就可能被拉黑。再加上粉丝经济的作用,信息发布者尽可能要使信息准确可信。互联网平台上的信息会被反复转发扩散,信息传播速度快,公开性程度高,促使生产和消费的信息在社群内连接。因此,在微信等互联网平台上传播信息很大程度上替代了广告宣传,销售不再需要销售人员满天飞。

传统经济即没有采用互联网的经济,其重要推动力是规模经济。规模经济指的是供给方即生产方的规模经济,规模达到一定点时规模经济效益递减是不可避免的。而在以"互联网+"为驱动力的平台经济中,是需求方规模经济。使用网络的人越多,对每个人的价值越大,规模经济效益递增则是不可避免的。

与传统经济相比,平台经济中进入市场和竞争的方式也有重大改变。首先,与通常讲的差别性竞争不同,互联网经济更为重视兼容。如果不能兼容,网络产品就进不了市场,这就淡化了差别性竞争。其次,强调资源共享,就需求方规模经济来说,资源能够共享才能实现规模经济。第三,互联网平台重视标准的作用。互联网实际上形成了标准化的系统,互联网平台的建立也是需要达到一定标准的。在产品和服务多元化和多样化时,互联网提供的标准化的信息就成为供求双方进入市场的选择标准,这就在很大程度上克服了不确定性。第四,竞争优势更为关注先行者优势。先行者先锁定顾客:"当从一种品牌的技术转移到另一种品牌的成本非常高时,用户就面临锁定。转移成本和锁定在信息系统中是很普遍的。"①先行者先行制定技术标准,不仅可以加速新技术的推广,还能为制定标准的创新企业扩大市场规模提供可靠标准。

5.2-2　互联网平台上产生的共享经济

共享经济实际上是共享互联网平台的经济。传统的财富观强调财富的私人所有,突出对财富的独占和排他的权利。互联网平台产生的共享经济挑战传统的私人占有理论。里夫金指出:"在第三次工业革命时代,传统的财产观念——鼓励获取物质财富和独占、排他的权利,被全新的通过社交网络同他人分享经验的财产观所取代。"其表现就是他说的:"伴随互联网成长起来的新一代人习惯于对创造力、专业技能甚至产品和服务的开创性共享,以促进社会总体财富的增长。"②

在互联网平台,如微信平台上,个人掌握的相当多的私人信息可以成为公共财富,个人对于自己所掌握的信息都可以第一时间通过微信发布,在微信社群如朋友圈中,谁都具有平等的共享信息的权利。而且,信息提供者还有以粉丝计算的信息财富价值(点赞数)。

共享经济的作用是私人资源借助互联网平台,实现私人资源再利用,如网约车、共享单车等。用有限的资源实现尽可能多的使用和服务。其基础和技术手段是互联网平台,进入平台的资源是公共的,平台是共享的。资产

---

① 夏皮罗等:《信息规则》,中国人民大学出版社 2000 年版,第 92 页。
② 里夫金:《第三次工业革命》,第 224—225 页。

运用得越充分,获得的资源和创造的价值就越大。共享经济的核心是:使用权和所有权分离。在互联网平台上,使用权比所有权更重要。使用者不试图占用这个资产,而要试图高频次、高效地去利用和使用这个资产,让它发挥更大的价值和效用。这意味着,在共享经济的背景下实现使用权的共享,不可避免地对现有的所有制理论研究提出了挑战。

5.2-3　互联网平台上的就业、创业和企业

互联网平台创造了就业和创业合为一体的新业态。网络平台提供众创空间,创业资金在网上众筹,创新产品在网上销售,网上直播推销创新产品。互联网平台对就业和创业的技术支持更为明显。第一,新业态的市场进入是没有门槛的。在互联网上就业和创业合为一体。只要有一台电脑,能上网就能创业就业,互联网提供的众创和众筹平台降低了就业和创业门槛。谁雇佣谁已不是主要的,就业者成为自雇者。第二,利用互联网提供的信息,降低创新创业所需要的(市场的、技术的)信息门槛。第三,利用互联网平台人人都可以成为创客,创新创业的风险投资可以通过互联网平台众筹,互联网平台解决创新成果的市场实现(如进入淘宝网)。产品可以在网上销售,网络平台为之提供众创空间。消费者成为创新的弄潮儿,消费成为体验过程。消费者通过选择、个性化定制成为创客。风险投资家通过互联网寻找、选择投资对象。现在全国市场主体超过 1.5 亿个,其中新业态就占了很大比重。大众创业、万众创新在互联网平台上得到体现。

互联网平台所具有的创新功能可以为大众创业、万众创新提供有效的支持。诺贝尔经济学奖得主费尔普斯在《大繁荣》一书中描述了大众创业、万众创新的景象:有创新思想的人士提出创意;不同投资主体参与,例如天使投资人、风险投资家、商业银行、储蓄银行和风险投资基金;不同生产商参加,如创业公司、大公司及其分支机构;各种市场推广开展,包括制定市场策略和广告宣传等活动;终端客户评价和学习;消费者介入并引导创新。在他看来,能否形成大众创业、万众创新的氛围,关键在于经济有没有活力。"现代经济把那些接近实际经济运行、容易接触新的商业创意的人,变成了主导从开发到应用的创新过程的研究者和实验者,科学家和工程师往往被他们召集过来提供技术支持。现代经济把各种类型的人都变成了'创意者',金

融家成为思考者,生产商成为市场推广者,终端客户也成为弄潮儿。"①

互联网平台推动企业组织创新。传统的企业组织有明确的边界,实行科层的(部门—车间—班组)垂直组织系统,研发、制造、销售等各个流程是串联的。移动互联网使企业成为无边界的创新平台。借助互联网广泛吸引创新资源进入企业平台。企业由一个个创新团队组成。如某些企业依靠互联网实行企业平台化,员工创客化,用户个性化。企业成为孵化器平台,员工组成无数创客群体,全员创新、创造和分享价值。每个创新团队中包含研发、制造、营销的功能和人员。企业治理以选择创新项目为对象,以风险投资和品牌为纽带。企业内研发、制造、销售等各个流程是并联的,如研发的过程同时就是制造和销售的过程。企业成为依靠互联网的创新平台后,企业范围扩大超出了已有的组织边界,原先非企业的员工组织的创新团队,被企业选中后,通过风险投资和品牌等形式也可进入该企业。创新团队及其员工不是终身服务于某个企业,而是对项目负责。

在互联网平台上,员工不再终身服务于某个企业,而是忠实于所承担的某个项目,劳动力(包括人才)流动成为常态。这可以说是进入信息化、智能化时代的新的就业现象。正如马克思所说,现代工业的技术基础是革命的,"大工业的本性决定了劳动的变换、职能的更动和工人的全面流动性"。②创新在毁灭旧产业的同时创造新产业,如现在网购在"毁灭"实体零售店的同时使得快递业快速发展。为互联网平台服务的产业被迅速创造了出来。那么互联网平台背景下产生网购、网约车,甚至人工智能发展后出现无人驾驶、无人超市等,是否意味着互联网平台会加剧失业问题呢?机器大工业产生后的100多年的实践证明,当年人们对机器排挤工人的担心没有成为现实。面对互联网平台产生的新业态排斥实体业态所产生的结构性失业问题,正确的对策是就业能力适应工业基础变化,而不是相反。当然,这需要教育与技能赛跑,克服劳动者的"数字鸿沟",使其就业能力不断跟上数字经济时代的发展变化。

---

① 费尔普斯:《大繁荣:大众创新如何带来国家繁荣》,中信出版社 2013 年版,第 30 页。

② 马克思:《资本论》第一卷,第 560 页。

5.3　互联网平台的市场秩序和行为规范

互联网平台的行为也是市场行为,是虚拟世界的市场行为。只要是市场活动就会有机会主义行为。互联网平台上的市场秩序问题可能会以新的形式表现出来。目前,中国的市场监管(包括法治)基本上是针对实体市场的,对互联网平台的市场监管和法治建设很复杂。

5.3-1　互联网平台的垄断和不正当竞争行为

线上总要进入线下,虚拟世界总要进入现实世界。网络上虽然信息充分,但从隐瞒信息到信息噪音产生的信息误导可能成为互联网平台市场失灵的主要表现。互联网平台,无论是电商平台还是互联网金融都由互联网公司(大都是民营的)在办。互联网平台实际上也是信息不完全市场,只要是商业活动就会有逆向选择和道德风险之类的机会主义行为,现实的市场上存在的制假售假、坑蒙拐骗现象不可避免地会进入互联网平台,并且以新的形式表现出来。最为典型的是P2P网贷屡屡暴雷,造成平台参与者(主要是普通老百姓)的重大经济损失。这意味着互联网上打假也要采取新的形式。

互联网平台的不正当竞争也以新的形式表现出来。传统的业态主要是生产者之间的价格竞争等方式。而在新经济业态中,如在线搜索、上微信平台等等,表面上都是免费的,甚至可能有补贴,实际上竞争的目标是争夺用户、锁定用户。就是说,互联网平台是以用户资源为核心的竞争,在与对手争得用户并垄断用户资源后则不再补贴,不再免费,甚至涨价。这意味着这种竞争最终不能增加社会福利。诺贝尔经济学奖得主梯若尔在近期发表的论文中指出:在互联网平台上的反不正当竞争也就有明确的针对性要求。竞争主管部门担心具有市场支配地位的平台会为内部互补产品创造市场支配力。不公平竞争可能表现为对自身服务的优先选择、捆绑搭售或忠实折扣;或者,平台可能会打压竞争对手的应用程序,迫使其退出市场。监管部门更关注的是,平台通过打压其他平台与现有平台竞争所需的应用程序,来保护其自然垄断的业务。①

对互联网平台上的垄断也有垄断结构和垄断行为之分。在不同类型的领域都会出现某个或某几个互联网平台的垄断。某个领域（行业）的互联网平台垄断是基于数据资源和信息技术，海量数据经过收集和处理使生产要素和技术集中所形成的垄断。平台创造的系统吸引万千流量、汇聚海量信息，并通过构建数据收集、存储的技术系统对数据进行特定处理后使其具有较高应用价值。因此，从垄断结构分析，平台企业的垄断地位，不仅是其数据和算法的垄断，也有利用了其带有自然垄断性质的基础设施的垄断。大致上有两种类型：一种平台企业提供的是交易和交流所需的网络、系统、应用等数字基础设施，如无线接入网提供商等。另一种是媒介型平台，平台企业为供求双方提供信息匹配与撮合。互联网平台依托先进的信息技术、便捷的物流网络、快速安全的信用支付渠道，链接起数量庞大的生产者和消费者群体，形成了多产业共生的商业布局。这两类平台企业具有制定涉及平台内经营者、消费者、第三方服务商等各参与主体的行为规则，维护交易秩序和平台生态环境的能力。在这里，互联网平台企业虽由私人部门运作，却具有明显的"准公共产品"的属性，更适合自然垄断模式，过度竞争反而会造成巨大的资源浪费。现实中，某些电信和互联网公司在各个领域提供互联网基础设施，其构建的网络系统和平台已成为现代共享经济模式下的重要的新兴基础设施，具有自然垄断性质。对于这种自然垄断，不应该反，而是必须承认。

从效率角度允许互联网平台垄断结构的形成：一是互联网平台创造的商业模式、技术工具已经成为信息社会的核心组织形式。二是平台企业为在更大市场范围内维持其垄断优势，会不断调整自身的产品和服务。而且其形成垄断需要相当一个时期的低价甚至免费来争得更多的用户，需要付出较大的垄断形成成本。这不仅能提升企业效率，社会也能从中获益。三是大数据已经成为重要的生产要素。平台规模越大，获取的数据信息越多，经过科学的算法所形成的数据越是真实可靠。从这一意义上说，不能简单、一味地反对互联网垄断结构形成，无视这类垄断结构可能产生的效率。如果

---

① 梯若尔：《数字时代的竞争与产业挑战（上）》，《中国经济报告》2021 年 8 月 19 日。

只是看互联网公司进入领域广泛就要反,则会扼杀其动能。

针对互联网平台的反垄断指的是反其利用垄断地位而滥用支配地位,包括限制竞争的行为、滥用支配地位的行为、伤害消费者利益的行为、遏制中小企业创新的行为。如果其依靠垄断地位挤压利用互联网的小企业创新,则要反。显然,对互联网平台,虽不反垄断结构形成,但要反垄断行为和不正当竞争行为。

互联网垄断平台利用其自然垄断地位及雄厚的资本可以在各个领域无限制扩张。进入的领域如果不受限制,处于支配地位的平台企业利用其互联网平台全域覆盖特点及其技术优势,几乎能进入各个领域。其进入的方式是肆意并购相关领域的有潜力的公司。其后果,一是在大互联网公司的挤压下,小微企业无生存空间,大众创业万众创新亦成空谈。二是通常的自然垄断行业基本上都是由国有企业经营(或者控股)的,而目前具有自然垄断性质的互联网平台基本上是民营企业经营的。利润最大化的企业利用自然垄断地位在各个领域进行跨界并购,并在各个领域居垄断地位达到一定程度,可能会影响国家经济安全,尤其是在金融领域。

对互联网平台的市场秩序的规范和反垄断有其特殊性。从其行为分析,作为企业,追求控制市场的竞争目标和动机及相应的合规合法行为无可厚非。一般的自然垄断行业都是国家经营、国家定价,但互联网平台的自然垄断主要是民营企业经营,由营利目标驱使,难以避免其利用垄断地位采取操纵市场行为。其可能的垄断行为,一是平台之间的垄断,二是平台对消费者的垄断。

平台之间的垄断行为主要涉及同类业务范围内不同平台之间的行为,例如电子商务领域中的淘宝、京东、拼多多等平台之间,移动支付类的支付宝、微信支付、云闪付等平台之间,快递业中的顺丰、菜鸟等平台之间,网约车类的滴滴、美团等平台之间等。一部分头部互联网平台企业利用技术手段、平台规则和数据、算法等,实施垄断协议和滥用市场支配地位,排除、限制市场竞争,妨碍商品服务和资源要素自由流通,削弱社会创新的边际效应;在短期内实现市值规模的快速扩张、产品业务市场的全覆盖,形成"赢者通吃"的局面。操纵市场限制企业竞争,利用自身的互联网技术和雄厚的垄断地位对相关领域的有潜力的公司肆意进行并购,对利用互联网创新的中小企业要么挤压,要么并吞。这种滥用市场支配地位的行为会扼杀创新,与激励大众创业相违背,显然是需要反的垄断行为。

侵害消费者与社会公共利益的垄断行为表现为:平台垄断企业利用其市场行为缺乏透明度,以及市场自由度和市场开放度,攫取垄断利润、损害消费者利益。例如采取限制措施限定交易人的市场行为,要求用户或第三方签订排他性条款(即"二选一"),等等。尤其需要指出的是个人信息安全的保护问题,互联网平台掌握足够多的消费者私人信息,私人信息甚至成为交易对象,这种垄断行为所产生的对消费者利益的损害是难以估量的。

当然,互联网平台反垄断行为存在困难,原因是判断互联网平台的垄断地位有其复杂性。互联网领域判断垄断与否不如传统业态那样清楚。一是难以界定市场地域范围。互联网互联互通,跨界经营,难以确定其在哪个市场,因而难以确定其在哪个市场垄断。二是市场支配地位难以界定。传统业态以销售额(包含价格)计算市场份额,互联网平台服务规模基本上是以客户数量衡量的。三是市场收益难以界定。互联网平台的竞争以信息手段实现,不完全是交易行为。而且其垄断收益与其知识产权收益交织。知识产权收益虽然也属于垄断收益(熊彼特垄断),但属于创新收益,不同于市场垄断收益。

现实中还有平台企业与进入平台的各个企业之间的关系。互联网平台是开放的,每个平台都有无数个企业,一个企业可以进入多个平台。卖者和买者都可以进入,但买卖双方是不直接见面的,各方只是同平台发生关系,平台实际上成为第三方。这导致互联网平台经济中反不正当竞争行为的困难。例如,虽然互联网能够提供较为充分的信息,但如果出现制假售假、坑蒙拐骗状况,责任人就不是那么容易明确。某个互联网平台出现此类问题是惩处平台企业还是惩处进入平台的犯错企业,就不那么容易分清。网购中的假冒伪劣现象屡禁不止,而且消费者维权困难,就与此有关。

5.3-2 互联网平台的行为规范

互联网平台秩序建设是规范市场秩序的重要方面。随着互联网平台的覆盖面的进一步扩大,规范互联网平台秩序将越来越重要。针对互联网平台秩序与一般市场秩序的区别,需要完善互联网平台的法治建设,填补其法律空缺。现行的反不正当竞争法和反垄断法基本上是针对线下的行为,现在需要根据新经济业态的特征在充分调查研究的基础上增加线上监管的法律内容。对互联网平台市场秩序的规范和监管可循着"政府监管部门—互联网平台—进入平台的企业"的顺序进行。即:首先,政府监管部门监管互联网平台,根据市场准入的负面清单制度,涉及国家安全的领域,如金融领域,应该限制私人互联网公司及其平台进入,相应地需要法治保证。其次,平台对进入平台的企业负有责任,在严格的法律制度约束下互联网平台必须有严格的自律性措施和对进入平台的企业的严格的甄别和监管措施。否则,无论是什么样的平台都难以生存和发展。在此基础上,政府对互联网平台的反垄断和反不正当竞争行为的监管主要有以下方面:

第一,智慧监管。互联网平台利用大数据,监管也必须利用大数据。监管对象由线下转到线上。监管部门同样要利用互联网平台监管互联网平台的市场行为,协助互联网平台利用大数据功能对参与者的征信信息进行网上甄别,以参与者的诚信和行为规范作为进入平台者的资信。

第二,信息监管。在互联网平台上,包括数据在内的信息资源可以说是互联网平台的第一资源,因此信息监管是第一位的。首先,信息的真实性问题最为重要,特别要防止以讹传讹。这意味着披露真实信息,随时由权威部门辟谣成为信息监管的重要方面。其次是私人信息的保护,保护知识产权和用户私人信息安全就成为市场监管的着力点。此外,互联网平台成为监管的对象。例如,许多进入网购平台卖假货的是消费者找不着的行为者,对此平台就要承担监管责任,无论是打假还是整顿秩序都落实在平台上。信息监管可以利用大数据处理和云计算服务平台,对海量数据进行分布式数据挖掘,基础是各个参与者都在提供经过分析和处理的数据。为此,数据的公开和共享特别重要,需要打破信息的垄断。

第三,信用监管。互联网平台建设要规范,可信才可持续。传统业态中经济行为者是实体,一旦出现制假售假、坑蒙拐骗等问题能够直接追究到经济行为的实体,而且由于其传播范围有限,受骗上当者有限。新经济业态中,经济行为者在线上的制假售假、坑蒙拐骗等行径相比线下不容易被识别。而且虚假信息在网上传播迅速,传播范围广,受骗上当的人数也多。互联网平台的信用体系建设包括完善企业信用监管,利用大数据功能对参与者的诚信记录进行网上甄别;参与者的诚信和行为规范进入平台者的资信;建立市场主体准入前信用承诺制度,将信用承诺纳入市场主体信用记录;建立企业信用修复机制,鼓励企业重塑信用。

概而言之,针对互联网平台,既要肯定并放大互联网平台经济带来的各种积极效应,同时也要清醒地认识到它给互联网监管提出的一系列挑战。基于互联网平台的规范运作,有序推动进入数字经济阶段的社会主义市场经济的进一步完善。

参阅

洪银兴、任保平:《数字经济与实体经济深度融合的内涵和途径》,《中国工业经济》2023 年第 3 期。

多种所有制经济的共存和壮大

公有制为主体多种所有制经济共同发展,以适合社会主义初级阶段的所有制结构动员了一切发展生产力的资源和活力。完善所有制结构改革的方向是:毫不动摇地巩固和发展公有制经济;毫不动摇地鼓励、支持、引导非公有制经济发展。其基本的理论逻辑是在社会主义初级阶段服从于发展生产力需要,公有制与多种所有制经济由对立转向共存和合作。

6.1 所有制的内涵和外延的拓展

所有制是马克思主义经济学的核心范畴。马克思所讲的所有制指的是生产资料所有制,涉及的是人们在生产过程中围绕生产资料的归属和占有形成的关系。马克思说:"不论生产的社会形式如何,劳动者和生产资料始终是生产的因素。但是,二者在彼此分离的情况下只在可能性上是生产因素。凡要进行生产,就必须使它们结合起来。实行这种结合的特殊方式和方法,使社会结构区分为各个不同的经济时期。"①在小生产那里劳动者和生产资料直接结合,资本主义私有制中劳动者和生产资料所有权分离,在社会主义公有制中生产资料归联合起来的劳动者共同所有。

一定社会的生产关系一般不可能是单一的所有制,而是由多种所有制组成的,由此形成所有制结构。马克思在《资本论》第一卷序言中针对当时欧洲大陆落后国家的生产关系写下这么一段话:这些国家,"不仅苦于资本主义生产的发展,而且苦于资本主义生产的不发展。除了现代的灾难而外,压迫着我们的还有许多遗留下来的灾难,这些灾难的产生,是由于古老的陈旧的生产方式以及伴随着它们的过时的社会关系和政治关系还在苟延残喘"。②马克思同时认为,虽然存在多种所有制,但"在一切社会形式中都有一种一定的生产决定其他一切生产的地位和影响,因而它的关系也决定其他一切关系的地位和影响。这是一种普照的光,它掩盖了一切其他色彩,改变着它们的特点"。③政治经济学更为关注的是起"普照的光"作用的所有制形式。传统的政治经济学社会主义部分往往只是研究起"普照的光"作用的公有制经济。

在改革进程中所谈的所有制外延已经扩大了,不限于生产资料,还有其他各类生产要素的所有权问题。劳动要素、技术要素、资本要素、管理要素、土地要素,再加上已经明确的数据要素。这些要素中的无形要素并不都属于生产资料的范围,但都是生产要素。马克思当年的所有制理论认为在未来社会中只有劳动力的私人所有,因此就有按劳分配的要求。其他生产要素都和生产资料一起公有,就不存在劳动以外要素的所有权问题。而在现在的生产要素中,不只是劳动要素私有,其他要素都可能有较大部分私有,即使是在国有制内部也分属于不同的企业。这就提出了生产要素所有权问题。各种生产要素的所有权不仅会决定企业的股权结构,也会决定收入分配结构。现在提出让一切劳动、知识、技术、管理、资本的活力竞相迸发的改革目标,前提是承认各种生产要素属于不同的所有者。这样,所有制就不单

---

① 马克思:《资本论》第二卷,人民出版社 2004 年版,第 44 页。

② 马克思:《资本论》第一卷,第 9 页。

③ 《马克思恩格斯文集》第 8 卷,第 31 页。

指生产资料的所有制,涉及的是各种生产要素的所有制。

自从科斯提出产权理论以后,产权制度成为所有制研究的新内容。产权不仅涉及私人产权和公有产权的归属,还涉及产权的所有、支配和使用等方面的产权权利及相应的结构。这就是说,针对各类企业和个人财产不能只是在公有私有上打转转,还必须深入到其内部的产权关系、产权结构中进行研究。党的十八届三中全会在坚持对公有制和非公有制经济两个"毫不动摇"基础上明确公有产权和非公有产权两个"不可侵犯"。显然,产权制度和相应的产权理论的提出拓宽了所有制理论研究的空间,而且更能说明现实。就像中国的土地制度的所有权、承包权和经营权三权分置,股份公司的出资者产权和法人财产权的分离。

过去谈所有制和财产权一般都是指物质资料的所有制和财产权利。现在随着科技创新及知识经济的发展,产生了与物质产权相对应的知识产权。随着知识经济的发展,创新成为发展的第一动力,知识产权的重要性越来越明显。

6.2　多种所有制经济由对立到共存

根据马克思的理论,生产关系的变革要以生产力的发展为物质基础。在一种生产关系所能容纳的生产力的作用全部发挥出来之前,它就不会灭亡;当一种新的生产关系赖以存在的物质基础尚未成熟时,它也不会出现。如果超越生产力的现状变革生产关系,反而会阻碍生产力的发展。新中国成立以后,通过社会主义改造基本上消灭了各类私有制经济,公有制经济一统天下。实践证明,这种超越生产力发展阶段的所有制结构破坏了生产力,于是就有了后来的市场化改革。

市场化改革是从发展多种所有制经济开始的。改革进程中随着社会主义初级阶段理论的确立,所有制理论产生了一系列重大突破,扫除了发展非公有制经济的理论障碍。从农村实行家庭联产承包责任制,到城市发展个体私营经济,再到引进外资,国有经济有进有退的战略性调整,直至明确混合所有制是基本经济制度的实现形式,形成了公有制为主体多种所有制经济共同发展的所有制结构。实践证明,包括公有制和非公有制在内的多种所有制经济共同发展的所有制结构对发展社会生产力有明显的制度优势:

一是以适合社会主义初级阶段的所有制形式动员了各种发展生产力的资源和活力。改革开放 40 多年来,中国经济发展能够创造"中国奇迹",公有制经济和非公有制经济都作出了重大贡献。习近平总书记在 2016 年全国两会期间参加民营企业家座谈会时讲:非公有制经济在稳定增长、增加税收、促进创新、扩大就业、改善民生等方面发挥了重要作用。现在民营经济贡献了 50％以上的税收,60％以上的国内生产总值,70％以上的技术创新成果,80％以上的城镇劳动就业,90％以上的企业数量。随着改革的深入,其进入的领域和范围进一步扩大。这不仅打破了民营经济只能进入社会化水平低层次领域和竞争性领域的教条,而且正在根据负面清单,进入国民经济命脉部门和公益性领域。非公有制经济已经成为稳定经济的重要基础、国家税收的重要来源、技术创新的重要主体,是经济持续健康发展的重要力量。

二是多种所有制经济的存在促进了不同所有制之间的竞争,尤其是促使公有制经济在竞争中改革自身的体制、有进有退,完善公有制的实现形式。国有企业普遍亏损的现象得到逆转很大程度上得益于多种非公有制经济的竞争压力。公有制经济的竞争力、创新力、控制力和抗风险能力得到大大增强。

三是公有制和非公有制的存在都有其目标导向,分别在各自见长的领域发挥自己的制度优势。非公有制经济主要在竞争性领域,追求利润目标,其效率优势明显。公有制经济主要在公益性和自然垄断性领域,虽然也有效率的要求,但在公益性和公平性方面的目标更为明显。这样不同所有制在提高效率促进公平方面在分别发挥自身制度优势的同时相互学习。

在多种所有制经济公平竞争共同发展的基础上,公有制经济不是依靠其数量而是依靠其质量和地位发挥了明显的主体地位作用。其主体地位表现在公有资产在社会总资产中占优势,国有经济控制国民经济命脉。就如习近平总书记指出的:"公有制主体地位不能动摇,国有经济主导作用不能动摇,这是保证我国各族人民共享发展成果的制度性保证,也是巩固党的执政地位、坚持我国社会主义制度的重要保证。"①在市场决定资源配置和更好发挥政府作用的经济体制中,公有制的主体地位,不在于其在市场经济资源配置中争夺资源,不在于在竞争性领域占比的多少,而在于支持政府更好发挥作用。由此可以从制度上体现以人民为中心的发展思想,贯彻社会主义公平正义要求,实现全体人民共享发展成果。

6.3 毫不动摇鼓励、支持、引导非公有制经济发展

在马克思的理论中,生产力决定生产关系,有什么样的生产力,就有什么样的生产关系。马克思在《共产党宣言》中明确社会主义就是消灭私有制。马克思当时设想的社会主义是在发达的资本主义国家建成的。在此条件下提出消灭私有制是没有疑问的。但是,是否一建立社会主义社会就要消灭私有制,这应该由各个国家的国情尤其是所处的生产力阶段来说明。

马克思指出:"无论哪一个社会形态,在它所能容纳的全部生产力发挥出来以前,是决不会灭亡的;而新的更高的生产关系,在它的物质存在条件在旧社会的胞胎里成熟以前,是决不会出现的。"②按此原理,社会主义社会建立以后,建立什么样的生产关系结构,由生产力的发展水平决定。这里有两种不同的思路。一种是革命的思路,即一种所有制代替另一种所有制。社会主义代替资本主义就是社会主义公有制代替资本主义私有制。另一种建设的思路,即释放多种所有制经济的活力,创造社会主义代替资本主义的物质基础。在社会主义初级阶段公有制和私有制不是谁胜谁负的关系,需要公有制和多种非公有制经济共同发展生产力。

马克思当年设想发达的资本主义社会是社会主义的入口。根据马克思的分析,作为社会主义入口的发达的资本主义有几个重要特征:一是资本主义进入垄断阶段,尤其是国家垄断资本主义阶段;二是股份制成为企业制度的主要形式;三是生产高度社会化。在实践中建立起来的社会主义国家原

---

① 中共中央文献研究室编:《习近平关于社会主义经济建设论述摘编》,第 63 页。
② 《马克思恩格斯选集》第 2 卷,人民出版社 1995 年版,第 33 页。

先并不是发达的资本主义国家。就像中国原先是半殖民地半封建社会。在这样的基础上建立的社会主义社会还处于初级阶段。社会主义初级阶段不是泛指社会主义的起始阶段,而是特指在生产力落后、市场经济不发达的条件下,建设社会主义必然要经历的阶段,通过这个阶段实现别的国家在资本主义条件下实现的工业化、市场化和现代化。因此这个阶段的根本任务是发展生产力,建立社会主义的物质基础。

中国一开始建立的基本经济制度试图实践的社会主义就是消灭私有制,付出了生产力遭到破坏的代价。在社会主义初级阶段,根本任务是发展生产力,私有制还不能完全消灭,就是因为它所能容纳的全部生产力还没有发挥出来。如果物质条件不具备,生产力发展水平不具备,全社会完全的公有制也不会出现。需要在公有制为主体的条件下利用私有制经济发展生产力。显然,公有制为主体多种所有制经济共同发展的基本经济制度是由社会主义初级阶段的主要矛盾和根本任务决定的。

新中国是在半殖民地半封建的社会基础上建立的。虽然中国较早产生资本主义萌芽,但民族资本主义发展非常缓慢。资本主义不发展就没有能力消灭前资本主义生产方式。因此新中国建立时,不仅存在资本主义生产方式,还存在农村小生产方式等前资本主义生产方式。虽然新中国成立初期进行的社会主义改造试图把它们一举消灭,但现有的生产力水平还有它们存在和发展的空间、土壤。改革开放以后多种非公有制经济不但恢复并迅猛发展,就说明了这一点。

6.3-1　激发民营经济的活力

非公有制经济涉及民营资本和外资。具体包括私人独资的民营企业和外资企业,也包括私人资本控股的混合所有制企业。

对非公有制经济的地位和作用的认识是逐步深化的。改革初期非公有制经济作为公有制经济的补充而存在,属于制度外的一块。社会主义市场经济得到确认后,社会主义初级阶段的基本经济制度也得到确认。明确公有制为主体多种所有制经济共同发展,各种非公有制经济与公有制经济一起成为基本经济制度的组成部分,也就是进入了制度内。

现有的民营经济大致通过以下路径形成:一是私人投资直接办的民营企

业;二是公有制企业改制而来的民营企业,现在规模大的民营企业大多是这一种类型的。国有经济进行有进有退的战略性调整,许多在竞争性领域的国有经济通过改制等方式退出了,改制成的民营经济有规模有实力。过去有一种观点以生产社会化程度、生产力层次作为各种所有制经济的标准,即生产社会化程度高的适合国有企业,生产社会化程度低的适合民营企业。实践已经打破了这个教条。企业所有制性质不再以生产力层次、企业规模来说明,比如华为所达到的规模和生产力层次都大大超过了许多国有企业。这说明各种生产力层次都可以包容国有和民营。

民营经济之所以有活力,原因是其特有的制度活力。现阶段有三大活力经济,即私人经济、外资经济、上市公司经济。其原因是这三大经济中都包含私人产权。含有私人产权的经济充满活力的原因可从其同公有制企业的比较中得到说明:

第一,包含私人产权的经济有自身利益的关心,因而是最有竞争力的。长期以来公有制经济效益上不去,原因之一就是没有自身财产利益关心。制度经济学有一种观点,即公有产权和私有产权在交易时,公有产权会被低估,私有产权会被高估,根本原因是公有产权没有自身利益的关心,而私有产权有自身利益的关心。现实的产权交易中常常出现的利益输送总是将公有资产输送给私人。

第二,私人产权制度能够保障企业自主经营、自负盈亏、自担风险。公有制企业常常是负盈不负亏,科尔奈在《短缺经济学》中指出,国家与国有制企业关系是国家的"父爱主义",企业软预算约束,经营不好有国家补贴。而私有制企业没有这个条件,需要自担风险、自负盈亏,当然也会有风险收益。因此,私人企业有充分的激励和约束,其经营不只是谨慎,更有敢冒风险的创新精神。

第三,私人产权制度可以有效避免政企不分。国有企业原有体制的一大弊端是政企职能不分,行政干预较多。而私人企业就不存在这个问题。政府不能随意干预企业经营。

第四,民营经济可以充分动员民间资本发展经济。现阶段居民有较高的储蓄水平,在将居民储蓄转化为现实的投资方面,民营经济是重要渠道。

民营经济一开始都是小微企业,都会有做大做强的要求。做大做强,既需要客观条件,也需要主观条件。客观条件主要是体制上的。在实体经济领域中民营经济所感觉到的"国进民退"问题,主要是体制上的障碍,如民营资本进入某些领域受到的限制多,不能平等获取生产要素,缺少发展空间。具体表现如民营企业融资困难、融资成本高等。后果是,民营资本、民营经济做大后,资本、财产外流,甚至民营企业家直接出走。虚拟经济尽管存在风险,但其依靠投机实现暴富对实体经济的刺激很大。经营实体经济雇用的员工多,负担重、责任大。后果是,民间资本不愿进入实体经济,不愿意投资实体经济,甚至"脱实向虚"。

针对上述体制障碍,做大做强民营经济的根本是明确民营经济是社会主义初级阶段体制内的组成部分。在此基础上的体制要求主要涉及:放宽民营资本进入的领域;打破市场垄断;所有企业在公平的市场环境中平等地获取资源;国家要在减税降费上保障实体经济有利可图。习近平总书记在2016年全国两会民建工商联委员联组会上提出重点要解决好民营企业发展的五大问题:着力解决中小企业融资难问题,着力放开市场准入,着力加快公共服务体系建设,着力引导民营企业利用产权市场组合民间资本并购重组,进一步清理行政审批事项和涉企收费。需要明确,对民营经济,在负面清单基础上实行统一的市场准入制度,民营企业和外资企业可以进入负面清单以外的所有领域。废除对非公有制经济各种形式的不合理规定,消除各种隐性壁垒,制定非公有制企业进入特许经营领域的具体办法。近年来随着改革的深入,负面清单逐步缩小,民企和外资进入的领域进一步扩大。例如,允许具备条件的民间资本依法发起设立中小型银行等金融机构;鼓励非公有制文化企业发展,降低社会资本进入门槛;允许社会资本通过特许经营等方式参与城市基础设施投资和运营;城市公共服务,甚至公共交通、煤气、天然气等垄断性行业都可以有私人企业参与经营。

民营企业的现代企业制度建设是其做大做强的主观条件。民营企业的家族制在发展初期效果明显,但其存在的家企不分的问题同国有企业的政企不分问题是一样的。为此必须突破家族制管理,建立现代企业制度。其路径包括吸收多元资本进入,建立职业经理人制度等。

6.3-2　赋予居民财产权利

过去我们讲的居民收入一般都是指劳动报酬。随着生产要素参与收入分配的推进,财产性收入在居民收入中的比重越来越高。收入差距的扩大很大程度上归结为财产性收入与劳动收入之间的差距,面对因此产生的越来越大的收入差距,缩小收入差距的途径不可能是否定私人财产和财产性收入,可行的途径只能是生产劳动者除了得到劳动收入外,也能得到财产性收入。其路径是创造条件让更多群众拥有私人财产和财产性收入。

提出赋予居民财产权利主要出于两方面考虑:一是激励居民的私人投资并为之提供多种投资渠道。让人民富裕不只是增加居民收入,还要增加居民的家庭财产。二是在各种生产要素参与收入分配的条件下,多渠道增加居民财产性收入。以前关注较多的是劳动收入差距,现实中最大的差距还是财产收入差距。生产资料占有的不平等会造成很大的收入差距。如皮凯蒂的《21世纪资本论》中所说,贫富两极分化是财产占有的两极分化。其中的主要说明因素是资本收益率较其他增长率更高。在社会主义条件下,既要调动各种要素所有者的积极性做大蛋糕,又要坚持公平正义的社会主义原则。可行的途径不是否认财产权利,而是在财产权利上做加法,广开增加居民财产性收入的门路,例如:提供居民购买股票等动产、房地产等不动产的机会并规范各类资本市场;鼓励私人创业;保护知识产权及其收入;完善企业股权结构,允许员工持股,鼓励企业家持股和科技入股;等等。在此基础上探索通过土地、资本、知识产权等要素所有权、使用权、收益权获取财产性收入。这就是党的二十大所说的:完善按要素分配政策制度,探索多种渠道增加中低收入群众要素收入,多渠道增加城乡居民财产性收入。

对农民来说,城市土地国有,农村土地集体所有,农村土地问题解决不好,农民富裕不起来。党的十九大关于农村土地制度改革,不仅明确保持土地承包关系稳定并长久不变,第二轮土地承包到期后再延长三十年,而且要求完善"三权"分置制度。土地承包期延长稳定了农民的民心。"三权"分置即土地所有权、承包权和经营权分置。核心是农户承包的土地的流转,尤其是承包地的经营权流转。这些是随着改革出现的新的理论突破。已有的农村改革将土地所有权和承包经营权分开,调动了承包经营户的积极性,增加了农民的劳动收入。现在的改革则是进一步推进集体所有的土地承包权和经营权分开,允许土地经营权的流转。这不仅使农民有条件获得土地经营权流转的收入,也使农民可以通过土地经营权的抵押获取发展的资金,同时,还能培育新型农业经营主体,让农地流转后实现规模经营。

在马克思的《资本论》中还有土地资本的概念:"改良土地,增加土地产量,并使土地由单纯的物质变为土地资本。"[1]就是说,修建水渠、建设灌溉工程、平整土地、建造经营建筑物等投入土地的资本属于固定资本的范畴。为激励土地资本增值需要明确谁投资谁收益的原则,即承包者在承包期内投资产生的土地资本收益归承包者,而土地经营者投资则获取土地资本增大的收益。

6.4 毫不动摇地坚持和巩固公有制为主体

社会主义初级阶段的基本经济制度的社会主义属性在于公有制为主体。这是必须坚持的。如果公有制不为主体,也就不存在社会主义社会。当然,在市场经济条件下,在非公有制经济成分发挥作用的条件下,如何实现公有制为主体,涉及一系列的理论和制度创新。

公有制主体地位、国有经济主导作用是我国各族人民共享发展成果的制度性保证,也是巩固党的执政地位、坚持我国社会主义制度的重要保证。为什么在中国的市场经济中需要坚持公有制为主体?最一般地说是由社会主义制度特征决定的,实行社会主义经济制度就要坚持公有制为主体。不仅在市场失灵的领域需要政府介入,还需要在经济运行中贯彻社会主义公平正义要求,体现以人民为中心的发展思想。公有制经济尤其是国有经济是贯彻这些目标的抓手和支撑,就是在政府更好发挥作用中成为主体,支持政府更好发挥作用。进入新时代,党中央确定的建设社会主义现代化强国目标,包含了明确的共同富裕内容。要逐步实现共同富裕,就需要公有制经济更多地发挥导向作用,需要以公有制为主体推进基本公共服务均等化,需要公有制经济在增进公共财富的基础上提供更多的公共产品和公共服务。现实的乡村振兴中无论是富裕农民还是美丽乡村建设都需要集体经济发挥导向作用。

---

[1] 马克思:《资本论》第三卷,第 699 页。

6.4-1 公有制为主体的含义

改革开放以来党中央一直鼓励、支持、引导发展多种非公有制经济，非公有制经济迅猛发展，其作用非常明显，而且有了"56789"的贡献比例①。能否据此就得出公有制主体地位下降的结论呢？这涉及对公有制及其主导作用的准确认识问题，需要根据改革开放所形成的经济格局作出科学的说明。

过去，公有制为主体被界定为公有制企业数量上占优势。市场化改革进行到现在，由于非公有制经济发展迅猛，再加上公有制企业的改制，按企业数量所占比重公有制企业不占主体了。但需要搞清楚公有制经济的内涵和相应的公有制为主体的含义。1993年《中共中央关于建立社会主义市场经济体制若干问题的决定》提出："公有制的主体地位主要体现在国家和集体所有的资产在社会总资产中占优势，国有经济控制国民经济命脉及其经济发展的主导作用等方面。"1997年党的十五大明确提出公有制经济不仅包括国有经济和集体经济，还包括混合所有制经济中的国有成分和集体成分。按此规定，公有制为主体就有了符合实际情况的表述：第一，公有制为主体不再体现在公有制企业的数量上，而是体现在公有资产的数量上，只要公有资产在社会总资产中占优势，就是以公有制为主体。第二，公有资本并不都在公有企业中经营，在混合所有制企业中，公有资本在股权结构中占控股地位，就是公有制为主体。第三，国有经济控制国民经济命脉就体现公有制为主体。

为了坚持公有制为主体，需要克服对公有制经济作用的错误的和模糊的认识。

一是以所谓的"公地悲剧"理论否认公共资源的公有。其实，这个理论只是指公共资源没有所有者的关心而产生被滥用的悲剧。根据这个理论，只要通过改革解决好对公共资源的实实在在的所有者的关心，"公地悲剧"就不能成为否认公共资源公有制的理由。现实中，石油、天然气之类的战略

① 即前文已提及的民营经济贡献了50％以上的税收，60％以上的国内生产总值，70％以上的技术创新成果，80％以上的城镇劳动就业，90％以上的企业数量。

性稀缺资源由国有企业开发和运营,既可利用国家资金开发以增加供给,又可根据国家目标满足人民的需要。关键是克服经营这些资源的国有企业的垄断行为,通过政府规制促使其追求公共利益,而不是商业利益。既保障所有者权益,又不侵害消费者权益,从而避免有些国家因私人垄断这类资源而被攫取私人垄断利益的状况。

二是以"挤出效应"来否定公有制经济的作用。实际上,在竞争性领域只要坚持公有制经济与非公有制经济的公平竞争,就不用担心谁挤出谁。更何况在国有经济的战略性调整中,竞争性领域是其退出的重点。而在国有经济集中进入的领域基本上是民营经济无力或不愿进入的领域,也就不存在"挤出"。不仅如此,国有经济进入的重大国计民生项目也给多种所有制经济提供分享发展的机会。例如以高速铁路建设为代表的重大基础设施项目,跨区域的生产力布局和环境保护,协调城乡区域一体化发展的基本公共服务项目,重大科学研究计划等等,这些都需要政府通过国有资本去推动,由国有企业或单位去运营。但现实中所有这些项目都不是国有企业单独完成的,每一项国有企业的投资都会撬动社会资本,其杠杆作用非常明显,不仅为社会资本的投入提供机会,并且以其旁侧效应提供多方面投资空间。再如国有资本支持的科技创新具有明显的溢出效应,国家投资产生的科技成果中相当多的部分成为公共产品为包括民营企业在内的全社会共同享用。这意味着民营经济的发展实际上也分享到了公有制经济发展的红利。

在国际经济学界一直有一种教条,就是公有制不能同市场经济结合,公有制为主体更谈不上市场经济。其理论依据是市场经济的基础是私有制,因此与公有制不相容。确实,中国传统的公有制模式是不能同市场经济结合的,但中国市场取向的改革实现了公有制同市场经济的结合。

首先是所有制结构改革。发展起来的多种非公有制经济本身就是市场经济。非公有制经济与公有制经济并存并相互之间发生交换和竞争关系,就使公有制企业也成为市场主体。现在又明确混合所有制成为基本经济制度的基本实现形式,包含公有资本产权明晰的混合所有制企业同市场经济结合具备了完全的条件。

其次是明确公有制经济不是指公有制企业,而是指公有资产,包括国有资产和集体资产。在此基础上明确公有制的实现形式不只是指国有企业和集体企业,而且可以有多种实现形式。资产属于资本范畴。通过公有资本的流动和交易,公有资产可以在非公有制企业中经营,非公有制资产也可以进入公有资本控股的企业。股份制企业成为公有制的重要实现形式。经过这种方式改制的公有制经济就可能实现与市场经济的结合。

最后,在政企关系改革中,一方面政企分开,将公有制经济(尤其是国有企业)的政府职能和企业职能分开,另一方面政资分开,将行政管理同国有资产管理分开。国家的国资管理,由管企业转向管资产并进而转向管资本,这就从国有体制上解决了国有企业的市场主体地位问题,消除了公有制企业与市场经济结合的制度性障碍。

基于上述改革,习近平指出:"经过多年改革,国有企业总体上已经同市场经济相融合。"①

6.4-2 国有经济的战略性调整

党的二十大要求深化国资国企改革,加快国有经济布局优化和结构调整。国有经济所进入的领域有两类:一类是竞争性领域,另一类是公益性和自然垄断性领域。国有经济在这两类领域的布局及其调整反映国有经济的分类改革。

竞争性领域是民营经济能够充分发挥作用的领域,过去国有经济的布局追求无所不包和无处不进,结果是国有制经济布局过于分散,在许多领域低效益,亏损严重,实际上无力增强对国民经济命脉领域的控制力,难以保证公有制的主体地位。现在明确了国有资本增殖的本性,就没有必要在所有领域特别是缺乏竞争力的领域都进入,在竞争性领域对国有经济没有占支配地位的要求。国有经济进行有进有出的战略性调整,在这个领域长期不占优势而且长期亏损的国有资本就需要退出。除此以外,自然垄断行业不是所有环节都是垄断性的。在其客观存在的竞争性环节,可以实行网运分开、放开竞争性业务,推进公共资源配置市场化。例如,电力行业是自然垄断行业,但不是整个行业全部垄断,电网之外的发电、电力设备等领域可以

---

① 《习近平谈治国理政》第一卷,第79页。

放开竞争。针对民营企业积极进入的竞争性领域,国有企业不要"与民争利",应该"让民获利"。例如,央企没有必要竞相进入房地产行业,参与竞拍土地。当然,有一部分国有企业在竞争性领域占有优势,有足够的竞争力在这个领域做大做强,就没有必要强制退出。公有制与非公有制在这个领域的此消彼长不能反映公有制主导作用的丧失,公有制经济没有必要在民营经济能够充分发挥作用的竞争性领域在比例上争个高低。处于竞争性领域的公有制经济要在平等竞争中增强自身的竞争力,在竞争中做强做优做大国有资本。

国有资本投资运营要更多投向关系国家安全、国民经济命脉的重要行业和关键领域,重点提供公共服务,发展重要前瞻性战略性产业,保护生态环境,支持科技进步,保障国家安全。国有资本加大对公益性企业的投入,在提供公共服务方面作出更大贡献。国有资本控股经营的自然垄断行业(水、电、气等),可以说是国有资本投向的正面清单。现阶段在这方面突出的问题是,在一些学校、医院、公共交通等领域,政府本来应该作为提供基本公共服务的主体,但前一段时间有些地区"市场化过度",卖学校、卖医院,交给私人企业经营基本公共服务。而民营企业追求利润最大化,不能完全解决中低收入群体的基本服务问题。因此,国有经济在这些领域退出的必须再回来。当然,这些领域不完全排斥私营企业进入,可以允许私营企业经营,但只能作为补充,不能代替国家应该承担的责任。

基于上述对公有制经济及公有制为主体的科学界定,公有制经济尤其是国有经济,进行有进有退的战略性调整,国有企业通过改制较多地退出处于低效益的竞争性领域,更多地集中在国民经济命脉和公益性部门,保持了国有经济对国民经济的控制力。国有企业不再成为"亏损企业"的代名词。就国有资产来说,在其逐步退出一般竞争性领域的同时,在国民经济命脉部门其所占比重得到加强。第四次全国经济普查数据显示,2018 年,全国国有控股企业资产总额为 474.7 万亿元,占全国企业资产总额 859.6 万亿元的 56.3%。其中,非金融类国有控股企业资产总额为 219.8 万亿元,占全国非金融类企业资产总额 537.8 万亿元的 41%;金融类国有控股企业资产总额为 264.3 万亿元,占全国金融类企业资产总额 321.8 万亿元的 82%。另外,2020 年国有企业资产比 2018 年增加了 117 万亿元,增长了 24.6%,因此,可以肯定,目前国有企业资产已占全国企业资产总额的 60% 以上。①这是全体人民积累起来的国有资产,对国民经济及人民福利起着主导性作用。

6.5 混合所有制是基本经济制度的重要实现形式

过去公有制的实现形式是国有企业和集体企业。从公有资本视角认识公有制经济就会提出公有制的多种实现形式问题。公有的资本投入不同类型的企业,就可以有不同的实现形式。国有资本、集体资本、非公有资本等交叉持股、相互融合的混合所有制经济,是基本经济制度的重要实现形式。随着混合所有制经济的出现,产生多元所有制结合的企业,企业内出现出资者产权和法人财产权的分离。产权制度建设就突出了。

明确公有制实现形式可以而且应当多样化的改革意义在于,将一切反映社会化生产规律的经营方式和组织形式大胆地用于公有制经济。包含了私人产权的各种类型的混合所有制企业都可成为公有制的实现形式,体现公有资本和非公有资本在同一企业内部共同发展。具体地说,既然公有制经济被定义为国有和集体资产,这些资产就可能存在于不同的企业形式中。与此相应,公有制可以有多种实现形式,公有资本可能投资在民营企业,也可以投资在外资企业,包含了公有资本的民营企业和中外合资企业也就成了公有制的实现形式,所有这些形式一般都采取股份制的方式。就如马克思当年在《资本论》中指出的,在股份公司中,"曾经是政府企业的那些企业,变成了社会的企业"。②改革中形成的农村中的合作经济则是集体所有的土地与农户资产合作的股份合作制。

股份制是现代企业的一种资本组织形式。股份制不姓"社",也不姓"资"。资本主义可以用,社会主义也可以用。它可以成为公有制的实现形式。实践证明,规范运作的股份制由于其产权明晰、权责分明、管理科学而成为国有企业建立现代企业制度的实现形式。而且在全球化经济中国际资

---

① 数据来自《经济参考报》2021 年 11 月 5 日。
② 马克思:《资本论》第三卷,第 494 页。

本的流动也是在股份制企业间进行的。外国资本可以进入国有资本控股或参股的企业,国有资本也可通过股份制企业进入外国的公司。股份合作制体现本企业劳动者的劳动联合和劳动者的资本联合,是具有较高效率的集体经济的实现形式,因而成为小企业和农村集体企业改革可资选择的形式。

混合所有制经济的基本特征是多元股权的相互融合。在同一个企业中包含多元产权尤其是在公有产权和私人产权融合的混合所有制企业中,能够产生取长补短的互补效应,有利于各种所有制资本取长补短、相互促进、共同发展。

首先是运行目标互补。现阶段各种所有制经济都有其存在的必要性。国有及国有控股资本的存在要体现其国有的价值,这就是较多地追求公共利益,贯彻社会目标,如充分就业等。非公有制资本的运行则是追求私人利益,贯彻利润目标,活力更强。这两种所有制经济混合在同一个企业中,不只是资产产权的混合,也是其运行目标和运行规则的融合。在混合所有制企业中,公有产权所要追求的公共利益目标和社会责任不能放弃,私人产权的利润目标和效率要求也不能放弃。两者在企业运行规则(企业的社会责任和效率原则)中得到互补。

其次是产权关系得到明晰。私人产权生来就是明晰的。而国有资产实际上的产权主体是缺位的,没有人从自身利益上真正关心国有资产。国有资本进入混合所有制企业后,与私人股权混合在一起的前提是明晰各自的产权,国有资本的产权也由此得到明晰,并且相应明确管理各自资本的代表。

第三是资本运行的整体效率得到提高。虽然进入混合所有制企业的各个投资主体需要明确各自的资本份额,以明确各自的权益和责任,但是资本一旦投入企业就混合在一起整体运行,分不清哪个部分属于谁。各方投资者只能在关心整体资本运行中关心自己的资本运行效益。而且整体资本交由企业法人按资本规律运行,任何投资者都不能随意动用和支配资本。尤其是混合所有制经济中的资本运行是国有资本的规模优势和民营资本的机制优势的结合,体现优势互补。对公有资本来说,可以有效解决原有公有制中的产权弊病,即避免政企不分,解决只负盈不负亏问题;公有产权与私有产权得到同等的价值评估,增强了资本的整体价值。

第四是形成利益共同体。混合所有制不仅包括多元投资主体的结合,还允许混合所有制企业内的员工持股,由此形成资本所有者和劳动者利益共同体。企业员工能够分享企业所有者的剩余,会从自身的产权利益上关心企业发展。

在混合所有制中,同一个企业中公有资本同非公有资本在内部融合。在此制度框架内,面临的新课题是公有制为主体如何在其中得到实现。混合所有制的实现形式,实际上拓宽了国有资本的影响力。就国有经济来说,已明确分为两类。一类是商业类,一类是公益类。这样,对公有制在混合所有制中的主体地位需要区分两个层面进行分析。不同类型的经济中,公有制的主体地位有不同的实现路径和方式。

在竞争性领域,同其他所有制性质的资本一样,公有资本追求价值增殖。哪里能增殖,资本就流向哪里。这意味着在这个领域中,进入混合所有制企业的公有资本并不追求在所在企业中控股,但要追求所在企业的增殖能力。在这个领域中既有经营得好的公有制企业,也有经营得好的非公有制企业。因此进入商业类领域的公有资本不应该有所有制界限,应该投向增殖能力强的企业,包括民营企业。在这里不求所有只求所在。这样,总体数量仍然较大的公有资本分布在增殖能力强的企业中,哪怕不控股,总体上仍居主体地位。在企业的多种资本来源中,国有资本是以其效率(质量)而不是以其数量来发挥支配作用的。国有资本的效率越高,其乘数效应越大。在混合所有制企业中国有资本通过相对控股就可体现其控制力。

在垄断性和公益类领域,一般都是国有企业经营。在这个领域公有资本也不可能独霸天下。要实现控制,并不需要全资,只要控股就可以,可以让出一部分股权给非公有制经济。公益类国有企业也可建立混合所有制,允许非国有资本参股入股,公益性项目也要吸引非公有资本参与。即使是国有经济垄断的国民经济命脉领域,也不完全需要国有全资,可以在保持国有控股的前提下,让出一部分股份,让民营资本进入。国有经济在所有这些领域的退丝毫没有削弱国有经济,恰恰是让国有经济集中力量在应该更多发挥作用的领域起到主体作用。只要保持公有资本在混合所有制经济中的控制力,实际上它所支配的资本就不只是自己的资本,还能支配参股和入股的非国有资本。其控制力和支配力不只在其控股地位,更重要的是公有制经济平等对待其他所有制经济并与其共享利益的吸引力。

6.6　国有资本的做强做优做大

党的二十大要求推动国有资本和国有企业做强做优做大,提升企业核心竞争力。加快建设世界一流企业。所谓做优国有资本和国有企业,指的是增强国有企业竞争力和活力。其途径包括:优化国有资本所有者的行为;优化企业内部治理结构;企业家治理企业。所谓做强国有资本和国有企业,指的是增强国有资本的竞争力和增殖能力。其途径包括:国有企业成为真正的市场主体;国有资本在多种实现形式中提高增殖能力;国有资本在战略性调整中做强;处于垄断领域的国有企业在规制改革中做强国有资本。所谓做大国有资本,指的是在多种所有制经济共同发展基础上的做大。其途径包括:以国有资本的积累做大国有资本;以资本运作做大国有资本;利用混合所有制做大国有资本。

在社会主义市场经济的体制框架中如何做强做优做大国有资本?必须明确社会主义市场经济的基本要求是公平竞争,国有企业与其他所有制企业处于平等的市场地位,平等地进入和退出市场,市场竞争机会均等。既不存在对哪种所有制经济的保护,也不存在对哪种所有制经济的歧视,即不存在所有制倾斜政策。对国有企业来说,公平竞争有三个约束:一是硬化预算约束。对国有企业来说,无论是主体地位还是主导作用都不是靠政府保护而是靠竞争来维持的。强化竞争政策的基础地位就是要硬化企业预算约束,促使其不是盯着国家而是盯着市场,唯一地依靠自身的市场竞争能力的提升来保持和巩固主体地位。二是强化产权约束。产权激励是市场主体活力的基础。市场主体能够服从市场调节的根本原因在于自身的产权利益与其市场行为相关。对企业来说,最致命的风险是产权丧失,最重要的收益是财产增值。产权激励是市场经济最强大的动力源。三是强化市场地位约束。居于自然(行政)垄断地位的企业所得到的垄断利润,实际上是国家赋予的,因此垄断利润必须全部归国家。企业只能靠竞争得到归于自己的收入。总而言之,国有资本不靠政府保护而靠平等竞争做强,国有资本面对足够的外部竞争的压力和内在的增殖动力,在市场的激烈竞争中强身健体。

在公平竞争背景下国有资本的做强做优做大,一是坚持资本本性,二是市场化路径。

首先,公有资产按资本的本性流动。在国有经济的战略性调整中,国有资本进入的领域既有进,也有退。国有经济退出长期处于亏损状态的竞争性领域,进入需要充分发挥作用的重要领域,可以提高国有资本的整体效益。退出的主要方式有企业改制、企业出售等。国有企业的出售是不是私有化? 就像商品的出售一样,企业出售让渡的是使用价值,包括厂房设备等,收回的是资本价值,收回的资本价值可以进行重新投资。这是国有资本的物质承担者的改变。国有资本在流动中提高质量。显然,国有企业的出售不能与私有化画等号。而且,根据产权经济学理论,资源配置包含产权的初始界定和再次界定。产权交易,可以使资源流向最有效率的地方。长期沉淀在亏损的国有企业中的机器设备等资产,经过产权交易,交由高效率的非公有制企业经营,可以产生更高的效益。当然在国有资产交易中必须有效防止国有资产的流失。

其次,公有资产以市场化形式同其他所有制资本混合。通过并购及在股份制中的控股地位做强做优做大国有资本,这个路径离不开以股份制为主要形式的混合所有制。就如马克思所说的,通过股份公司这一比较平滑的办法把许多已经形成或正在形成的资本溶合起来,"通过资本集中而在一夜之间集合起来的资本量,同其他资本量一样,不断再生产和增大,只是速度更快,从而成为社会积累的新的强有力的杠杆"。①国有控股的上市公司更能体现这个效应。

总的来说,从生产、交换、分配的相互关系分析,根据马克思主义原理,生产即所有制关系是决定性的。生产资料所有制是生产关系的基础,它决定了人们在生产、交换、分配和消费过程中的基本关系和地位,同时又通过生产、交换、分配和消费等社会生产各个环节来实现。就分配来说,分配关系和分配方式只是表现为生产的背面,分配的结构完全决定于生产的结构,分配方式是生产要素所有权的实现。按劳分配为主体多种分配方式并存就

---

① 马克思:《资本论》第一卷,第 724 页。

是公有制为主体多种所有制经济共同发展在分配上的实现。就社会主义市场经济体制来说,多种所有制经济共同发展才有市场经济,公有制为主体才有社会主义制度与市场经济的结合。显然,基本经济制度的三个方面是相辅相成的有机整体。

参阅

洪银兴、桂林:《公平竞争背景下国有资本做强做优做大路径——马克思资本和市场理论的应用》,《中国工业经济》2021年第1期。

资本属性及其行为规范

　　资本既是个理论范畴,也是个实践范畴。只要是市场经济,各种资产都具有资本属性。2021 年中央经济工作会议提出,要正确认识和把握资本的特性和行为规律。要发挥资本作为生产要素的积极作用,同时有效控制其消极作用。党的二十大报告提出,依法规范和引导资本健康发展。在社会主义市场经济中,要发挥资本作为生产要素的积极作用,同时有效控制其消极作用,就要正确认识和把握资本的特性和行为规律。要为资本设置"红绿灯",依法加强对资本的有效监管,防止资本野蛮生长,支持和引导资本规范健康发展。

7.1　社会主义市场经济中资本的二重属性

　　在相当长的时期中社会主义经济分析中不使用资本范畴,把资本当作资本主义范畴,只是使用国有资产、国有资金的概念。中国改革开放的一个重大理论突破是承认并肯定资本在社会主义市场经济中的存在及其积极作用。基于对马克思主义经典作家关于资本的相关论述,需要深入研究社会主义市场经济中的资本属性、行为及对其行为的有效监管。

马克思的《资本论》对资本有如下定义：(1)资本是一种生产关系，在资本主义条件下是资本雇佣劳动的关系。(2)资本是必要的生产要素。各种要素是被资本黏合或者并入生产过程的。(3)资本的本性是实现价值增殖。资本是带来剩余价值的价值。(4)资本是作为生命体的运动，资本的运动一旦停止，资本就不是资本。(5)积累是资本的本性。剩余价值资本化实现资本增值。根据定义，规范和引导资本健康发展首先需要区分资本在现阶段的二重属性，即作为生产要素的资本和制度范畴的资本。进一步的区分还有公有资本和作为资本主义的资本。

作为生产要素的资本的现实必要性在于：资本要素在财富创造中的作用无可替代，不只是本身的投入所起的作用，各种要素是被资本黏合或者并入生产过程的，包括劳动就业和技术进步，在不同要素之间的配置所起的提高生产力的作用，反映发展方式。资本的本性是实现价值增殖。资本的运动一旦停止，资本就不是资本，这就涉及供应链顺畅性。积累是资本的本性。资本要素的这些作用无论如何发挥都不为过。具体地说，马克思把资本作为第一推动力。这同创新是发展的第一动力不矛盾，创新也是需要资本投入的。现实中，经济发展、就业离不开资本。资本雇佣劳动是无法替代的。作为要素报酬的重要方面，资本收入依据的是资本在财富创造中的作用，这不是劳动价值论所能说明的。资本的价值增殖本性即逐利性有着二重性，无论是公有资本还是私人资本都有逐利性。资本不增殖就不成其为资本。因此规范资本不是限制其逐利性。

资本的另一重属性即作为制度的资本有两类：公有资本和私有资本。中国的市场化改革不仅允许私人资本的存在和发展，而且明确国有资产也是资本。发展多种所有制经济实质是承认并允许私人资本的存在和发展。以资本形式为动力推动各个方面发展经济。就公有资本来说，公有制经济是通过资本与市场经济结合的。公有制经济和私有制经济是以资本为纽带建立混合所有制、实现共同发展的。两个"毫不动摇"具体体现在充分发挥各类资本的积极作用。

社会主义国家的公有资本的主要承载形式是国有资本。社会主义经济中的国有资本是指所有权归属全体国民的公有资本。过去相当长的时期中,国有企业成为亏损企业的代名词,原因是国有资产没有作为资本来对待。市场化改革确认了国有资产也是资本,也就有了明确的价值增殖目标和资本保值增值目标和相应的机制。[①]而且正因为公有资产作为资本,就能同私人资本合资或建立混合所有制。于是国有资产就有有进有退的战略性调整,有国有企业的改制和上市,就有国资管理由管资产转为管资本。从政治经济学理论上讲,一旦资本在社会主义经济分析中得到确认,与资本相关的范畴,如固定资本、流动资本、虚拟资本等范畴自然进入中国特色社会主义经济学的话语体系。

毋庸置疑,马克思的《资本论》是批判私人资本(即作为资本主义的资本)并揭示资本弊端的。首先,从资本原始积累批起:资本来到人间,充满着血和肮脏的东西。其次,基于资本的逐利性,资本有着"哪怕我死后洪水滔天"的唯利是图的短期行为。第三,资本对雇佣劳动的剥削像狼一样残酷。第四,资本的无限扩张和人民消费需求相对狭小直接导致经济危机。正是基于这些批判,马克思得出资本主义必然灭亡的科学结论。但是,马克思对资本负面作用的批判并没有掩盖其对资本的积极作用的肯定。

资本的积极作用,如《共产党宣言》所说:"资产阶级在它的不到一百年的阶级统治中所创造的生产力,比过去一切世代创造的全部生产力还要多,还要大。"[②]这主要体现在资本要素参与的财富创造作用。资本在财富创造中的作用,不仅在于它本身的投入所起的作用,更重要的是它作为要素的黏合剂,在不同要素之间的配置所起的提高生产力的作用。马克思曾经用"第一推动力"来说明资本作为要素结合的黏合剂作用。包括劳动力和土地等在内的各种生产要素是被资本并入生产过程的。而且"资本一旦合并了形成财富的两个原始要素——劳动力和土地,它便获得了一种扩张的能力"。[③]资本配置是经济发展方式的重要方面。资本更多地投在增加要素投入数量上,还是投在提高各种要素质量上所起的提高生产力的作用是不一样

① 洪银兴、桂林:《公平竞争背景下国有资本做强做优做大路径——马克思资本和市场理论的应用》,《中国工业经济》2021年第1期。

② 马克思、恩格斯:《共产党宣言》,《马克思恩格斯文集》第2卷,第36页。

③ 马克思:《资本论》第三卷,第697页。

的。资本配置在各种生产要素上的结构决定全要素生产率水平，也就是决定财富增长的能力。资本在财富创造中的这些作用，其他要素是不能替代的，社会主义市场经济中资本的这些作用都不可或缺。今天的中国特色社会主义经济还具有市场经济的属性，资本及其作用客观存在。当然，社会主义市场经济中资本范畴既保持其一般属性，又体现中国特色社会主义的要求。

资本不完全是万恶之源。改革开放以后对发展起重大推动作用的农村工业化中工业资本的原始积累，并不像马克思批判的那样来到人间就充满着血和肮脏的东西。工业资本的原始积累，一是农村改革，农业劳动生产率提高后的剩余劳动力流动支持了非农产业发展；二是农村集体积累的资本（典型的是苏南模式）；三是国家政策支持（如对外商投资企业实施"两年免税三年减半"的征税政策）。

在市场经济中资本可以说是无所不能。实践证明，现阶段中国发展离不开资本。不用说公有资本的积极作用，单就民营资本来说，对上述第一个定义，即资本雇佣劳动的属性不能一般地否定。现阶段民营资本企业贡献了80％以上的就业岗位。就业是民生之本，也是稳增长之基。实践证明，发展和就业都离不开资本（包括公有资本和民资、外资）。这意味着稳就业、稳增长最重要的是稳资本。需要形成国资敢创、民资敢干、外资敢投的局面。

以上分析表明，资本是个经济范畴，具有客观性，因此对资本本身不存在规范的问题。需要规范的是资本行为。资本的价值增殖本性即逐利属性决定其行为既有积极行为，又有消极行为。其负面效应会通过各种方式和途径表现出来。规范资本行为实际上涉及两个方面：一是提倡并培育其诚信和承担社会责任的行为。资本不能只被看作赚钱的经济机器，它还是造福一方的社会机制，在济贫、助学、救灾中发挥着应有的作用。二是限制其为实现价值增殖而采取机会主义行为，包括唯利是图损人利己行为、无序扩张行为、脱实向虚行为、资本与政府官员权力勾连的腐败行为等，以及由此产生的系统性风险。

现实经济中资本运行出现负面问题的相当部分原因可以归结为对资本的负面行为认识不足，以及由此导致的缺少监管和规范。习近平总书记在关于推动共同富裕的讲话中提出要坚决反对资本无序扩张、促进各类资本规范健康发展的要求。就是说,需要反对的是资本的无序扩张的行为,需要促进的是包括公有和非公有在内的各类资本的健康发展。

7.2　资本积累及其二重效应

社会主义再生产是扩大再生产,即经济的持续增长。资本是扩大再生产的源泉。其必要条件是资本积累。根据资本属性,资本不仅要增殖,即产生利润,还要增值,即资产增值,途径就是资本积累,即剩余价值资本化。从再生产角度来说,没有积累就不成其为资本。根据马克思的分析,资本积累也有二重性。

资本积累的积极作用在于积累的资本就是社会财富的增大。其积极作用就是马克思讲的,"社会的财富即执行职能的资本越大,它的增长的规模和能力越大"。[1]在社会主义社会,满足人民不断增长的物质和文化需要的基础是社会财富的不断积累。现阶段的资本积累有公有资本积累和私人资本积累两类。在以公有制为主体,公有资产在社会总资产中占优势的条件下,公有资本积累就是社会财富的直接增大,是增进社会财富的基础。习近平把公有制经济看作是长期以来在国家发展历程中形成的"全体人民的宝贵财富"。[2]因此公有资本积累是为人民谋福祉,不仅是增加居民家庭财富,还是增进公共财富。私人资本的积累在总体上说也是社会财富的积累和国家经济增长的源泉,虽然具有私人财产增长的属性。

特别要关注资本积累方式推动生产力发展的积极作用。马克思认为,在积累量上,一定时期内利润量的大小和积累率的高低影响着积累的量。一般说来,提高剩余价值率和增加预付资本的数量都是增加资本积累数量的重要因素。除了提高对劳动力的剥削程度之外,资本积累更多地是由科技进步带动的。资本积累具有一种扩张的能力,"这种能力使资本能把它的积

---

[1]　马克思:《资本论》第一卷,第 742 页。
[2]　《习近平谈治国理政》第二卷,第 259 页。

累的要素扩展到超出似乎是由它本身的大小所确定的范围"。①由资本积累形成的追加资本"主要是充当利用新发明和新发现的手段",②从而促进社会劳动生产力的提高。社会劳动生产力的提高不仅是追加资本效率提高,也会对原资本或已经处于生产过程中的资本产生反作用。如果劳动生产力是随着科学和技术的不断进步而不断发展的,"旧的机器、工具、器具等等就为效率更高的、从功效来说更便宜的机器、工具和器具等等所代替……旧的资本也会以生产效率更高的形式再生产出来"。③科技在生产中的运用,可以带来劳动生产率的提高和生产成本的下降等,从而提高剩余价值率,增加资本积累量。"化学的每一个进步不仅增加有用物质的数量和已知物质的用途,从而随着资本的增长扩大投资领域。同时,它还教人们把生产过程和消费过程中的废料投回到再生产过程的循环中去,从而无需预先支出资本,就能创造新的资本材料。"④这就是现在人们所关注的循环经济的思想。生产要素效率提高,使包括生产资料和消费资料在内的产品的社会生产成本下降,从而使这些产品的价格得以下降,同量的资本积累额可以购买更多的生产要素,资本积累的实际效果得以提升。对资本价值量来说,"随着劳动的生产资料的效能、规模和价值的增长,从而随着由劳动生产力的发展而造成的积累的增长,劳动在不断更新的形式中把不断膨胀的资本的价值保存下来并使之永久化。"⑤

在肯定资本积累对增进社会财富的积极意义时,需要注意到其可能的负面效应。一般说来,收入存在差距是不可避免的,但在存在资本积累时就可能产生贫富两极分化。这就是马克思所揭示的资本主义积累规律:"同资本积累相适应的贫困积累。"⑥一极为资本家财富的积累,一极为无产者贫困的积累。资本积累的方式与资本主义发展阶段相关。在其初期,致富欲和贪欲作为绝对的欲望占统治地位。"随着投机和信用事业的发展,它还开辟了

---

①　马克思:《资本论》第一卷,第 697 页。

②　同上书,第 724 页。

③　同上书,第 698 页。

④　同上书,第 698—699 页。

⑤　同上书,第 700 页。

⑥　同上书,第 743 页。

千百个突然致富的源泉。"①例如,资本市场上股票的投机,房地产市场上的投机,外汇市场上的投机,等等。

皮凯蒂在《21世纪资本论》中揭示了现代两极分化的资本原因。他以战后美国两极分化的现实颠覆了库兹涅茨倒 U 型曲线,以实证数据明确指出当代资本主义世界的收入差距不是趋于缩小,而是进一步扩大。其根本原因在于资本收益率高于经济增长率。资本导致的不平等总比劳动导致的不平等更严重。资本对所有人都有潜在价值,只要加以适当的组织协调,任何人都可能从资本中受益。但从另一方面看,这又意味着资本的所有者在财富继承和既定财富分配框架下有可能控制更大比重的经济资源,带来的经济、社会和政治冲击都不能小觑。皮凯蒂研究的是资本主义经济中的不平等问题,其观点对中国现阶段贫富差距扩大的分析也有参考价值。

本来,只是由于效率差别所产生的收入差距还不足以产生贫富两极分化。但是,只要有私人资本积累,不可避免会产生积累能力强的财富迅速增大同时伴有相当部分人口相对贫困。尤其是基于资本积累产生资本收益和投机暴富,贫富两极分化不是不可能的。相当部分资本通过房地产市场和资本市场变为投机性的虚拟资本。这种属性的资本既可能"一夜暴富",也可能一贫如洗,这对两极分化起了促进作用。特别是房地产和金融资产。房地产和资本市场上的投机泡沫是经济不稳定的根源。中国现阶段的财富差距明显超出收入差距,主要是由这些领域的财富积累差距带动的。为推动共同富裕,尤其要规范房地产市场和资本市场的投机活动。在现阶段存在私人资本积累的条件下,仍然需要防止和克服可能产生的贫富两极分化的现象。

7.3 资本的扩张及其可能的风险

资本扩张指的是个别资本通过资本流动的机制实现资本集中,即把若干个已有的规模相对较小的资本合并重组为规模较大的资本。

---

① 马克思:《资本论》第一卷,第 685 页。

资本的一个重要属性是作为生命体的运动,也就是流动性属性。马克思在《资本论》中揭示利润平均化规律时指出,资本在部门间自由流动是市场经济完善的标志,表现为:其一,"资本有更大的活动性,也就是说,更容易从一个部门和一个地点转移到另一个部门和另一个地点";其二,"劳动力能够更迅速地从一个部门转移到另一个部门,从一个生产地点转移到另一个生产地点"。①资本自由流动的条件,一是完全的贸易自由,消除了除自然垄断以外的一切垄断;二是信用制度(也就是今天的金融制度)的发展;三是克服了自然经济的障碍。

资本在部门间、企业间流动实际上是资本存量结构调整。资本从低效率部门流向高效率部门,从过剩部门流向短缺部门,低效率企业被高效率企业并购。其积极作用是明显的。资本的这种结构调整需要存在达到现代标准的市场。中国现阶段所要克服的资本自由流动的障碍主要是地区和部门的行政性限制,为资本自由流动扫除制度障碍,通过建设全国统一大市场打破阻碍资本自由流动的行政性限制和市场垄断,需要完善信用制度即发达的金融制度,促进资本的自由流动。优势企业也需要这种资本自由流动实现由小到大、由大变强的发展。无论是国有资本还是民营资本做大做强做优都需要这种机制。

扩张可以说是资本的本性,由其流动性属性产生单个资本的集中和扩张行为。根据马克思的界定,资本集中意义上的扩张,是以已经存在的并且执行职能的资本在分配上的变化为前提的,虽然不会增大社会资本总量,但对做大做强企业意义重大。马克思指出:竞争和信用是资本集中的两大杠杆,资本集中有强制的道路即吞并,也有平滑的方式,即"通过建立股份公司这一比较平滑的办法把许多已经形成或正在形成的资本溶合起来"。现实中资本集中的主要途径有:一是并购(包括兼并、收购),即在竞争中居优势地位的资本并购居劣势地位的资本,包括部分并购或整体并购;二是联合,即原有的分散的单个资本联合成新的更大的资本;三是通过向社会发行股票等方式,把社会闲散资金集中起来使之转化为资本。在实体经济领域中的资本向优势企业集中具有明显的提高资本效率和效益的积极效应。

---

① 马克思:《资本论》第三卷,第218页。

由于资本集中范围和程度不受社会财富的绝对增长或积累的绝对界限的限制,在理论上这种单个资本的扩张是无限制的。就如马克思指出的资本集中的两个极限:"在一个生产部门中,如果投入的全部资本已溶合为一个单个资本时,集中便达到了极限。在一个社会里,只有当社会总资本或者合并在唯一的资本家手中,或者合并在唯一的资本家公司手中的时候,集中才算达到极限。"①虽然无论是在单个部门还是全社会,资本集中的极限都是可望而不可即的,但是某个或某几个资本的无限制扩张其可能性还是存在的。信用机制(银行和资本市场)可以助力其扩张,问题是对其无限制扩张是否需要限制,也就是有度的限制。资本过度扩张的风险不可小觑。

资本集中到一定程度就产生垄断。现代西方经济学中对垄断形成有垄断结构和垄断行为的区分。主流经济学不反垄断结构形成,但必须反垄断行为以及不正当竞争行为。我们对资本扩张的态度也是这样,需要限制的是其无限制扩张的行为,因为由此产生的扩张风险不仅是对扩张企业而言,而且其风险的外溢性,会造成社会风险。这就要求对资本的扩张性行为进行积极的引导。

首先,虽然资本的力量是无限的,但是由于信息不完全和存在交易成本等原因,并购和扩张的风险无处不在,尤其是跨界跨行业的并购少有成功的。近期暴雷的知名企业大都是跨界并购失败的。企业因盲目扩张不仅自身被拖垮,还拖累为之提供并购资金的银行和其他投资者,甚至造成系统性金融风险。这是并购失败的外溢性。

其次,对资本的扩张性行为要引导到做强企业。企业扩张的目的不只是做大,更要做强。这就要求资本集中后对被并购企业着力进行技术和制度的改造,公司上市后根据上市公司规则建立现代企业制度。否则资本扩张起不到增大社会资本进而增大社会财富的作用。这就是马克思所说的,无论采取哪种集中方式,资本集中是对生产过程进行科学处理的起点。"对于更广泛地组织许多人的总体劳动,对于更广泛地发展这种劳动的物质动力,也就是说,对于使分散的、按习惯进行的生产过程不断地变成社会结合的、

---

① 马克思:《资本论》第一卷,第 723 页。

用科学处理的生产过程来说,到处都成为起点。"①现实中,单纯追求扩张资本的企业只追求做大,不追求做强,不对被并购企业进行制度和技术的改造。其结果是,被并购企业拖垮的案例层出不穷。

最后,资本通过股权投资方式的扩张不能无限制。股权投资在列宁的《帝国主义是资本主义最高阶段》中指的是"参与制"。列宁指出,垄断资本通过"参与制"的扩张成为万能的垄断者。参与制是指,总公司(母亲公司)以股权统治着女儿公司,后者又以股权统治着孙女公司。一级级地参与,拥有不太多的资本就可以统治巨大的生产部门。这种方式也可以说是资本野蛮生长的方式。列宁指出:参与制式的股权投资不仅使垄断者的权利大大增加,而且还使他们可以不受惩罚地、为所欲为地干一些见不得人的龌龊勾当,可以盘剥公众,以不太多的资本控制巨大的资本。而且,基于参与制的垄断者,操纵着几十亿资本,它就绝对不可避免地要渗透到社会生活的各个方面去,而不管政治制度或其他任何"细节"如何。②这种状况在现实中的表现有:一是某些地区将公办小学、幼儿园、医院都卖给民营资本,民营资本以营利为导向,导致广大居民享受不到或者享受不好基本公共服务。二是外资通过股权投资方式参股甚至控股具有垄断地位的民营资本,一旦失去控制就凭借其垄断地位具有了影响和危及国家安全的能力。

在现阶段,私人资本的无限制扩张还有三个加速器:一是与腐败官员权力勾连,使资本扩张不受约束并能获得超额利润;二是资本市场运行为之提供无边界的机制;三是互联网平台的技术条件,使其资本扩张速度更快,范围更广,更易跨界。

在社会主义市场经济中,在肯定资本通过集中的方式实现扩张的积极作用的同时,为了防止资本无序和无限制扩张产生系统性风险,对私人垄断性资本的扩张性行为国家需要有负面清单制度的限制:一是对私人资本参与子公司孙子公司的规模和程度要有所限制,尤其是对外资参股甚至控股具有垄断地位的企业股权投资必须有严格的限制。二是限制民营资本对国民经济命脉及国计民生领域(如金融领域)的过度渗透。三是如医疗卫生、教

---

① 马克思:《资本论》第一卷,第725页。
② 《列宁专题文集论资本主义》,人民出版社2009年版,第137—147页。

育之类的基本公共服务部门只能是国有资本为主体,保证国家对公共产品
或准公共产品的有效供给,私人资本只能是补充,决不能替代国有资本。

7.4 资本市场和虚拟资本的野蛮生长

资本的无序扩张行为不仅表现为上述的无限制扩张,还表现为野蛮生
长。野蛮生长的机制主要在资本市场上。

有资本流动就有资本市场。资本市场是公开的资本交易的场所。资本
市场在市场经济中的积极作用是明显的。在现实的社会主义市场经济中需
要资本市场在以下方面发挥作用。一是筹集资本的功能,为投资者将储蓄
转化为投资提供通道。二是为公司上市迅速扩张资本提供通道。三是存量
资产在资本市场上实现调整,可以提高资产效率。四是转移、分担和共同承
担投资风险,为投资者锁定风险,可以激励创新创业投资。其他还有融资、
选择项目、监督、履行合同等功能。[1]资本市场及其工具不仅能够促进发展项
目的融资,还能通过其转移和分散风险的功能降低全社会的风险。并且,国
有资产在公开的资本市场上进行产权交易可以在很大程度上避免国有资产
的流失。

需要指出的是,资本市场本身的运行是离不开虚拟资本的,而且离不开
投机机制。根据马克思《资本论》的分析,市场经济是信用经济。在信用经
济基础上衍生出虚拟资本。马克思发现虚拟资本具有二重性功能:一方面
出生于实体经济,服务于实体经济,其投机活动也是为实体经济的运行起润
滑作用;另一方面,虚拟经济既然属于投机性经济,其运行可能脱离实体经
济。由于利息率是虚拟资本的市场价值的一个决定因素,虚拟资本的价值
额会随着利息率的升降产生反向的趋势。只要证券的贬值和增值同它们所
代表的现实资本的价值变化无关,一国的财富在虚拟资本贬值和增值以后,
同在此以前是一样的。[2]这就是说,资本市场上证券价格的涨跌与它们所代

---

① 斯蒂格利茨:《社会主义向何处去》,第 240 页。
② 马克思:《资本论》第三卷,第 528—531 页。

表的现实资本的价值变化无关,与一国的财富变化无关。而对参与资本市场证券交易的投资者来说,则是零和博弈。虽然虚拟经济领域的投机不会使所有人致富,但由于属于虚拟经济的金融资产在企业和居民的资产组合中会占越来越大的比重,因此虚拟经济的市场状况会产生明显的财富效应。虚拟经济市场活跃,预期收益率高,也可能会带动实体经济的市场活跃。

但是,采取各类证券形式的虚拟资本在资本市场上的运行的负面效应非常明显。在社会主义市场经济中不但不能夸大虚拟资本及其市场的作用,还需要规范资本市场及虚拟经济的运行,尤其要防止虚拟资本的野蛮扩张。

首先是防止资本的脱实向虚。一个国家任何时期的经济都是实体经济支撑的。社会财富来源于实体经济。进入现代社会,导致收入差距扩大的根本原因是资本属性发生了变化。如皮凯蒂在《21世纪资本论》中揭示的,现代资本主义国家两极分化的根源在资本形式及其属性的改变:资本主义初期资本大都是实体资本领域的资本,是风险投资和体现企业家精神的资本。伴随着风险与企业家精神,在积累到足够大后资本就向租金的形式转化。现代社会的资本更加多元。资本的属性已经改变,过去大多是土地,今天则以住宅和金融资产为主。①但金融机构和股票市场一般达不到完美,经常成为长期动荡、投机浪潮和市场泡沫的源头,很大程度上表现为资本脱实向虚。

马克思在分析一般利润率下降趋势时指出,随着生产力发展,资本有机构成提高,相应地资本最低限额提高。新资本和积累的资本达不到最低限额,就会延缓新的独立资本的形成。这部分资本就处于过剩状态。由此产生的状况是,达不到投入实体经济最低资本限额的资本就要寻找出路;分散的小资本往往是进入资本市场或信用渠道。这就是马克思讲的两种状况:一种情况是,"以信用形式交给大产业部门的指挥人去支配"。另一种情况是,"大量分散的小资本被迫走上冒险的道路:投机、信用欺诈、股票投机"。②大量的小额资本直接在资本市场上作为投机资本运作,而不是作为创业资本运作。这是资本脱实向虚的一个重要原因。除此以外,资本的脱实向虚

---

① 皮凯蒂:《21世纪资本论》,第120页。
② 马克思:《资本论》第三卷,第279页。

还表现在,房子改变了住宅的属性,成了炒买炒卖的虚拟资本。房地产市场的投机暴富引诱实体经济中的资本转向房地产市场。

资本市场还有进一步加速脱实向虚放大虚拟经济的功能。就如马克思揭示的,随着物质财富的增长,货币资本家也增长起来,退出营业的食利者的人数和财富增加了,信用制度更发展了,有息证券、国债券、股票等的总量也发展了。在这些证券上搞投机活动的经纪人在货币市场上起着主要作用。证券原来代表的资本已不存在。随着信用事业的发展,大的集中的货币市场就兴起了。银行家把公众的货币资本大量交给这伙商人去支配,因此这帮赌徒就繁殖起来。①恩格斯补充说:市场上出现了单纯为了购买某种有息证券而成立的金融公司。②这些金融公司单纯投资于股市,而不是投资于实体经济,由此使虚拟资本进一步膨胀。它使虚拟资本的市场价值越来越看不到现实资本的影子。其后果是货币危机不可避免。货币危机与现实危机相独立,或者说是现实危机尖锐化表现。这种状况在现阶段表现得更为突出,各类基金公司如雨后春笋,其中相当多的以投资股市为业,相当多数量的投资汇聚到这些基金公司。

其次是克服虚拟资本的野蛮生长。虚拟资本是投机性资本。既然是投机性资本,就可能野蛮生长。马克思当时就发现:在股票交易市场上运作的相当大数量的资本完全没有作为现实资本进入现实的资本运动过程,与现实资本运动的分离达到了脱离的地步。虚拟资本中有惊人巨大的数额,一是代表那种现在已经败露和垮台的纯粹欺诈营业;二是代表利用别人的资本进行的已告失败的投机;三是代表已经跌价或根本卖不出去的商品资本,或者永远不会实现的资本回流。③

诺贝尔经济学奖得主席勒在《金融新秩序》中文版序言中针对中国经济指出:世界历史上有许多房地产泡沫产生和破灭的例子。应该鼓励人们在投资房地产时增强风险意识,不能让过度动荡的住宅市场使人们失去信心。中国在股票市场发展起来以后也会遇到股市风险。不仅股票市场被夸大

① 马克思:《资本论》第三卷,第 578—585 页。
② 同上书,第 533 页。
③ 同上书,第 555 页。

了,公众赋予股票市场的重要程度也被夸大了。股票市场不会使所有人致富,也不会解决经济中存在的所有问题。[1]

资本市场上资本野蛮生长突出表现在利用资本市场野蛮并购实体企业。实体企业投资需要用于原材料购买、设备更新、研发等,而资本市场上资本的野蛮性扩张突出表现为:一是其不是向实体经济投资,而是靠资本运作在资本市场上举牌,只要达到某个上市公司的控股额度,就可轻而易举控股该公司。由此引导投资者"脱实向虚",损害国之根本。二是其运作的资本不全是自己的资本,而是向银行和其他投资者连环借债。其结果是高昂的债务风险有可能拖累银行和其他投资者。因此必须采取有效的措施克服资本市场上资本的野蛮扩张。

规范资本行为防止虚拟资本野蛮生长的关键是完善和规范资本市场。正如诺贝尔经济学奖得主斯蒂格利茨所说:"几乎没有哪个政府会让资本市场放任自流,市场要受到大量的治理制度和政府政策的影响。"[2]在社会主义市场经济中资本市场的发展必须限定在其应有的职能上,不能赋予其过大的职能。需要明确资本自由流动的"自由"含义,它是相对垄断和自然经济而言的,绝不意味着脱实向虚是自由的,不意味着实体资本流向虚拟经济领域,转向投机性资本是自由的。现实中的资本市场、权力的介入、互联网平台成为加速其无限制无序扩张的"三驾马车"。防止资本的无序扩张主要涉及三个方面:一是防止资本的脱实向虚的扩张。不仅要重视和防范股票市场和房地产市场波动的风险,还要关注由房地产和股票操作所导致的财富占有的两极分化问题。二是克服虚拟资本的野蛮生长,必须规范和限制资本市场上的投机性资本运作,加强监管,不能放任赌徒的任性行为和繁殖。三是规范资本扩张的外部环境,如防止权力和资本的结合,进行互联网平台的反垄断。只有这样,才能充分发扬资本推动发展的长处,抑制其可能的弊端,规避其可能的风险。

基于上述资本的二重属性,针对当前经济的稳增长稳就业,需要稳资本。稳资本不只需要容忍其逐利性和扩张性,更为重要的是针对各类资本

---

[1] 席勒:《金融新秩序》,中国人民大学出版社 2004 年版,第 3 页。

[2] 斯蒂格利茨:《社会主义向何处去》,第 238 页。

的制度稳定性,稳定资本的预期和信心,目的是持续扩大资本供给,以促进经济长期稳定增长。在坚持公有制为主的前提下尤其需要稳住两种资本:一是稳外资。外资对中国式现代化的意义,不仅是稳就业,更重要的是获取高端技术。既要把优质存量外资留下来,还要把更多高质量外资吸引过来。二是稳民资。增强其投资信心,形成好的经济预期。各级政府解决好其急难愁盼问题。稳资本的基本路径是营造法治化营商环境。在目前中国的政经环境下,政府尤其要"亲商"。防止权力和资本的勾连不等于政府要远离资本。对民营资本,政府官员既要"清",又要"亲"。政府"亲商",资本就有活力。

参阅

洪银兴:《社会主义市场经济中的资本:属性、行为和规范——〈资本论〉的启示》,《学术月刊》2022年第5期。

产权激励和现代企业制度建设

企业是经济运行的微观基础,是市场经济中的市场主体,是中国基本经济制度的微观单位。企业运行的效益与企业制度密切相关。党的二十大要求完善中国特色现代企业制度,弘扬企业家精神,加快建设世界一流企业。不仅国有企业要完善现代企业制度,同时也鼓励有条件的私营企业建立现代企业制度。虽然企业制度反映所有制性质,但企业制度有相对独立的内容,是企业产权制度、企业治理结构和组织形式的总和。现代企业制度以公司制为代表,其特征是产权清晰、权责明确、政企分开、管理科学。

8.1　充满活力的市场主体

企业是什么? 在标准的微观经济学中,企业是在一定的社会分工下基本的经营单位。在制度经济学中,企业是属于不同所有者的生产要素的集合,是配置资源的市场主体,是自主经营自负盈亏的经营单位。

8.1-1　市场经济的微观基础

在计划经济体制下,中国的企业是以国有企业为主的公有制企业,是计划经济的微观基础。国有企业和集体企业基本上都不是严格意义上的企业,不是市场主体。这些企业没有独立的经营权,不自负盈亏,只是接受上级计划部门的指令,按照计划进行生产。因此,那时的企业,充其量只是工厂而已。

市场经济的微观基础是充满活力的市场主体。作为市场主体,基本要求是自主经营、自负盈亏、自担风险。现在转向市场经济,就得培育充满活力的市场主体。其路径就是进行所有制和产权制度改革。改革开放以来,公有制企业在培育市场主体上取得了显著的进展。第一个进展是公有制可以有多种实现形式。过去讲公有制经济就是国有企业和集体企业,现在明确公有资本可以有多种实现形式,既可以在股份制企业中实现,也可以在民营企业中实现。第二个进展就是明确股份制是公有制的主要实现形式。公司的上市、改制以及同其他类型企业的合资都采取股份制形式。第三个进展是党的十八届三中全会明确国有资本、集体资本、民营资本相互持股或参股的混合所有制是基本经济制度的实现形式。允许私营企业参与国有企业改制,甚至可以控股国有企业。第四个进展是进行"放管服"的改革,取消对企业决策项目的行政审批。所有这些都为培育市场主体提供了制度基础。

企业要强,就要充满活力,关键是按培育和壮大市场主体的思路做强各类企业。过去对企业市场主体地位的定义是自主经营自负盈亏。现在看来,根据强企业要求,这个定义还不够,需要扩展,赋予其更为准确的含义。

第一,企业要成为产权主体。产权被用来界定人们在经济活动中如何受益、如何受损,以及他们之间如何进行补偿的规则。为什么市场主体能够服从市场调节,根本原因在于自身的产权利益与其市场行为相关。无论是国有企业还是民营企业,都是产权主体。对企业来说,最致命的风险是产权丧失,最重要的收益是财产增值。过去所谈的对经济行为者的激励,通常讲的是收入的激励。现在财产权利的激励是更为重要的激励。把人们经济活动的努力和财产权利紧密地联系在一起,是稳定持久的激励。

第二,企业作为市场主体,既要有约束又要有激励。改革以来对国有企业自主经营强调的是硬化预算约束,目的是让企业眼睛不是盯着国家而是盯着市场。从市场主体看,企业的活力不只是约束,还需要激励,不仅是产权激励,还需要减税降费、降低企业负担的激励。企业税费过高、社会负担过重,给企业再大的权力也无济于事。就如马克思所说,在一无所有的地方,皇帝也会失去他的权力。

虽然市场化不等于私有化,但是,市场活力之源还在于不同所有制经济之间的竞争。原因是只有在不同所有者之间才能有真正意义的竞争。私有制是作为公有制的竞争伙伴,作为市场经济的重要组成部分而得到大力发展,就可以催生市场活力。

在改革初期,公有制和非公有制经济共同发展的结构基本上限于企业的外部关系,即在公有制企业外部发展非公有制企业。在公有制企业通过吸收私人股权建立各种类型的混合所有制企业以后,就在同一企业内部形成公有制为主体多种所有制经济共同发展的格局。实践证明这种包含私人产权的混合所有制企业具有明显的竞争优势。现实中存在的中外合资企业、股份制企业和股份合作制企业等混合所有制企业,就体现了社会主义成分和非社会主义成分在同一企业内部的共同发展。

现代企业制度以公司制企业为代表。中国的企业如何和世界的企业接轨?过去有一种观点,强调企业的所有制性质,认为只有私有制企业才能同世界企业接轨。这种观点是不完全的。现在世界企业的共同特征是公司制的现代企业制度。即使是国有制企业,只要改制为股份制形式的公司制,就可以提供同世界企业接轨的公司制度。

在中国特色社会主义经济中,不仅要关注包括生产资料在内的生产要素归谁所有的问题,还要关注属于不同所有者的生产要素在企业中的组织方式和相应的企业治理问题;不仅要关注市场决定资源配置的市场经济体制问题,还要关注作为市场主体的企业配置资源的决策问题;不仅要关注对出资者的激励,还要关注管理出资者资本的经营管理者的激励。在已有的讨论中,人们重视建立股份制企业,但许多建立了股份制的企业并不那么有效,原因在于公司治理问题没有解决好。所有这些都说明了企业制度建设的重要性。

8.1-2　企业向公司制的演进

从法律上讲,企业是具有法人资格,能独立承担财产责任和其他民事责任的经济实体。由此就提出企业的组织和制度问题,其中包括产权组织、所有权和控制权的制度安排、委托代理关系安排等。这些就属于企业制度问题。

从企业发展历史的进程分析,企业制度可以分为业主制、合伙制和公司制三种基本类型。

业主制指的是生产经营单位只有一个资本,为一个人或一个家庭所有,自然人的财产与单位资产是合而为一的,所有权和经营、控制权都在一个业主手里。这并非严格意义上的企业,业主本身也是劳动者,同时也可能雇佣很少量的工人。所有者的利益与经营者的利益是完全重合的,利润由业主独享,风险由业主自担。现在称的个体经营户,大都属于此类。业主必须以其个人财产对企业债务负完全责任,业主家庭财产和业主经营财产之间的界限往往区分不清,万一企业失败,不仅企业的资产,业主私人的财产也可能用作抵债。这就叫无限的清偿责任。一旦发生债务危机,业主就可能遭受倾家荡产的厄运。这种企业制度带有家族制性质,一旦因业主退休或死亡,而其家族继承人无能,或者因市场竞争失败而终止经营,企业的生命就会终止。由于上述特点,业主制主要限于那些刚开张的、较小规模的经营单位。在行业分布上,主要是小型加工、零售商业和服务业等领域。

合伙制企业,是由两个或两个以上业主(数量通常是有限的)共同出资,合伙经营,共同对企业债务负连带无限清偿责任的企业。出资的各方签订一个合伙协议,根据协议共同经营(或委托经营),并共同分享经营所得,共同分担经营风险。从契约角度来说,合伙企业必须经过各业主协商同意才能成立,并且需要采用书面协议的形式把每个合伙人的权利和义务都明确地记载于合约当中,重大决策需要由所有合伙人参加,一个合伙者的行动,在法律上是要向所有其他合伙者负责的。因此每个合伙者必须完全信任其他合伙者。合伙人要承担无限清偿的责任。不管每个人的出资额是多少,每个合伙者都有清偿的责任,个人财产也有可能被用于抵债。合伙制是靠合约维系的。在实际操作当中,要签订完备的合约几乎是不可能的。不完全合约的存在,限制了合伙企业的发展。一个合伙者只要通过向其他合伙者发个通知,他就随时可以结束合伙经营。而遇到任何一个合伙者死亡或破产,合伙企业就可能自动解体。因此企业的连续性是合伙制的最大问题。在经营范围上,合伙企业一般局限于零售商业等小型私人企业,或存在于类似自由职业者的企业,如律师事务所、广告事务所、会计师事务所和私人诊所等。

公司制企业,即股份制企业,是现代企业制度的主要形式。公司制以出资者股权方式组成,形成公司的法人财产,出资者产权与法人产权相分离,以股东会、董事会、经理(执行机构)作为法人治理结构。公司的法人财产,是由在公司设立时出资者依法向公司注入的资本金及其增值,以及公司在经营期间负债所形成的财产构成。公司法人财产从归属意义上讲,是属于出资者(股东)的,当公司解散时,公司法人财产要进行清算,在依法偿还公司债务后,所剩余的财产按出资者的出资比例归还给出资者。公司的法人财产和出资者的其他财产之间有明确的界限,公司以其法人财产承担民事责任,公司对其全部法人财产依法享有独立的支配权。

公司一般分为无限责任公司、有限责任公司、股份有限公司。公司财产有限责任制包含了两个方面的内容:一是股东有限责任,即出资者只以其出资额为限,对公司债务承担有限责任;二是公司有限责任,即公司以全部法人财产对其债务承担有限责任。二者相互补充,是公司财产有限责任制度不可缺少的内容。股份有限公司的产权结构有以下一些特点:(1)资产主体的多元性。股份公司以股票的形式向社会公众出售,就形成了众多的所有者或财产主体,股份公司也就成为众多所有者的联合体。每单位股本拥有同等的按股本分红的权利,在股东大会上享有同等的表决权,投资者为分散可能的风险可方便地出售股票,即股东的用手投票和用脚投票权。(2)资产的整体性。股份公司的财产是由分散的股东通过购买股票而形成的,但是公司一旦成立,其财产就成为不可分割的法人财产。出资者不能以个人名义独立支配投入企业的资本。企业法人行使法人财产权。(3)资产的长期延续性。公司财产的整体性决定了公司财产的长期延续性。由于股东在需要现金或想将财产转移和投入其他企业时,可以将股票出售或转让,但不能向公司索回他的股本,不能退股,因此股东人身的更换不会影响公司的财产,从而不会影响公司的运营和存在。

股份公司因为具有这些特点,所以成为最适合现代市场经济的资本社会化要求的企业形式。2003 年党的十六届三中全会通过的《中共中央关于完善社会主义市场经济体制若干问题的决定》就提出使股份制成为公有制的主要实现形式的要求。2013 年党的十八届三中全会作出的《中共中央关于全面深化改革若干重大问题的决定》进一步明确:"国有资本、集体资本、非公有资本等交叉持股、相互融合的混合所有制经济,是基本经济制度的重要实现形式。"

8.2 建立现代产权制度

党的十九大把完善产权制度作为经济体制改革的两大重点之一。党的二十大把完善产权保护看作市场经济的基础性制度的重要方面。通过产权的有效激励激发各类市场主体活力,也就是使企业这个经济细胞活起来。企业作为产权组织,企业制度的核心是产权制度。产权既是一个经济学概念,也是一个法律概念。产权是具有排他性的财产权利,它涉及物权、债权、股权和知识产权等各类财产。产权制度涉及产权界定、产权流转、产权保护等方面的问题。现代产权制度的基本要求是归属清晰、权责明确、保护严格、流转顺畅。

8.2-1 作为"ownership"的产权

英文"ownership"所说的产权就是所有权,其内涵包括以下内容:

首先是财产权利归属清晰。著名的"公地悲剧"理论是说:一块草地,如果没有产权归属,任何人都可以去踩踏,一片原始森林,如果没有产权归属,任何人都可以去打猎,到最后公共草地和森林都被破坏了。也就是说,在共同产权或者说产权不明晰条件下,使用者可能过度使用公共物品,或不付报酬使用公共品,导致公共资源的枯竭。产权理论还指出:同样物品作为私有财产和非私有财产,在交易时其产权量是不相等的,公有财产往往被低估。最典型的就是当年在国有企业改制、资产重组过程中,公有资产往往被低估而使私人受益。因此产权改革的重点是解决公有资产产权归属不清晰问题。

产权归属清晰涉及产权界定。产权界定是市场交易的前提。商品交换的实质是商品所有权的交易。等价交换也就是保护产权。科斯认为,产权的界定最重要,产权的安排同效率相关。这个理论影响很大,通常讲市场决定资源配置,一般是讲通过价格机制来配置。其实,所谓市场配置资源,也包含了产权的配置。产权界定在资源配置中的作用就在于降低交易成本。

其实,所谓的"公地悲剧"理论,只是指公共资源没有所有者的关心就会产生被滥用的悲剧。根据这个理论,只要通过改革解决好对公共资源的实实在在的所有者的关心,"公地悲剧"就不能成为否认公共资源公有制的理由。现实中,石油、天然气之类的战略性稀缺资源由国有企业为主导开发和运营,既可利用国家资金开发以增加供给,又可根据国家目标满足人民的需要。关键是经营这些资源的国有企业克服垄断行为,所要追求的是公共利益,而不是商业利益。

根据现代产权理论,强调归属清晰,是针对原有的国有经济,人人所有,但实际上人人不所有,产权主体缺位。国有经济的改革就是要根据归属清晰的要求,使国有资本有实实在在的所有者。基本路径是在混合所有制企业中国有的、集体的、私人的资本集合为一个资本运动,但各自产权归属及相应的权益能够得到明晰。

其次是产权的严格保护。在商品交换、资产交换中都有保护产权的问题。产权是交易的基础。就像马克思所讲的:商品交换必须彼此承认对方是私有者,是具有契约形式的法权关系。在市场交易中必须保护产权,任何一种市场秩序的破坏都会侵害一部分人(集团)的产权利益。农村的征地、城市的拆迁都不能剥夺产权利益。规范农村征地、城市拆迁问题,都是要保护产权。国有企业改制中防止国有资产的流失,也是产权保护问题。民营企业的产权同样要得到严格保护。只有各方的产权得到严格保护,社会财富才能得到增长。在现实中需要保护的产权不仅涉及物质产权,还涉及知识产权。

在处于社会主义初级阶段的中国,既有公有产权,又有私有产权,党的十八届三中全会明确提出,公有制经济财产权不可侵犯,非公有制经济财产权同样不可侵犯。谁来保护产权？答案是：国家。国家不仅是公有制经济的产权代表，也承担着保护非公有制经济产权的职责。政府的一大职责是保护产权，不仅是保护国有资产，还要保护各种所有制经济的产权和合法权利。国家要保证各种所有制经济依法平等使用生产要素、公平参与市场竞争、同等受到法律保护的权利，并依法监管各种所有制经济。在创新驱动经济发展的背景下，保护知识产权及其收益，是推动创新的动力。保护产权靠什么？诺思指出："国家要对造成经济增长、停滞和衰退的产权结构的效率负责。"①他同时提出，保护产权不能单独靠法律，道德、伦理、习俗都是保护产权的重要工具，如果每个人都相信私人家庭神圣不可侵犯，那么可以在室内无人而门不闭户的情况下不用担心房屋会被毁或财产被盗。

最后是产权的顺畅流转。日本学者青木昌彦认为，产权的初始界定是不重要的，重要的是产权的交易和重新调整。产权初始界定时，资产很有可能并非在最有效率的人手中，但产权经过交易和调整后，将有可能落到最有效率的人手中。正如德姆塞茨所说的，如果所有权可转让给出价最高的人，那么社会福利将趋于最大化。科斯在谈到产权界定时也提出，如果产权最初是被错误地界定，那么交易就会发生，并且持续到产权以一种有效的方式被拥有为止。显然，产权的顺畅流转体现对产权的确认和保护。在中国的现实中，为什么相当部分国有企业长期亏损、处于低效益状态？其中的一个原因就是国有资本投入某个国有企业就"僵死"在企业了。企业亏损了，国有资本不能撤回，产业结构调整了，固定在原有企业的资本不能转移到新兴产业。国有资本固定在初始投入的企业中无法流转，只能是听任其亏损、贬值、流失。这是对国有资产产权的最大损害。明确公有制经济可以有多种实现形式，也就是国有资本可以在非国有企业中经营，通过国有经济的战略性调整，国有资本向效率高的多种所有制经济的企业流转，改变了国有资本长期低效益状态，实现了国有资本的保值和增值。

产权流转就提出了企业产权结构重组问题。结构调整很大程度上就是调整存量、重组企业。马克思在《资本论》中指出资本集中有强制的道路和平滑的方式两种。强制的道路即吞并。"某些资本成为对其他资本的占压

---

① 诺思：《经济史中的结构与变迁》，第17页。

倒优势的引力中心,打破其他资本的个体内聚力,然后把各个零散的碎片吸引到自己方面来。"平滑的方式,即"通过建立股份公司这一比较平滑的办法把许多已经形成或正在形成的资本溶合起来"。①

对于竞争力强的企业就是要通过并购其他企业做大做强,对于处于竞争劣势的企业可以通过产权交易被并购而获得新生。资产从低效率企业流转到高效率企业,本身就是保护产权的重要措施,尤其是对国有资产来说,可以有效防止国有资产流失。就如我们正在推进的供给侧结构性改革需要处置"僵尸"企业,"僵尸"企业并不是都去关门,而是需要更多地通过被并购的办法来处置,由优势企业来接管"僵尸"企业。这样既可以降低处置"僵尸"企业的成本,更能使束缚在其中的资产由死变活。

对国有经济来说,产权流转对加快国有经济布局优化、结构调整、战略性重组,促进国有资产保值增值,推动国有资本做强做优做大有意义。对民营企业来说,单一的私人产权面临两大问题。第一,单个所有者的资本达不到规模经济;第二,单个所有者的企业建立不起现代企业制度。在单一所有者的私营企业中存在的家企不分问题同政企不分一样,都会严重影响效率。私营企业通过吸收包括公有资本在内的其他法人资本进入,参与改造国有企业,收购、兼并公有产权,甚至达到控股,可以说是最为有效并快捷的做大做强的路径。谁兼并谁,谁重组谁? 取决于谁的效率高。无论是国企还是民企,谁的效率高,谁就是兼并重组的主体。由此使资产向高效率企业集中。

从效率考虑产权流转和交易有两点需要注意:第一,不能忽略财产转移的成本。就如斯蒂格利茨所说,在一个企业的产权界定和交易中能够起决定作用的,不完全是物质资本的所有权,人力资本的所有权更加重要。企业家作为人力资本的所有者在企业的运转过程中起到了很大的作用。这就是说物质产权的流转要体现企业家人力资本,物质资本转向更高企业家人力资本手中才更有效。第二,要特别注意产权交易的安全性问题,尤其是要防止产权在交易过程中流失。就如诺思所说:"私人所有者之间通过市场契约转让的产权必须是排他性的权利。这种权利不仅必须是可度量的,而且必须是能行使的。"②在现实中需要防止两种情况。一种情况是,如果入股或购

---

① 马克思:《资本论》第一卷,第723页。
② 诺思:《经济史中的结构与变迁》,第38页。

买的企业债务缠身,股价再便宜,也会因承接过高的债务而难以行使所获取的产权。中国的一些企业在进行海外并购时,只关注购买的股价而不关注所购买企业的债务和员工权益,结果往往是血本无归。另一种情况是国有企业产权交易时的"化公为私"问题,这就是斯蒂格利茨所说的国有企业经营者乘私有化之际的"偷窃"行为:"通常采用比明显的侵吞更为含蓄的方式进行,然而偷窃就是把公司财产占为己有的方式。"①

8.2-2 作为"property rights"的产权

英文"property rights"是一束权利,是包含了所有权、经营权、收益权在内的产权结构。根据马克思的分析,所有制是包含所有权、占有权、支配权和使用权的结构。这就是产权结构。马克思当时就发现在不同类型的企业中这四个方面的产权有合一的,也有分开的。例如在小生产中这四权是合一的。就如马克思所说:"劳动者对他的生产资料的私有权是小生产的基础,而小生产又是发展社会生产和劳动者自由个性的必要条件。"②在借贷资本条件下存在法律上的资本所有者和职能上的资本所有者的分离;③在股份公司内实际执行资本职能已经同资本所有权相分离。④在资本主义农业经营中土地的占有权及使用权同土地所有权相分离。⑤

中国的市场化改革很大程度上是产权制度的改革,体现在财产权利的分割、转让和交易。最典型的是农村土地产权制度。原先农村土地不仅集体所有而且集体经营。1978 年开始的农村改革分离出土地承包经营权,集体所有的土地由农户承包经营。近期农村土地制度改革又提出土地"三权分置"即土地所有权、承包权和经营权分置,允许土地的经营权从承包经营权中分离出来,可以流转、出租、抵押。农户承包的集体土地的经营权向新型农业经营主体集中,实现规模化经营、产业化经营,农户也从中获得土地收益。

---

① 斯蒂格利茨:《社会主义向何处去》,第 210 页。
② 马克思:《资本论》第一卷,第 872 页。
③ 马克思:《资本论》第三卷,第 385 页。
④ 同上书,第 495 页。
⑤ 同上书,第 697 页。

国有企业中存在所有权和经营权的分离,即国家所有的资产由企业经营者经营,企业虽然对国家所有的资产不具有处置权,但具有自主经营权。而在股份制企业中出资者产权和法人财产权相分离,出资者是股东,承担有限责任,作为出资者的股东并不经营企业。公司法人财产权基于公司法人设立,出资人出资而形成的公司财产都属于公司法人,用于该法人经营和对外承担责任。公司法人财产权的内容与所有权的基本内容相同,拥有对进入公司的资产的占有、使用、收益和处分权。出资人出资以后所有权转化为股权,出资人通过行使股权即用手投票和用脚投票实现对法人的控制。

8.2-3 员工持股

员工持股实质是员工分享剩余。过去讲农村改革成功在于耕者有其田,城市改革成功在于工者有其产。企业中员工持股获取财产性收入,不仅是实实在在增加收入,更重要的是对企业资产有了自身财产利益的关心。员工持有企业股权,哪怕只有很小的份额,由于其产权同整个企业的资产捆在一起,因此其对自身财产利益的关心必然体现在对企业整体资产的关心上。

在现代经济活动中,员工持股的产权激励被广泛地应用于对企业管理层和员工的激励,即分享剩余。尤其是在创新型经济中,对创业团队的激励,对科技人员的激励一般都要采取员工持股的方式。

员工持股的产权除了以传统的方式即以现金或实物资本的投入数量来确定其所持有的股权外,还可以通过对企业经营层和员工的人力资本定价来确定。激励手段主要有股票赠与、股票购买计划、期权激励、员工持股计划等。

与员工持股相配套的是公司上市。美国硅谷的成功就在于科技企业家和科技人员持有股权的科技企业一旦上市,其价值也就随着公司价值的提升而提升。因而对其科技创新和创业有巨大的激励作用。

8.3 完善公司法人治理结构

股份制企业强调法人财产权。如果企业只有一个股东,可以由股东直接管理企业。如果一个股份公司有无数个股东,这些股东共同管理企业难免会产生股东管理的偷懒和官僚化成本,所以就需要一个专业化的管理团队,股东只是保留选择管理团队成员的权力。这种状况就是斯蒂格利茨所说的,所有权,也就是明晰的产权在大型组织中并不十分重要,因为在大型组织中,几乎所有成员本身并不是所有者,但由管理团队组成的企业法人治理结构就非常重要了。

在出资者产权和法人产权分离的股份公司中运行的核心问题是法人治理结构问题。公司控制权交给一个管理团队,以保证决策效率,核心问题是管理和协调公司的利益相关者的关系。企业内部的利益相关者包括股东、高管、员工,外部利益相关者包括供应商和客户等。

8.3-1 公司法人治理结构

所谓公司治理结构,是指管理企业的股东、管理者、雇员、顾客和供应者之间关系的结构体系,相应地产生剩余索取权和控制权的制度安排。治理结构作为一种契约制度,通过一定的治理手段,合理配置剩余索取权和控制权,以形成激励和约束机制,其目的是协调利益相关者之间的责权利关系。它在提供激励和控制经营者行为方面起着重要的作用。

公司治理涉及公司所有权和控制权的关系。虽然掌握公司控制权的经理是所有者的代理人,但在现实中他与所有者往往存在目标上的偏差。这就是马克思当年说的:"很大一部分社会资本为社会资本的非所有者使用,这种人办起事来和那种亲自执行职能、小心谨慎地权衡其私人资本的界限的所有者完全不同。"[①]现实中,股东作为所有者追求利润最大化,享有控制权的经理追求自身利益最大化,其行为往往是规模最大化。面对这种状况就产生协调委托人和代理人之间关系的委托代理关系理论。委托者的目标是资产的保值增值,利润最大化,而掌握公司实际控制权的代理人(公司经理)的目标同委托者的目标不一致。在信息不完全理论中,代理人的行为不容易被委托人发现,因此可能产生内部人控制。所以委托代理理论是寻求一种制度,能够规范代理人的行为,克服内部人控制,并且使经营者充分发

---

① 马克思:《资本论》第三卷,第 500 页。

挥能动性,建立企业经理对出资者负责的机制。据此产生不同的企业治理结构理论,反映了不同治理主体的价值取向,主要有以下两种。

一是股东治理结构理论。其基本思路是:企业是股东投资设立的,股东承担企业风险,所以股东应当享有企业的剩余索取权和控制权,经营者要为股东的利益最大化服务。相应地就建立向股东负责的公司治理结构。出资者主导下的利益相关者治理结构理论与此基本一致,是指企业控制权应由出资者与其他利益相关者共同分享,其他利益相关者应该分享多大比例的企业控制权等,应由出资者利益最大化的要求来决定。

二是利益相关者治理结构理论。所谓利益相关者,是指所有影响企业活动或被企业活动所影响的个人或团体。该理论主张企业控制权应当由利益相关者(如出资方、供应商、主银行、需求方等)来共同分享,由利益相关方共同组建董事会,企业应为利益相关者服务并由利益相关者共同治理。

在实践中,不同价值取向反映在公司董事会的组成中。股东治理结构理论表现在只有股东(当然是大股东)进入董事会。欧美国家的企业大都采取这种模式。利益相关者治理结构理论表现在股东、供应商和银行等所有的利益相关者代表都进入董事会。日本的企业大都采取这种模式。在中国,企业董事会主要由大股东组成,相当于股东治理结构。

公司制企业的组织架构包括股东大会、董事会、总经理和监事会。股东大会是原始所有权的载体,是公司最高的权力机构。董事会是由股东大会选举产生的公司决策机构。总经理是公司的经营和运营机构,它由董事会精心挑选并受控于董事会。作为公司的经营者,总经理具有独立的、自由的经营决策权,并对自己的经营行为和绩效负责。监事会监督公司的运行。在公司制企业中,股东大会和董事会职权相分离、董事会和总经理职权相分离,但又并存,从而在制度安排上是互相制衡的。法马和詹森指出,在现代公司中,经营决策和经营控制实际上在每一个代理层次都出现了分离和扩散,这种分离和扩散能够在每个层次都形成一种相互监督的机制,从而使代理问题得到一定程度的抑制。[①]

---

① Fama, E. F. and M. C. Jensen, 1983, "Separation of Ownership and Control Decisions", *Journal of Law and Economics*, (6), 301—325.

现代企业制度对公司治理结构的要求是：协调运转、有效制衡。所谓协调运转，指的是公司的董事会、监事会、总经理之间要协调运转。所谓有效制衡就是指董事会、总经理和监事会各司其职，各自在相应的机构中发挥作用并遵守相应的准则，并且在权责分明的基础上相互制衡。当然在中国的国有企业中还有起领导作用的党委会，由于在组织架构上党委书记兼任董事长，党的领导体现在董事会的决策上。

在现代企业制度中，公司治理结构的设计不仅要有明确的治理目标，还要有相应的激励机制。治理目标或者是引导经理实现股东财富最大化的治理机制，或者是对企业利益相关者保护的机制。按此目标对承担经营职能的公司经理建立与治理目标相关的激励机制，将经理追求自身利益最大化的目标与公司的治理目标一致起来，并且改进经理们的激励机制和风险之间的平衡关系，保护股东价值。

8.3-2 企业家治理企业

公司治理归根到底还是"人"的问题。完善公司治理需要建立职业经理人制度，更好发挥企业家作用。早在 20 世纪 20 年代初，资本主义企业就出现"经营者革命"，出现"领薪水的"职业经理人。正如熊彼特所说，竞争的机制不允许有持续的剩余价值，"这种命运也威胁着那些势力处在衰微中的企业家，或继承其财富却无其才干的子嗣"。[1]这就是说，企业要长盛不衰，就要由具有专门的技术和管理才能的企业家来担任企业经营者。现在无论是国有企业还是民营企业都会提出这个要求。

企业家是一种生产要素，是对管理素质和能力的概括。在马克思的劳动价值论中，对管理有两个方面的界定：第一，它是参与创造价值的劳动；第二，它是资本的职能。这就是马克思说的："一切规模较大的直接社会劳动或共同劳动，都或多或少地需要指挥，以协调个人的劳动，并执行生产总体的运动……所产生的各种一般职能……这种管理、监督和调节的职能就成为资本的职能。"[2]根据马克思的分析，执行职能的资本可能有两种状况，一

---

① 　熊彼特：《经济发展理论》，商务印书馆 1990 年版，第 174 页。
② 　马克思：《资本论》第一卷，第 369 页。

种是职能资本家同时执行监督和管理的劳动,一种是将监督和管理职能交给别人。"就像一个乐队要有一个指挥一样。这是一种生产劳动,是每一种结合的生产方式中必须进行的劳动。"①这种专事监督和管理的职能就是企业家的职能。马克思当时还发现:"一个没有财产但精明能干、稳重可靠、有能力和经营知识的人"通过借贷资本的方式也能成为资本家,"因为在资本主义生产方式中,每一个人的商业价值总会得到或多或少正确的评价"。②可见,虽然马克思当时没有企业家的概念,但他对企业家的作用、企业家要素及企业家的成长还是有所察觉的。

最早提出企业家概念的是熊彼特。他明确把企业家与创新相联系。只有不断地进行产品创新、技术创新、市场创新和组织制度创新的经营者才能成为企业家,如果创新停止安于经营,就不再是企业家,而只是经营者。现代企业家所具有的企业家精神除了创新精神外,还包括诚信守约精神和家国情怀。只有具有企业家精神的经营者才能成为企业家。

在现阶段,无论是国有企业的经营者还是私营企业主都有成为企业家的目标和要求。经营者要能成为企业家需要多方面的制度安排:

首先是赋予职业经理人充分的经营决策权。根据诺贝尔经济学奖得主哈特的不完全契约理论,现实经济中充满了不确定性,人们不可能预测到所有未来将要发生的事情,并在合约中对交易各方在各种可能情况下的责权利作出明确界定。因此在契约中,可预见、可实施的权利对资源配置并不重要,关键的应是那些契约中未提及的剩余控制权(residual rights of control)。因此,对一项资产的所有者而言,关键的是对该资产剩余权的拥有。据此,哈特将所有权定义为拥有剩余控制权或事后的控制决策权。当契约不完全时,将剩余控制权配置给投资决策相对重要的一方是有效率的。这种剩余控制权就是企业家的作用。这意味着,经营者成为企业家的重要制度安排,不仅仅是享有在合约中被明确规定的权利,还必须具有没有被明确规定的权利,也就是在经营者享有剩余控制权时方能显示其企业家的才能。

其次是设计出有效的激励和约束机制。根据新制度经济学理论,对经营

---

① 马克思:《资本论》第三卷,第431页。
② 同上书,第679页。

者激励的主要方式是经营者分享剩余，也就是拥有剩余索取权，管理投入（即企业家要素投入）应该参与资本收入（利润）的分配，而不是仅仅得到劳动收入，即分享剩余，经营者就可能从自身利益上来关心出资者的利益。同时，也可在分配机制上促使经营者承担创新的风险和收益。长期以来，国有企业经营者的创新精神不如私营企业主，其中一个重要的制度原因就是经营者没有相对独立的经济利益，既不能获得创新成功的收益，也不承担创新失败的风险。如果在分配制度上实行经营者股权，企业家通过年薪、股份等分配形式参与利润分享，体现经营者的管理才能及其投入，就可以促进更多的经营者成为企业家，并克服经营者腐败，鼓励其管理创新。

最后是需要有科学的评价考核机制。马克思在《资本论》中说："一个没有财产但精明强干、稳重可靠、有经营知识的人，通过这种方式也能成为资本家（因为在资本主义生产方式中，每一个人的商业价值总会得到或多或少正确的评价）"。[1]马克思在这里既指出了企业家的基本特征，即"精明强干、稳重可靠、有经营知识"，又提出了正确评价其商业价值的问题。相应的机制是：首先是要建立职业经理人的市场选择制度，必须有职业经理人市场。现在我们的国有企业职业经理人是由上级领导机关来聘任，这些职业经理人实际上只是对上级负责。谁来选择职业经理人，职业经理人就向谁负责。上级主管部门选择了他们，他们就向上级主管部门负责；如果市场选择了他们，他们就会向市场负责。其次要依据企业的市场表现来确定经理人的价值。年薪就是经理人的市场价值的评价结果。这里关键是通过选择、评价、报酬和权力这四个要素来建立职业经理人制度。

8.4　国企和国资管理改革

党的二十大提出深化国资国企改革的要求。国有企业和国资管理改革的目标是，发挥国有经济主导作用，不断增强国有经济活力、控制力、影响力。基于以上现代产权制度和公司治理结构的分析，就可明确国有企业改

---

[1]　马克思：《资本论》第三卷，第 679 页。

革的方向。这些改革都是在建立现代企业制度基础上推进的。

8.4-1　国有企业的分类改革

经过 40 多年的改革开放,我国国有企业管理体制与经营机制发生了深刻变化,包括发展混合所有制,政企分开、政资分开、特许经营、政府监管等。正如党的十八届三中全会作出的科学判断,"国有企业总体上已经同市场经济相融合"。随着改革的深化,深化国有企业改革的主要内容是:分类推进国有企业改革,完善现代企业制度。推进国有资本布局战略性调整,引导国有资本更多投向关系国家安全、国民经济命脉的重要行业和关键领域。坚定不移把国有企业做强做优做大,更好地服务于国家战略目标。

所谓分类改革,是把国有企业分成两类,一类是商业类国有企业,一类是公益类国有企业。对不同类别的国企实行分类改革、分类发展、分类监管、分类定责、分类考核。

所谓商业类国有企业,是指在竞争性领域实行商业化运作的国有企业。在这个领域中的国有企业谋求利润最大化。商业类国有企业按照市场化要求实行商业化运作,以增强国有经济活力、放大国有资本功能、以价值增值实现国有资产保值增值为主要目标,依法独立自主开展生产经营活动,实现优胜劣汰、有序进退,包括国有资产退出不能盈利的企业。以提高经济效益和创新商业模式为导向,充分运用上市等方式,积极引入其他国有资本或各类非国有资本实现股权多元化。坚持以资本为纽带完善混合所有制企业治理结构和管理方式,国有资本出资人和各类非国有资本出资人以股东身份履行权利和职责,使混合所有制企业成为真正的市场主体。这类国有企业的改革可以采取多种实现形式,不仅允许民营资本进入,还允许其控股。

所谓公益类国有企业,是指以保障民生、服务社会、提供公共产品和服务为主要目标的国有企业。公益性企业承担着公益性职能,就不能完全追求商业性目标,否则人民群众的基本公共服务就无法得到满足。对主业处于关系国家安全、国民经济命脉的重要行业和关键领域,主要承担重大专项任务的国有企业,要保持国有资本控股地位,同时允许非国有资本参股。对自然垄断行业,实行以政企分开、政资分开、特许经营、政府监管为主要内容的改革,根据不同行业特点实行网运分开,放开竞争性业务,即网络部分垄断,把运营等竞争性部分放开,促进公共资源配置市场化。公益性的领域不反对非国有资本的进入,国有独资形式的企业具备条件的也可以积极引入其他国有资本实行股权多元化;还可以通过购买服务、特许经营、委托代理等方式,鼓励非国有企业参与经营。对需要实行国有全资的企业,也要对特殊业务和竞争性业务实行业务板块有效分离,独立运作、独立核算。对这些国有企业,在考核其经营业绩指标和国有资产保值增值情况的同时,加强对其服务国家战略、保障国家安全和国民经济运行、发展前瞻性战略性产业以及完成特殊任务的考核。重点考核成本控制、产品服务质量、营运效率和保障能力,根据企业不同特点有区别地考核经营业绩指标和国有资产保值增值情况,考核中要引入社会评价。

国企分类,明确不同国企的功能定位,是全面深化国企改革的逻辑起点,也是混合所有制改革的基础。

8.4-2　国有资本管理改革

增强国有资本的竞争力、控制力和影响力,实现国有资本保值增值,是国有资产管理的重要课题。我国国有资产管理体制经历了从管企业,到管资产,再到管资本等几个阶段。国家是国有制经济的所有者。对于国有企业,最初是国家直接管理企业。随着市场化改革的深入,政企分开,国家不再直接管企业,而是让国有企业作为市场主体自主经营、自负盈亏。由此,国家对国有企业的管理就由管企业转为管资产。党的十八届三中全会进一步提出,完善国有资产管理体制,以管资本为主加强国有资产监管。党的十九大报告要求完善各类国有资产管理体制,改革国有资本授权经营体制。

明确国有资产也是资本后,国有资产的监管体制就要由管资产转向管资本。管资本实际上是根据资本属性管国有资产,不仅政企分开,而且政资分开,在放开企业经营基础上监管资本的运作和成效,保证国有资本的增殖和增值。由管资产转向管资本的明显特征是,管国有资本权益,管国有资本的投资方向。

当国有资产与其他资产组合成混合所有制企业时,代表国家管理国有资本的国资委就从国有资本的运营者,转变为国有资本运行的监管者。国有企业的行政主管部门转为市场化的国有资本投资或运营公司,采取国有资本市场化运营方式,包括依据政策和市场变化等情况,适时适度地作出经营、改制、并购和出让的选择,既能盈利赚钱,又要及时收回投资。

国有资本投资、运营公司作为国有资本市场化运作的专业平台,依法自主开展国有资本运作,对所出资企业行使股东职责,按照责权对应原则切实承担国有资产保值增值责任。其市场化运营包括:通过开展投资融资、产业培育、资本整合,推动产业集聚和转型升级;通过股权运作、价值管理、有序进退,促进国有资本合理流动,实现保值增值。

第一,资产是资本的存量,资本是资产的性质。管资产意味着要管企业的盈亏,也就是管企业的经营。管资本意味着管国有资本的运作和流动及相应的资本权益,涉及资本的增殖和增值。因此,管资本的重要内容是监管资本的运作和成效。国有资产监管机构要科学界定国有资产出资人监管的边界,科学界定国有资本所有权和经营权的边界,国有资产监管机构依法对国有资本投资、运营公司和其他直接监管的企业履行出资人职责,并授权国有资本投资、运营公司对授权范围内的国有资本履行出资人职责。同时,建立监管权力清单和责任清单。

第二,管资本要求改革国有资本授权经营体制。其主要内容包括:改组或组建国有资本投资、运营公司,探索有效的运营模式,通过开展投资融资、产业培育、资本整合,优化国有资本布局结构;通过股权运作、价值管理、有序进退,促进国有资本合理流动,实现保值增值。国有资本投资、运营公司作为国有资本市场化运作的专业平台,依法自主开展国有资本运作,对所出资企业行使股东职责,按照责权对应原则切实承担起国有资产保值增值责任。

第三,推动国有资本合理流动优化配置。其主要内容包括:坚持以市场为导向、有进有退,优化国有资本布局结构,提升国有经济整体功能和效率。紧紧围绕服务国家战略,落实国家产业政策和重点产业布局调整总体要求,优化国有资本重点投资方向和领域。发挥国有资本投资、运营公司的作用。建立健全优胜劣汰市场化退出机制,切实保障退出企业依法实现关闭或破产,加快处置低效无效资产,淘汰落后产能。支持企业依法合规通过证券交易、产权交易等资本市场,以市场公允价格处置企业资产,实现国有资本形态转换,变现的国有资本用于更需要的领域和行业。鼓励国有企业之间以及与其他所有制企业以资本为纽带,强强联合、优势互补,加快培育一批具有世界一流水平的跨国公司。

第四,完善国有资产管理体制。国资委的变革需要实现三个转变:一是从管理全口径的资产向管理出资人投资资本的转变,二是从管理企业经营管理者到管理投资企业董事会代表的转变,三是从管理企业重大事项向部分委托董事会授权管理的转变,从而做好从管资产向管资本转变的文章。

这里讨论的管资本是针对国有资本和国有企业的。实际上现在有许多民营的大企业大集团在管理下属企业的时候,也面临着管企业、管资本、管资产的问题。

参阅

洪银兴:《完善产权制度和要素市场化配置机制研究》,《中国工业经济》2018 年第 6 期。

共同富裕和共享发展

　　至 2021 年中国共产党成立 100 周年时中国如期完成消除绝对贫困现象的任务,在此基础上进一步的发展就是要克服相对贫困问题。习近平总书记作出了关于扎实推动共同富裕的讲话,强调共同富裕是社会主义的本质要求,是中国式现代化的重要特征。共同富裕的路径就是共享发展。共享发展的理念,归结起来就是习近平指出的:"一是充分调动人民群众的积极性、主动性、创造性,举全民之力推进中国特色社会主义事业,不断把'蛋糕'做大。二是把不断做大的'蛋糕'分好,让社会主义制度的优越性得到更充分的体现,让人民群众有更多获得感。"①

9.1　富裕全体人民的社会主义本质

　　关于共同富裕,马克思在 1857—1858 年的《经济学手稿》中有一段论述:"新的社会制度中,社会生产力的发展将如此迅速……生产将以所有的人富

---

① 中共中央文献研究室编:《习近平关于社会主义经济建设论述摘编》,第 43 页。

裕为目的。"①这里有两层意思：一是在新的社会制度中，社会生产力的发展将非常迅速；二是生产将以所有人的富裕为目的。

中国共产党的初心和使命，就是"为中国人民谋幸福，为中华民族谋复兴"。在新中国成立初期，毛泽东同志就提出："现在我们实行这么一种制度，这么一种机会，是可以一年一年走向更富更强的，一年一年可以看到更富更强些。而这个富，是共同的富，这个强，是共同的强，大家都有份。"②共同的富和共同的强就是我们讲的共同富裕。

在不同的发展阶段，共同富裕水平有阶段性目标。主要原因是共同富裕需要生产力基础。

改革开放初期，针对"文革"所推行的平均主义分配和由此产生的共同贫困问题，邓小平同志明确认为贫穷不是社会主义。他对社会主义本质作了科学的界定："社会主义的本质是解放生产力，发展生产力，消灭剥削，消除两极分化，最终达到共同富裕。"为了实现共同富裕，具体路径应该怎么走？1978 年 9 月邓小平在天津视察时第一次明确地提出了"让一部分人先富起来，先富带动后富"的思想，由此便提出了当时条件下实现共同富裕的具体路径。1985 年 10 月邓小平在会见美国高级企业家代表团时说："一部分地区、一部分人可以先富起来，带动和帮助其他地区、其他的人，逐步达到共同富裕。"一年后，他又指出："让一部分人、一部分地区先富起来，大原则是共同富裕。一部分地区发展快一点，带动大部分地区，这是加速发展、达到共同富裕的捷径。"③他设想，避免两极分化的办法之一，就是先富起来的地区多交点利税，支持贫困地区的发展。此外，他还谈到发达地区通过技术转让支持不发达地区发展，对先富起来的人征收所得税加以一些限制，提倡先富起来的人自愿拿钱出来以办教育、修路等方式来解决先富和后富的差距问题。

随着改革开放的深入，中国经济社会发展活力不断增强，人民的富裕水平取得了明显的进展，但伴随而来的问题是收入差距的逐渐扩大。进入新

---

① 《马克思恩格斯全集》第 46 卷（下），人民出版社 1980 年版。
② 《毛泽东文集》第 6 卷，人民出版社 1999 年版，第 495 页。
③ 《邓小平文选》第三卷，第 142 页。

发展阶段,针对新的社会矛盾,习近平对社会主义的本质有进一步界定:"消除贫困、改善民生、逐步实现共同富裕,是社会主义的本质要求,是我们党的重要使命。"①习近平关注的,不是一部分人而是全体人民共同富裕的逐步实现。习近平指出,我们不能一边宣布全面建成了小康社会,另一边还有几千万人口的生活水平处在扶贫标准线以下,这既影响人民群众对全面建成小康社会的满意度,也影响国际社会对我国全面建成小康社会的认可度。2015年党的十八届五中全会上习近平总书记要求:到2020年,稳定实现农村贫困人口不愁吃、不愁穿,义务教育、基本医疗和住房安全有保障。实现贫困地区农民人均可支配收入增长幅度高于全国平均水平,基本公共服务主要领域指标接近全国平均水平。党的十九大确定了全面建成小康社会的防范化解重大风险、精准脱贫、污染防治三大攻坚战。

中国创造了成功的减贫脱贫之路。首先是脱贫的中国标准。世界银行明确每人每天1.9美元的全球绝对贫困标准。中国农村贫困人口脱贫标准是"不愁吃、不愁穿,义务教育、基本医疗和住房安全有保障",贫困地区农民"人均可支配收入增长幅度高于全国平均水平,基本公共服务主要领域指标接近全国平均水平"。其次是在发展中扶贫。紧紧扭住发展这个促使贫困地区脱贫致富的第一要务。主要包括产业扶持、转移就业、易地搬迁等发展方式。再次是精准扶贫。实施有针对性的精准扶贫,因村因户因人施策,采取"精准滴灌"式扶贫。最后是注重对贫困地区的教育、开放和发展、基础设施等的公共投资。这就是扶贫必扶智,治贫先治愚。

2021年习近平总书记在庆祝中国共产党成立100周年大会上宣布:我们实现了第一个百年奋斗目标,在中华大地上全面建成了小康社会,历史性地解决了绝对贫困问题,正在意气风发向着全面建成社会主义现代化强国的第二个百年奋斗目标迈进。2021年8月17日,在中央财经委员会第十次会议上习近平作了关于扎实推动共同富裕的讲话,明确提出全面建成小康社会后到了扎实推动共同富裕的历史阶段。

---

① 《习近平谈治国理政》第二卷,第83页。

9.2 全面建成小康社会以后着力克服相对贫困问题

全面建成小康社会解决了绝对贫困问题以后,如何准确判断中国目前的相对贫困问题?可以肯定地说,中国以"两不愁、三保障"解决了绝对贫困问题,也就是处于收入差距底部的居民收入上升明显。但是处于收入差距顶部的居民收入增长更快,由此相对贫困问题仍然突出,居民收入差距仍然处于高位。

面对突出的相对贫困问题,推动共同富裕成为社会主义现代化的着力点。共同富裕不是拉平收入,而是要克服相对贫困。准确判断现实中存在的相对贫困问题及其原因是关键。我们过去关注的是收入差距,现在财富差距越来越突出,财富不平等正在趋向于大于收入不平等。现阶段存在的相对贫困问题主要涉及以下几个方面:

第一,由自然原因引发的不同地区发展水平差距。不同地区由于气候、地理、交通等原因本来就存在收入水平的差距。改革开放以后这种差距进一步放大为发展水平的差距。主要体现在两个方面,一是城乡二元结构,农业生产方式落后导致农村发展水平低。二是先发展地区和后发展地区的二元结构,在后发展地区中农村发展水平更低。过去绝对贫困的人口主要集中在后发展地区,现在相对贫困的人口仍然主要集中在这些地区,尤其是后发展地区的农村。

第二,由体制和政策原因产生的不同阶层的贫富差距。改革中实行效率优先政策和要素参与收入分配的体制。在这种分配体制中,储蓄能力强、技术水平高、经营能力强的个人,致富能力也更强。如果这些要素在某个人身上叠加,收入会更高,反之,致富能力则很弱,由此产生收入的分化。本来,只是因为效率差别所产生的收入差距还不足以产生贫富两极分化。但是,基于这种体制产生资本收益和投机暴富,贫富两极分化不是不可能的。这就是马克思的积累理论指出的,在私人投资和积累的背景下收入差距扩大的基础上就会产生两极的积累,一极是财富的积累,一极是贫困的积累。

第三,由权利不公平原因产生的过高收入,主要包括权力寻租和垄断收入。前者实际上是腐败收入。后者既有行政性垄断，也有市场性垄断。行政性垄断是国家赋予的，由此产生的垄断收入理应归国家；市场性垄断则属于反垄断范围。

第四，不同行业的薪资差距。这种状况属于产业结构方面的问题，其收入差距可以归结为两个方面原因，一是市场对各个行业的评价，或者说是市场决定的资源配置及其调节问题；二是不同行业对劳动者的人力资本需求差别，如高科技行业对人力资本要求高，该行业的薪资水平自然较高。即使是最发达的国家，由这些原因造成的行业差距都存在。

以上讲的主要是收入差距的扩大。随着改革的深入，居民家庭财产和财产性收入出现分化，一部分人获得的投资经营企业收益，一部分人获得的包括股票收益在内的金融资产收益和房地产收益显著增加，由此拉动了财富基尼系数的增大。财富基尼系数明显高于收入基尼系数。一般说来，只是收入差距还不至于出现贫富两极分化，但财富积累的不平等就可能产生两极分化。就如皮凯蒂在《21 世纪资本论》中所说：财富分配不平等导致的分化的力量在任何时候都占上风。市场经济本身也会提供一部分人突然致富的可能。正如马克思所说的，"随着投机和信用事业的发展，它还开辟了千百个突然致富的源泉"①。

当前存在的相对贫困的人群，主要是四大类：务农的农民，尤其是后发展地区的务农的农民；城市的失业者；因病因灾的困难家庭；低效益企业中无其他要素报酬收入的一线直接劳动者。这四类均属于低收入群体，共同富裕必须关注相对贫困人群和低收入群体。

中国现在的经济发展水平已经到了上中等收入阶段，仍然面临"中等收入陷阱"的威胁。根据陷入"中等收入陷阱"国家的教训，克服相对贫困现象是避开和跨越"中等收入陷阱"的必要路径。

针对收入和财富差距扩大的症结，共同富裕需要有针对性地推进。既要采取发展的方式，又要采取改革的方式，实现包容性发展。

共同富裕不否认富裕程度的差距，但克服相对贫困问题还是应该有底线。就像全面小康社会建设时期的脱贫攻坚，明确以"两不愁、三保障"作为

① 马克思：《资本论》第一卷，第 685 页。

解决绝对贫困问题的底线。这是以处于收入差距底部的居民收入提高为着力点。现在推进共同富裕的底线就是解决相对贫困问题。根据党的十九届五中全会和二十大擘画的基本实现现代化的蓝图,全体人民共同富裕取得更为明显的实质性的进展,要求从以下三个维度解决处于收入底层的人口的富裕问题。

第一,家庭收入和财富占有的差距明显缩小。共同富裕不可能完全消除富裕程度和实际消费水平的差别,但是这种差距应该缩小到合理区间。"合理区间"如何衡量?可以用平均数和大多数的关系来衡量。目前只是用"平均数"来反映各个地区的收入和财富占有水平。此指标不能反映大多数人实际的收入有没有达到平均数。贫富差距越大,平均数越能掩盖低收入。发展就是要使大多数人的收入和财富占有达到平均数,从而提高共同富裕水平。

第二,基本公共品的享用水平均等化。习近平说:"我们的人民热爱生活,期盼有更好的教育、更稳定的工作、更满意的收入、更可靠的社会保障、更高水平的医疗卫生服务、更舒适的居住条件、更优美的环境,期盼着孩子们能成长得更好、工作得更好、生活得更好。"[1]这些美好生活的需要大都涉及公共产品供给。党的二十大明确要求健全基本公共服务体系,提高公共服务水平,增强均衡性和可及性,扎实推动共同富裕。在基本实现现代化阶段的共同富裕不能排除在私人产品方面还存在差别,但在公共品方面则要求对居民无差别提供。目前地区之间基本公共服务差距很大,特别是需要享用者付费享用的医疗、教育、公共卫生、公共交通、社会保障等非纯公共产品(准公共产品)的地区差距(不仅是数量更是质量)很大。主要原因是不同地区的 GDP 水平和财政收入水平直接影响各地的公共品的供给能力。发展不仅要增加后发展地区公共品供给的数量,更要提高公共品供给的质量。

第三,人的知识和技能共同富裕。根据皮凯蒂的《21 世纪资本论》的分析,财富和收入趋同的力量是知识的扩散和对培训教育的投入,也就是通常说的"富脑袋"。马克思基于现代工业的基础是革命的科学判断,提出了人的全面发展的要求。知识和技能的缺失所造成的结构性失业从而成为相对

---

① 《习近平谈治国理政》第一卷,第 4 页。

贫困的重要原因。现实中造成贫富差距的一个重要原因是不同区域和城乡居民获取的与人力资本相关的教育和医疗资源供给不均衡。特别是在数字经济背景下存在地区之间的"数字鸿沟"。相对贫困说到底是能力的贫困。皮凯蒂在《21世纪资本论》中提出"教育与技术赛跑"的理论。共同富裕需要解决居民知识和技能的共同富裕。这就要求高等教育和职业教育与技术发展赛跑,涉及优质教育资源区域均衡分布,使后发展地区及农村的居民平等接受教育和技能的普及。

富裕和贫困是相对的。富裕程度的提升过程会伴随相对贫困的发生,共同富裕的进程会使相对贫困的标准发生变化,贫困的底线会不断被提高,相对贫困的底线标准提高到一定的水平以后,共同富裕就基本实现。

9.3 克服社会阶层固化

当前世界上的现代化国家都是资本主义发达国家,许多关于后现代化的文献,实际上都在批判这些国家在现代化进程中的贫富分化。中国式现代化与西方式现代化的最大区别就在于与共同富裕同时推进,而且不是富裕一部分人,而是富裕全体人民。

收入水平、环境质量、公共服务、法治环境的相对比较,直接影响人民对现代化的评价和认可度。相对比较不仅仅是纵向比较,更重要的是横向比较。中国的现代化无论是最终目标还是在进程中都不能够出现"富者累巨万,贫者食糟糠"的现象。中国的现代化要在发展中实现共同富裕,体现在共享发展中。在共享发展中推动共同富裕就是包容效率和公平的发展。共同富裕包含"富裕"和"共同"两个方面。共同就是要"分好蛋糕",共享发展成果。富裕就是要"做大做好蛋糕"。共同富裕的前提是发展,不但要做大蛋糕,还要做好蛋糕。就如习近平总书记多次强调的:"发展是党执政兴国的第一要务,是解决我国一切问题的基础和关键。"①富裕水平的提高离不开效率,这属于发展问题。尽管共同富裕看起来是分蛋糕问题,但分蛋糕的规

---

① 中共中央文献研究室编:《习近平关于社会主义经济建设论述摘编》,第8页。

则和方式直接影响效率。从做大做好蛋糕的物质基础考虑,在任何时候都有富裕程度的差距,共同富裕不可能消除富裕程度的差距,也不可能简单地拉平收入,更不可能回到过去的平均主义分配制度,仍然需要允许存在先富后富的差别,但要促进先富帮后富。这就是既要坚持促进效率提高的理念、体制和政策,又要突出共享发展,使低收入群体能够共享发展成果。这就是效率与共享的包容。

基本实现现代化进程中所要和所能解决的共同富裕问题以克服相对贫困为重点,着力点是"提低",也就是以处于收入差距底部的居民收入提高为着力点。相应地就是中等收入群体显著扩大。全社会的收入阶层分为高收入群体、中等收入群体和低收入群体。共同富裕就是要改变低收入群体占大多数的金字塔型的结构,转向中等收入群体占大多数的橄榄型收入结构。中等收入群体的扩大意味着更多的低收入者上升为中等收入者。中等收入群体比重显著提升并达到大多数是实现共同富裕的重要标志。原因是中等收入群体占人口大多数是缩小收入差距的结构性措施。虽然中国目前中等收入群体已有 4 亿人,在世界上人数最多,但还是低收入群体占大多数的金字塔型的结构(据有关数据中国目前人均月收入在 1 000 元以下的人口有 6 亿)。中等收入和高收入群体主要分布在发达地区和城市,低收入群体大都集中在后发展地区和农村,这也是后发展地区缺乏发展活力的主要说明因素。共同富裕就是要改变这种结构,特别要关注后发展地区中等收入群体的扩大。

针对低收入劳动者的富裕问题,习近平指出:要防止社会阶层固化,畅通向上流动通道,给更多人创造致富机会,形成人人参与的发展坏境,避免"内卷""躺平"。[1]

随着社会主义市场经济体制的确立,中国的社会阶层结构深刻变革。"经过数十年的改革开放,中国原来的阶层发生分化,新阶层已经形成和壮大;与发达国家相比,现代化社会阶层结构的基本构成成分在中国已经具备,凡是现代化国家所具备的社会阶层,都已经在中国出现。"[2]阶层固化的

---

① 习近平:《扎实推动共同富裕》,《求是》2021 年第 20 期。
② 陆学艺主编:《当代中国社会阶层研究报告》,社会科学文献出版社 2002 年版。

前提是阶层分化。收入和财产占有的不平等、教育资源享用的不平等及相应的人力资本存量的差别可以说是阶层分化的主因。

在阶层分化基础上又出现阶层固化，社会阶层正呈现出代际传递性加强，同代交流性衰减的趋势。社会成员占有社会资源的不平衡是阶层差异的根本原因。这种不平衡如果控制在一定范围内，可以成为激励社会成员努力创造的动力。占有优势资源的社会阶层的父辈为了强化和保持自身的资源优势，会努力使其资源（资产、教育投资、人脉）在子辈中传承。继承财产对收入和财富不平等起着决定性作用。相当于劳动一生积累的财富，继承财富在财富总量中占主导地位。当这种资源传承影响到就业机会，就会出现职业选择机会不公平的情况。随着市场机制逐渐成为配置社会资源和机会的基本机制，它在运行中存在的盲目和失灵的弊端会加剧这种不公平，并且会放大这种不平等机制的影响。现阶段阶层固化迹象已有所显现，而阶层固化正是阶层流动减弱的表现。尤其是，市场机制不健全和阶层分化加剧二者叠加又会放大阶层之间社会资源和机会分配上的不公平，进而阻碍底层民众向上流动的空间和机会。近年来，社会上出现的一些新概念，如"富二代""官二代""贫二代"等，说明社会底层阶层向上层阶层流动的难度加大，体现了阶层固化的趋势。地区和城乡的不平衡，尤其是基本公共服务在区域城乡的不平等配置，也会造成阶层固化。

阶层固化的直接危害，一是导致社会成员之间贫富差距加大。因改变现状的难度加大，部分社会成员会丧失改变现状的信心和动力，从根本上否定自己努力的意义与存在的价值，进而导致经济发展丧失活力和动力，并销蚀经济发展根基。这对改变贫富分化状况极为不利。二是致使人们对社会的认同度降低。这会导致社会出现群体性愤恨，如"仇富""仇官"等，动摇社会稳定基础。阶层固化对国家经济发展的影响深远，在制约经济社会发展方面有消极影响，是人类追求美好生活的拦路虎和绊脚石。

针对阶层固化现象，皮凯蒂在《21世纪资本论》中提出了改变固化现象的几种可能，其中包括：一是知识的扩散和对培训教育的投入。日新月异的技术进步通常会增加社会对新技能的需求，并创造出新的就业岗位，同时也会造成一部分劳动者因就业能力跟不上技术进步而失业。这就催生出"教育与技术赛跑"的观点。若要降低不平等程度，新技能供给（教育）需要以更快的速度增长。这种状况就是通常说的知识改变命运。二是创新创业。身体、智力和道德等各层面能力的差异,对于经济增长和到处可见的创新至关重要。现代社会需要将某些基本靠个人才能而非家庭出身和背景脱颖而出的人指定为赢家。现实中有不少处于社会底层的人就是靠创新创业富裕起来的。

基于以上分析,克服社会阶层固化,畅通底层劳动者向上流动的通道,从而实现勤劳、智慧、创新致富,关键在两个方面。一方面完善收入分配体制,克服阶层分化。就如党的二十大所说,分配制度是促进共同富裕的基础性制度。其基本要求是坚持按劳分配为主体、多种分配方式并存,构建初次分配、再分配、第三次分配协调配套的制度体系。另一方面畅通阶层流动通道,克服阶层固化。就克服阶层固化来说,根据马克思的理论,在存在行业、职业、岗位收入差距时,只要劳动力能够在行业、职业、岗位之间流动,收入就趋向平均。按此要求,畅通底层劳动者向上流动通道的具体路径包括:一是改变基本公共服务在区域城乡的不平等配置状况,以教育平等促使劳动者获取知识和技术要素,克服由能力差别造成的阶层固化。二是完善劳动力市场,克服劳动力流动的壁垒,确保职业选择机会公平,促进劳动者在社会流动中改变自己的经济地位。三是建立法治化营商环境和宽松的创新创业环境,畅通要素的流动,促使创新创业者获取创新、资本和管理收益。

9.4 劳动者的公平性发展

劳动者共享发展成果的基础是劳动者的公平性发展。从表面上看,分配的不平等在很大程度上由要素参与收入分配导致。但深层次分析,生产要素参与收入分配产生收入差距的根本原因是,不同的个人所拥有的要素存在很大差别。因此解决收入不平等的关键在于缩小不同个人所拥有的参与分配的要素差别。其结果,既能做大蛋糕,又能促进结果的平等。这可以从起点公平和过程公平两个方面去推进。

首先是起点公平。核心是财产占有的公平。根据马克思的积累理论,单是收入差距的扩大不至于会出现两极分化,只有在私人投资和积累的背景下才会产生两极的积累:一极是财富的积累,一极是贫困的积累。根据这个思路,克服两极分化的根本途径是财产占有的公平权利。私人所有的财产参与收入分配所产生的收入可以归结为财产性收入。劳动以外的生产要素参与收入分配可以归结为财产权利的公平。不仅是资本,知识、技术和管理等要素都可归结为财产。财产占有的差距以及由此产生的财产性收入的差距,又成为收入分配差距扩大的一个重要原因。解决财产占有上的公平权利,在社会主义初级阶段,不能走剥夺私人财产的老路,可行的是在体制上提供增加居民财产进而增加居民财产性收入的途径。其中包括:为居民提供更多的私人投资机会和渠道;鼓励私人创业;保护知识产权及其收入;完善企业股权结构,允许员工持股,鼓励企业家持股和科技入股。农民也可以通过宅基地和土地承包权流转获取土地收入。

在知识和技术成为参与收入分配的要素,而且在收入分配中具有较高权重的情况下,需要为居民提供平等的积累知识资本和人力资本的机会。基本途径是推进教育公平尤其是高等教育的大众化,增加对低收入人群的人力资本投资。其意义就在于克服由起点不公平造成的结果不公平。就如《21世纪资本论》所说:"在很长一段时间内,推动更进一步平等的主要力量仍是知识和技能的扩散。"[1]直接劳动者通过教育和培训,提高劳动复杂度水平,掌握知识和技能,可能获取复杂劳动报酬,是勤劳致富的体现。相反,劳动者不能掌握知识和技能,勤劳也不一定致富。这就是习近平说的:"幸福生活都是奋斗出来的,共同富裕要靠勤劳智慧来创造。"[2]

其次是过程公平,核心是机会公平。主要涉及两个方面的机会均等:一是发展机会的均等,如投资的机会、就业的机会均等。二是竞争机会的均等,如公平竞争的环境,规范的市场秩序,公平获取的市场资源和信息。中国正在推进的市场经济体制的改革,明确了市场决定资源配置,这意味着各个生产者可以平等地获取市场资源。在此基础上需要建设统一开放、竞争有序的市场体系。这些改革到位就能提供公平的机会均等的市场环境。

---

[1] 皮凯蒂:《21世纪资本论》,第22页。

[2] 习近平:《扎实推动共同富裕》,《求是》2021年第20期。

以上两个方面的公平得到贯彻,肯定会影响分配结果的公平。而如果各个分配主体所拥有的要素的差异缩小,以及机会公平,分配结果的差距就可能缩小。在此前提下,承认由要素报酬所造成的分配结果的不平等,其意义在于由此促使人们投资于教育和物质资本,促使人们去努力工作、去冒风险。当然,社会保障制度的完善可以缓解结果的不公平。

9.5　共享发展的理念

进入新时代,基于中国特色社会主义的本质要求,习近平总书记提出共享发展的理念。其内容就是他说的,"让广大人民群众共享改革发展成果,是社会主义的本质要求,是社会主义制度优越性的集中体现,是我们党坚持全心全意为人民服务根本宗旨的重要体现。这方面问题解决好了,全体人民推动发展的积极性、主动性、创造性就能充分调动起来,国家发展也才能具有最深厚的伟力。我国经济发展的'蛋糕'不断做大,但分配不公问题比较突出,收入差距、城乡区域公共服务水平差距较大。为此,我们必须坚持发展为了人民、发展依靠人民、发展成果由人民共享,作出更有效的制度安排,使全体人民朝着共同富裕方向稳步前进,绝不能出现'富者累巨万,而贫者食糟糠'的现象。"[1]

9.5-1　发展与共同富裕水平的相关性

收入不平等的变动趋势用库兹涅茨的倒 U 型曲线来说明。收入不平等程度伴随着人均 GDP 的迅速增长而不断加深,在人均 GDP 达到中等水平时达到最高点,随后基尼系数便开始下降,收入不平等程度开始降低。当然,倒 U 型曲线对不同国家不是必然的。关键是不平等程度的下降需要一系列政策去调节。"通过实施良好的政策去促进益贫式增长,从而逐步降低不平等程度。如果采用激进的政策退化,不平等程度会日益严重。"[2]

---

[1]　中共中央文献研究室编:《习近平关于社会主义经济建设论述摘编》,第 25 页。
[2]　托达罗、史密斯:《发展经济学》第 12 版,机械工业出版社 2020 年版,第 157 页。

皮凯蒂在《21世纪资本论》中对库兹涅茨的倒U型曲线做了修正,把库兹涅茨曲线截止的时间段(1949年)进一步延伸到2010年。通过对大量数据的分析研究,皮凯蒂发现无论是美国还是欧洲,前10%的富人家庭收入水平均呈明显的上升趋势,由此发现收入的不平等明显加剧。根据他的解释,收入差距持续扩大的原因主要是三个:一是资本收益率显著高于经济增长率。二是大公司的高管收入激增。这就是说高收入群体的收入比低收入群体的收入增长更快。三是劳动者的就业能力跟不上技术进步,因而出现结构性失业。因此推动收入趋向平等的基本途径也是发展。就如皮凯蒂所说,对家庭出身不属于精英阶层的人来说,增长将有助于提高其社会流动性,会限制财富不平等状况的复制和加剧,能在长期把收入不平等约束在某个范围之内。身体、智力和道德等各层面能力的差异,对于经济增长和到处可见的创新至关重要。中国改革开放以来的实践也证明了这一点。改革开放推动了经济的迅猛增长,经济的迅猛增长也为一批寒门子弟不是靠继承财产,而是通过创新创业实现发家致富提供了机会。

对收入不平等的重要测度指标是基尼系数。其系数值的变化范围是从0(完全平等)到1(完全不平等)。数据显示,收入分配高度不平等的国家的基尼系数一般情况下都为0.50—0.70,而相对平等的国家的基尼系数一般都为0.20—0.35。

2009年中国人均GDP过了3 000美元,达到中等收入国家水平,基尼系数也达到峰值,为0.491;自此以后人均GDP继续增长,基尼系数则逐渐下降,2020年人均GDP过万,而基尼系数下降到0.468(见表9.1)。尽管如此,不能忽视的现实是,基尼系数仍然处于高位,明显高于0.40的警戒线,高于同期美国0.41和英国0.36的水平。欧美发达国家的基尼系数在0.4上下时,人均GDP已经过了5万美元(美国2020年人均GDP达到6.3万美元)。而中国的基尼系数在0.47水平时,人均GDP才达到1.04万美元(2020年),可见是在人均GDP较低水平下存在较大的收入差距。这说明中国要缩小收入差距,降低基尼系数更为紧迫。中国需要在基本实现现代化的进程中通过共享发展,进一步缩小收入差距。

表 9.1　中国居民收入基尼系数

年份	基尼系数	人均 GDP(美元)
1981	0.239	197
1988	0.301	283
1995	0.340	609
2002	0.366	1 148
2003	0.479	1 288
2005	0.485	1 753
2007	0.484	2 693
2009	0.491	3 832
2011	0.477	5 614
2012	0.474	6 300
2015	0.462	8 016
2017	0.467	8 816
2018	0.468	9 905
2020	0.468	10 434

9.5-2　共享发展的内涵

在发展中富裕全体人民是中国式现代化的本质要求。共享发展实际上提出了经济发展为了谁的问题。共享发展绝不只是为少数人谋利,而是要为全体人民谋利益。共享发展理念创新了共同富裕理论。共享应该是人人的共享、全民的共享,而不是一部分人的共享,更不是少数人的共享,全民共享就是要保证改革发展的受益群体覆盖全体人民。改革发展的得失应当以全体人民是否都能够从中获益作为根本的评价标准。实现全民共享,就要确保改革发展的成果惠及各地区、各民族、社会各阶层的人民,绝不让一个人掉队。共同富裕不是同步富裕,存在一定的差距是合情合理的,但这个差距不能过大。在实现全民共享的过程中,必须把收入分配的差距控制在一个合理的区间内,避免出现两极分化。

全面共享是内容。经济社会发展是全面的发展,人们的需求也具有多样性,人民需要共享的成果也具有多样性。共享发展成果就不单单是共享经济发展的成果,而是包括经济、政治、文化、社会、生态各个方面,全方位、宽领域、多层次的全面的共享。习近平总书记指出,只有解决好人民最关心、最直接、最现实的利益问题，才能使改革发展的成果惠及全体人民。一方面，发展是解决包括民生问题在内的一切问题的基础和关键，经济发展能够为民生的改善提供物质基础，离开了经济发展带来的物质财富积累，改善民生便无从谈起。另一方面，中国经济发展进入新阶段，广大人民群众对政治参与、精神文化、社会保障、生态环境等各个方面的需求都更为强烈。只有不断增进人民福祉，不断满足人民的美好生活需要，经济发展才会获得源源不断的动力。增进民生福祉是发展的根本目的。必须多谋民生之利、多解民生之忧，在发展中补齐民生短板、促进社会公平正义。坚持共享的发展理念，就是要真正解决好就业、教育、医疗、住房、养老这些与广大人民群众切身利益直接相关的民生问题。实现幼有所育、学有所教、劳有所得、病有所医、老有所养、住有所居、弱有所扶，引导全体人民走上共同富裕的道路。

共建共享是基础。人人共享的前提是人人共建，共建的过程也是共享的过程。首先，共建共享的关键是充分调动人民的积极性、主动性和创造性。正如习近平总书记所谈到的，要让人们共同参与发展过程、共同享有发展机遇、共同享有发展成果，最终"形成一种人人参与、人人尽力，人人都有成就感"的生动局面。其次，共建共享要尊重人民的首创精神。尊重人民的首创精神，就是要尊重劳动、尊重知识、尊重人才、尊重创造，通过鼓励探索和创新，促进大众创业、万众创新，最大限度地调动人们的积极性、主动性和创造性，充分激发创新创造潜能，助力高质量发展。最后，共建共享要依靠全体人民凝神聚力推动中国经济的高质量发展。"众人拾柴火焰高"，坚持一切为了群众，一切依靠群众，发展的成果由人民群众共享，努力在共建共享中实现高质量发展。

渐进共享是途径。共享发展必将有一个从低级到高级、从不均衡到均衡的过程，即使达到很高的水平也会有差别。共享发展不可能一蹴而就，在共享发展的实践过程中不能急于求成，必须立足中国国情和现阶段经济社会状况有条不紊地加以推进。渐进共享，必须针对中国发展不平衡不充分的问题，作出切实可行的制度安排。要做到稳扎稳打，步步为营，协调推进经济社会发展和民生改善工作。盲目追求一步到位，将阻碍长期发展质量的提升。

9.5-3　包容性发展

包容性发展是发展经济学中的重要概念。早在 2007 年,亚洲开发银行就率先提出了"包容性增长"的概念,"包容性"本身也是联合国千年发展目标中提出的观念之一。习近平总书记在阐述其发展观时明确提出:"发展必须是遵循社会规律的包容性发展。"[①]包容性发展反映共享发展的要求。

发展本身就包含公平和效率的兼顾。两者的关系是所有国家都要面对的,两者虽然不能兼得,但能兼顾,在不同的发展阶段,侧重点不同。一般说来,在低收入发展阶段,经济发展主要靠供给推动,这个时候为了突出效率,不可能把公平放在首位。而在进入中等收入发展阶段后,经济发展就不能只是靠效率,公平目标就突出了。这个时候就要兼顾公平与效率,否则就会如斯蒂格利茨指出的,在一些不公平程度很高的情况下,它降低了经济效率。[②]

日益扩大的收入差距不完全是收入分配体制改革问题,很大程度上与发展水平相关,因此共同富裕包含"富裕"和"共同"两个方面。共同富裕的前提是发展,不但要做大蛋糕,还要做好蛋糕,尤其是在区域、城乡之间的发展差距上。因此,推动共同富裕需要发展与改革包容。

共同富裕的"共同"离不开公平和共享,富裕水平的提高离不开效率,因此需要效率与公平的包容。既要坚持促进效率提高的理念、体制和政策,又要突出共享发展,使低收入群体能够共享发展成果。具体地说,在资源配置上突出市场调节,是要解决效率问题,政府更好地发挥作用就是要解决好公平问题。不仅如此,在初次分配阶段就要处理好公平和效率的关系,体现共享发展成果。

初次分配领域中的要素报酬和按劳分配的结合,既体现效率要求又体现公平要求。这是共享发展的体现,解决好劳动者在要素参与收入分配中共享发展成果的问题。在现行的分配体制中,无论是要素报酬还是按劳分配都包容公平和效率的要求。推进共同富裕意味着这两种分配机制在坚持效

---

① 习近平 2014 年 7 月 29 日主持召开中央政治局会议时的讲话。
② 斯蒂格利茨:《社会主义向何处去》,第 54 页。

率要求的同时,放大其中的公平要求。不仅要坚持按劳分配为主体,鼓励勤劳致富,还要鼓励劳动者从其获取的技术、管理等要素报酬中实现智慧致富。

中国现阶段相对贫困人口主要集中在后发展地区,尤其是后发展地区的农民。因此克服相对贫困的着力点在后发展地区和农村。共同富裕特别要关注这些相对贫困人群的富裕。这就是习近平总书记指出的:要抓住重点、精准施策,推动更多低收入人群迈入中等收入行列。①

对于后发展地区的不发展问题,人们一般是从其自然条件找原因。需要指出,尽管自然条件对区域发展差异有重要影响,但随着科技、信息化的发展,自然条件禀赋对区域经济发展的作用越来越小,经济的发展逐渐从资源密集型向资本和技术密集型转变,越是生产力发达的区域对自然条件的依赖越小,反之越大。因此,推动共同富裕的主要路径是不同区域(包括城乡)在发展中实现共同富裕。首先,从共同富裕的要求推进现代化,不能只是关注城市和先发展地区现代化的先行,更要关注后发展地区现代化的跨越。这体现先发展地区和后发展地区的包容发展,先发展地区(包括城市)和后发展地区(包括农村)的协调联动。其次,解决城乡二元结构问题。相应地需要农业农村优先发展,乡村振兴成为农业现代化的着力点,使农村基本具备现代生活条件。要解决以人为核心的城镇化问题,不仅要解决城镇转移人口的城镇化,还要解决留在农村的农民的市民化问题。乡村振兴能够真正使得农村相对贫困人口共享发展成果。总之,后发展地区在现代化中实现共同富裕需要培育其内生动力,无论是后发展地区,还是农村,要实现发展最为重要的是提高教育水平,加强人力资本投资,提高内生发展能力。

参阅

洪银兴:《以包容效率与公平的改革促进共同富裕》,《经济学家》2022年第2期。

---

① 习近平:《扎实推动共同富裕》,《求是》2021年第20期。

兼顾公平与效率的收入分配制度

按劳分配为主体多种分配方式并存是社会主义基本经济制度的重要组成部分。40多年来中国经济发展的成功,除了靠市场决定资源配置外,再就是靠打破了平均主义的分配体制,建立起了按劳分配为主体多种分配方式并存的分配体制,允许一部分地区一部分人先富起来。进入新时代后,在人民收入普遍提高的同时,收入分配领域也存在一些亟待解决的突出问题,如收入差距扩大问题、收入分配秩序不规范问题、部分群众生活比较困难问题。这就需要继续深化收入分配制度改革,坚持按劳分配原则,完善按要素分配的体制机制,促进收入分配更合理、更有序。这就是党的二十大要求的:分配制度是促进共同富裕的基础性制度。坚持按劳分配为主体、多种分配方式并存,构建初次分配、再分配、第三次分配协调配套的制度体系。

10.1 收入分配中公平与效率的包容

经济学对收入分配的分析是在明确其在整个经济体制所处地位的基础上,解决好做大蛋糕和分好蛋糕的关系,前者涉及效率,后者涉及公平。这两个方面不是截然对立的,在一定的体制中可以相互促进。

10.1-1 所有制结构决定收入分配结构

在马克思的理论中,分配属于生产关系四个环节中的一个重要环节,反映生产关系的性质。这就是马克思说的:"所谓的分配关系,是同生产过程的历史地规定的特殊社会形式,以及人们在他们的人类生活的再生产过程中互相所处的关系相适应的,并且是由这些形式和关系产生的。这些分配关系的历史性质就是生产关系的历史性质,分配关系不过表现生产关系的一个方面。"[1]在我们所分析的当代中国经济中,分配关系无疑应该反映社会主义初级阶段的生产关系,是中国特色社会主义经济制度的重要方面。

在马克思的分析中,生产决定分配,表现为"分配的结构完全决定于生产的结构,分配本身就是生产的产物,不仅就对象说是如此,而且就形式说也是如此。就对象说,能分配的只是生产的成果,就形式说,参与生产的一定方式决定分配的特殊形式,决定参与分配的形式"[2]。这就是说社会成员以什么样的社会形式参与社会产品的分配,取决于他们以什么样的社会形式参与生产。生产结构的核心是所有制结构。在社会主义初级阶段,所有制结构已明确为公有制为主体多种所有制经济共同发展。这种所有制结构反映在分配制度上就是多种分配方式并存。按劳分配为主是公有制为主体在分配上的体现,资本等要素参与分配则体现多种所有制经济的共同发展,也就成为社会主义初级阶段分配制度的重要特征。

生产决定分配,分配对生产又起反作用。如果分配关系与生产力的发展

---

[1] 马克思:《资本论》第三卷,第999—1000页。

[2] 《马克思恩格斯选集》第2卷,第13页。

要求相适应,它将成为生产力的推进器。否则,将会成为生产力发展的桎梏。马克思说:"当一方面分配关系,因而与之相适应的生产关系的一定的历史形式,和另一方面生产力,生产能力及其要素的发展,这二者之间的矛盾和对立扩大和加深时,就表明这样的危机时刻已经到来。这时,在生产的物质发展和它的社会形式之间就发生冲突。"[①]在资本主义条件下,对抗性的分配关系造成的人民群众消费力的下降导致了经济危机。而在中国,社会主义制度决定以满足人民需要为目的,明确消费拉动经济增长很大程度体现在分配关系上,以增加人民收入为着力点。

10.1-2　分配中兼顾公平和效率

分析公平和效率关系需要有三个界定:首先,效率标准涉及资源配置效率和投入产出效率。主要体现在生产领域。其次,公平与否属于分配领域,公平又有两个判断,一是分配过程中的公平权利,二是分配结果的公平。

理论和实践都证明,追求结果公平的分配往往同效率目标不一致。就像改革开放以前我们追求平均主义的分配,结果牺牲了效率。坚持公平权利意义上的分配公平同效率目标是一致的。

坚持公平权利的分配公平虽然能促进效率,但可能隐含着结果的不平等。就像按劳分配,以提供的劳动为分配的标准,多劳多得,少劳少得,不劳动者不得食。这是公平权利,但如马克思所说:"这种平等的权利,对不同等的人来说是不平等的权利。"原因是以同一尺度去计量不同的个人,就会产生不同的结果。不同的劳动者的体力和能力有差别,不同劳动者赡养的人口有差别。"因此,在提供的劳动相同,从而由社会消费基金中分得的份额相同的条件下,某一个人事实上所得到的比另一个人多些,也就比另一个人富些。"对按劳分配这种形式上的公平实际上的不公平,马克思虽然称为"资产阶级权利",但仍然将其归结为符合社会主义公平原则的分配方式。根据此分析方法,在现阶段所进行的按要素贡献取得报酬的分配原则也有类似的公平权利和结果的不公平,如按资本分配。要素报酬以投入要素的贡献为报酬的标准,是公平权利,但对不同天赋不同机会的个人是照顾不到的,

---

[①]　《马克思恩格斯选集》第 2 卷,第 587 页。

因为"权利决不能超出社会的经济结构以及由经济结构制约的社会的文化发展"。①

在社会主义社会尤其是在社会主义初级阶段,还不具备共产主义社会那种按需分配的物质基础,劳动还是谋生的手段,按劳分配及要素报酬都是与效率目标一致的公平权利,但结果公平不能不兼顾。虽然平均主义会影响效率,但结果不公平程度严重,也会影响效率,发展会受到低收入群体的抵制。因此分配结果的不公平程度要处于合理区间,在合理区间之内,分配会促进效率,超出合理区间,分配会影响效率。社会主义的公平正义不仅要体现在分配的公平权利上,还要体现在分配结果上,防止贫富两极分化。

在一些经济学论著和教材中,讲到效率一般都是指资源配置效率,用帕累托最优来衡量效率。因此,就有市场决定资源配置实现资源配置效率的要求。而在现实中,效率不仅仅是指资源配置效率,还有资源投入和产出效率,也就是通常说的最小的投入产生最大的产出效率。各种资源投入都有其效率问题,如劳动效率、资本效率、土地效率等。

正因为存在除了资源配置效率以外的效率问题,斯蒂格利茨在《社会主义向何处去》中,批判福利经济学第二定律所强调的只有市场配置资源才能有高效率的观点时,认为分配制度同样会影响效率,即使是在市场决定资源配置的场合。效率不仅源于资源配置,还源于收入分配激励。分配与效率问题不可分割。"在一些不公平程度很高的情况下,它降低了经济效率……然而在其他情况下,不公平却可以加强经济效率。"②所以要解决效率问题时,应该从资源配置效率和投入产出效率两个方面来分析。提高资源配置效率主要通过市场,提高资源投入产出效率主要通过分配制度。这种分配制度需要有两个方面的功能:一是在生产要素私有的背景下,能够激励私人所有要素的投入。二是激励投入的要素有更高的产出率,如提高劳动效率需要按劳分配来激励。

中国经济在改革开放以前效率不高的一个重要原因是收入分配中搞"大

---

① 马克思:《哥达纲领批判》,《马克思恩格斯文集》第 3 卷,人民出版社 2009 年版,第 435 页。

② 斯蒂格利茨:《社会主义向何处去》,第 54 页。

锅饭",实行平均主义分配。改革开放以来中国经济发展的成功,尤其是效率的提高,除了靠市场配置资源外,就是靠收入分配体制的改革。针对改革开放以前长期实行的平均主义分配产生的低效率状况,邓小平从社会主义本质上指出:贫穷不是社会主义,平均主义不是社会主义,贫富两极分化也不是社会主义。这意味着所要建立的收入分配体制既要促进效率,又要防止贫富两极分化,逐步实现共同富裕。相应地,收入分配改革措施是打破"大锅饭"的平均主义分配,提高劳动效率;各种生产要素参与收入分配,充分动员各种创造财富的要素;允许一部分地区一部分人先富起来,充分释放了发展经济的潜力。改革集中在两个方面:一是各种生产要素参与收入分配后形成按劳分配为主体多种分配方式并存的基本分配制度。二是实施允许一部分地区和一部分人先富起来的大政策。

10.1-3　准确理解按劳分配

按劳分配是社会主义分配原则。在社会主义初级阶段与多种所有制经济共同发展相适应,多种分配方式并存,但必须坚持按劳分配为主体。这是社会主义初级阶段的社会主义要求的体现。需要研究的问题是处于社会主义初级阶段的按劳分配有哪些特点,以及完善按劳分配的方向。

马克思在《哥达纲领批判》中提出:"每一个生产者,在作了各项扣除以后,从社会领回的,正好是他所给予社会的。他给予社会的,就是他个人的劳动量。"[1]他在《资本论》中又把劳动时间作为按劳分配的测度:"劳动时间又是计量生产者个人在共同劳动中个人所占份额的尺度,因而也是计量生产者个人在共同产品的个人可消费部分所占份额的尺度。"[2]在这里实际上提出了按劳分配的思想。后来列宁把"按劳动(而不是按需要)分配消费品""不劳动者不得食"和"对等量劳动给予等量产品"明确规定为社会主义原则,按劳分配的实质就是消灭对劳动者的剥削。

基于马克思的按劳分配理论以及中国的社会主义实践,对按劳分配需要作以下说明:

---

[1]　《马克思恩格斯文集》第3卷,第434页。
[2]　马克思:《资本论》第一卷,第96页。

第一，在马克思那里，按劳分配是社会主义社会个人消费品的分配制度，同现在讲的收入分配并不完全相同。因为个人得到的收入并不都用于购买个人消费品，还有一部分是用于储蓄和投资的，所以收入分配范围超出了马克思当时所讲的个人消费品的分配。

第二，作为按劳分配尺度的劳动是得到社会承认的社会必要劳动。马克思当时设想的未来社会，社会直接占有全部生产资料，商品货币关系已经消亡，这时，"个人的劳动不再经过迂回曲折的道路，而是直接作为总劳动的组成部分存在着"①；社会根据个人的劳动量直接进行分配，而不需要其他中间环节。而在现实的社会主义经济中，存在商品货币关系，劳动者提供的劳动还不是直接的社会必要劳动，需要通过市场评价来确定，从而在不同企业中等量劳动得不到等量报酬。

无论现实与马克思当时的设想有多大差距，有一点可以肯定，即按劳分配作为社会主义分配原则，指的是消灭对劳动者的剥削，多劳多得、少劳少得，不劳动者不得食。这应该坚持。需要完善的是按劳分配的方式。

10.2　按劳分配与多种分配方式的并存

按劳分配为主体多种分配方式并存是在各种生产要素参与收入分配的背景下提出的。党的十四大，与确认社会主义市场经济同步，提出允许属于个人的资本等生产要素参与收益分配。党的十五大提出允许和鼓励资本、技术等生产要素参与收益分配。党的十六大提出确立劳动、资本、技术和管理等生产要素按贡献参与分配的原则。党的十七大和十八大都提出健全劳动、资本、技术、管理等生产要素按贡献参与分配的制度，并突出了相应的制度建设问题。十八届三中全会在坚持上述生产要素按贡献参与分配的基础上，又提出了各种生产要素报酬由各自生产要素市场决定。党的十九大又明确坚持按劳分配原则，完善按要素分配的体制机制，促进收入分配更合理、更有序。党的二十大进一步要求完善按要素分配政策制度。归结起来，

---

①　参见《马克思恩格斯选集》第 3 卷，第 303 页。

改革开放以来对生产要素参与收入分配提法的变化轨迹是：先是要求私人资本参与收益分配，后来又逐步扩大到劳动、资本、技术和管理等各种要素参与分配；先是强调根据投入参与分配，后强调按贡献分配，再到要求按要素的市场供求决定报酬；先只是提出要素参与分配，后来提出健全要素参与分配的制度。其明显效果是：打破"大锅饭"的平均主义分配，提高了劳动效率；各种生产要素参与收入分配，充分动员了各种创造财富的要素。

10.2-1　从共存论认识按劳分配为主体和多种分配方式并存

多种分配方式并存是要使一切创造财富的劳动、知识、技术、管理、资本和数据的活力竞相迸发，充分释放发展经济的潜力，同时又促进勤劳致富，逐步实现共同富裕。这种分配制度的实现形式是各种生产要素参与收入分配的机制，即要素报酬。其必要性是，在社会主义初级阶段，不仅是劳动力，资本、技术、管理等要素都属于不同的所有者。面对不同的要素所有者，收入分配制度不仅要刺激劳动效率，还要刺激资本、技术、管理等要素所有者的各种要素的投入。

有的学者根据按劳分配的社会主义制度规定性，认为非劳动要素参与收入分配与社会主义制度不相容。也有的学者依据劳动价值论认为非劳动要素参与收入分配意味着否认劳动价值论。还有学者认为生产要素按贡献取得报酬是克拉克的边际生产力理论的翻版。针对上述批评，对生产要素参与收入分配的理论说明仍然需要以马克思主义政治经济学基本原理为准绳。

首先是明确区分价值分配和价值创造。严格地说，参与收入分配的劳动要素需要严格界定为直接劳动要素，除此以外，技术、管理也属于劳动，而且是复杂劳动。劳动以外的要素只是指资本和土地。它们参与新创造价值的分配，但不是价值创造的源泉。根据马克思的分析，工资、利息、地租等是社会生产的各种特殊因素所分得的收入的不同形式，源泉仍然是劳动创造的价值。把价值分配的形式等同于价值创造的源泉，这种混淆恰恰是违背劳动价值论的。而明确生产要素参与收入分配丝毫没有承认非劳动的生产要素成为价值创造源泉之意。

其次是区分价值创造和财富创造。劳动是创造价值的唯一源泉，但不是创造财富的唯一源泉。各种生产要素参与收入分配与其参与财富创造相关。马克思在《哥达纲领批判》中针对"劳动是财富的唯一源泉"的错误观点有一段精辟的论述,其基本内容是:"劳动不是一切财富的源泉。自然界同劳动一样也是使用价值(而物质财富就是由使用价值构成的!)的源泉。"[1]财富创造的要素不只是劳动,资本、土地、技术、管理等都是财富创造的要素。这样,非劳动的生产要素尽管不创造价值,但参与了社会财富的创造,都对财富的增进作出了贡献。既然各种生产要素对财富创造分别作出了贡献,各种生产要素就要参与财富的分配。当然在马克思的分配理论中,参与财富创造的各个要素所分配的不是全部财富的分配,而是新创造价值的分配。他把资本家的收入、土地使用者的收入都归于剩余价值的分割,把技术在很多场合作为复杂劳动而归于劳动报酬。这样就把生产要素参与财富创造同其参与分配劳动创造的价值一致起来了。这说明生产要素参与分配在马克思那里同劳动价值论是相容的。

最后,生产要素参与收入分配是由其要素所有权决定的。所谓要素参与分配,实际上是要素所有权在经济上的实现,也就是新创造的价值在不同要素所有者之间的分配。马克思在说明资本主义条件下的分配时就指出了在各个要素所有权之间的分配关系。这就是他说的:"这个价值的一部分属于劳动力的所有者,另一部分属于或归于资本的所有者,第三部分属于或归于地产的所有者。因此,这就是分配的关系或形式,因为它们表示出新生产的总价值在不同生产要素的所有者之间进行分配的关系。"[2]显然,工资、利息、地租分别是劳动力、资本和土地所有权在经济上的实现。在马克思当时的设想中,未来社会的生产资料公有,只有劳动力是劳动者所有的,其他要素如资本、技术、管理等要素都是公有的。相应地就只存在按劳分配,不可能存在按其他要素分配问题。而在现实中的社会主义初级阶段,不仅劳动力属于私人所有,而且资本、技术、管理等要素都属于不同的所有者(包括私人)所有。收入分配就是各种要素的所有权的实现。为了足够地动员各种要素投入经济发展过程并迸发出创造财富的活力,就要在收入分配体制上

---

① 《马克思恩格斯文集》第 3 卷,第 428 页。
② 马克思:《资本论》第三卷,第 993 页。

承认要素报酬,建立生产要素参与收入分配的制度。

10.2-2 生产要素参与分配的激励功能

各种生产要素按贡献取得报酬是社会主义初级阶段发展生产力的需要。社会主义初级阶段的根本任务是发展生产力,由此就要发展多种所有制经济,当然也包括属于不同所有者的生产要素。需要指出的是,技术和管理要素也属于劳动,相对于直接劳动者的劳动来说其生产力作用更大,需要特别的激励。

一是激励资本投入。根据马克思的分析,包括劳动力和土地等在内的各种生产要素是被资本并入生产过程的:"资本一旦合并了形成财富的两个原始要素——劳动力和土地,它便获得了一种扩张的能力。"[①]在现阶段,发展经济需要足够的资本投入,资本投入主体不仅有国家,还有企业,还有私人。在多元投资主体组成的公司中就包含所有者权益分配项目来实现各个资本所有者的利益。这里特别强调对私人投资的激励作用。有没有个人财产、有多少财产不能成为政治上先进落后的评价标准。私人投资有两种类型:一类是私人直接办企业雇佣劳动,作为私营企业主获得资本收入,承认按资分配就要承认其资本收入的合法性。另一类是居民将一部分不用于消费的收入,购买股票取得股息、购买债券取得债息,也可通过持有企业(包括私人企业)股权的途径获取资本收益。这类私人投资实际上就同居民将储蓄存入银行一样。区别只在于后者是间接投资,前者是直接投资,两者又有风险(收益)程度的差别。承认所有这些不同途径的资本所有权收入,并且提供不同风险和收益程度的私人投资渠道,也就提供了足够的激励私人资本投入的机制。

二是激励知识和技术投入。马克思在《资本论》中依据技术水平的差别说:"使用一架强有力的自动机劳动的英国人一周的产品的价值和只使用一架手摇纺车的中国人一周的产品的价值,仍有大得惊人的差别。在同一个时间内,中国人纺一磅棉花,英国人可以纺好几百磅。"[②]显然科技在这里的

---

① 马克思:《资本论》第一卷,第 697 页。
② 同上书,第 699 页。

贡献不是用价值,而是用使用价值量来衡量的。马克思实际上是从财富创造即使用价值创造来说明科技生产力的价值的。他指出:"随着大工业的发展,现实财富的创造较少地取决于劳动时间和已耗费的劳动量,较多地取决于……科学的一般水平和技术进步,或者说取决于这种科学在生产上的应用。"①尽管科学研究还需要耗费科技人员的劳动,但科技生产力的价值就不能只是以其劳动价值来衡量。尤其是"随着大工业的这种发展,直接劳动本身不再是生产的基础,一方面因为直接劳动变成主要是看管和调节的活动,其次也是因为,产品不再是单个直接劳动的产品,相反地,作为生产者出现的,是社会活动的结合。"②这就提出财富的程度应该以什么来衡量的问题。在马克思看来,"以劳动时间作为财富的尺度,这表明财富本身是建立在贫困的基础上的"。③有些学者为了要坚持说明劳动价值论在科学技术中的作用,硬是限于把看管和调节现代化生产活动的劳动者的劳动来说明科技的价值,这显然是不准确的。与价值分析不同,从财富创造角度分析科技的价值也就是以创造的使用价值量来衡量能准确反映科技生产力的贡献。

在现实的社会主义社会,技术和管理人员的教育和培训费用固然有社会提供的部分,但其相当部分还是由私人提供的,再加上接受教育和培训的机会成本。因此技术在很大程度上仍然属于私人所有。技术投入,不仅包括科技人员的劳动,还包括科技投入的凝聚或结晶,如产业化的科技成果、专利等。将技术投入列入生产价值的劳动,就有复杂劳动报酬问题。技术开发产生创新成果,技术人员得到相应的收益,可以调动科技人员技术开发的积极性,推进技术进步。技术研发属于复杂劳动,应该得到比简单劳动更高的价值,技术人员的报酬应该更高。科技企业给科技人员一定的技术股使其分享企业收益,科技成果的价值得到科学的评价,知识产权得到保护,所有这些都是激励科技创新的分配机制。

三是激励经营者成为企业家。"一切规模较大的直接社会劳动或共同劳动,都或多或少地需要指挥,以协调个人的活动,并执行生产总体的运动。"④

---

① 《马克思恩格斯文集》第8卷,第195—196页。

②③ 同上书,第200页。

④ 马克思:《资本论》第一卷,第384页。

企业家是一种生产要素,是对管理素质和能力的概括。在马克思的理论中,管理投入(即企业家要素投入)作为一种劳动应该取得劳动收入,但它作为资本职能则应该参与资本收入(利润)的分配,而不是仅仅得到劳动收入。马克思在《资本论》中把资本分解为作为所有权生息资本和执行职能的资本两个方面。与此相应,资本所产生的利润就分解为利息和企业主收入。根据马克思的分析,执行职能的资本可能有两种状况:一种是资本家同时执行监督和管理职能的劳动,一种是将监督和管理职能交给别人。在前一种状况下,企业主收入中包含了其监督和管理的报酬,而在后一种状况下,监督和管理的报酬就和作为企业主收入的利润分离。经营者要能成为企业家除了要有充分的经营自主权,关键是在分配机制上承担创新的风险和收益。计算企业家报酬,不仅要计算企业家的管理劳动投入,还要考虑企业的风险收益,企业家既要获得创新成功的收入,也要承担创新失败的风险。企业家的收入分配方式有三种:一是股权,即分享剩余;二是年薪,体现企业家的人力资本价值;三是期权,企业家的收益同公司的市场价值挂钩。虽然每种分配方式都有它的作用和局限,但是企业家通过年薪、股份等分配形式参与利润分享,能够体现经营者的管理才能及其投入,可以促进更多的经营者成为企业家。

10.2-3　要素报酬的实现形式

诺贝尔经济学奖得主法马指出:在企业中,每种要素都是由某个人拥有的。企业只是一个合同集,而这些合同不过是规定投入品的联合方式以创造产出以及从产出中获得的收入在投入品间的分配方式。企业的股权结构就是投入企业的资本结构,现实中,企业是各种要素的集合。剩余价值(m)的增加,不仅有物质资本要素的作用,还有技术、管理等要素的作用。其中包括技术要素中的知识产权,管理要素中的企业家人力资本价值。技术和管理要素同资本要素一起股权化,从而在股权结构上体现要素所有权,按股权结构分享剩余就体现要素所有权在分配上的实现。在企业股权结构以资本为单位的情况下,技术、管理分别按贡献折合为资本份额,因此形成企业股权结构中除物质资本股权外的技术股权和企业家股权,或者确定一定的比例让技术人员和管理人员出资购买股权。相应的报酬就是资本收入、技术人员收入和企业家收入。

生产要素参与分配实际上有三个原则或标准：一是按各种要素的投入参与分配；二是按各自的贡献参与分配；三是按各自在要素市场上的供求参与分配。这三个原则在分配中的权重是不一样的。这里的要素报酬换句话说就是要素价格，必须反映要素的稀缺性。这样进行分配符合市场原则，有利于提高全要素生产率，从而发展社会生产力。

各个生产要素如何按贡献参与分配？关键是贡献如何评价。在市场配置资源的条件下，可行的途径是按要素贡献的市场评价。党的十八届三中全会指出，健全资本、知识、技术、管理等由要素市场决定的报酬机制。所谓市场决定资源配置，不只是指市场决定资源流向哪里，还决定各种要素（资源）在企业中最为有效的组合。在这里起作用的是各个要素市场上供求决定的价格。在广义的价格理论中，人们把利息率、工资和地租分别看作是使用资本、劳动力、土地等生产要素的价格，要素价格也就是要素报酬。党的十九届四中全会概括为：市场评价贡献，贡献决定报酬。这体现分配的效率原则。

首先，要素价格分别在各自的要素市场上形成，对有效地配置和使用各种生产要素起调节作用。在市场上形成各种要素的价格，反映各种要素的市场供求关系，准确地反映各种生产要素的稀缺性，并体现在要素报酬比例上。企业依据由市场决定的生产要素价格对投入要素进行成本和收益的比较，以最低的成本使用生产要素，要素供给者则依据要素市场价格来调整自己的供给。其效果是最稀缺的资源得到最节约的使用并且能增加有效供给，最丰裕的资源得到最充分的使用。

其次，即使同一种生产要素在市场上也会由于不同质而有不同的供求状况。优质要素更为稀缺，如职业经理人市场上具有更高人力资本含量的企业家更为稀缺。这就有个优质优价的要求。按照要素的市场供求来决定报酬，不只是促进企业根据要素报酬比例形成有效的要素组合，提高资源配置的效率，而且对稀缺的优质要素给予高的报酬。这样不仅能把稀缺的要素充分动员起来，还能促进资本积累和人力资本积累，增加优质稀缺资源的供给。

最后，各种要素市场对要素的评价成为要素报酬的依据。在这里起作用的是某种要素的稀缺性和优质优价。尤其是技术要素和管理要素,既可作为投入劳动给予报酬,也可分享剩余。现实中,技术要素和管理要素都不是均质的,各个企业对这些要素的需求也是有差别的,相应地就会有不同的报酬。客观的评价标准就是市场评价贡献,贡献决定报酬。对技术要素,最为可靠的是技术市场对知识资本和知识产权价值的评价。对管理要素,最为可靠的是企业家市场对职业经理人所拥有的人力资本存量的评价。这些评价就会成为企业向技术和管理人员提供劳动报酬或分割剩余的市场标准。市场决定的要素报酬,不仅要依据各种要素的供求关系,还要依据各种要素贡献的质的评价,这涉及各种要素在经济增长中的权重,相应地影响收入分配的权重。在一般情况下,尤其是在资本推动型增长阶段,各种要素是被资本推动并集合进生产过程的,资本(物质资本)对经济增长起支配作用,因此分配向资本所有者倾斜。而在现代经济中,知识资本和人力资本的作用越来越大,相应地在收入分配中所占份额也会增大。在创新驱动型经济中,知识资本和人力资本比物质资本的增殖能力更强。资本增殖与其说是资本的增殖,不如说是知识资本和人力资本的作用结果。这个结论将直接影响分配的方式,收入分配明显向知识和技术要素倾斜。这种状况在科技创新和创业中更为明显。

10.3　鼓励勤劳和智慧致富

习近平总书记说:"幸福生活都是奋斗出来的,共同富裕要靠勤劳智慧来创造。"[①]按劳分配的意义不仅在于提高劳动效率,还在于激励勤劳和智慧致富。智慧致富实际上指的是技术、知识和管理等要素参与分配,不仅属于复杂劳动的报酬,而且可以在创新创业中提升经济地位。

10.3-1　按劳分配不完全

根据经典理论,完全的按劳分配有三个特征:第一,分配依据只有劳动

---

① 习近平:《扎实推动共同富裕》,《求是》2021 年第 20 期。

一个尺度;第二,等量劳动得到等量报酬,同工同酬;第三,各尽所能,不存在偷懒。而在中国现阶段,按劳分配不可避免地打上社会主义初级阶段的烙印。按劳分配不可能是完全的,表现在以下三个方面:

第一,按劳分配不能完全解决同工同酬问题。在马克思的设想中,在未来社会,每个人提供给社会的劳动可以直接计算出来。而在市场经济条件下,每个人提供的社会劳动是不可能直接计算的,提供的劳动是否成为社会劳动还有个通过市场交换的社会承认过程。在社会化生产条件下,每个人提供的劳动表现为集体劳动的产品。由于市场上价值规律的作用,集体劳动的产品并不一定都被市场接受或者说被社会承认,由此产生在不同行业、不同企业的效益的差别,受此影响在不同行业、不同企业的劳动者提供等量劳动得不到等量报酬即同工不同酬。现实中存在的市场秩序的混乱还可能进一步扩大这种差距。

第二,按劳分配不能完全解决劳动效率问题。按劳分配的"劳"有多种形态:一是按劳动的流动形态即劳动时间分配,相当于计时工资。现实中不能避免有人在劳动时间内偷懒和搭便车,出工不出力。二是按劳动的凝固形态即劳动成果进行分配,相当于计件工资。这种分配方式虽能弥补上述缺陷,但在现实的社会化生产中不是所有劳动都可以计件的。三是按劳动的潜在形态即劳动能力进行分配,复杂劳动的价值可以得到正确评价,但在现实中无法克服拿高收入者与其劳动贡献不相称的状况。这说明以任何一种劳动标准衡量劳动都往往是不完全的。

第三,在集体劳动的场合难以克服偷懒现象。在社会化生产、集体劳动的条件下难以准确衡量每个劳动者的劳动贡献,也无法克服集体劳动中的偷懒现象,一个人偷懒,其他人也跟着偷懒,并且可能出现搭便车,导致集体劳动的低效率。因此,集体劳动是需要监督的。但监督者也可能偷懒。

上述按劳分配的不完全表明按劳分配作为分配制度需要完善和改革。我国在改革进程中先后实行承包制、经济责任制等激励性机制,实际上在一定程度上弥补和克服了按劳分配的缺陷。

10.3-2　要素报酬背景下按劳分配为主体的实现

在各种生产要素参与收入分配的条件下如何体现按劳分配为主体?这

不仅是理论问题,更是实践问题。在这里需要科学判断按劳分配收入的内涵和外延,从而明确按劳分配为主体的含义。在初次分配的实践中,参与收入分配的各种非直接劳动要素的谈判能力更强,如何提高劳动收入问题需要关注。各种数据显示,中国劳动者报酬占 GDP 的比重偏低且呈现出下降趋势,与劳动报酬下降趋势相应的是其他生产要素的报酬所占比重的上升。针对这种状况,需要明确提出提高"两个比重"问题,即逐步提高居民收入在国民收入分配中的比重,提高劳动报酬在初次分配中的比重。在这方面有三点需要注意:

第一,科学判断按劳分配收入的内涵和外延。目前人们只是将参与收入分配的各种要素中的劳动收入视作按劳分配的收入,由此得出按劳分配不再成为主体。这是不全面的。需要指出,按劳分配收入不只是指生产一线的劳动者的收入,即直接劳动收入。参与收入分配的要素中技术和管理要素在马克思的理论中属于总体的生产劳动,而且这类劳动是复杂劳动。就如马克思对生产劳动的定义:"为了从事生产劳动,现在不一定要亲自动手;只要成为总体工人的一个器官,完成他所属的某一个职能就够了。"①按此定义,技术人员和管理人员的劳动都是生产劳动,他们得到的收入也是劳动报酬。也正是在这一意义上马克思把经理的薪水作为管理和监督劳动的报酬从利润中分离出来。基于这种分析,在生产要素参与收入分配的结构中,技术要素、管理要素的报酬也可以看作劳动报酬,而且是复杂劳动的报酬。基于这种认识,按劳分配为主体就不能只是指直接劳动的收入,还应该包括技术和管理的收入。就是说,按劳分配为主体指的是相对于资本收入,包含直接劳动、技术和管理收入的劳动收入为主体。只要技术和管理要素作为复杂劳动收入得到实现,其连同直接劳动收入一起,就可能实现按劳分配为主体。

第二,按劳分配本来属于公有制企业中的分配原则,按劳分配适用范围越广,共同富裕程度越高。随着混合所有制经济的推进,原有的非公有制经济与公有制经济融合在一起,按劳分配的分配原则也广泛适用于混合所有制经济中。混合所有制成为基本经济制度的实现形式后,按劳分配方式也就成为全社会的主体方式。对完全的民营企业来说,由于其处于社会主义

① 马克思:《资本论》第一卷,第 582 页。

社会的环境之中,其包括分配规则在内的经济运行不可避免要受社会主义制度环境的制约,企业主也有同职工共同富裕的企业责任,因此其分配不可能完全自行其是,也需要在一定程度上反映按劳分配要求。虽然其不可能像国有企业那样按国家规定安排收入分配比例,但需要完善企业工资集体协商制度,着重保护劳动所得,在制度上保证职工的基本权益。

第三,缩小收入差距的路径不是否认生产要素参与收入分配,而是要增加直接劳动者的非直接劳动要素供给。要素报酬机制扩大收入差距的根源在不同要素所有者所拥有的要素存在很大的差别。储蓄能力强、知识和技术水平高、经营管理能力强的个人,致富能力也更强,如果这些要素叠加在某个人身上,收入水平会更高。反之,致富能力则很弱,由此产生收入差距。研究要素报酬机制可以发现,劳动、资本、技术、管理和数据之间不是相互分割和相互替代的。它们之间存在着相互补充关系。劳动者不仅提供劳动,也可以成为某种技术的所有者,也能成为管理者;资本所有者也可能提供劳动和管理。因此缩小收入差距的路径不是否认生产要素参与收入分配,而是要在分配中增加直接劳动者的非直接劳动要素供给,使直接劳动者的收入随着他拥有更多的非直接劳动的生产要素的投入而提高。缩小不同个人所拥有的参与分配的要素的差别。正如生产资料所有权可能混合一样,生产要素的所有权也可能混合,劳动者成为多种生产要素的所有者,缩小不同个人所拥有的参与分配的要素的差别。其途径是党的二十大报告指出的探索多种渠道增加中低收入群众要素收入,多渠道增加城乡居民财产性收入。

首先是教育公平和高等教育的大众化,增加对低收入人群的人力资本投资,克服起点不公平,使劳动者能够获取到知识和技术要素带来的收入。劳动者通过人力资本投入而增加知识和技术要素,并能获取其收入,体现的正是勤劳和智慧致富。

其次是多渠道增加城乡居民财产性收入。所谓多渠道,一是探索通过土地、资本等要素使用权、收益权增加中低收入群体的要素收入。二是劳动者(不仅是一般的劳动者,还包括技术人员)除了通过投入劳动取得相应的报酬(v)外,还可以通过企业员工持股的方式,参与剩余(m)的分配,从而真正形成劳动者对企业的所有者利益的激励。这就是党的十八届三中全会提出的:允许混合所有制经济实行企业员工持股,形成资本所有者和劳动者利益共同体。三是为劳动者提供创新创业的环境,使其在创新中获取知识产权收入,在创业中获取资本收益和管理收入。

人们一般认为,所谓生产要素参与收入分配,指的是劳动者得到劳动报酬(v),其他要素所有者则是获取剩余(m)。其前提是劳动者不持有资产,其他要素所有者不是劳动者。这与社会主义初级阶段的现实是不相符的。现阶段劳动者可能有资产,包括资本和知识产权;资产者也可能通过管理参加劳动。这样,劳动收入和劳动者收入不是同一概念。虽然各种生产要素参与收入分配后,劳动报酬在收入中的比重会下降,但劳动者收入会随着其拥有更多的非劳动生产要素而提高。这是劳动者在要素报酬机制中的富裕途径。

10.3-3　增加一线劳动者劳动收入

在要素参与收入分配条件下,初次分配中处理好公平与效率关系,需要在分配结构中增加一线劳动者劳动收入,体现直接劳动者与其他要素所有者的共同富裕。

第一,由于技术和管理要素的作用,生产率的提高,经济结构的变革,都可归结为劳动过程的组织和技术的巨大成就,最终还是要落实到劳动效率的提高上。生产一线的劳动者也应公平合理地分享到增长的成果。其具体表现是劳动报酬增长与劳动生产率提高同步。马克思当年揭示的资本主义对抗性分配关系的特征就在于压低劳动报酬来增加剩余价值,其中包括提高的劳动生产率表现为资本的生产力而被资本家所占有。社会主义国家必须保障劳动者的权益,保护劳动所得,尤其是保护各尽所能提高效率的劳动所得。

第二,劳动作为谋生手段的实现。现在人们所讲的劳动报酬一般指的是在生产第一线的劳动者的报酬,或者说是简单劳动者的劳动报酬。对这部分劳动者而言,劳动报酬的增长不只是限于劳动者的劳动贡献,还应该包含体现谋生要求的内容。其内容就是马克思在比较国民工资时所指出的,决定工资水平的因素包括:"自然的和历史地发展起来的首要的生活必需品的价格和范围,工人的教育费用、妇女劳动和儿童劳动的作用,劳动生产率,劳动的外延量和内涵量。"①谋生要求的内容随着社会进步而增长,例如以前手

---

① 　马克思:《资本论》第一卷,第 644 页。

机、电视机对劳动者而言是奢侈品,现今成为必需品。劳动报酬的这些要求不能只是靠政府的再分配来解决,在初次分配阶段就要建立企业职工工资正常增长机制和支付保障机制。

第三,以充分就业提供勤劳致富的机会。就业是民生之本,充分就业是共同富裕的基石。推进共同富裕需要实施就业优先战略。中国是人口众多的国家,劳动力就业压力很大,就业优先不是权宜之计,而是长期发展战略。就业问题涉及劳动同资本、技术、管理和数据要素的配置和组合。马克思当年从资本有机构成提高的角度说明的失业问题,就是指资本替代劳动力。现阶段贯彻就业优先,有两点特别要注意:首先,从资本和就业的关系分析,虽然资本雇佣劳动的问题饱受诟病,但资本仍然是就业的基本条件,因此稳就业就要稳资本。其次,从新科技同就业的关系分析,现在正在出现的失业问题实际上是新技术和数据要素对劳动力的替代。针对数字经济条件下机器人和人工智能等新技术应用后的失业问题,尤其需要明确两方面问题:一是科技进步的方向更多偏向产业升级和人不能及的领域,而不是偏向于替代劳动力就业岗位。二是"教育与技术赛跑",加强对低技能劳动力的教育和培训,使其技能适应价值链中高端环节的技能需求,从而使其技能提高与低技能岗位被替代同步。这本身也是促进充分就业的重要措施。共同富裕就体现在充分就业和人力资本投资所提高的就业能力上。

收入分配制度改革和完善是实现共同富裕的基本制度安排,完善要素报酬制度,坚持按劳分配为主体,放大这两个制度安排中的公平功能。初次分配中处理好公平与效率的关系是基础。

10.4　再分配和第三次分配促进共同富裕

政府主导的再分配主要涉及税收和公共产品的供给。这两个方面正是政府主导推进共同富裕的基本路径。实行累进的所得税制度和累进的财富税制度具有合理调节高收入,克服一部分人收入和财产占有畸高的效应。从一定意义上说税收是享用公共品的代价。高收入者一般能享用更多的公共品。从高收入者那里获取高的税收收入用于增加低收入人群的公共产品供给,这种转移支付是推进共同富裕的再分配方式。以下根据共同富裕的要求着重研究政府主导的公共产品的无差别公平供给。

10.4-1 享用基本公共服务的横向公平和纵向公平

在社会主义现代化进程中实现共同富裕,虽然不排除不同家庭存在一定程度的私人产品的差别,但不同家庭享用公共产品和基本公共服务的权利则应该是无差别、公平的,体现"精准"和"普惠"。原因是主导公共产品供给的国家是代表全体人民利益的。

非纯公共产品主要涉及医疗、教育、公共卫生、公共交通、社会保障等。习近平说:"我们的人民热爱生活,期盼有更好的教育、更稳定的工作、更满意的收入、更可靠的社会保障、更高水平的医疗卫生服务、更舒适的居住条件、更优美的环境,期盼着孩子们能成长得更好、工作得更好、生活得更好。"[1]这些美好生活的需要大都涉及公共产品供给。在基本实现现代化阶段的共同富裕不能排除在私人产品方面还存在差别,但对公共品则要求无差别提供。纯公共产品的无差别提供应该是没有问题的。关键是解决需要享用者付费享用的非纯公共产品(准公共产品)的无差别提供问题。

进入上中等收入阶段以后,居民对公共产品的强烈需求基本上集中在环境保护、公共交通、健康与教育等基本公共服务上,社会矛盾也主要集中在这些领域。社会主义现代化意味着政府要确保为社会各阶层,包括相对贫困家庭提供一个公平而充分的公共产品供给制度,包括优质的教育、公共卫生、公共服务和公共安全,达到普遍覆盖面的社会保障制度,体现政府主导的共同富裕要求。

对不都由国家财政负担的公共物品和设施,即准公共产品或称非纯公共产品,居民会通过不同程度的付费的形式享用。谁消费谁付费,多消费多付费,不仅体现受益原则,而且体现公平原则,这也是解决公共产品供给充分性的必要途径。教育和医疗卫生的作用都同人力资本的素质相关,两者的享用具有私人性,享用者付费也是自然的。对这类基本公共服务,消费者支付费用,只是一个成本补偿问题,或者是全部或者是部分的成本补偿。此

---

[1] 《习近平谈治国理政》第一卷,第4页。

外,对于高速公路和桥梁等公共产品,消费者人数的增加可能导致边际拥挤成本。拥挤性公共产品的使用数量超过一定程度后产生排他性,同时出现竞争性。针对拥挤性公共产品收费,实现某种方式的排他,可保证必要的享用效益,同时也是对公共设施的保护。消费者付费享用公共品的服务不能排除政府在这些领域的有为。

向全体人民无差别提供公共产品,反映公共产品享用的共同富裕。政府的作为主要在两个方面。一是规范收费。公共性部门获得的收费收入,相当部分是垄断性收入,政府要通过有效的价格监管制度和机制,防止这些单位以垄断性价格行为侵害消费者的利益。二是增加供给。通过收费来解决享用公共产品的拥挤性问题,是被动的。现代化的进程中需要逐步增加拥挤性公共产品的公共性投资,以增加供给,降低拥挤程度。尤其是加大优质教育资源和医疗资源投入,让居民在这方面不断提升的需求逐步得到满足。城乡、地区差距很大程度上是基本公共服务质量和水准的差距。促进优质公共服务城乡、区域配置均等化对城乡、区域共同富裕具有导向性。其路径是基本公共服务的供给能力与当地的 GDP 和财政收入脱钩,中央财政加大对后发展地区的转移支付的力度。这对增强后发展地区和农村基本公共服务的能力,实现现代化的跨越尤为重要。

付费享用非纯公共产品看起来是公平的,但隐含的不公平十分明显。对享用公共产品收费,会遇到不同收入阶层的支付能力的差别。支付能力差别产生享用公共产品能力上的不公平。收入越高,支付能力越强,享用到的公共产品越多;收入越低,支付能力越低,享用到的公共产品越少,甚至享受不到。特别是居民收入差距扩大导致分担教育成本和医疗成本的能力上的差别进一步扩大。在高收入人群有支付能力获取更多更好的公共产品的同时,低收入人群因贫困而失学,因贫困而缺医少药,还有相当一部分贫困者到无证医疗机构接受低劣的医疗服务等等。这是明显的公共产品享用的不公平,与社会主义的公平正义原则不相符。

从共同富裕考虑,面对享用非纯公共产品的不公平,关键是解决横向公平和纵向公平问题。横向公平是指谁享用公共产品谁就要付费,不分富贵贫贱,多消费就多付费,少消费就少付费,这就是公平权利。所谓纵向公平,即按支付能力支付享用公共产品的费用,支付能力强的多负担,支付能力弱的少负担。为了保障这种公平权利,低收入者接受基本教育和医疗应该得到社会救助。对靠自身的支付能力难以平等地享用必需的公共品的贫困家庭,则可以免费提供,例如减免义务教育学杂费,减免卫生防疫费用,减免法律诉讼费用等。这些都是享用公共产品和服务的纵向公平途径。将这两种公平原则结合起来定义教育和医疗公平,就有两方面含义:一方面,接受教育和医疗就要付费,接受优质的教育和医疗就要支付更高的费用。另一方面,每个人都有接受教育和医疗的权利,低收入家庭不能因贫困而丧失这个权利。

政府既要加大教育和医疗的投入,以增加优质教育和医疗资源的供给,减轻此类事业单位以收抵支的压力,以平抑公共性教育和医疗的价格,更要加大对低收入家庭的公共财政救助,以保证中低收入人民能够公平享受到基本的教育和医疗公共服务。特别是在义务教育和公共卫生方面,政府应该承担更大的责任。这是政府推动共同富裕的具体体现。

付费享用非纯公共产品实际上隐含着事实上的不公平。现实中,无法满足的公共产品需求不仅仅是数量问题,主要是结构性的,是公共产品的不均质。例如,所谓的上学难是上好学校难,看病难是看好医生难。这是优质教育、医疗资源供给不足和配置不均衡问题。

居民对公共产品的需求有明显的层次性。有些人可能满足于基本的需要,有些人希望得到比基本需要更高质量的服务,有些人愿意支付更高的费用以获得更好的公共服务。由此就提出在社会主义条件下公共部门的中低收入者准则。公共部门提供的公共产品和服务所能满足的不应该也不可能是高收入者的高消费需求,而是最广大的居民(主要是中低收入者)的基本服务需求,包括义务教育、社会治安、公共卫生、基本医疗等。其中需要消费者支付的公共产品的价格一般也是中低收入的居民所能接受的,从而使中低收入者享用得起公共产品。

现阶段我国的贫困家庭基本上在农村,从事农业。现在的城乡差距不只是收入的差距,更为突出的是基本公共服务水平的差距。城乡差别突出反映在享用公共产品权利的不平等上。公共设施建在城市,优质的公共资源集中在城市,这些公共资源和公共服务许多方面的权利只有进城才能享受到。更有甚者,只有有了城市户口才能享用到优质教育、医疗之类的公共产品,这就产生农民进城获取市民权利的趋势。因此,公共财政的中低收入者准则要求将提供给市民的机会和设施安排到农村城镇去,把高质量的教育、文化、医疗设施办到农村城镇,增加农村城镇的公共产品和公共设施的供给,使农民不进入城市就能享受到各种市民的权利。这就是党的二十大所要求的农村基本具备现代生活条件。

10.4-2 完善社会保障制度

建立公平可持续的社会保障制度是实现基本公共服务均等化的重要方式。任何国家现代化水平再高都会存在收入差距,都会存在相对贫困群体。因此,所有现代化国家都把社会保障制度看作社会的安全网。中国作为社会主义国家,体现公平正义要求,更要重视社会保障制度建设。针对相对贫困群体的社会保障是实现共同富裕的重要途径。

在原有的体制中,城市职工由企业保障,农民由土地保障。已有的改革和发展打破这种格局后,需要建立起城乡统一的社会保障制度。涉及基本养老保险、基本医疗保险、基本住房保险以及最低生活保障制度。

全面建设小康社会阶段脱贫攻坚的重要目标是义务教育、基本医疗、住房安全三保障。共同富裕是要在此基础上进一步提升。一方面,这三保障水平要进一步提高;另一方面,社会保障的范围要进一步扩大,特别是需要增加基本养老保险的内容,应对人口老龄化,建立多种方式的社会养老服务体系。

必须承认,中国现行的社会保障水平与北欧福利国家还存在着明显的差距。但它们是在实现现代化以后达到的福利水平,我们是要在实现现代化的进程中提供福利。福利水平与生产力发展水平密切相关。特别需要强调的是,社会保障不是养懒人的福利制度。根据共同富裕的要求,建立社会保障制度,第一,坚持公平原则,社会保障必须全国、城乡全覆盖。第二,体现可持续原则,社会统筹和个人账户相结合,完善个人账户制度,特别要健全社会保障财政投入制度,逐步增大国家支付的比重;同时推进保障基金市场化、多元化投资运营,促使保障基金保值增值。第三,构建包含企业年金、职业年金、商业保险的多层次社会保障体系。在现实中,还有一种商业性保险作为对社会保险的补充,涉及的是投保人与商业性保险公司之间在财产保险、人寿保险和健康保险等方面的保险合同关系。为了应对人口老龄化，还要建立多种方式的社会养老服务体系，从而形成老有所养、病有所医、住有所居的共同富裕社会。

10.4-3 第三次分配的补充

第三次分配实际上是"先富"帮"后富"的共同富裕路径。推进共同富裕不能忽视第三次分配，但不能理解为"杀富济贫"，现阶段也不能寄予过大希望。第三次分配是在自愿基础上，以募集、捐赠和资助等慈善公益方式对社会资源和社会财富进行分配。尤其是在救灾、济贫、助学等方面第三次分配发挥着重要的作用。这就是党的二十大报告指出的，引导、支持有意愿有能力的企业、社会组织和个人积极参与公益慈善事业。发挥第三次分配对共同富裕的作用，重要的是社会道德水准的提高，慈善文化的弘扬，特别需要有相应的税收等方面的政策激励。从总体上说，现阶段第三次分配的作用是有限的，需要培育。相信随着社会进步其作用会逐渐增大。

总的来说，推进共同富裕需要效率与公平包容，要以相对贫困人群富裕为目标，着力于提升其发展能力。推进共同富裕有多条途径。发展提供共同富裕的物质基础，也是缩小城乡、区域差距的基本路径。不同阶层的收入差距则要靠分配制度的改革。在三次分配中，政府主导的再分配对共同富裕起导向作用，第三次分配则是有益补充，需要鼓励和培育。

参阅

洪银兴:《兼顾公平与效率的收入分配制度改革40周年》,《经济学动态》2018年第4期。

经济发展篇

新发展阶段的经济发展

当前中国经济进入新发展阶段,在经济上的主要特征是全面建成了小康社会,发展水平进入了上中等收入国家阶段,正在开启现代化新征程。相应地,发展内容、发展任务需要更新。在相当长的时期,中国的经济发展理论是为摆脱贫困实现全面小康。进入新发展阶段,基于新发展阶段的现代化任务,经济发展理论需要创新,创新就是创造性毁灭。主要涉及三个方面:一是现在中国已经达到上中等收入国家水平,已有的发展经济学中针对低收入国家的摆脱贫困的某些原理已经无力指导进入上中等收入国家发展阶段的中国所要开启的现代化。二是在低收入阶段曾经有效指导经济起飞的某些理论已经失效。三是需要扬弃一部分改革开放初期推进的在当时行之有效的发展政策。

11.1 社会主义初级阶段的新阶段

当前中国所处的阶段有三个方面规定:一是中国长期处于社会主义初级阶段;二是中国特色社会主义进入新时代;三是经济发展由高速增长转向高

质量发展的阶段。进入新时代的发展有三个"新"：新发展阶段、新发展理念、新发展格局。准确认识新发展阶段的内涵，不仅可以准确认识中国的基本国情和所处的历史方位，而且可以准确认识在这个发展阶段的改革发展的方向和任务。处于什么阶段就有什么样的发展目标、什么样的发展方式、什么样的发展环境，以及什么样的发展动力。

11.1-1 中国的社会主义处于初级阶段

根据马克思主义的生产力决定生产关系的原理，划分社会主义社会发展阶段的标准，唯一地由生产力标准决定。其基本的说明因素是现阶段社会主义的物质基础有没有建立起来。

马克思主义经典作家在揭示资本主义基本矛盾的过程中合乎逻辑地推导出社会主义经济的基础是当时所处的西欧发达的资本主义经济。就是说，社会主义社会的生产力基础是，生产力已经达到并超过各个时期资本主义国家所达到的水平。这也就是社会主义的物质基础。

现实中，进入社会主义社会的国家都没有经过高度发达的资本主义阶段。这些国家包括中国在内，在取得社会主义革命胜利时，其生产力还没有达到资本主义国家所达到的水平，或者说生产力没有达到足以实现社会主义的水平。列宁曾强调，高于资本主义条件下的劳动生产率是社会主义战胜资本主义的条件。因此，进入了社会主义社会的国家，社会主义的物质基础还没有建立起来。在这种生产力水平基础上建立起来的社会主义社会不可能达到马克思主义经典作家所设想的标准。如果把按照马克思和恩格斯设想的标准建立起来的社会主义社会称为成熟的、发达的社会主义阶段的话，那么，现阶段的社会主义社会则是尚未成熟、不能完全实现马克思和恩格斯设想的社会主义标准的社会主义阶段。在人类历史的长河中，社会主义社会高于资本主义社会形态的标准是经济发展水平的各个方面都超过资本主义。达不到这个标准的社会主义社会只可能是社会主义初级阶段。主观随意地拔高社会主义的发展阶段，只会破坏生产力，延缓社会主义经济制度的完善和发展。

达到和超过资本主义国家的生产力水平是一个动态的概念。现今的社会主义国家的生产力水平可能已经超过当年马克思预言实现社会主义时英国所达到的水平,也超过了旧中国的水平,但不能说社会主义已经有了自己的物质技术基础。原因是在马克思以后到现在,资本主义国家的生产力又有了较大的发展,尤其是发达的资本主义国家。虽然其经济增长速度较低,但它们的基数大。在这种情况下,社会主义国家的经济增长速度必须更快,而且需要经过较长的时期,才能最终赶上并超过发达的资本主义国家的生产力水平,从而走出社会主义初级阶段。

基于以上分析可以明确界定中国所处的社会主义初级阶段,不是泛指的任何国家进入社会主义都会经历的起始阶段,而是特指中国在生产力落后、市场经济不发达条件下,建设社会主义必然要经历的特定的历史阶段,通过这个阶段去实现别的国家在资本主义条件下实现的工业化、经济的社会化、市场化和现代化。这个阶段起始于社会主义基本制度确立,终结于社会主义现代化实现,生产力水平达到并超过发达的资本主义国家。

确定中国处于社会主义初级阶段,也就明确了社会主要矛盾是人民日益增长的物质文化生活需要和落后的社会生产之间的矛盾。这个主要矛盾决定了这一阶段的中心任务是发展生产力。就是说,虽然社会主义的最终目标是要消灭所有制,但是,在社会主义初级阶段,还不可能提出这一任务,现阶段的社会主义就是发展生产力。在这个阶段,由于公有制已居主导地位,因此有条件在较大范围内利用私有制发展生产力。

经济发展是任何一个发展中国家的主题,在社会主义条件下加快经济发展有特定的要求。邓小平同志在提出建设有中国特色社会主义理论时,明确地把发展生产力同社会主义本质联系了起来:一方面,落后国家建设社会主义,在开始的一段很长时间内,生产力水平不如发达的资本主义国家,不可能完全消灭贫穷,所以,社会主义必须大力发展生产力,逐步消灭贫穷,不断提高人民的生活水平。否则,社会主义怎么能战胜资本主义?另一方面,社会主义是共产主义的初级阶段,社会主义要发展到以各尽所能、按需分配为特征的共产主义社会,就要求社会生产力的高度发展,社会财富的极大丰富。社会主义的优越性就体现在,它的生产力要比资本主义发展得更高、更快,人民的物质和文化生活改善得好、更快。也正是在这一意义上,邓小平把发展生产力提到了社会主义本质的高度:"社会主义的本质,是解放生产力,发展生产力,消灭剥削,消除两极分化,最终达到共同富裕。"①

由所达到的生产力水平决定,中国还处在社会主义初级阶段,社会主义制度尚未发展成熟,社会主义性质在社会生活的各个方面还不能充分显示出来。与此相应,社会主义初级阶段的基本经济特征体现在两个方面:一是社会主义经济关系本身还处于初级阶段。就是说处于社会主义初级阶段的所有制结构,被明确为以公有制为主体多种所有制经济共同发展。与此相应,分配制度也处于社会主义初级阶段,被明确为按劳分配为主体多种分配方式并存。二是社会主义生产关系本身也处于初级阶段,社会主义经济关系不可能是成熟的完全的,达不到完全的成熟的社会主义的标准。不仅公有制和按劳分配不完善,而且其具体形式也可能是多种多样的。

根据社会主义初级阶段经济关系特征,服从于发展生产力的中心任务,社会生产关系结构就不可能实行单纯的社会主义生产关系,改革的一个重要方面是调整社会主义生产关系,使经济体制不是反映未来的高级阶段的社会主义生产关系,而是反映处于初级阶段的社会主义生产关系。与此相应,所有制结构调整的基本内容是发展多种非公有制经济;分配制度调整的内容是实行多种分配方式,允许合法的非劳动收入,承认"先富"和"后富"的差别。所有这些方面的改革符合社会主义初级阶段生产力发展的要求。在这种社会主义初级阶段的社会经济结构中,社会主义的规定性就在于,坚持公有制为主体、按劳分配为主体,"先富"帮"后富"。

11.1-2 社会主义初级阶段进入新阶段

中国在确定社会主义初级阶段时就把社会主要矛盾明确为:人民日益增长的物质文化需要同落后社会生产之间的矛盾。依据这一主要矛盾,形成了发展是硬道理,以经济建设为中心、坚持四项基本原则、坚持改革开放的基本路线、方针和政策,引领中国经济实现了 30 多年年均近 10% 的高速增长,到 2010 年,GDP 总量超过日本,成为世界第二大经济体。2014 年,GDP 总量进入 10 万亿美元俱乐部,是日本的 2 倍,中国 GDP 占世界 GDP 的比重

---

① 《邓小平文选》第三卷,第 373 页。

提高到 13.5%。2015 年人均 GDP 达到 8 000 美元,中国进入上中等收入国家行列,2020 年 GDP 总量过 100 万亿元,人均 GDP 也突破 1 万美元。这意味着,中国生产力的发展水平发生了根本性的变化,也就是说,社会生产总体上已不再表现为落后的社会生产。

2020 年,中国打赢脱贫攻坚战,全面建成小康社会。惠及近 14 亿人民全面小康社会的实现,标志着人民的需要已经从追求温饱阶段转向追求生活品质的新阶段。这主要体现在:一是从恩格尔系数来看,2017 年中国居民恩格尔系数为 29.3%,达到了联合国划分的 20% 至 30% 的富足标准。在这种情况下,人们的食品消费开始更多地从吃饱转向吃好,追求食品营养、健康、安全,追求生活品质。二是从国际发展经验来看,人均 GDP 达到 8 000美元以后,消费者对衣、食、用等基本生活必需品的消费开始转向追求品种、品质、品牌等。三是从居民消费升级的演进规律来看,居民消费将更多地从生存型向中高端消费升级。居民吃穿用等物质消费占比未来将会降低,文化娱乐等消费将快速增长。在富起来的基础上,人民对美好生活的期待越来越广泛,越来越具有多样化、多元化的特征。按照马斯洛的需求层次理论,人类需求像阶梯一样从低到高分为生理需求、安全需求、社交需求、尊重需求和自我实现需求五个层次。随着小康社会的基本建成,人民对更高层次的需求日益增长。从人民对未来的期盼来看,民主、法治、公平、正义、安全、环境等都关乎人的自由全面发展。所有这些就归结为人民对美好生活的需要。

基于上述生产和人民需要两个方面的根本性变化,社会主要矛盾就如党的十九大报告明确指出的,"中国特色社会主义进入新时代,我国社会主要矛盾已经转化为人民日益增长的美好生活需要和不平衡不充分的发展之间的矛盾"。社会主要矛盾的转化表明,中国的生产力发展水平,以及由此决定的人民生活水平和国家综合实力完成了从站起来到富起来的伟大飞跃,迎来了从富起来到强起来的新发展阶段。

概括起来,中国的社会主义初级阶段进入了新的更高的阶段:第一,发展目标是满足人民日益增长的美好生活需要,体现以人民为中心的发展观。第二,矛盾的主要方面是发展的不平衡和不充分。改变这种状况是新发展阶段发展的着力点。社会主要矛盾的变化,没有改变中国仍然处于并将长期处于社会主义初级阶段的判断,中国是发展中大国的地位没有改变。发展生产力仍然是中心任务,但发展的着力点转向了不能满足人民美好生活需要的不平衡不充分发展的矛盾。

11.2 经济发展转向高质量发展新阶段

11.2-1 经济发展的新起点

新中国成立以后经济建设取得了巨大的成就,尤其是经过 40 多年的改革开放,从根本上改变了贫困落后的面貌。现在中国的经济发展经过全面小康社会建设进入了新的历史起点。主要表现在以下几个方面:

GDP(国内生产总值)指标:总量上,2010 年达 40.1 万亿元(5.88 万亿美元),中国成为世界第二大经济体;2017 年达 827 122 亿元,折合 122 427.76 亿美元,远超处于第三的日本(48 844.9 亿美元);2020 年破百万亿元,达 1 015 986 亿元,折合 15.51 万亿美元。人均上,2010 年为 3.06 万元,折合 3 566 美元;2018 年为 64 644 元,折合约 9 780 美元,这是明显的上中等收入国家水平;2020 年达 72 447 元,折合 10 986.47 美元,连续第二年过万亿美元。2021 年,中国经济总量达 114.4 万亿元,突破 110 万亿元,按年平均汇率折算,达 17.7 万亿美元,稳居世界第二,占全球经济的比重超过 18%;人均 GDP 为 80 976 元,按年平均汇率折算,达 12 551 美元,突破 1.2 万美元。

产业结构:2013 年,第一产业增加值占国内生产总值的比重为 10.0%,首次降到 10%,第二产业增加值比重为 43.9%,第三产业增加值比重为 46.1%,第三产业增加值占比首次超过第二产业。2022 年,第一产业增加值占国内生产总值的比重为 7.3%,第二产业增加值比重为 39.9%,第三产业增加值比重为 52.8%。中国已经从农业国变为新兴工业国,正在向服务业大国迈进。这是从全国范围平均来说的。就先发地区来说,农业比重已降到 3%,服务业比重已过了 70%。

城市化率:2011 年就达 51.27%。2022 年,常住人口城镇化率达 65.22%,

户籍人口城镇化率超 45%。这表明中国进入城市化中期,成为城市人口为主的国家,同时也表明按户籍人口计算的城镇化还有提升空间。

在生活质量方面,中国人均热量摄取量、婴儿死亡率、成人识字率和预期寿命均达到中等收入国家水平。

面对人民群众对美好生活的需要,中国经济的发展仍然存在不平衡、不协调、不充分、不可持续的问题,科技创新能力不强,产业结构不合理,农业基础薄弱,资源环境约束加剧,城乡区域发展差距和居民收入分配差距过大,教育、就业、保障等关系群众切身利益的问题较多。所有这些问题都要靠发展来解决。因此发展仍然是第一要务。

11.2-2　潜在经济增长率的改变

所谓潜在经济增长率,是指一国在各种资源得到最优和充分配置条件下,所能达到的最大经济增长率。具体地说,一国的经济增长率取决于以下要素:劳动数量和质量的提高(通过人口增长和教育)、资本的增长(通过储蓄和投资)、技术进步。除此以外,经济结构的改变、资源的可持续供给以及市场需求容量变化都会影响潜在经济增长率。因此,认识中国经济发展进入新时代,需要充分认识潜在经济增长率在进入新时代后的变化。现阶段对潜在增长率的影响因素主要是经济结构、技术基础和资源的可持续供给。实行的经济体制对这些要素作用的发挥起着重大作用。

中国经济从改革开放起的 30 多年中保持了高速增长的势头。1978—2010 年的 32 年中 GDP 增长率平均为 9.9%,可以说是持续的高速增长。从 2012 年起中国经济增长正式告别 9% 以上的快速增长,并逐渐进入以中高速增长为主要特征的经济新常态。2013 年后中高速增长成为新常态。2013 年的增速为 7.77%,2016 年为 6.85%,2018 年为 6.75%,2019 年为 5.95%,2020 年由于新冠病毒疫情等原因下滑至 2.35%,2021 年为 8.0%。2013—2021 年,中国经济年均增长 6.6%,属于中高速增长(见图 11.1)。

中高速增长的新常态是中国告别低收入阶段进入中等收入发展阶段后的常态。这里有两点客观情况:第一,就增长的基数来说,中国 GDP 在 2010 年为 397 983 亿元、2012 年为 519 470 亿元的基础上,2016 年达 744 127 亿

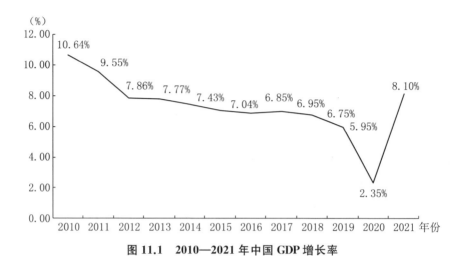

图 11.1　2010—2021 年中国 GDP 增长率

资料来源:根据历年《中国统计年鉴》绘制。

元,在这么高的基数上,每年仍然能够以接近 7% 的速度增长,实属不易。这时 GDP 增长 1 个百分点相当于 2010 年 GDP 的 2 倍。显然,GDP 基数扩大后不可能长久保持原来水平的高速增长。2020—2022 年主要受新冠疫情影响,中国经济年均增长 4.5%。第二,在进入上中等收入国家发展阶段后,向高收入国家发展的目标不只是经济增长的数量问题,更是质量和结构问题;发展的目标更为广泛,不只是单一的 GDP 经济增长目标,一些原先用于增长的资源需要用于发展的其他目标。

中高速增长成为中国新阶段的新常态有其客观必然性。基本上反映潜在经济增长率的变化。中国经济在改革开放 30 多年中保持高速增长的主要原因是改革开放解放了潜在的生产要素,从而支持了较为长期的潜在经济增长率。经过这么多年的高速增长,潜在的增长要素已经得到了充分释放,如果没有新的要素被动员出来,潜在经济增长率就有下降的趋势,主要表现是:

第一,农业剩余劳动力支持的低成本劳动力供给明显减少。过去 30 多年经济的高速增长尤其是工业化的快速推进,很大程度上是靠农业剩余劳动力转向非农部门推动的。农村工业化和城市化在进行将近 40 年后,2022 年城镇化率已达 65.22%。剩余劳动力转移速度明显减慢,在沿海地区"农民工荒"开始显现。与此相关的另一个问题是农民工的低工资也难以持续。

这不仅是因为农业剩余劳动力供给减少,还因为农民工进入第二代后,其生活水平要求也相应提高。表现为农民工工资水平提高,2009年平均为1 783元,是2001年的2倍,近年来更高。这意味着低成本劳动力供给基本上不再存在。

第二,支持高投资、高储蓄的人口红利明显减少。过去30多年因实施独生子女的计划生育政策产生了人口红利的效应,劳动者赡养人口少而有较高的储蓄率。现在,一方面是老龄化社会已经到来。65岁及以上人口已从1982年的4.9%上升到2010年的8.87%、2016年的10.8%、2021年的14.2%。另一方面是进入劳动年龄的人口已明显减少。据国家统计局数据,2012年,15岁以上不满60周岁的劳动年龄人口绝对数减少了345万人。2013年,劳动年龄人口统计范围由15岁提升到16岁,数量依然净减244万人。2014年,净减371万人。2016年底较上年底减少349万人,在全国人口中占比为65.6%。2022年末,全国16—59岁劳动年龄人口为87 556万人,占62.0%;与2021年相比,劳动年龄人口减少666万人,比重下降0.4个百分点。劳动年龄人口持续多年净减少,赡养人口增加,必然带来支持高储蓄高投资的人口红利的锐减。

第三,随着住房、汽车等高额消费品进入普通居民家庭,中国的高额消费阶段也正在到来,居民边际消费倾向有提高的趋势。中国居民消费水平明显提高,中等收入人口达到4亿,即使是低收入群体中也有消费攀比。温饱型消费需求已得到满足的中国居民的消费,正在转向中高端消费。受此影响,储蓄率开始逐步下降,推动经济增长的高储蓄率这一动能逐渐失去。

第四,物质要素供给的不可持续问题越来越突出。能源、资源、环境的瓶颈约束正在制约经济增长。以能源为例,国家统计局数据显示,2021年中国能源消费总量为52.4亿吨标准煤,同比增长5.2%;煤炭消费量占能源消费总量的56.0%,比上年下降0.9%。2021年,中国煤炭消费量为86.17艾焦,同比增长4.9%,占全球总消费量的53.8%。[①]这种以煤为主的高能源消耗,还会因高排放而严重影响人民健康,无力支持经济可持续发展。无论是

---

① 数据来源于《BP世界能源统计年鉴(2022)》。1艾焦(EJ)=1 018焦耳(J),1吨标准煤产生的热能为2.927×1 010焦耳。

在世界范围还是在中国,节能减排的约束日益刚性。为了保证中国人的吃饭问题,基本建设用地面积也成为刚性指标,可建设用地明显紧张,土地价格也在明显上升。所有这些资源和环境的约束,越来越成为增长的自然界限。要想突破这些界限,只能是转变发展方式。

此外是国际环境变化。2001 年中国加入 WTO 前后,较为宽松的国际环境使开放的中国获得了全球化红利。中国经济快速融入全球化,在外商直接投资大规模进入中国的同时,中国的产业和企业也进入了全球产业链和价值链。中国跃升为全球第一大出口国,成为世界制造业中心。现在面临世界百年未有之大变局,逆全球化盛行,国际环境趋紧,全球化红利明显衰减。

以上分析表明,进入新时代,中国经济的潜在增长率只能是中高速增长率。研究潜在增长率的意义在于,一是不盲目追求高于潜在增长率的速度,二是现实增长率要使潜在增长率充分释放。现实中经济过热和过冷就表现为:现实经济增长率大于或小于潜在经济增长率。

11.2-3　高质量发展的主要特征

社会主义初级阶段的经济,虽然在某些领域逐步呈现出需求约束型经济的特征,但从总体上说还是供给约束型经济,表现为供给的不平衡和不充分。经济的持续增长对于实现社会主义经济目标至关重要。我们不能盲目地追求高速度,经济增长速度应同国力相适应;我们也不能人为地压低速度,若没有一定的经济增长速度,经济生活中的矛盾和问题一定会更多、更尖锐。在注重效益的前提下,保证国民经济的持续增长是实现经济发展目标的需要,也是人民的根本利益所在。不仅如此,面对规模庞大的人民群众日益增长的需要,以满足人民需要为己任的社会主义国家的国民经济必须以比人口增长更快的速度增长,更何况社会主义扩大再生产本身也得以不断增长的速度为基础。从这一意义上说,低速度就等于停步,甚至等于后退。

在现实中,贯彻发展是硬道理,需要正确认识稳定和发展的关系。这是邓小平同志针对 1989 年开始的治理整顿期间,一些地方过分强调稳定,放慢发展速度,错过发展机会提出来的。在他看来,对于我们这样发展中的大国来说,经济要发展得快一点,不可能总是那么平平静静、稳稳当当。要注意经济稳定、协调地发展,但稳定和协调也是相对的,不是绝对的。发展才是硬道理。而且,稳定最终也要靠发展。不敢解放思想,不敢放开手脚,结果是丧失时机,犹如逆水行舟,不进则退。因此,"能发展就不要阻挡,有条件的地方要尽可能搞快点,只要是讲效益、讲质量,搞外向型经济,就没有什么可以担心的。低速度就等于停步,甚至等于后退"。①

经济发展转向高质量发展体现新时代特征。高质量发展指的是能够很好满足人民日益增长的美好生活需要的发展。进入上中等收入阶段并实现全面小康以后居民的消费需求开始转型升级,更为关注供给的产品和服务的档次、质量、健康、安全、卫生等。满足这些方面转型升级的消费需求的发展就是高质量发展。

高质量发展的评价指标最为重要的是全要素生产率,就是习近平指出的"优化现有生产要素配置和组合,提高生产要素利用水平,促进全要素生产率提高,不断增强经济内生增长动力"。②根据经济增长模型,发展要素包括资本、劳动力、土地等自然资源,以及以企业家为代表的管理要素,现在数据也成为发展要素。在马克思的经济学理论中就有各种要素的生产率,如劳动生产率、资本生产率、土地生产率等。各种要素集合所产生的生产率之和大于各单个要素投入的生产率之和,其中的差额就要由全要素生产率来说明。影响全要素生产率的因素包括:提高投入要素质量,技术进步,规模效益,人力资本投资,企业制度和公司的组织结构等。高质量发展是贯彻新发展理念的发展,转向高质量发展有如下要求:

第一,转变发展方式。高质量发展是高质量的资源配置,是高质量的投入产出比的发展。经济增长的速度有两个基础:一个是投入基础,一个是效益基础。经济效益是社会生产活动中资源、劳动占用和消耗同其成果(产出)和社会需要满足程度的对比关系。诚然,为保证经济增长,可以采取高投入方式,提高和维持较高积累率,动员更多的资源投入经济过程。但是积累率的提高、资源投入的增加是有限度的。积累率的最高限度是原有人口

---

① 《邓小平文选》第三卷,第375页。
② 中共中央文献研究室编:《习近平关于社会主义经济建设论述摘编》,第108页。

和新增人口的物质和文化生活水平不降低并有所提高,否则谈不上社会主义的生产目的和经济发展目标。中国过去曾经以直接减少群众消费的途径追求高积累、高速度,在短期内可以实现经济的较快增长,但难以取得经济的持续增长。

在一部分人看来,增加投入是粗放型增长方式的特征,因此增加投入与集约型增长方式是对立的。仔细考察增长方式的基本内涵,便可发现,这种判断是片面的。中国当前所处的经济发展阶段还是投资推动向消费拉动的转型期,投资的推动作用还很大。就增加投入来说,集约型增长并不排斥必要的要素投入。从经济上考虑,现有的资源应该得到充分利用,充分地对经济增长起作用。经济增长需要在保障可持续发展的前提下动员现有的各种可资利用的资源,使之充分"就业"。集约型增长不是不要这些要素"就业",而是要使这些"就业"的资源得到最有效的利用,要使这些要素在节约使用的条件下充分发挥效能。

在市场经济中,各种要素(包括资本、劳动等有形要素,技术、组织等无形要素)都是靠资本投入结合进生产过程的,各种要素质量的提高也要靠资本投入。这意味着资本投入的增加不完全是粗放型增长方式的特征,资本投入也可以服务于集约型增长方式。

在现代,效率的提高在经济增长中所起作用的份额明显高于资本存量增长的贡献份额。而罗默与吉利斯根据发展中国家的实际情况指出:虽然资本并不像早期增长模型设想的那样大,但资本在今天发展中国家的发展中确实起着很多的作用。"在任何情况下,尽管资本积累不再被视为贫困国家摆脱困境的灵丹妙药,然而非常清楚的是,只有社会能够在国民生产总值中保持一个相当规模的投资比例时,才能在长时期内维持适当却是强劲的收入增长率。"[①]显然,集约型增长方式不是排斥资本投入,而是重视资本投入的效率和质量。罗默等人列举的提高资本投入效率的路径包括:少量的资本可以推动更大量的发展中国家的充裕劳动力。由于某些引起效率提高的技术进步体现在资本设备中,因此资本流动(引进外资)仍然是发展中国家政策制定者关注的重点。此外,用于人力资本的投资也会提高资本投入的

[①] 吉利斯、罗默等:《发展经济学》,经济科学出版社1989年版,第341页。

效率。

发展方式转变的重要方面是质量变革,把推动发展的立足点转到提高质量和效益上来,培育以技术、标准、品牌、质量、服务等为核心的经济发展新优势,推动中国制造向中国创造转变、中国速度向中国质量转变、中国产品向中国品牌转变,坚定不移推进质量强国建设。

发展方式的转变要求走生产发展、生活富裕、生态良好的文明发展道路。具体要求是:建设资源节约型、环境友好型社会,实现速度和结构质量效益相统一、经济发展与人口资源环境相协调,使人民群众在良好的生态环境中生产生活,实现经济社会永续发展。生态文明是协调人与自然关系的文明,是人类遵循人、自然、社会协调发展的客观规律而取得的物质与精神成果的总和,是人与自然、人与人、人与社会和谐共生、良性循环、全面发展为基本宗旨的文明形态。

第二,转换发展动力。现在中国进入了上中等收入国家的发展水平,不能再延续过去依靠高积累来实现高投入的发展方式。高投入战略实际上是在人均资源非常缺乏,资源消耗水平又大大高于其他国家的条件下实行的。现有的资源已不能支撑高投入战略,有限的土地资源和矿产资源供给量、有限的环境资源容量,以及有限的劳动者的知识和技术存量已经成为束缚经济进一步增长的"瓶颈"。国内多次出现的经济波动也要用这种高投入来说明。依靠高投入,速度一时上去了,但资源的"瓶颈"不能长期支撑高速度,速度被迫下降,一时间又有大批在建项目被迫停产或下马,造成人力、财力和物力的浪费。这表明,在中国,高投入经济增长战略已经走到尽头。突出效益不是简单地调整速度的问题,最重要的是把经济增长的基础转到提高投入效益上。高质量发展的基本动力是创新驱动。关键是积极推进技术创新和组织创新,强化技术扩散和组织制度的完善,使各种要素的结合功能即全要素生产率得到充分释放。

在信息时代,生产已不是仅仅由资本和劳动两大要素组成,知识是推动增长的一个独立的要素,知识的积累是促进现代经济增长的决定性要素。如果说过去的经济增长主要依靠对大自然的索取的话,那么进入信息时代后,经济增长将主要依靠对知识和信息的索取。对建立在依靠科技进步基础上的经济,人们一般用知识经济来概括。知识经济对可持续发展的意义主要在于以下两个方面:(1)以知识和信息替代物质消耗,体现物质消耗和环境污染的减少。(2)各种自然物质可能被多次使用和反复使用。物品在使用功能完成后重新变成可利用的资源。科技进步形成这样一些技术:生产部门节约能源和原材料消耗的技术;提高资源使用效率的技术;替代不可再生资源的技术;减少和治理环境污染的技术;推动生产力质的提升的数字技术;等等。

进入新经济时代后,经济增长的决定性要素转向知识和技术及人力资本。尽管知识资本和人力资本都被称为资本,但这些资本的形成和积累都还需要投资。与其他类型资本不同的是,投资投在知识资本和人力资本上更有价值,投资效率更高。这个时候转变发展方式不只是转向集约型增长,还要求创新发展方式,突出创新和绿色发展。

知识与经济的直接结合,是生产方式的新的革命。这要求:一要提高企业自主创新能力,促进科技成果向现实生产力的转化,同时应注重企业的人力资本积累,倡导科技、知识和技术在部门产出增长中发挥主导作用;二要促进科技和教育制度创新,为改善供给和提高经济增长质量提供知识、技术和人才支持。通过科技制度创新鼓励在经济发展的关键技术领域和前沿核心技术领域进行创新,努力形成一批拥有自主知识产权的关键技术。通过教育体制的创新,培养高素质的人才,优化教育结构,推行素质教育,扩大教育资源,加快创新人才的培养。

长期以来流行的理论是:由于先进技术明显节省劳动力,考虑到就业的压力,选择的技术应该是中间技术或适用技术。尤其是近年来互联网平台造成了许多实体零售店倒闭,有人主张限制互联网平台。现在看来,这个理论的误导便是阻碍采用最新最先进技术,以降低经济中采用新技术的层次为代价扩大就业。马克思当年在《资本论》中就针对当时的机器排挤工人之说指出,机器的运用在排挤工人的同时也在创造新的行业,创造就业,关键是工人要适应生产方式的革命性变化,增强适应能力和就业变换的能力。现实中,随着改革开放的深入,国内市场实际上正在成为国际市场的一部分,中国产品不仅在国外市场,在国内市场也遇到国际竞争。以中间技术为基础的产品明显缺乏竞争力。因此在现阶段推进技术进步所要选择的技术是国际最新最先进的技术。索罗用历史事实证明了推进技术进步和提高生产率不一定会造成失业。"从历史的角度看,工人担心的情况显然没有发生。现在的生产率是 18 世纪工业革命时期的 10 至 20 倍,但失业率并不比那时的高",所以担心技术和生产率的提高会带来失业是杞人忧天。①其主要说明因素是技术进步本身可能创造新的就业岗位和机会。

第三,经济结构的转型升级。对发展中国家来说,影响潜在经济增长率的还有结构问题。就如现代发展经济学所指出的:"一国要实现从传统经济系统转变为现代经济系统,除了需要资本积累(包括物质资本和人力资本)以外,还需要一系列相互联系的经济结构的变革。这些经济结构变革涉及几乎所有经济函数的改变,包括生产方式的转变和消费者需求的构成、国际贸易和资源利用的变化,以及诸项社会经济因素的变化,如城市化和国家人口的增长以及分布等。"②发展中国家经济落后不仅表现为产业结构处于中低端,还表现为供求结构的失衡。结构优化缓慢会降低潜在经济增长率。因此,中国经济转向高质量发展,调结构也成为重要方面。

增长的中高速需要结构的中高端支撑。已有的经济结构是低收入发展阶段的结构,与追求高速增长的发展战略相匹配。其特征,一是中国作为制造业和出口主导型国家,经济体大,就业充分,但是制造业尤其是传统制造业比重高,服务业尤其是现代服务业比重过低。由此导致大而不富、大而不强的问题。调整产业结构的方向是消费拉动和发展服务业,尤其是发展现代服务业。二是制造业处于全球价值链中低端,即使是在高科技制造业中,大部分处于"微笑曲线"的低端环节,关键技术和核心技术在国外。其结果是高产值,低附加值。三是产能结构性问题突出,一方面提供满足居民在健康、安全、质量等方面需求的有效供给不足,另一方面过剩产能占用了大量资源。特别是在追求高速增长的格局下,留下了一大批过剩的生产能力。四是在技术结构中,不仅很大部分采用的是高消耗、高污染技术,产生了资源供给不可持续的问题,而且在产业链的外循环环节转向国内后存在"卡脖子"技术,出现产业链的断链。这些结构性问题归结为供给侧的结构性

---

① 索罗:《论经济增长》,载廖理等:《探求智慧之旅》,北京大学出版社 2000 年版,第 197 页。

② 托达罗、史密斯:《发展经济学》,机械工业出版社 2014 年版,第 81 页。

问题。

就产业结构而言,全国范围传统意义上的工业化任务已基本完成。在此基础上根据党的二十大要求,产业结构的转型升级方向是建设现代化产业体系。其内容包括:推进新型工业化,构建优质高效的服务业新体系,推动现代服务业同先进制造业、现代农业深度融合,农业农村优先发展,建设农业强国。

进入新发展阶段,作为新常态的结构调整是从增量扩能为主转向调整存量、做优增量并举。中国长期的调结构手段主要是针对结构短板增量扩能。经过长期的发展,经济存量巨大,结构问题也主要存在于经济存量之中,增量扩能已经推不动如此巨大规模的结构调整。因此结构调整的新常态首先是突出存量结构调整:一方面需要通过优胜劣汰,淘汰过剩产能、污染产能、落后产能,同时要通过产业链的调整提高附加值。另一方面需要腾笼换鸟、凤凰涅槃,腾出发展的空间和资源发展新产业、新业态,使产业结构得到根本性转型和提升。其次是做优增量,新增投资集中用于:提高产业的科技含量,突破"卡脖子"技术,使高科技产品的中国制造环节进入全球价值链的中高端,改变高产值、低收益的状况。推动各个产业采用现代技术,包括信息化、数字化、"互联网＋"、"智能化＋"和绿色化等。所有这些结构性调节内容和方式就成为供给侧结构性改革的方向。

11.3　贯彻新发展理念的经济发展

党的二十大指出,贯彻新发展理念是新时代中国发展壮大的必由之路。这同样也是中国式现代化的必由之路。

在2013年7月29日中央政治局会议上习近平总书记指出:"发展必须是遵循经济规律的科学发展,必须是遵循自然规律的可持续发展,必须是遵循社会规律的包容性发展。"这是对新时代下中国经济发展新特征、新趋势的科学把握,是对推动经济持续健康发展新思路、新目标的高度概括,对当前以至长期做好经济工作具有重要的指导意义。

第一,遵循经济规律,实现科学发展。习近平多次强调要以提高质量和效益为中心,不再简单以国内生产总值增长率论英雄。发展中国家在发动经济增长的初期一般都追求一个"快"字,实施赶超战略,试图在较短的时期赶上发达国家的现代化水平。单纯追求"快"的增长方式适应于经济发展初期阶段的环境。随着经济发展的全面推进,经济发展整体水平的提高,在新的发展阶段要实现经济发展的持续性,就不能单纯强调数量和速度,而要强调发展的质量和效益。一方面,要由过去的投资和进出口的带动向消费投资和出口协调发展转变,在强调投资需求和进出口需求对经济发展和经济增长拉动的同时,更加强调消费对经济发展的作用。另一方面,要由过去低成本的规模扩张向提高效率方面转变,推进技术进步,加快产业结构优化升级,在优化结构中加快发展、提高效益、降低能耗,走自主创新之路、新型工业化之路、农业现代化之路。

第二,遵循自然规律,实现可持续发展。人与自然的关系在一开始是人类屈服于自然,后来提出人类征服自然,与此相应,发展方式产生了一系列不顾资源和环境有限性的约束而掠夺和破坏自然的行为。特别是在进入工业时代以后,人类利用工业化的文明成果——先进的技术对大自然加以索取和掠夺,对整个社会和自然都造成了巨大的威胁,产生了人口、资源、环境和经济增长系统的不可持续性。在新时代下对环境、资源和生态问题要给予高度的重视,在现代化建设中不仅要求新的项目不能破坏生态,还要求治理因过去发展对生态所造成的破坏,实现人与自然的和谐共生。

第三,遵循社会规律,实现包容性发展。过去强调经济发展,而社会发展相对滞后,使得经济发展与社会发展不协调。所以,在发展方式转变中要强调经济和社会的协调发展。经济社会协调发展是社会文明进步的标志。经济发展和社会发展是相互作用的,经济发展是社会发展的基础,社会发展反作用于经济发展。和谐的社会能够调动劳动者积极性,从而促进经济发展;反之,社会矛盾凸显则制约经济发展的脚步。社会发展要遵循社会规律,最为重要的是公平性、全民参与并共享发展成果的包容性发展。

基于对新时代客观规律的深刻认识,习近平总书记提出了创新、协调、绿色、开放、共享的新发展理念。新发展理念是对中国当前和今后一个时期经济社会发展的战略指引。

创新是引领发展的第一动力。在经济发展的不同阶段,驱动力是不一样的。最初是要素驱动，是指主要依靠土地、资源、劳动力等生产要素的投入推动经济增长。接下来是投资驱动，是指依靠持续的高投资（以低消费为基础）推动经济增长，这种驱动力一般适用于低收入条件下推动经济起飞的时期。中国进入新时代的一个重要标志就是习近平所讲的，从要素驱动、投资驱动转向创新驱动。一方面，支持物质资源高投入的要素供给到了极限，要素驱动难以为继。另一方面，居民不能继续忍受低收入和低消费水平来支持高投资，投资驱动不可持续。在此背景下，创新成为发展的第一动力。作为驱动力的创新包含多方面，其核心是科技创新。科技创新的着力点是创新处于国际前沿的核心技术。针对"我国关键核心技术受制于人的局面尚未根本改变，创造新产业、引领未来发展的科技储备远远不够，产业还处于全球价值链中低端的"的现状，习近平强调核心技术是国之重器。①既需要基础研究以研发核心高新技术为导向，也需要推动占领产业制高点的产业创新。将科技创新与产业创新融合，就是要打通从科技强到产业强、经济强、国家强的通道，实现好从"科学"到"技术"的转化，建立有利于创新成果产业化的机制和通道。这就要求中国特色社会主义政治经济学加强对国家创新体系的研究。

协调是持续健康发展的内在要求。基于发展中国家发展要素缺乏的现实，发展中国家通常采取不平衡发展战略推动发展，如我国实施了允许一部分地区先富起来的政策。其初期发展效果也很明显，但随之而来的不平衡不协调问题会影响高质量发展。进入新时代后，习近平指出："协调既是发展手段又是发展目标，同时还是评价发展的标准和尺度，再比如，协调是发展两点论和重点论的统一。"②协调是经济持续健康发展的内在要求。马克思的社会再生产理论可以归结为协调发展理论，是马克思主义政治经济学的重要组成部分。协调是发展的目标，意味着经济发展的目的并不是经济增长在数量上的累积，而是追求经济、社会、人与自然等多个方面的平衡发展。协调是发展的手段，意味着发展离不开协调，协调能够促进国家实现更高层次的发展，提高发展的整体水平，注重发展的平衡性、系统性与可持续

① 《习近平谈治国理政》第二卷，第203页。
② 中共中央文献研究室编：《习近平关于社会主义经济建设论述摘编》，第35页。

性。协调同时还是评价发展的标准和尺度。因此,协调也就成为高质量发展的评价标准。根据协调发展的理念,经济发展转向平衡战略,涉及产业、城乡、区域等方面的平衡发展。

绿色是永续发展的必要条件和人民对美好生活追求的重要体现。长期以来,人们对财富只是理解为物质财富。工业文明时代人类利用工业化的文明成果对大自然加以索取和掠夺,造成自然界生态平衡的破坏和人与自然关系的恶化状况。对此,习近平总书记深刻指出:"人类社会在生产力落后、物质生活贫困的时期,由于对生态系统没有大的破坏,人类社会延续了几千年。而从工业文明开始到现在仅三百多年,人类社会巨大的生产力创造了少数发达国家的西方式现代化,但已威胁到人类的生存和地球生物的延续。"[①]中国特色社会主义所处的新时代,是由工业文明转向生态文明的时代。绿色发展的理念包含财富观的创新。"绿水青山就是金山银山。"干净的水、清新的空气、多样性的生物、绿色的环境是宝贵的生态财富。这种财富观体现人与自然和谐共生问题。经济发展不仅要谋求物质财富,还要谋求生态财富。不能为谋求物质财富而牺牲生态财富。就如习近平指出的,牢固树立保护生态环境就是保护生产力、改善生态环境就是发展生产力的理念。新时代的绿色发展理念不仅仅是保护环境和生态,还要治理和改善过去的发展所遗留的环境生态问题,提供人民美好生活所需要的高质量的生态产品。

开放是国家繁荣发展的必由之路。改革开放以来指导开放的经济理论突出利用国际国内两个资源两个市场。即使在发达国家主导的经济全球化背景下,中国的开放仍然获得了全球化的红利。现在的开放型经济也进入了新时代。与某些发达国家推行逆全球化政策相反,作为世界第二大经济体的中国扛起了继续推动全球化的大旗。新时代的开放型经济就是要根据习近平建立人类命运共同体的思想,建立高质量的开放型经济体系。主要表现是:(1)与过去重在引进不同,开放战略坚持引进来和走出去并重,利用自由贸易区等开放载体,形成陆海内外联动、东西双向互济的开放格局。(2)服从于创新驱动发展战略,引进国外要素的着力点将转向创新要素,进

---

① 习近平:《之江新语》,第119页。

行开放式创新。(3)与过去以资源禀赋的比较优势嵌入全球化不同,参与全球化分工将以比较优势转向竞争优势,着力培育以技术、品牌、质量、服务为核心竞争力的新优势。(4)与过去以禀赋的比较优势嵌入全球价值链不同,重视中国产业在全球价值链地位的提升,争取在价值链中的主导地位,并且依托核心技术建立以我为主的全球价值链,形成面向全球的贸易、投融资、生产、服务的价值链,培育国际经济合作和竞争新优势。(5)与过去偏重制造业对外开放不同,现在是各个产业全方位开放,尤其是服务业的对外开放。随着人民币国际化和汇率市场化的推进,亚投行等金融机构作用的增强,中国在世界经济中的地位就有金融支撑。(6)与过去基于沿海地区,面向海洋、面向发达国家不同,现在需要在提升向东开放的同时,推进与"一带一路"沿线国家合作,加快向西开放步伐,推动内陆沿边地区成为开放前沿。归结起来,就是在更大范围、更宽领域、更深层次上提高开放型经济水平。

共享是中国特色社会主义的本质要求。在马克思预见的未来社会中,"生产将以所有人的富裕为目的"。①改革开放开始以后,针对长期的平均主义产生的共同贫困,邓小平最早提出了允许一部分地区一部分人先富起来的大政策,实际上创造了通过"先富""后富"的差别最终实现共同富裕的道路。当时邓小平就预言到一定阶段(实现小康)就要提出"先富"帮"后富"的问题。进入新时代就到了这个阶段。习近平提出了共享发展的理念,他在党的十八届五中全会上提出:"必须坚持发展为了人民、发展依靠人民、发展成果由人民共享,作出更有效的制度安排,使全体人民在共建共享发展中有更多获得感。"全民共享是目标,全面共享是内容,共建共享是基础,渐进共享是途径,核心是共享发展成果。落实共享发展理念,归结起来就是两个层面的事。一是充分调动人民群众的积极性、主动性、创造性,不断把"蛋糕"做大。二是把不断做大的"蛋糕"分好,让社会主义制度的优越性得到更充分的体现,让人民群众有更多获得感。从马克思提出的关于共同富裕的目标,到改革初期确定允许一部分地区一部分人先富起来的大政策,再到习近平提出的共享发展理念,形成了完整的社会主义条件下实现共同富裕的理论体系。

---

① 《马克思恩格斯文集》第8卷,第200页。

总的来说,新发展理念是对新时代重大发展问题的积极回应。创新和开放着重解决发展动力问题,回应中高速增长的可持续问题。协调着重解决发展不平衡问题,回应国民经济的平衡性问题。绿色着重解决人与自然和谐问题,回应资源和环境供给不足问题。共享着重解决社会公平正义问题,回应经济发展目标和跨越中等收入陷阱问题。显然,新发展理念是中国特色社会主义经济发展理论的重大创新。新发展理念贯彻到新时代经济发展理论的构建中,必然推动一系列的理论创新。

参阅

洪银兴:《进入新发展阶段中国经济学的重大转变》,《经济研究》2021年第 6 期。

12

新发展格局及扩大内需

发展格局涉及国民经济的外循环和内循环的格局。以国内大循环为主体、国内国际双循环相互促进的新发展格局，是综合研判中国进入新发展阶段、国际国内发展环境和条件变化后作出的战略部署，是应对世界百年未有之大变局的重大对策，服务和统一于中华民族伟大复兴的战略全局，具有极为重要的现实意义。构建新发展格局，形成需求牵引供给、供给创造需求的高水平动态平衡，有利于确保中国的现代化经济体系成为一个既独立又开放的内外联动的动态系统，为高质量推进中国式现代化打下坚实基础。在实践中这种新发展格局需要构建，或者说需要一个向新发展格局转变的过程。

12.1　新发展格局的内涵及其形成

各个国家的发展格局都有内循环和外循环两个方面。在开放型经济背景下，国民经济循环既可以在国内，又可能进入国外，由此形成内循环和外循环。内循环指的是从生产到消费各个环节都在国内；外循环既涉及生产和市场（消费）一头在外、一头在内，即进口和出口，也涉及产业链的外循环，即部分环节在国外。各个国家在一定时期以外循环为主体还是以内循环为主体,反映世界经济的背景和发展格局的选择。

12.1-1　拉动经济增长的三大需求

对经济增长需求侧的动力可以从宏观经济的基本平衡式分析起。根据凯恩斯的宏观分析,一定时期一国的经济总量即总产出可以从总供给和总需求两个方面分析:

总供给＝消费＋储蓄＋进口

总需求＝消费＋投资＋出口

消费＋储蓄＋进口＝消费＋投资＋出口

根据一般的宏观经济理论,经济增长是由需求拉动的,也就是说是由投资、消费和出口三驾马车拉动的。其中,消费需求和投资需求属于内需,货物和服务出口属于外需。

根据上述平衡式,需求拉动经济增长需要供给方的配合。投资需求对经济增长的贡献率相对大时,经济增长主要由投资需求拉动。要实现经济增长,就需要作为供给的储蓄充分转化为投资需求。如果储蓄＜投资,那就需要减少消费增加储蓄以满足投资需求对储蓄量的需要。中国过去在相当长的时期中高积累、低消费,就是为满足投资需求对储蓄量的需要。反过来,消费需求对经济增长贡献率大时,经济增长就主要由消费需求拉动。要实现经济增长,就需要作为供给的消费收入充分转化为消费需求。如果消费供给＜消费需求,那就需要减少储蓄增加消费以满足消费需求对消费供给的需要,或者通过消费信贷满足对消费需求的需要。

一般情况下这三驾马车应该协调拉动,但不排斥这三驾马车在不同的发展阶段起不同的作用,即有时作用力大,有时作用力小。各自作用力的大小与不同阶段的经济发展方式相关。由表 12.1 可见,除了 2020—2022 年三年新冠病毒疫情期间出口贡献率较高外,绝大多数年份出口贡献率都很低,而且大起大落波动很大,即使是在强调大进大出的外向型经济阶段。因此中国的经济增长主要还是靠内需拉动。就内需来看,除了疫情影响的 2020 年和 2022 年消费需求贡献率下降较大以外,2009 年以后消费需求的贡献率都在 50% 以上。

表 12.1 中国若干年份的三大需求对经济增长的贡献率

年份	GDP 增长率（%）	最终消费贡献率（%）	资本形成贡献率（%）	货物和服务净出口贡献率（%）
2003	10	36.1	68.8	−4.9
2009	9.4	57.6	85.3	−42.8
2011	9.3	55.5	48.8	9.0
2012	7.9	55.4	42.1	2.5
2013	7.7	50.0	54.4	−4.4
2016	6.8	66.0	45.7	−11.7
2017	6.9	55.9	39.5	4.7
2018	6.7	64.0	43.2	−7.2
2019	6.0	58.6	28.9	12.6
2020	2.3	−22.0	94.1	28.0
2021	8.1	65.4	13.7	20.9
2022	3.0	32.8	50.1	17.1

资料来源：数据来自国家统计局网站，根据历年《中国统计年鉴》整理。

进入新时代后，转变经济发展方式的一个重要方面就是改变在低收入国家发展阶段实行的主要依靠投资拉动经济增长的方式，转向依靠消费、投资、出口协调拉动，尤其是突出消费需求对经济增长的拉动作用，改变长期实行的高积累低消费状况，从而提高经济增长的效益和质量，满足人民对美好生活的需要。

12.1-2 新发展格局形成的背景

在开放型经济背景下，考虑到经济循环的国家边界，国民经济循环既可以在国内，又可能进入国外，由此形成内循环和外循环。

从发展格局的历程来看，1949 年中华人民共和国成立至 20 世纪 80 年代初，主要是国民经济的内循环。1978 年改革开放后对外开放成为基本国策，从而启动了国民经济的外循环。尤其是 20 世纪 80 年代后期，沿海发展外向型经济，启动了出口导向的国际循环。中国利用劳动力充裕的资源优势发展劳动密集型产业；吸引外商直接投资，大力发展外商投资企业；实行资源和市场"两头在外",大进大出。尤其是 2001 年加入 WTO 后,中国经济快速融入全球化,在外商直接投资大规模进入的同时,中国的产业和企业也进入了全球产业链和价值链,参与到了国际产业链的分工。中国在参与国际循环中分享到了经济全球化的红利,跃升为全球第一大出口国。

美国经济学家萨缪尔森根据分工和专业化理论提出关于国际分工的著名观点:美国擅长造飞机,它只造飞机;而中国擅长造衬衫,那中国就专注于造衬衫,然后美国把飞机卖给中国,赚了钱去中国买衬衫,这样中国也有了钱,可以买美国的飞机。在维持原有分工不变的情况下,各自提高自己在专业领域的生产效率,对本国、他国都是好事。萨缪尔森同时又指出,如果以前造衬衫的中国,突然在飞机制造领域出现了惊人的技术进步,那就可能"永久地损害了美国利益"。①现在中国成了制造业大国,华为、大疆等高科技公司在相关领域的技术都赶超美国,中国的现代化不仅在于追赶,而且在于努力赶超发达国家。这样,根据"美国优先"的理念,美国政府挑起中美贸易争端,力图对中国在科技、产业等领域实施脱钩,打压、围堵中国的科技和产业进步,试图延缓中国的现代化。

2008 年世界金融危机以来,中国经济发展面临着世界百年未有之大变局。发达经济体经济增速明显放慢,世界经济低迷,全球市场萎缩,经济全球化遭遇逆流,保护主义抬头,贸易摩擦常态化,外加肆虐全球的新冠病毒重挫世界经济。在此背景下,传统国际大循环格局面临一系列的风险。一是国际市场萎缩影响了大国经济优势的发挥。"两头在外"、大进大出的发展机遇已不存在。二是过度依赖外循环和出口导向不可靠,当这些条件发生变化时(如政治干预、要素成本上升等)风险陡增,容易受制于人,遭遇"卡脖子",不利于产业链、供应链的稳定和安全。

在外循环受阻的同时,国内需求持续强劲增长,国内大循环活力显现。党的十八大指出,要牢牢把握扩大内需这一战略基点,加快建立扩大消费需求长效机制,扩大国内市场规模。自此以后,中国特别重视扩大内需,内需市场迅速扩大对经济增长具有巨大的牵引力。中国经济增长对世界经济增长的贡献率达 30%,中国经济持续增长的背后正是宏大的市场依托,内需潜

---

① 　周其仁:《在台州读萨缪尔森》,《经济观察报》2006 年 4 月 21 日。

力巨大。

面对 2020 年新冠肺炎疫情暴发,加之中美贸易摩擦、逆全球化浪潮等日益复杂的国际环境,2020 年 5 月 14 日,中共中央政治局常委会提出"充分发挥我国超大规模市场优势和内需潜力,构建国内国际双循环相互促进的新发展格局"。2020 年 10 月党的十九届五中全会强调,"新发展格局"是"十四五"时期中国经济社会发展的战略指导、遵循原则和重点部署。在此背景下,中国不仅要扛起继续推动全球化的大旗,还要根据自身发展的需要,推动形成以国内大循环为主体、国内国际双循环相互促进的新发展格局。

12.1-3　国民经济循环转向内循环为主体

国民经济外循环的重要方面是商品和服务的进口和出口。国民经济的外向度可以用进出口贸易占 GDP 的比重来衡量。中国商品贸易(不含服务贸易)比重,最高年份是 2006 年,达 63.97%,2011 年为 48.09%,以后呈下降趋势,2013 年为 43.29%,2016 年为 32.91%,2022 年降到 18.5%。连同服务贸易,中国进出口贸易占 GDP 的比重保持在 30% 以上。当然比重的下降不等于外贸总量的下降,只是表明中国经济的外向度降低。从新发展格局分析,国民经济循环以外循环为主体转向以内循环为主体,指的是国民经济循环的动力转换,或者说是导向的调整,主要涉及两个方面转变。

首先是由外向导向转向内需导向。外向导向最主要的是出口导向,实际上是指以出口来导向国内的产业和贸易结构。出口导向有成功的案例,如亚洲的韩国、新加坡。与之相比,中国是大国经济。大国经济不可能舍弃巨大的内需市场,而盲目依靠外需。实践也证明,依赖自身的资源禀赋比较优势的出口战略只是追求出口数量,虽然也可能有相当数量的高技术产品,但其中有相当数量是在加工贸易中带动的劳动和资源、环境的出口,质量和效益都不高。按新冠病毒疫情前的 2019 年数据,中国货物进出口总额占 GDP 比重为 32%,连同服务进出口总额外向度也才 37%。这个数据虽然不能表明中国整体上是外循环为主体,但是在经济增速较快的沿海地区外循环特征非常明显。如 2019 年按货物进出口总额占比计算的外向度,上海达 89%,广东达 66%,浙江达 49%,江苏达 44%。应该说,中国沿海地区推进外向型经济,利用国际资源和市场,在外向中得到了繁荣,但是现在遇到的挑战非常明显。由于中国发展的外部环境和自身内在的要素禀赋均发生了较大变化,资源和市场两头在外的国际大循环模式动能不足,外循环拉动经济增长明显乏力。而且审视沿海地区发展外向型经济的效应,沿海地区把资源和市场都放在国外,没有能够带动中西部地区发展,地区差距进一步扩大。斯蒂格利茨早在多年前就指出,中国沿海外向型经济的发展没有能够带动国内广大中西部地区的发展。全球经济环境和经济增长发生变化,主要依靠国外直接投资和出口推动经济增长的战略的地位逐渐降低。同时,中国面临着继续改善生产力和资源配置方式的挑战。应对这个挑战的对策,就是使国内经济成为增长和平等的发动机。[1]

其次是产业链循环由外转内。现阶段产业的国际循环涉及全球产业链环节的国际布局。中国的产业和企业参与国际分工的主要方式是嵌入全球产业链。产业链的国外循环实质是利用国外技术和市场。近年来某些发达国家推行保护主义的反全球化政策,特别是美国政府挑起中美贸易争端,在科技、产业等领域与中国脱钩。再加上 2020 年在全球肆虐的新冠病毒导致世界经济衰退,一系列全球产业链断裂,尤其是在高科技环节中国受到打压和断供。在此背景下,不少产业链的外循环难以为继,产业链循环的国外环节转向国内不可避免。

基于以上国际国内客观情况的变化,中国根据自身发展的需要,推动形成以国内大循环为主体、国内国际双循环相互促进的新发展格局。就如2020 年 8 月 24 日习近平在经济社会领域专家座谈会上所指出的:"这个新发展格局是根据我国发展阶段、环境、条件变化提出来的,是重塑我国国际合作和竞争新优势的战略抉择。近年来,随着外部环境和我国发展所具有的要素禀赋的变化,市场和资源两头在外的国际大循环动能明显减弱,而我国内需潜力不断释放,国内大循环活力日益强劲,客观上有着此消彼长的态势。"[2]

①　斯蒂格利茨:《中国第三代改革的构想》,载胡鞍钢主编,《中国走向》,浙江人民出版社 2000 年版,第 151 页。

②　习近平:《在经济社会领域专家座谈会上的讲话》,人民出版社 2020 年版,第4 页。

新发展格局的内涵涉及：第一，新发展格局是在新发展阶段重塑中国国际合作和竞争新优势的战略抉择，是长期战略。第二，在市场和资源两头在外的国际大循环动能明显减弱的同时，内需潜力不断释放。依托规模处于世界前列的国内市场，抓住扩大内需这个战略基点，提升供给体系对国内需求的适配性，形成需求牵引供给、供给创造需求的更高水平的动态平衡。第三，新发展格局是更高水平的对外开放。内需导向不排斥对外开放，而是适合自身科技和产业发展需要的对外开放。尤其重视创新导向，例如引进外资，需要升级外商直接投资，引进的外资以创新为导向进行选择：进入的环节是高新技术研发环节，鼓励外资在中国本土创新研发新技术。

12.2　扩大内需成为经济发展的战略基点

马克思的再生产理论指出，社会再生产包含生产、分配、流通、消费四个环节。这四个环节的循环就形成国民经济循环。习近平总书记在党的十九届五中全会上指出："构建新发展格局，要坚持扩大内需这个战略基点，使生产、分配、流通、消费更多依托国内市场，形成国民经济良性循环。"转向内循环为主体实际上是把发展经济的立足点放在国内，更多依靠国内市场实现经济发展。转向内循环为主体还是有条件的，增长潜力成为现实的发展动力需要供给侧和需求侧共同发力，要求扩大内需战略同深化供给侧结构性改革有机结合。这就成为构建新发展格局的要求。

12.2-1　大国经济特征

扩大内需作为经济发展的战略基点反映大国经济特征。中国的内需市场容量和国内市场的总体规模位于世界前列。具体表现是：第一，中国 14 亿多的人口是其他国家无法比拟的内需市场。第二，中国区域发展不平衡形成多元并多级的市场需求。第三，中国是中等收入群体人数最多的国家，目前有 4 亿多，到 2035 年可能会达到 8 亿，接近现有发达国家人口总量。这个群体无论是消费欲望还是消费能力都是最强的。第四，中国是新兴市场经济国家的市场。中国所处的经济发展阶段，无论是工业化、城市化，还是信息化,都会产生强大的投资和消费需求。第五,中国式现代化进入新阶段。现代化建设在工业现代化、农业现代化、人的现代化等方面提出了新的要求,也会产生许多新的需求。

世界经济发展的经验表明,无论是发达国家还是发展中国家,大国经济发展主要依靠内需。只有坚持以扩大内需为战略基点,才能真正增强经济发展的内生动力。中国人口众多、幅员辽阔,是世界上最大的发展中国家,正处于发展的重要战略机遇期,已进入消费结构和产业结构调整升级的关键阶段。中国市场空间大,回旋余地大,无论是提高城乡居民生活水平,还是加强经济社会发展薄弱环节,处处都蕴藏着巨大的消费需求和投资需求。牢牢把握扩大内需这一战略基点,就要抓住这些有利条件,立足改善居民消费能力和环境扩大内需;立足消费结构升级和产业结构优化扩大内需;立足新型工业化、信息化、城镇化、农业现代化同步推进扩大内需;立足社会保障体系的不断完善扩大内需;立足促进绿色产品和服务消费扩大内需。在优化投资结构的同时扩大有效投资。

超大规模的内需是大国国民经济顺畅内循环的基础。中国经济是大国经济。中国已成为世界第二大经济体、世界第一大出口国、世界第一大国内社会零售品消费大国,是全球最大和最有潜力的消费市场。中国国内消费市场不仅规模大、范围广,而且需求层次多样。国内市场的超大规模性和消费市场的多层级性特征是建立国内大循环的重要条件。经济超大规模性包括超大规模的经济体量、超大规模的人口数量、超大规模的国土空间和超大规模的统一市场,有利于实现范围经济、规模经济,有利于空间集聚、区域间的创新溢出和学习效应外溢。而多层级消费市场是指中国不同区域或相同区域的要素禀赋或产品偏好不同,进而中国消费者收入水平和消费习惯存在差异,使得国内存在不同层次和不同类别的消费者,产生了多元化的消费结构。市场规模大、消费层次多又提供了良好的市场基础,创造了商品的价格及非价格竞争优势,有利于利用国内和国外两个市场和两种资源,实现内循环和外循环的相互促进。尤其是经济进入增长阶段后,经济增长会不断创造新的需求。

在经济发展处于低收入阶段时,基础设施落后,企业缺乏原始积累,固定资产严重不足,并且人均收入水平低下,处于短缺和贫困状况,人民无法产生高水平的消费需求。在此条件下,经济增长的主拉动力是投资需求。尤其是为了实现经济起飞,需要大规模投资的大力推动,包括政府投资,进行基础设施建设,进行固定资产投资,进行人力资本投资,从而为经济增长创造基础性条件。这种投资拉动在低收入发展阶段效果非常明显,有大投入大产出之效果。

而在经济体进入中等收入发展阶段后,经济持续增长的基础设施和基础性条件已经基本具备,固定资产投资的需求也不再像低收入阶段那样强烈,与此同时,居民的消费需求与日俱增。在此背景下,经济增长的主拉动力就逐步转向消费需求。满足居民多方面的消费需求成为经济增长的主要拉动力。随着人们收入的增加,开始进入追求生活质量的新阶段。除了对商品的高质量、高科技、高品位的要求外,对医疗健康、居住环境、文化教育、交通信息等的需求不断增加,相应地对供给也提出了更高的要求。这就需要进行供给侧结构性改革,抓住新一轮科技革命和产业变革机遇,推动科技成果向现实生产力转化,推动产业转型升级,提升企业的市场竞争力,提供满足人民群众对美好生活需要的新需求。

12.2-2　培育完整内需体系

所谓内需,指的是国内发展的投资需求和消费需求。内需必须以国内发展为前提。没有发展,就谈不上扩大内需。就扩大内需来说,关键是要认识和发现中国的内需市场容量究竟有多大。现阶段的扩大内需,说到底就是现代化的需求。现代化进程中产生的许多市场需求处于从无到有的阶段,无论是工业化还是城市化、信息化,都会产生强大的投资和消费需求。如家用汽车、住房、地铁等基础设施。这样的需求,乘以14亿人口,是其他国家无法比拟的。当然,国内市场大、内需潜力大只是潜在的发展要素,存在扩大内需的巨大空间不等于说是现实的内需。扩大内需市场不仅需要发现,更需要去开拓。潜在的发展要素要转化为现实的生产力,需要扩大内需的努力,需要培育完整的内需体系。这是党的二十大所强调的增强国内大循环内生动力和可靠性的基本路径。

何为完整的内需体系?可以从不同角度概括。完整的内需体系涉及三个方面。一是内需的内容包括消费需求和投资需求。相应地,内需体系就要涵盖消费需求和投资需求。二是内需主体包括政府、企业和居民需求。相应地，内需体系就包括这三个主体的投资和消费需求。三是内需的性质包括公共需求和私人需求。公共需求包括公共投资和公共消费，私人需求包括私人投资和私人消费。相应地，内需体系也应涵盖这些不同性质的需求。四是扩大内需的宏观调控政策体系，如财政政策、货币政策和收入分配政策等。

马克思指出"生产直接是消费，消费直接是生产"。①在再生产环节中，生产、消费分别既是起点，也是终点。相应地，国民经济循环就有两个链条：一是以生产（现实中是投资）为起点，经过分配和流通环节，以消费为终点的链条；二是以消费为起点，经过分配和流通环节，以生产为终点的链条。这两个链条的循环实际上是统一的、相互依赖的。

对于快速增长型经济体而言，其供给能力较强，因此以消费为起点的循环就特别重要。一方面，最终消费需求对供给有显著的牵引作用。就如马克思分析的，在再生产中，消费提供生产的目的和动机。没有消费就没有生产。居民消费能力的提升将直接带动生产水平提升。另一方面，我国的生产能力达到高位水平，经济增长的主要制约因素是市场需求。在已有的发展格局中有相当的生产能力是靠国际市场需求消化的，现在这些国外需求转向国内就需要扩大的国内消费需求来替代。

强调消费需求对经济发展的基础性作用绝不意味着投资需求不重要。首先是其与消费需求的关系。消费需求是有收入支撑的消费需求，没有投资需求何来支撑消费需求的收入支撑，尤其是就业的稳定和扩大需要投资推动。其次，投资对优化供给结构起关键作用。投资解决供给对需求的适配性，以自主可控、高质量的供给创造引领新的需求。而且供给侧的创新驱动，需要足够的风险投资。最后，优化供给结构关键在投资结构。基础设施投资与产业投资都重要。物质资本投资重要，但人力资本投资更要重视。特别需要指出的是，投资是需要回报的，因此扩大投资需求是要扩大有合理收入回报的投资需求。

---

① 《马克思恩格斯文集》第8卷，第15页。

12.2-3 建设全国统一大市场

中国的市场规模处于世界前列。发挥大市场在扩大内需中的作用,前提是形成全国统一大市场,如果存在市场分割和市场封锁,就形不成大市场,也就难以保证国民经济内循环顺畅运行。因此,建设全国统一大市场是培育完整内需体系的重要方面。

中国是从自然经济直接进入计划经济,又从计划经济向市场经济转型的。因此,中国的统一市场实际上一直没有完全形成。在改革进程中已有的财政税收制度的改革和地区发展政策又强化了地方利益,由此产生的地方保护主义的壁垒,阻碍要素在自由流动中实现有效配置。因此建设全国统一大市场突出在三个方面:一是打破地方保护。地方政府对本地处于劣势的产业和企业进行保护,使处于竞争劣势的企业和产品因保护而不能退出市场,造成了资源配置缺乏效率,不能实现资源最优配置。现实中的市场的地区分割突出表现在各个地区利用行政和财政力量争夺发展要素。二是打破市场的行政性垄断和地区封锁,实现商品和各种生产要素在全国范围自由流动,各个市场主体平等地进入各类市场交易。三是打破城乡市场分割,建设统一的城乡市场。其路径涉及提升农村市场化水平,完善农产品价格在市场上的形成机制,建设城乡统一的要素市场,城乡居民平等进入市场,平等获取生产要素。

2022 年发布的《中共中央国务院关于加快建设全国统一大市场的意见》要求"加快建设高效规范、公平竞争、充分开放的全国统一大市场,全面推动我国市场由大到强转变,为建设高标准市场体系、构建高水平社会主义市场经济体制提供坚强支撑"。按此要求,统一大市场建设主要涉及:第一,健全各类要素市场,包括:城乡统一的土地和劳动力市场;发展统一的金融市场,发展普惠金融;培育统一的技术市场;培育统一的数据要素市场;建立统一的企业家市场。第二,完善统一的基础性市场制度,包括:公平竞争,统一的产权保护制度,统一的市场准入制度,统一的公平竞争制度,统一的社会信用制度。第三,统一开放。不仅在竞争规则上开放,对各类市场主体一视同仁、平等对待,还需要在市场基础制度、市场设施联通水平、要素资源配置效率、监管方式上统一开放。建立公共信用信息同金融信息共享整合机制,形成覆盖全部信用主体、所有信用信息类别、全国所有区域的信用信息网络。

建设全国统一大市场,必须借力现代科技,推进市场设施高标准互联互通。当今世界,科技发展正在深刻改变现代市场,互联网、大数据、云计算、人工智能等信息技术大大丰富了现代市场的内涵、方式和手段。必须把新技术特别是数字技术应用于全国统一大市场建设中。建设现代流通网络和基础设施,加快数字化建设,推动线上线下融合发展,形成更多商贸流通新平台、新业态、新模式;完善市场信息交互渠道,统一产权交易信息发布机制,实现全国产权交易市场联通,促进市场信息流动和高效使用;深化公共资源交易平台整合共享,加快推动各类市场数字化改造和智能化升级,打造综合性商品交易平台。

12.3　需求侧着力扩大消费需求

进入新发展阶段,基于消费需求对 GDP 的贡献率明显高于其他需求,需求侧构建新发展格局的着力点是完善促进消费的体制机制,增强消费对经济发展的基础性作用。这反映发展理念及相应的发展方式的转变。

12.3-1　消费对经济发展的基础性作用

消费率的高低实际上反映不同的经济发展方式。中国过去相当长时间里实行的是高积累低消费的政策,以高积累来谋求高速度。积累率(储蓄率)居世界前列,居民消费率长期处于低水准,消费率常年占国民收入 30% 以下。直至 2011 年,消费率还只有 34.4%,经济增长主要靠投资来拉动。实践证明,依靠高积累低消费谋求的高速度,不以满足消费为目标,而是为生产而生产,适应的是短缺经济背景下的发展格局。

2010 年,中国按 GDP 计算的最终消费率是 49.1%。2011 年以后,消费率连年提升。党的十八大根据转变经济发展方式的要求,明确提出,要牢牢把握扩大内需这一战略基点,加快建立扩大消费需求长效机制,释放居民消费潜力,保持投资合理需求。党的十九大则进一步指出,完善促进消费的体制机制,增强消费对经济发展的基础性作用。由追求高积累到明确消费对经济发展的基础性作用,反映发展理念及相应的发展方式的转变。进入新时代以来,根据国家统计局提供的数据,在消费、投资、出口三大需求中,最终消费支出对GDP增长的贡献率显著提高,2013—2018年6年间消费的贡献率分别为50%、51.2%、66.4%、71%、58.8%、76.2%。2019年最终消费支出对GDP增长的贡献率回落至57.8%,仍然明显高于投资和出口需求的贡献率。2021年,GDP比上年增长8.1%,全年最终消费支出拉动GDP增长5.3个百分点,资本形成总额拉动GDP增长1.1个百分点,货物和服务净出口拉动GDP增长1.7个百分点,年最终消费支出对经济增长的贡献率达65.4%。2022年,由于新冠病毒疫情影响,GDP总量比上年增长3.0%。其中,最终消费支出对经济增长贡献率为32.8%,拉动GDP增长1.0个百分点;资本形成总额对经济增长贡献率为50.1%,拉动GDP增长1.5个百分点。从总体上看,消费在不同年份有所波动,但其对经济稳定运行的压舱石作用还是明显的。扩大消费需求将是构建新发展格局可靠的内生动力。

横向比较,发达国家同期最终消费占GDP的比重达到70%—80%,全球最终消费占GDP的比重平均达到78%。中国的储蓄率居世界主要经济体的首位,而消费率落后于国际平均水平。这说明,消费率的提高还有较大的空间,尤其是转向新发展格局,基于消费支出对GDP的贡献率明显高于其他需求,消费率的进一步提高是必然的。在短缺经济背景下,经济增长的主动力是投资需求,而在摆脱短缺经济以后增强消费需求就成为经济增长的内生动力,相比投资创造的GDP,消费所形成的GDP也是最为可靠的。

当下,中国全面建成小康社会并开启了现代化建设的新征程,中国式现代化以人民为中心,其重要表征就是人民收入和消费水平的提高。党的二十大报告以专门篇章擘画"增进民生福祉,提高人民生活品质",把生活品质的现代化景象描述为:"幼有所育、学有所教、劳有所得、病有所医、老有所养、住有所居、弱有所扶,建成世界上规模最大的教育体系、社会保障体系、医疗卫生体系,人民群众获得感、幸福感、安全感更加充实、更有保障、更可持续。"居民高质量的生活是中国式现代化的本质要求,其基础是人民收入水平和消费水平的显著提高。可以认为,居民消费水平的提高对中国式现代化起着巨大的推动作用。

首先,提高消费率。在现代化的进程中消费需求具有增长的趋势。罗斯托的经济成长阶段论所提出的经过起飞以后进入的现代化的一个阶段性特征是进入高额群众消费阶段。库兹涅茨在现代经济增长理论中所论述的进入现代经济增长的阶段特征之一是总收入中消费支出增长快于储蓄增长，也就是边际消费倾向递增。这与西方宏观经济学理论中所说的边际消费倾向递减是相左的。可以说，现代化的一般理论都把提高消费需求作为现代化的基本标准。中国式现代化以人民为中心，边际消费倾向递增将更为明显。

其次，推进消费升级。构建新发展格局不仅需要增加消费需求的数量，更要推进消费升级，也就是向中高端消费升级。罗斯托所讲的进入现代化的另一个阶段性特征是进入追求生活质量阶段。所谓"追求生活质量阶段"，涉及自然（居民生活环境的美化和净化）和社会（教育、卫生保健、交通、生活服务、社会风尚、社会秩序）两个方面，尤其是与医疗、教育、文化娱乐、旅游有关的服务部门加快发展成为主导部门。从恩格尔系数分析，据国家统计局数据，2015 年至 2021 年中国恩格尔系数从 30.6％下降到 29.8％。这意味着随着收入的增长，居民对食品之类的基本生活消费品需求在新增收入中的比重明显下降。反过来说，就是消费升级，根据马斯洛需求层次，意味着居民对满足发展和享受需要的消费品和消费服务明显增长。消费升级的方向包括：提升传统消费，培育新型消费，发展中高端消费。以提升质量、打造品牌为重点，促进消费向健康、绿色、安全等领域转型，形成消费新模式，培育消费新业态。消费升级可以促进更优质、更广泛的消费品供给，为居民部门提供样式更多、质量更高的消费品选择。尤其是文化教育和信息消费成为消费的热点。消费结构的这种转型必然牵动供给结构转型。转向新发展格局意味着需要对消费升级的方向给予支持和引导。近年来，国内消费升级和变革加快，呈现商品消费高端化、消费结构服务化、消费方式网络化、消费产品智能化等新趋势。

以上扩大消费需求的趋势，同时也会拉动和引导投资需求。满足居民的消费升级及公共消费的需要会牵引相应的投资需求，转向新发展格局就包括投资方向适应消费需求增长的调整。从这一意义上说，扩大消费需求并不挤出投资需求，而是给投资需求提供方向，创造新空间。

突出消费的基础性作用，绝不意味着只是最终消费影响国民经济循环。

最终消费从哪里来,消费力是如何提高的? 这些要靠再生产的其他环节的作用。在再生产的环节中,最终消费的形成依赖生产、分配和流通环节的作用,需要在各个环节上解决居民能消费、愿消费和敢消费问题。这可以从以下宏观均衡式来说明。

根据凯恩斯的宏观平衡式,消费＋储蓄＝消费＋投资。凯恩斯对"储蓄＝投资"的关系已经进行了研究。我们来进一步研究"消费＝消费"的关系。等号左边的消费即消费供给;等号右边的消费即消费需求。消费拉动经济增长的均衡意味着消费的供给足够转化为消费需求。如果居民不愿或不敢消费就意味着消费供给不能足够地转化为消费需求。现实中的另一种情况是消费(供给)＜消费(需求),即消费率低,没有足够的消费供给满足消费需求的扩大。在此情况下就需要提高消费率,从而增加消费供给,包括消费信贷,这就是解决能消费问题。

12.3-2 生产和初次分配环节解决居民能消费问题

习近平指出,消费是收入的函数,要多渠道增加城乡居民收入。这就是扩大有"收入支撑的消费需求"①。要让居民想消费能消费,关键是居民有稳定的当前收入和将来预期收入。与此相关的是生产发展和收入分配中兼顾效率与公平。

特别要重视马克思在《资本论》中所提出的"消费力"的概念。消费力指一定时期内消费者的消费能力。消费力是生产力的发展,其本质上就是一种生产力。发展消费力与发展生产力同等重要。"发展生产的能力,因而既是发展消费的能力,又是发展消费的资料。消费的能力是消费的条件,因而是消费的首要手段,而这种能力是一种个人才能的发展,一种生产力的发展。"②

根据马克思的消费力理论,个人消费力是由其收入水平决定的。马克思分析,在资本主义社会,"社会消费力取决于以对抗性的分配关系为基础的消费力;这种分配关系,使社会上大多数人的消费缩小到只能在相当狭小的

①　习近平:《当前经济工作的几个重大问题》,《求是》2023 年第 4 期。
②　《马克思恩格斯全集》第 46 卷(下),第 225—226 页。

界限以内变动的最低限度。其次,这个消费力还受到追求积累的欲望,扩大资本和扩大剩余价值生产规模的欲望的限制".①由此可知,影响消费力的因素主要包括两个方面,一是企业内的收入分配关系,即微观分配关系;二是国民收入在积累和消费之间的分配比例。后者实际上就是投资和消费的关系。投资就与扩大生产相关。根据马克思分析的思路,在现阶段提高居民消费力实际上也是两个方面。

首先是生产发展。生产决定消费,也就是一般说的供给创造需求。有收入支撑的消费需求首先要靠生产的发展。居民就业稳定,其收入就稳定,依靠积累即投资扩大生产就可能扩大就业增加收入。目前的低收入人群中的大部分是农民,还有城市中的失业者。提高这部分群体的收入是增强社会消费力的重要方面。增加农民收入靠农业发展,丰产丰收。对城市居民来说,就业是基本的民生,稳就业就是稳定支撑消费需求的收入。需要进一步强化就业优先的政策,加大人力资本投资,提高劳动者人力资本存量不仅能增强其就业能力,还能使其有更高的收入。再就宏观政策来说,无论是调控失业率,还是调控通货膨胀,目标都是稳定和促进居民收入增长。

其次是在初次分配领域就要兼顾效率和公平。扩大消费需求离不开分配的作用。分配直接决定消费的支付能力。其主要方面是着力提高低收入者的收入。就如习近平讲的,特别是要提高消费倾向高、但受疫情影响大的中低收入居民的消费能力。②研究各阶层居民收入的消费弹性,可以发现低收入群体的消费收入弹性是最高的。就是说,低收入群体收入变动的消费倾向最为强烈。这部分人群每增加一元钱收入都会形成现实的消费需求。我国虽然已经消灭了绝对贫困现象,但相对贫困问题仍然存在。在按劳分配为主体、多种分配方式并存的分配制度框架内,一方面坚持按劳分配为主体,切实提高初次分配中劳动报酬的比重,建立健全促进工资合理、稳步增长的机制。另一方面,完善要素报酬,建立土地、资本、数据、技术等要素依据使用权、收益权获取报酬的市场化机制,使劳动者也能获得这些非劳动要素的收入和财产性收入。这些举措都是在初次分配中处理好公平和效率关

①　马克思:《资本论》第三卷,第273页。
②　习近平:《当前经济工作的几个重大问题》,《求是》2023年第4期。

系的基础上,提高劳动者收入的路径。

居民按收入层次分为高收入、中等收入和低收入三个群体,目前是低收入者占多数的金字塔型结构。与新发展格局相适应的结构是,越来越多的低收入人员上升到中等收入群体里,形成两头小、中间大的橄榄型分配结构。2035年基本实现现代化的一个重要标准是中等收入群体显著扩大。对扩大消费需求来说,中等收入群体的消费意愿和消费能力相对较强,是中高端消费的主力,是产业升级的产品和服务的主要消费者,是消费升级的领头羊,是产业升级的推动者。我们所讲的中国市场大,不只是指14亿人口的市场,更是指4亿多中等收入者的市场,2035年基本实现现代化时中等收入者将会达到8亿。因此,扩大中等收入群体规模是构建新发展格局的重要政策目标。从实践看,中等收入群体基本上是靠要素报酬获取收入的,资本收入、技术收入、管理收入是中等收入群体的主要收入来源。

12.3-3 再分配环节解决好居民敢消费问题

敢消费就是要给居民提供当期放心消费的预期。如果对未来收入和消费预期不确定、不放心,担心未来子女上学、养老和医疗支出问题,当前就不敢消费。由政府主导的国民收入再分配环节是解决居民敢消费的重要机制。现阶段的再分配机制主要有政府支出、社会保障、税收、转移支付等。其中包括居民需要支付一定费用的由政府财政承担的公共消费即准公共品。公共消费支付比重大,居民需要支付的部分就小。中国公共消费的比重在计划经济时期比较高。市场化改革推进后,许多公共消费部分退出,转向通过市场的私人消费,有些地方过度市场化,把公立医院、学校、幼儿园都卖掉,因此公共消费比重在下降。2000—2005年,最终消费中公共消费占比徘徊在26%—27%。2019年,公共消费占GDP的比重为16.6%。从国际比较来看,该比重的世界平均水平为17.1%,说明中国的公共消费比重还有上升空间。扩大公共消费需要明确教育、卫生、医疗的准公共产品的属性,私人进入这个领域只是补充而不是替代。因此,在过度市场化中卖掉的医院、学校需要回归提供准公共品性质的职能。而且,扩大公共消费,绝不仅仅只是一个消费量的扩大,更为重要的是通过扩大公共消费来推进基本公共服务的平等化,尤其是提高中低收入居民的消费水平。现在中国已实现全面小康,开启现代化新征程,不仅要适当增加公共消费,而且公共消费中用于国家行政管理方面的消费的比重逐渐下降,而用于科学、文化教育、卫生保健、环境保护等方面消费的比重会逐渐上升。尤其是提高社保、医疗、教育、就业等方面的公共支出,提升与民生直接相关的公共服务的范围和质量,如健康中国建设对居民形成敢消费的预期将会起很大作用。

再分配机制的运行需要精准调节,达到调节过高收入、提高低收入的目的。对扩大消费需求最为重要的是健全多层次的社会保障体系。社会保障体系对低收入者具有克服消费的后顾之忧的作用。在宏观经济学中,社会保障体系还是社会稳定器。随着改革的推进,城市中取消了企业劳动保障,农村中农民逐步失去土地保险,因而需要完善的社会保障制度来替代,包括基本住房、养老、医疗和失业等方面的保障。目前社会保障以政府财政为主导,企业和个人参与。当前社会保障体系的完善主要涉及几个方面:一是提高社会保障水平,二是坚持公平原则,三是城乡、异地社会保障制度接轨。由此,为消费者放心消费、敢于消费提供制度环境。

12.3-4 流通环节解决愿消费的市场环境

马克思指出,流通领域是商品生产者关系的总和,涉及市场关系。最终消费是在市场上实现的。自给自足的消费只是在家庭范围,形不成国民经济的循环。国民经济循环中的消费离不开市场,涉及社会总产品的市场实现问题,即在市场上实现价值补偿和物质替换。转向新发展格局所需要的畅通国民经济循环,很大程度上是指畅通市场流通,规范市场秩序。

就消费需求来说,消费只有同流通结合才能形成现实的消费需求。流通作为生产和消费的媒介,一头连着生产,一头连着消费。完善的市场机制能够有效调节供求的协调,市场价格自动调节供给与消费需求的适配性,也就是结清市场供求。这正是国民经济顺畅循环所需要的调节机制。对于居民的消费力来说,对其消费的支付能力起决定性作用的不仅有收入分配因素,还有流通领域的市场价格因素。

消费需求实际上指的是市场需求。市场到哪里,哪里的潜在消费需求就会成为现实的消费需求。市场的影响还会产生新的消费需求,市场的创新和扩大会创造和扩大消费需求,因此畅通国民经济循环所需要的最终消费需求的增长,离不开市场的有效作用。基于流通与消费的关系,尤其是市场对扩大消费需求的作用,构建新发展格局需要着力进行市场建设。

首先,建设现代标准的市场体系,克服生产和消费的市场堵点,畅通市场流通。其中包括适应消费需求的层次性发展多层次市场,健全现代流通体系和物流体系,特别要开拓城乡消费市场,提高农民的消费力。

其次,发展消费金融。金融可以分为供给端的金融和消费端的金融。根据马克思的市场理论,货币作为流通媒介后,买卖时间空间不一致,这时候信用介入,就可以畅通流通。推行消费信用,就能克服短期内消费能力的不足,进而达到扩大当前消费需求的作用。当然,需要防止可能潜伏的债务风险,加强消费领域的信用体系建设。

第三,发展流通的新技术、新业态、新模式,服务经济与消费经济互动发展。产品消费需要以服务消费为媒介。哪里的消费需求旺,服务点及网路就到哪里去。哪里的服务业发达,哪里的消费需求就旺盛。现在基于数字经济产生新的消费业态,也产生互联网平台联通的新型服务业态。利用互联网和物联网平台,电子商务发展线上流通,如进行网上直播带货等,发展无接触交易服务,促进线上和线下的融合发展。从而不仅扩大服务业的范围,降低流通成本,而且进一步提升了服务经济对畅通流通渠道的作用。

第四,规范市场秩序。这是上述各项旨在扩大消费需求的市场建设的保障。扩大消费影响最大的有两个秩序问题,一是假冒伪劣、坑蒙拐骗现象直接挫伤消费热情,二是市场价格水准直接影响消费的支付能力。因此强化并优化市场监管机制,规范市场价格形成,建设法治化营商环境和消费环境,可以使人们在良好的消费环境中愿意消费。

以上分析表明,内需体系不只是消费环节,而是包括生产、分配、流通、消费在内的系统。相应地,培育完整的内需体系是个系统工程,需要以最终消费为中心,生产、分配和流通环节与之相协同并且相互畅通。

投资需求也属于需求侧,扩大投资需求是构建新发展格局的重要方面。由于投资需求的作用主要影响供给侧,因此投资需求部分安排在供给侧结构性改革专章中进行分析。

新发展格局不排斥对外开放即外循环,这部分内容将另章研究。

参阅

洪银兴、杨玉珍:《构建新发展格局的路径研究》,《经济学家》2021 年第 3 期。

13

供给侧结构性改革和建设现代化产业体系

处于社会主义初级阶段的发展中大国的经济发展中,供给侧始终是矛盾的主要方面。在社会主义初级阶段的低收入阶段,主要矛盾是生产不能满足人民群众日益增长的物质和文化需要。针对这个矛盾,供给侧强调的是经济增长。进入新发展阶段后,主要矛盾转向人民对美好生活的需要与经济发展不平衡、不充分的矛盾。因此供给侧强调的是满足美好生活需要,突出的是发展不平衡、不充分的结构性问题。相应地,供给侧的结构性改革不仅要解决结构性问题,还要激发供给侧的动力。这就是习近平总书记指出的:"供给侧结构性改革,重点是解放和发展社会生产力,用改革的办法推进结构调整,减少无效和低端供给,扩大有效和中高端供给,增强供给结构对需求变化的适应性和灵活性,提高全要素生产率。"①在供给侧推进结构性改革是中国经济发展的长期任务。

---

① 中共中央文献研究室编:《习近平关于社会主义经济建设论述摘编》,第98页。

13.1 供给侧成为发展和改革的着力点

西方经济学中就有供给学派,根据其主要代表人物拉弗的解释,供给经济学是要提供一套基于个人和企业刺激的分析结构。政府在这一结构中的任务在于使用其职能去改变刺激以影响社会行为。与此不同,中国的推进供给侧结构性改革的思想,是要用改革的办法优化供给结构,激励市场主体,提高全要素生产率。

13.1-1 经济运行的供给和需求关系

对供给和需求,习近平总书记指出:"供给和需求是市场经济内在关系的两个基本方面,是既对立又统一的辩证关系,二者你离不开我、我离不开你,相互依存、互为条件。"据此习近平明确提出:"供给侧和需求侧是管理和调控宏观经济的两个基本手段。"①需求侧管理重在解决总量性问题,注重短期调控,供给侧管理重在解决结构性问题,注重长期发展。因此,中国的发展和改革需要从需求侧和供给侧两个方面推动。

在政治经济学中,供给即提供给市场的产品和服务,需求即有支付能力的需求。经济运行中的供给与需求相互依存、相互依赖,两者相互作用,推动经济不断增长。中国的经济发展需要供给侧和需求侧共同发力。这两侧发力的程度与两侧的体制相关。在经济发展的不同阶段,根据激发不同侧动力的需要,改革的着力点不完全相同。

供求平衡是指什么?马克思的界定是:"某个生产部门的商品总量能够按照它们的市场价值出售,既不高,也不低。"②而在现实中,供求实际上从来不会一致。供求一致的现象,在科学上等于零。原因是,社会要求用这种物品来满足的需要与这种物品的生产规模之间,没有任何必然的联系而只有偶然的联系,于是就出现某种商品的产量超过或低于当时的市场需要状况。

---

① 中共中央文献研究室编:《习近平关于社会主义经济建设论述摘编》,第99页。
② 马克思:《资本论》第三卷,第211页。

供求不平衡，或者表现为市场上供给出不清，或者表现为需求出不清。

实现供求平衡，就是出清市场。出清市场不仅仅是解决市场平衡问题，同时也是推动经济增长的动力。出清市场靠的是市场竞争机制。概括起来，在市场上存在着三个方面的竞争：卖者之间；买者之间；买卖双方。根据马克思的分析，结清市场的竞争机制是这样的：在需求超过供给的场合，主要是需求方之间的竞争，一个买者就会比另一个买者出更高的价钱，这样就使这种商品对全体买者来说都昂贵起来，提高到市场价值以上；而卖者却会共同努力，力图按照高昂的市场价格来出售。在供给超过需求的场合，主要是供给方之间的竞争。卖者之间互相施加足够大的压力（竞争），以便把社会需要所要求的商品量，也就是社会能够按市场价值支付的商品量提供到市场上来。而且，供给方之间的竞争，会产生降低社会必要劳动时间的功能：只要一个人用较便宜的费用进行生产，用低于现有市场价格或市场价值的价格出售商品的办法，能售出更多的商品，在市场上夺取一个更大的地盘，他就会这样去做，并且开始起这样的作用，即逐渐迫使别人也采用更便宜的生产方法，把社会必要劳动减少到新的更低的标准。马克思认为，结清市场的过程实际上是价值规律作用的过程："市场价值调节供求关系，或者说，调节一个中心，供求的变动使市场价格围绕这个中心发生变动。"[1]

市场对出清市场的调节是事后的调节，市场调节下的供求平衡，"只是在事后作为一种内在的、无声的自然必然性起着作用，这种自然必然性可以在市场价格的晴雨表的变动中觉察出来，并克服着商品生产者的无规则的任意行动"[2]。市场上出现总量供大于求时，常常需要通过经济危机的方式来强制地实现平衡。这种市场平衡的方式，显然是破坏生产力的方式。这意味着，为防止供给侧的市场出不清，还需要供给侧自身的理性调节。

供给和需求是一个问题的两面，相互依存。市场出清既涉及供给，也涉及需求，不可能离开市场需求孤立地在供给侧出清市场。供给侧的去产能、去库存、去杠杆，不能只是在供给侧进行，也需要需求侧配合。但是，从长远来说，需要通过改革，以新的体制和发展方式保证不再产生新的无效产能和

① 马克思：《资本论》第三卷，第202页。
② 马克思：《资本论》第一卷，第412页。

库存,关键是要解决供给以市场为导向,不能片面强调"供给创造需求"。而去库存、去产能(即去无效产能和库存),最终还是需要需求侧来消化,除非供给侧自己消灭供给。这就是说,供给侧的市场出不清问题,既需要供给侧本身的调整来解决,也需要需求侧采取扩大需求的方式来解决。例如,对落后产能和污染产能,在供给侧的出清主要依靠供给侧严格的技术、质量和环保标准去淘汰,而且更多地是靠政府和法律的行为去出清;而对过剩产能需要在需求侧强化优胜劣汰的市场机制,由市场来淘汰过剩生产能力,从而形成相关企业去库存的外在压力。但市场淘汰的成本往往太大。在供给侧,可以采取化解的方式。过剩生产能力并不都是无用的生产能力,可寻求新的用处和去处去化解过剩产能,包括对过剩产能的再开发,以适应新的需求。这样可以降低去产能的成本,减少资源浪费。因此,经济增长需要供给侧和需求侧两侧共同发力。市场机制是供给和需求平衡的重要调节机制;解决供给侧的问题不能脱离需求侧;只是靠需求侧的市场调节,只是靠需求管理不能完全解决经济的有效增长问题。

调控经济发展的机制和政策既需要结清市场,又需要给经济发展提供方向和动力。虽然是在进入新时代才提出供给侧和需求侧问题,但在实践中在不同时期不同程度都存在这两侧的调节政策,只是侧重点不同。

新中国成立初期在短缺经济背景下逐步建立起的计划经济体制对经济发展采取的是供给侧管理,表现为从上到下的指令性生产计划、统购统销的流通体制。基本的方式是,在"发展经济,保障供给"的思想指导下以下达的数量指标调控发展,需要快速发展时调高生产和基建指标,经济出现问题需要调整时则调低指标。

1978年以后开始的市场化改革实际上是需求侧的改革,建立由市场来决定资源配置的体制机制也就是转向需求侧调节:在微观上,强化市场竞争机制,突出市场需求导向,取消指令性计划等。在宏观上,一方面从总需求入手建立宏观总量调控机制,明确消费、投资、出口三驾马车协同拉动经济增长,突出消费需求的拉动作用。另一方面,宏观调控转向财政和货币政策调控总需求,相机采取紧缩性的、扩张性的或平衡性的财政和货币政策,宏观经济管理转向需求管理是在告别短缺经济转向剩余经济背景下市场经济的调节方式,目的是更多发挥市场的调节作用,以需求压力和导向提高效益和效率。就如习近平所说："需求侧管理重在解决总量性问题,注重短期调控,主要是通过调节税收、财政支出、货币信贷等来刺激或抑制需求,进而推动经济增长。"①所有这些,都属于适应市场经济的需求侧改革。所取得的效果是明显的。

13.1-2 经济发展的供给侧问题

正如需求侧涉及消费、投资、出口三大需求一样,供给侧主要涉及结构、技术和效率等方面的供给问题。建设现代化的经济体系除了结构转换,还需要进行质量变革、效率变革和动力变革。

经济运行的实践证明,只是在需求侧进行改革,只是完善需求管理,并不能有效解决经济运行的效率和供给质量。发展中国家在转向市场经济体制时,长期存在的结构、技术、效率等供给侧问题,不会因转向市场经济就能自动解决,也不可能靠需求侧的调节来解决。原因是发展中国家的这些供给侧问题既有发展方式方面的原因,又有供给侧的体制问题。因此解决供给侧的问题,既需要转变发展方式,又需要进行结构性改革。现在供给推动力衰退,并不意味着今后经济增长的动力只在需求侧,从而轻视供给侧的动力。现阶段消退的供给侧的推动力,只是物质资源和低成本劳动力数量;而在供给侧还有其他动力可以开发,如创新驱动、调整结构、提高效率等。相比需求的拉动力,供给侧的推动力更为长期。

经济发展进入新时代,物质要素的供给对经济增长的推动力明显减弱。中国的劳动和自然资源的比较优势正在失去。由此,供给侧的结构性问题就凸显了。

一是供给体系的质量问题,突出表现是有效供给不足和无效产能过剩并存。如习近平所说："我国供给体系产能十分强大,但大多数只能满足中低端、低质量、低价格的需求。"②进入中等收入阶段,解决了温饱问题后居民的消费需求开始转型,更为关注健康、安全、卫生、档次方面的需求。而生产和服务还停留在低收入阶段的供给,追求数量,不重视质量,为生产而生产,不

---

① 中共中央文献研究室编:《习近平关于社会主义经济建设论述摘编》,第99页。
② 同上书,第113页。

能适应进入中等收入阶段以后消费需求的新变化。满足中高端消费的中高端产品和服务供给不足,不能满足多样化、个性化、高端化需求,势必产生有效供给不足、无效产能过剩、中低端产品过剩问题。这些结构性问题需要在供给侧结构性改革中得到解决。

二是供给侧的效率问题,表现在供给成本过高。虽然经过改革,企业的效率明显提高,但是供给侧仍然存在低效率的结构性问题。一方面是资源错配。新增投资较多地投在虚拟资本上,而不是投在实体经济上;还有相当多的资源被束缚在过剩的、污染的、落后的产能上,造成有效产能投资不足。在物质资本和人力资本的投资比例上,偏重物质资本,忽视人力资本,造成创新能力不足。另一方面是过高的制度性交易成本。体制上难以遏制重复建设、重复投资、行政垄断、行政审批繁琐、地方保护等问题,由此产生高昂的要素配置成本,严重降低效率,造成全要素生产率偏低。

三是供给侧的动力问题。供给侧的动力涉及两个方面:(1)经济发展的驱动力。长期以来主要依靠物质资源的投入驱动经济发展。现在由于资源环境供给的刚性约束,这方面的驱动力严重不足,需要转向创新为主的驱动力。(2)企业的动力。已有的市场化改革只是解决了产权制度的动力,以及市场竞争和市场需求压力的问题。但供给侧动力仍显不足,这与激励制度相关。突出表现是企业的高税负、高利息、高社会负担。还有不少企业因高杠杆,面临财务困难,陷入债务困境,其中有不少成为所谓"僵尸企业"。企业分享不到发展的成果也就缺少发展的动力。因此,供给侧对市场主体的激励就涉及:降低企业税、费、利息和社会负担,降低企业成本,使企业轻装上阵;保护企业家财产,激励企业家精神。

四是供给侧的技术问题。中国目前供给侧的技术水平就如习近平总书记所说的:"我国关键核心技术受制于人的局面尚未根本改变,创造新产业、引领未来发展的科技储备远远不够,产业还处于全球价值链中低端。"[1]现在中国产业在全球产业链布局中不只是处于价值链的低端,附加价值不高,而且许多布局在国外的高技术环节面临着发达国家断链断供,这些环节转向国内成为国民经济内循环的"卡脖子"环节。突破这些"卡脖子"环节,并且

①《习近平谈治国理政》第二卷,第203页。

在高技术上与发达国家并跑乃至领跑,就需要围绕产业链部署创新链,围绕创新链布局产业链。

针对上述供给侧的问题,无论是解决供给侧不能满足人民美好生活需要的不平衡、不充分发展问题,还是推进中国式现代化,都需要供给侧的结构性改革。

13.2 供给侧结构性改革的任务

针对供给侧的结构性问题,2015年底的中央经济工作会议上习近平总书记发出了推进供给侧结构性改革的号令:在适度扩大总需求的同时,着力加强供给侧结构性改革,着力提高供给体系质量和效率,增强经济持续增长动力,推动我国社会生产力水平实现整体跃升。2016年的中央经济工作会议又进一步指出:供给侧结构性改革,最终目的是满足需求,主攻方向是提高供给质量,根本途径是深化改革。在庆祝改革开放40周年大会上的讲话中,习近平总书记再次明确"我们要坚持以供给侧结构性改革为主线"。很显然,供给侧结构性改革是我国长期的改革任务。改革目标就是习近平指出的:"优化现有生产要素配置和组合,提高生产要素利用水平,促进全要素生产率提高,不断增强经济内生增长动力。"[1]

供给侧结构性改革一开始聚焦在去产能、去库存、去杠杆、降成本、补短板上。针对无效产能去产能、去库存,针对有效供给不足补短板,针对企业负担去杠杆、降成本。这三方面任务必然会触动其背后的供给侧的体制问题。需要以改革的办法来解决供给侧的问题。但供给侧结构性改革作为长期的改革任务,其目标就不能仅仅是这"三去一降一补"。供给侧结构性改革就同"发展是硬道理"一样,是需要长期实行的发展政策,有着更为长远的目标,尤其是有着实现新时代的发展任务的要求。

13.2-1 提高全要素生产率

马克思理论中有要素生产率的概念,如劳动生产率、土地生产率、资本

---

[1] 中共中央文献研究室编:《习近平关于社会主义经济建设论述摘编》,第108页。

生产率。全要素生产率最早是由诺贝尔经济学奖得主索罗提出的,意思是各种要素集合所产生的生产率之和大于各单个要素投入的生产率之和。习近平在关于供给侧结构性改革的讲话中多次使用这个概念,就如他说的,"供给侧结构性改革,重点是解放和发展社会生产力,用改革的办法推进结构调整,减少无效和低端供给,扩大有效和中高端供给,增强供给结构对需求变化的适应性和灵活性,提高全要素生产率"①。

市场对推动全要素生产率提高的决定性作用,不仅涉及市场决定资源流到哪里(部门、企业)去,还涉及市场决定各种要素(资源)的组合。各种要素在企业中、在行业中集合,以各种要素市场上由供求关系决定的价格为导向,形成最有效率的要素组合。其效果是:各种生产要素得到最有效的利用,从而提高全要素生产率。

全要素生产率的主要说明因素是技术进步、管理水平、劳动力素质、要素使用效率,以及各生产要素的配置和组织效能,还包括企业制度和公司的组织结构效能,也这就是习近平指出的,"优化现有生产要素配置和组合,提高生产要素利用水平,促进全要素生产率提高,不断增强经济内生增长动力"②。

根据提高全要素生产率的要求,供给侧结构性改革需要矫正要素配置的扭曲,推动要素进入提供有效供给的领域,尤其是实体经济领域。习近平形象地用加减乘除法来说明供给侧结构调整的路径:"加法就是发现和培育新增长点,减法就是压缩落后产能、化解产能过剩,乘法就是全面推进科技、管理、市场、商业模式创新,除法就是扩大分子、缩小分母,提高劳动生产率和资本回报率,这是调结构这个四则运算的最终目标。"③质量变革、效率变革、动力变革就成为提高全要素生产率的基本途径。

有效供给涉及供给品在技术档次、产品质量、安全和卫生等方面符合消费者的要求。有效供给要素可归结为二个方面:科技创新、精细化管理和激励性体制。针对所要解决的有效供给问题,供给侧改革的关键是提升供给

---

① 中共中央文献研究室编:《习近平关于社会主义经济建设论述摘编》,第98页。

② 同上书,第108页。

③ 同上书,第82页。

的能力,建立有效供给的长效机制,提高供给结构的适应性和灵活性,以赢得消费者。按此要求,供给侧结构性改革需要在三个方面推进:一是激励和保护企业家精神。在体制上推动经营者成为企业家,放手让企业家在市场决定资源配置的条件下带动提高供给体系的质量和效率。二是建立精细化的治理体系和文化,加强质量管理和重塑精细文化,培育一丝不苟的"工匠精神"。三是规范市场秩序。一方面加强并完善市场监管体制,"乱市"用重典,在制度上克服劣币驱逐良币现象;另一方面加强诚信体系建设,打造诚信品牌。这些方面的体制形成,可以引导企业不只是采取价格竞争的方式,而是更多地采取技术革新和产品质量的竞争方式,生产更新、更好的产品并提供更新、更好的服务。

13.2-2　着力振兴实体经济

实体经济是一国经济之本。一国的经济最终由实体经济支撑。供给侧结构性改革目标还是要实体经济发力,在实体经济领域产生发展的新动能。现阶段对实体经济的最大冲击是虚拟经济。理论与实践都证明,虚拟经济只是经济的润滑剂,即使其有扩张资本的能力,也要反映在实体资本所推动的实体经济的扩张上。虚拟经济是在虚拟资本(股票、债券等证券投资及房地产投资)基础上产生的投机性经济。虚拟经济在实体经济基础上产生,本应服务于实体经济。

金融及其市场是虚拟经济存在和膨胀的通道。但其本身并非虚拟经济,它为投资者提供了一种投资选择机制。各种类型的投资者把不用于消费的收入和生产中暂时闲置的资金通过储蓄转向投资的转化渠道,最终投入到各个实体经济部门。当投资者依据自己的偏好和判断通过退出机制变现其持有的证券,实现投资组合的调整时,又会引起资金和社会资源的流动。这种流动是按照投资主体利益最大化原则进行的,就可能成为全社会资源合理配置的有效途径。

银行信用直接为实体经济服务不是虚拟经济,利用信用机制投机就是虚拟经济;企业通过发行股票筹集资金不是虚拟经济,以股票在股票市场上投机就是虚拟经济;购买房产用于居住不是虚拟经济,购买房产用于投机就是虚拟经济;外汇用于进出口不是虚拟经济,利用外汇进行投机套利就是虚拟经济。现代经济不可能没有虚拟经济,但在虚拟经济领域中的过度投机则会导致系统性金融风险。

经济发展到现阶段,虚拟资本的范围大大扩大,收入可以资本化的不仅包括马克思当时所指出的债券、股票,还有外汇和金融衍生工具,如金融期货、股票指数期权等。所有这些既是现代经济进步的说明因素,也是现代经济矛盾和危机的说明因素。

不可否认的是,虚拟资本市场既然存在风险和投机,就有可能"发展成为最纯粹最巨大的赌博欺诈制度"①。虚拟资本市场上的投机可能产生负效应,其中最为突出的是出现泡沫经济。资本市场之所以会产生泡沫,从根本上说与进入资本市场的虚拟资本的价值决定机制相关。这就是马克思说的:"它们的市场价值,在现实资本的价值不发生变化(即使它的价值已增殖)时,会和它们的名义价值具有不同的决定方法。"②从与现实资本的联系来看,虚拟经济的运动虽然要反映所代表的实体经济的运动,但更要受市场上各种因素的影响。股票之类的虚拟资本价值会随着它们有权索取的收益的大小和可靠程度而发生变化,但是这里的收益不是现实的,而是预期的。既然虚拟资本价值是资本化的收益,也即一个幻想资本按现有利息率计算可得的收益,由此便产生投机。利息率的变化、进入市场的证券数量、投机心理、虚假信息、操纵市场等都会导致虚拟经济脱离实体经济的运动。就如马克思所说,虽然虚拟资本和实体资本分离后有独立的运动,但最终不能脱离实体资本的运动。马克思说:"只要这种证券的贬值和增值同它们所代表的现实资本的价值无关,一国的财富在这种贬值和增值以后,和在此以前是一样的。"③这意味着一国的财富是由实体经济的增长实现的。人家都去搞虚拟经济不去搞实体经济,经济会是无本之木,虚拟经济也就无利可图。

虚拟资本的市场是投机性市场,在投机过度时越来越多的资本不是直接投入实体经济,而是投入股市、汇市和房地产市场之类的投机性市场,其结果是在实体经济部门资本投入严重不足,同时在投机性市场上投资过度而

---

① 马克思:《资本论》第三卷,第500页。
② 同上书,第530页。
③ 同上书,第531页。

出现泡沫经济。其机制是：投资投向实体经济，获取投资回报需要一段时间，而且投资的成本也很大；而投资于虚拟经济，如果抓住了机会，不仅可以很快地收回投资成本（如果投资成功的话），而且投资的回报期也很短。这样一来，这种投资导向的结果是对实体经济的投资减少，而对虚拟经济的投资增加。这就可能导致"脱实向虚"。

在现代经济中，经济周期在很大程度上可以用虚拟经济的膨胀和紧缩来说明。在经济趋向高涨时期，虚拟经济的虚假繁荣会推动经济进一步膨胀；一旦虚拟经济的膨胀脱离其物质保证，就会造成资本市场畸形繁荣，甚至形成泡沫经济。在经济趋向衰退时期，虚拟经济冷淡会加速经济危机的爆发。

振兴实体经济主要从两个方面入手。一是确保对实体经济足够的投资。需要警惕"脱实向虚"。虽然虚拟经济领域存在巨大风险，但虚拟经济领域中的一夜暴富现象会刺激实体企业有盈利后不愿再投入实体而转向虚拟经济领域。就如某位知名企业家的"野蛮人的敲门"之说："我们今天看到的野蛮人的敲门，因为你太有钱了。但是一个实体经济的发展，它要能够引领世界，是要有资本来支撑的。而现在很多人用经济杠杆来发财，那是对实体经济的犯罪！"这引发我们对股市上的"野蛮人"的思考，同样贷款 1 000 万元，一个进入实体企业进行技术改造、设备更新，发员工工资；另一个进入股市举牌，试图控制该上市公司股权。后果怎样？后者可能轻而易举控股某个企业。只讲资本的力量，不讲资本的责任是对资本的误读。即使靠资本力量控股了某个实体企业，也要有足够的治理能力。

二是降低实体经济企业的运行成本。目前制造业运行成本过高的问题必须引起重视，主要涉及企业运行的综合税务、劳动成本、能源价格、先进设备价格、土地价格等等。这些都是制造业必须支付的成本。如果这些成本过高，在其产品进入市场后成本得不到补偿，就会影响经营实体经济企业的积极性。为此需要通过减税、减费、去杠杆等途径降低企业成本，有效促进实体经济的振兴。

13.2-3　释放企业活力

一般说来，需求侧的经济学关注的是选择问题：在市场决定资源配置的条件下市场选择资源流向，进入哪个地区、哪个行业、哪个企业，由充分竞争的市场进行选择,这种选择对企业产生外部压力。供给侧的经济学则关注激励企业的问题,其中包括减轻企业负担,减少对企业的行政干预,从而激发企业活力。在信息经济学中也要求在信息不完全条件下,建立激励性体制,克服影响供给质量和效率的道德风险之类的机会主义行为,并从机制上克服劣币驱逐良币的状况。中国特色社会主义政治经济学的一个重大原则,就是坚持调动各个方面的积极性。这也应该成为供给侧结构性改革的重大原则。

企业活力是整个经济活力之源。增强企业活力的要素除了需求侧的充分竞争机制外,在供给侧则为注重激励企业。"去杠杆"和"降成本"的目标都是激发企业活力,实质是给实体经济中的企业减负,以调动其增加有效供给的积极性。"去杠杆"是针对企业金融债务过高而提出来的。企业过高的金融债务不仅造成过高的利息负担,还可能造成资不抵债。从改革的角度"去杠杆",指的是改革投融资体制。去杠杆就是要求企业更多地由通过银行的间接融资转向直接融资和股权融资的方式,从而在投融资体制结构上建立企业自我积累、自我约束的机制。这就要求金融创新,相应地发展多层次直接融资的资本市场,为企业参与资本市场运行提供更多工具。"降成本"的改革目标是为企业减负,让更多企业轻装上阵,并且激活"僵尸企业"。路径是为实体经济企业大力度减税、降息、减费,降低企业债务负担。在这方面需要处理好国民收入分配中国家、企业和职工三者的利益关系,尤其要突出企业利益。职工既要共享企业发展的成果,也要分担企业风险,如果企业承担不了不切实际的职工负担而关门或裁减员工,最终受损的还是职工。

供给侧结构性改革不可避免要关停一批"僵尸企业",但不能简单地把关停"僵尸企业"作为改革目标。"僵尸企业"是个模糊概念,与其说关停"僵尸企业"不如说关停污染企业。以上意义的"去杠杆"和"降成本"必然会使"僵尸企业"范围缩小。"僵尸企业"不是指所有困难企业,而只是指采取各种激励方式后仍然激不活的企业。处置"僵尸企业"最简单的方法就是需求侧的市场淘汰的方法。但是考虑到降低社会成本,不能简单采取破产倒闭的办法。着力点还是救活"僵尸企业"。保企业还是保职工之争实际上是伪命题。保职工固然比保企业成本小,但国家能在多大程度上、多长时间内保这些失业的职工呢？没有企业何来就业？因此，处置"僵尸企业"应该在供给侧更多地采取办法。例如，并购重组，依靠优势企业带动这些企业走出困境；再如，引导企业转产，浴火重生；又如，对国有企业中的"僵尸"企业进行改制。这些都能降低处置"僵尸企业"的社会成本。

13.2-4　培育高质量发展的新动能

经济发展是有阶段的，不同阶段经济增长的动能也有所不同。经济就是在新旧动能的转换中运行和发展的。在去产能、去库存的供给侧结构性改革已经取得明显成效的基础上，深入推进供给侧结构性改革，不能只是去产能、去库存。"去"之后需要"立"。这就是培育新动能，使该"去"的无效产能被新动能替代，从而使经济发展由新动能推动，并把被过剩、无效产能占用的生产要素转移到新动能中，实现新旧动能的转换。这是影响中国长远发展的供给侧结构性改革的内容。新动能可以给经济增长带来新的活力、新的动力、新的能量。新动能不仅是经济发展的新引擎，也是改造提升传统动能，促进实体经济蓬勃发展的动力。

关于新动能，习近平指出："既要紧盯经济发展新阶段、科技发展新前沿，毫不动摇把发展新动能作为打造竞争新优势的重要抓手，又要坚定不移地把破除旧动能作为增添发展新动能、厚植整体实力的重要内容。"①党的十九大曾经明确所要培育的新动能主要在中高端消费、创新引领、绿色低碳、共享经济、现代供应链和人力资本服务等领域。实际上这六大领域的新动能主要是在互联网、大数据、人工智能同实体经济深度融合基础上产生的。以下结合进入新发展阶段后的新特点，突出强调几个影响高质量发展的新动能。

第一，创新引领产业升级。创新本身就是新动能。在产业结构上的新动能主要指的是被称为"新经济"的战略性新兴产业。涉及制造业和服务业两个方面。一是反映新工业革命和数字经济的标志性的高端产业。如智能制造、机器人、新能源、新材料、环保产业、生物技术等；二是体现于服务业的互联网平台经济。前者涉及制造业领域创新的产业，后者涉及服务业领域创

---

① 习近平：《在深入推动长江经济带发展座谈会上的讲话》，《求是》2019 年第 17 期。

新的新业态。战略性新兴产业是科技创新的成果,代表产业发展的方向。国家竞争力很大程度上表现在一国的科技和产业占领世界的制高点。一般说来,战略性新兴产业的成长的生态环境涉及供给和需求两个方面:一是科技供给,掌握当今世界最为高端的科学技术,而且需要不间断地创新;二是市场需求,其产品要为市场所接受,实现其价值。

第二,依靠新科技创造新业态。互联网、大数据、人工智能同实体经济深度融合。由此产生的各种新经济业态必然会形成发展的新动能。现阶段移动互联网进入哪个产业领域,哪个产业领域就能得到根本改造和提升,并且产生新业态。共享经济是互联网大数据与实体经济融合后产生的新经济业态,在目前可以说是活跃的新动能。共享经济是利用互联网平台的共享使用权的经济。互联网平台提供了谁都可以进入和平等共享的权利。公众利用互联网平台,使用权和所有权分离,使用者不试图占有这个资产,而要试图高频次、高效地去利用和使用这个资产。目前的共享经济有多种类型,包括:共享互联网平台,互联网平台开放、透明,进入平台的资源是公共的,平台是共享的;私人闲置资源借助互联网平台共享,实现私人资源再利用。

第三,发挥人力资本服务的新动能作用。经济增长有多种要素,在现代增长中哪种要素可以作为新动能来培育? 皮凯蒂在《21世纪资本论》中回答:"现代的经济增长大多取决于人力资本的兴起。"[1]历史经验表明,"落后国家是通过提高科技水平、专业知识与技能和教育水准来追赶发达国家的"。[2]中国的实践也证明,人力资本积累是经济增长的源泉,是现代经济增长的决定因素和永久动力。人力资本即经过教育和培训形成的人的知识和技能的存量,相当于马克思理论中的复杂劳动概念。马克思当时就认为复杂劳动创造多倍于简单劳动的价值,可见人力资本的动能作用。人力资本服务成为新动能反映现代经济增长的趋势。中国正在推进创新驱动发展战略,人力资本即创新的第一要素,可见人力资本服务的新动能作用。在供给侧把人力资本服务作为新动能来培育有多方面内容:首先,在主要依靠人力

---

[1] 皮凯蒂:《21世纪资本论》,第42页。

[2] 同上书,第71页。

资本服务的领域产生新动能。随着知识经济的发展,产生了一系列知识密集型产业领域,如金融、咨询、设计、软件等。这些领域无疑更多地需要人力资本服务。这些领域可以说是知识经济时代发展的新增长点。其次,根据人才是第一资源,实施人才强国战略。中国产业在全球分工环节处于中低端,原因就在人力资本缺乏。因此,培育新动能需要培养高精尖科技和管理人才,建设知识型、技能型、创新型劳动者大军。通过教育、培训等途径进行人力资本投资,使人力资源优势转化为人力资本优势。需要重视高级技工和应用型人才的培养和供给,培育更多的工匠和工匠精神。最后,尤为重视企业家人力资本。在现代企业中,资本、劳动、技术、土地等要素都是由企业家组合的。熊彼特定义的创新是要素的"新组合",企业家就是实现要素"新组合"的组织者和推动者。企业家精神重要的是创新精神。企业家的人力资本无论是对企业还是对全要素生产率的提高,进而对整个供给体系的质量都起着决定性作用。供给侧结构性改革就是要推动经营者成为企业家,提高企业家人力资本积累,激发企业家精神,形成发展的新动能。

13.2-5 发挥投资对优化供给结构的关键作用

党的二十大要求把实施扩大内需战略同深化供给侧结构性改革有机结合起来。这两者的结合体现调控发展的长期目标和短期目标的结合。特别是在中国经济发展面临需求收缩、供给冲击、预期转弱三重压力时,更要把这两个方面的改革和发展有机结合起来。既扩大有效需求,又增加有效供给,塑造新的竞争优势。

构建以国内大循环为主体、国内国际双循环相互促进的新发展格局,要把发展的基点牢牢放在内部,统筹谋划扩大内需和优化供给,充分发挥超大规模市场优势,提升供给体系对国内需求的适配性,打通经济循环的堵点断点,推动供需之间良性互动。依托国内市场的超大规模性和消费市场的多层级,建立起扩大内需的有效制度,培育完整的内需体系,从而有利于在适应居民消费需求转型升级的基础上,持续释放内需潜力,使生产、分配、流通、消费各环节更多依托国内循环。这将有效地提升中国产业链供应链的韧性,为中国经济现代化注入更加强劲、更可持续的发展动力。

扩大内需涉及消费和投资。固然要强调扩大消费需求对经济增长的基础性作用,但绝不能以此忽视投资的关键性作用。把扩大内需战略同深化供给侧结构性改革有机结合起来,其重要路径是党的二十大所指出的发挥投资对优化供给结构的关键作用。原因是供给结构是由投资结构决定的。有效的投资结构表现为解决好供给结构对需求结构的适配性,以自主可控、高质量的供给创造引领新的需求,并且以足够的创新投资支持创新发展。

近年来,受世界百年未有之大变局和新冠病毒疫情的影响,世界经济出现衰退,中国经济发展同样面临需求不足和经济增速下行的压力。在此背景下,若不实行扩大内需的宏观调控政策就难以实现供给侧改革的目标。例如"六稳"(稳就业、稳金融、稳外贸、稳外资、稳投资、稳预期)和"六保"(保居民就业、保基本民生、保市场主体、保粮食能源安全、保产业链供应链稳定、保基层运转)的基础都需要刺激需求,尤其是激发投资需求。

在现在的常态中,消费需求仍然需要投资拉动,其中包括:以投资来创造就业机会和岗位,以投资拉动的增长来增加居民收入,以投资来推动基本公共服务城乡和区域均等化,以投资来改善生态环境。而且,由民生改善拉动的投资是最有效的。投资对经济增长的拉动作用,着力点是优化投资结构,增加扩大消费需求的投资。

中国民间投资潜力很大,但民间投资缺乏活力。激发民间投资活力的路径主要在两个方面:

其一,克服政府投资的挤出效应。在各级地方政府债务问题严重的背景下,更要重视民间投资。从理论上说,政府的投资重点应是重大民生、公共事业等收益相对比较低、期限比较长、外部收益大、民间资本不愿意投资的项目;民间资本则分散于其余领域。政府投资与民间投资本是互补的,而非竞争的。但由于政府的职责范围并不明确,政府的手会触及竞争性领域,使大量财政资金流向能快速提高经济增速的项目,而非公共事业,如某些央企进入房地产领域,与民争利。这种短视性、功利性特征极为显著的投资模式,对民间资本产生极大的挤出效应。基于此,应明确政府与市场的边界,激发民营企业投资的积极性:(1)进一步放宽民间资本的投资领域。凡是法律法规未明确禁入的行业和领域都应该鼓励民间资本进入,凡是中国政府已向外资开放或承诺开放的领域都应该向国内民间资本开放。民间资本得以进入国企垄断的行业,形成市场竞争,可以倒逼垄断企业提高生产效率,降低成本,逐步打破部分垄断企业"一企独大"的局面。(2)优化民营企业投资环境。一方面,制定相应的法规政策,切实保护民间投资的合法权益,培育和维护平等竞争的投资环境。另一方面,减少和清理涉及民间投资管理的行政审批事项,简化环节,缩短时限,进一步推动管理内容、标准和程序的公开化、规范化,提高行政服务效率,减轻民营企业负担。(3)重大基础设施建设、重大基础性科研的政府投资,在必要时也可引进民间资本合作经营。

其二,创新投融资方式,拓宽民间融资渠道。当前中国民间投资乏力,主要是缺乏有效的投融资渠道,民间资金蜂拥进入虚拟经济领域,而实体经济、公共服务等领域建设投资乏力。走出这种困境的对策是,深化投融资体制改革,消除投资障碍,促进投资便利化,充分发挥社会资本的经济拉动效应。首先,构建多层次的资本市场,扩大直接融资占比。推进金融市场改革,允许银行以贷款为主的间接融资模式扩展到直接融资,调整企业融资结构,提高企业的直接融资比重,降低实体经济企业的融资成本和杠杆率。其次,推行政府和社会资本合作模式(PPP),改善公共服务建设资金不足的现状。在基础设施建设以及公共服务领域适当地引入社会资本,不仅可以使相关项目顺利完成,还能将有限的财政资金用于发展更多的公共服务,如高铁、大型水利工程、棚户区改造,以及城市地下管廊等公共产品建设。

13.3 现代化产业体系和产业结构高级化

发展中国家经济落后的根本原因是产业结构处于低水准。如迈克尔·波特所说,竞争力是以产业作为度量单位的。国家竞争力通常针对特定产业,而不是个别企业。[①]在现代经济中,产业竞争力比企业竞争力更重要。产业竞争力是一个国家一个地区的竞争优势所在。国家和地区的竞争力在于其产业创新与升级的能力。与一般的发展经济学关于产业结构的分析不同,对于内循环为主体的大国经济,产业结构分析有两个重要特征:一不限

---

① 波特:《国家竞争优势》,华夏出版社2002年版,第10页。

于产业协调,突出转型升级,在转型升级基础上协调。二不强调依据国际分工和贸易结构安排自己的产业结构,而是根据大国经济的特点建立自主可控的现代化产业体系。就如党的二十大要求的:建设现代化产业体系。坚持把发展经济的着力点放在实体经济上。建设现代化产业体系需要依靠科技创新推动产业基础高级化,培育科技和产业发展的新优势。

13.3-1 制造强国建设

中国属于制造业和出口主导型的国家,至 2022 年,制造业在 GDP 中占比达 39.9%,在世界范围居高位,中国已经成为世界第一制造业大国。按照国际标准工业分类,中国在 22 个大类的 7 个中名列第一,钢铁、水泥、汽车等220 多种工业品产量居世界第一位。中国的出口量居世界第一的地位也是以制造业生产能力居世界前列为支撑的,正因为如此中国有"世界工厂"之称。现代化产业体系对制造业的进一步要求是由大变强,建设制造业强国。制造业的强最为突出的是竞争力强,附加价值高。对国家来说就是自主可控,占领国际产业制高点。具体要求就是党的二十大要求的:推动制造业高端化、智能化、绿色化发展,建设制造强国、质量强国、网络强国、数字中国。

长期以来,中国制造业为主的结构之所以能够支撑较长时期的发展,一方面靠的是较为宽松的资源和环境供给,以及农业剩余劳动力低成本供给,另一方面靠的是国际市场需求。还有一个原因是外商制造业的直接投资。进入新发展阶段,制造业的升级面临着自身的可持续发展问题。一方面,资源和环境的压力成为制造业增长的自然界限;另一方面,世界性经济萎缩和产业转型又导致国际市场产能过剩,愈演愈烈的保护主义使中国制造业发展频繁遇到各种方式的打压。在此背景下,制造业由大变强的方向是推动制造业高端化、智能化、绿色化发展。

首先,制造业绿色化。制造业绿色化不只是针对制造业发展面临的资源环境约束提出来的,而且也是顺应新产业革命要求提出的。美国学者杰里米·里夫金的关于第三次工业革命的著作从所用能源的角度划分工业时代。他把第二次工业革命称为化石能源的时代。进入 21 世纪,曾经支撑起工业化生活方式的石油和其他化石能源正日渐枯竭,那些靠化石燃料驱动的技术已陈旧落后,以化石能源为基础的整个产业结构也运转乏力,更糟糕的是使用化石能源的工业活动造成的碳排放破坏地球和气候生态系统并危及人类健康。这就催生了第三次工业革命。第三次工业革命,根据里夫金的定义,是以可再生能源为基础,是互联网技术和可再生能源的结合。依靠最新科学技术不仅可以使工业化水平一下子进入国际前沿,而且可以以其对物质资源的替代和节省,实现低物质消耗,以其带来的清洁生产而降低污染。中国提出的碳达峰、碳中和时间表,必然会带动制造业的重大变革。而中国明确提出的碳达峰和碳中和目标的实现,首要的是制造业的绿色低碳。

其次,制造业高端化。尽管我们的制造业产量名列世界前茅,有的处于第一位,有的处于第二位,但不能说中国的工业达到现代化了。目前相当多的中国制造业行业处于价值链的低端,附加价值不高。中国与发达国家的差距突出表现在以下三个方面:一是工业的科技含量和档次低。美国在飞机制造、特种工业材料、医疗设备、生物技术等高科技领域占有更大份额,而我们是在纺织、服装、化工、家用电器等低科技领域占有更大份额。二是制造业产品中,"中国创造"部分少,品牌也是用外国的多。这意味着中国制造业处于价值链的低端,附加价值不高,国际竞争力不强。三是在存在大量产品产能严重过剩的同时,高科技、高性能、高附加价值的产品却很紧缺。例如,中国是世界上第一位钢铁生产大国,但在冷轧薄板上却有巨大的供给缺口,自给率仅 65％ 左右,不锈钢自给率更低,仅 15％ 左右。中国的乙烯生产能力也是过剩,但高性能的醋酸乙烯聚合物的生产能力却不足,每年要进口200 万吨左右。冶金业是买方市场,但对许多特种钢材中国还依赖进口。其他如建材业、制药业等也是这样,更不用说高端芯片之类的高技术产品被"卡脖子"了。这表明虽然中国是制造业大国,但还不是制造业强国。制造业的高端化要求中国的产业进入全球价值链的中高端,突破高端产业的"卡脖子"技术。

最后,创新战略性新兴产业。制造业升级需要依靠最新科技成果发展该时代处于领先地位的新兴产业,形成具有自主创新能力的现代化产业体系。2016 年 G20 杭州峰会发布的《二十国集团创新增长蓝图》描绘了世界面临的新工业革命前景:新工业革命为工业特别是制造业及其相关服务业转变生产过程和商业模式、推动中长期经济增长提供了新机遇。物联网、大数据、云计算、人工智能、机器人、增材制造、新材料、增强现实、纳米技术和生物技术等很多新兴技术取得重大进展。这些技术进步正推动智能制造、个性定制、协同生产和其他新型生产方式和商业模式的发展。概括起来,现阶段世界范围新兴产业主要涉及:一是移动互联网、智能终端、大数据、云计算、高端芯片等新一代信息技术发展将带动众多产业变革和创新;二是围绕新能源、气候变化、空间、海洋开发的技术创新更加密集;三是绿色经济、低碳技术等新兴产业蓬勃兴起;四是生命科学、生物技术带动形成庞大的健康、现代农业、生物能源、生物制造、环保等产业。党的二十大进一步提出:构建新一代信息技术、人工智能、生物技术、新能源、新材料、高端装备、绿色环保等一批新的增长引擎。培育这些新兴产业并使之成为主导产业,是制造业现代化的方向。

13.3-2 构建优质高效的服务业新体系

服务业即第三产业。在国民经济统计和分类中主要涉及:农林牧渔服务业;交通运输、仓储和邮政业;信息传输、计算机服务和软件业;批发和零售业;住宿和餐饮业;金融业(银行业、证券业、保险业、其他金融活动);房地产业;租赁服务业;科学研究、技术服务和地质勘查业;水利、环境和公共设施管理业;居民服务和其他服务业;教育;卫生、社会保障和社会福利业;文化、体育和娱乐业;公共管理和社会组织、国际组织。中国的服务业增加值在 GDP 中的占比 2013 年首次超过第二产业,2022 年达 52.8%。服务业已经是国民经济的第一大产业,但与发达国家(70% 左右)相比,还有较大的发展空间。

进入新发展阶段,服务业特别是现代服务业发展潜力和增值空间大于其他产业。其快速发展有其客观必要性和紧迫性。首先,服务业与人们的需求密切相关。进入上中等收入国家发展阶段,居民不断增长的物质产品需求得到满足以后,美好生活需要使得对交通、文化、教育、医疗、信息等方面的服务消费需求更为强烈。服务业能够吸收更多劳动力就业,大都属于环境友好型产业,并且可以满足群众日渐丰富的多元化需求。尤其是在经济发展由投资拉动转向消费拉动阶段,消费的拉动作用依托服务业的发展。

哪里的消费需求旺,服务网点就到哪里去;反过来,服务网络到哪里,哪里的消费就会热起来。

其次,服务业与城市化密切相关。服务业的发展与城市化具有同步性。在城市化进入中后期阶段后,客观规律是服务业尤其是现代服务业会快速增长。服务贸易较产品贸易增长更快。与现代经济相联系的大型商贸、文化教育、金融、保险、房地产业、信息服务业等均集聚在城市,城市的功能就包含服务的功能,如市场功能、信息功能,以及金融、保险、通信等方面的服务功能。公司总部向城市集中,都会进一步扩大服务业系统和网络。

第三,服务业和经济全球化密切相关。发达国家不仅将制造业向发展中国家转移,其现代服务业如金融、保险、通信、网络等服务业也通过服务外包进入发展中国家。这些恰恰是发展中国家较为落后但潜力最大的部门。弗里德曼在《世界是平的》一书中描述了"服务外包"的情景:发达国家企业把自身的某些软性业务(应用研发、呼叫中心、账目管理、远距离知识分享等)以数字化形式分解为不同的阶段,然后将其中的某些阶段的工作外包给成本更低、效率更高的发展中国家的合作企业来完成。有了宽带和互联网,发展中国家(如印度)的企业可以足不出户地为北美的跨国公司提供全方位的软性服务。其效果是依靠服务业的国际化加快了经济全球化进程,发展中国家也由此融入经济全球化进程。

服务业本身也有个转型升级的问题。党的二十大要求:构建优质高效的服务业新体系,推动现代服务业同先进制造业、现代农业深度融合。这就要求发展具有高技术含量和高文化含量的服务业。价值链曲线表明,服务环节的附加值明显高于制造环节的附加值。特别是新兴服务业,如金融、信息、软件、广告、公用事业、咨询服务等发展最快。从一定意义上说,促进产业大而强、大而富的关键在服务业作用的提升。显然,中国作为制造业主导型国家,着力发展服务业,不仅解决自身结构上的大而不富的问题,而且也是应对全球经济转型趋势和压力之策。

消费者服务业的升级与居民消费升级相一致。随着人们收入水平的不断提高,人们消费的欲望呈现出多样性和多边性,追求个性。[①]居民的温饱型

---

① 钱纳里:《工业化与经济增长的比较研究》,上海三联书店 1989 年版,第 83 页。

消费服务正在由数量型向质量型提升。与此同时,信息服务、医疗保健、交通通信、娱乐文教、旅游休闲服务呈高幅增长势头,成为新的消费热点。尤其是随着中等收入群体的扩大,中高端消费也迅猛发展。相应地,满足中高端消费的服务有更大的发展空间。

生产性服务业对制造业大国更为重要。从产业发展顺序看,制造业的发展带动服务业的发展。制造业达到较高水平,对服务业会提出强烈需求;服务业发展对制造业又有明显的拉动作用。尤其是制造业进入提高附加值阶段后,发展生产性服务业就显得更为重要。在产业结构中服务业比重超过工业比重并不意味着工业不可能较快增长。即使在服务业高度发达的国家其工业化还在进行中。现代经济中制造业和服务业的发展是相辅相成的,尤其是服务业主导制造业已经成为趋势。进入现代社会,知识密集型服务业正占主导地位:金融服务、科技服务、文化服务、国际商务、信息服务等现代服务业对现代工业的带动作用越来越明显。金融、保险、运输、信息服务、电子商务、现代物流业等现代服务业,法律、会计、评估、咨询、工程设计、广告等中介服务机构越是发达和规范,制造业的发展空间就越大、质量就越高。

在数字化背景下服务业的现代化进程也在加快,尤其是移动互联网与各类服务业的融合,产生新兴服务业。例如,移动互联网进入传媒领域产生人人可参与的新媒体,互联网进入零售业产生电子商务,网上购物成为时尚。移动互联网进入教育领域产生网上教育,互联网进入金融领域产生互联网金融。可以预见到移动互联网几乎可以进入各个传统服务业领域,从而使服务业借助移动互联网技术和平台进入现代化阶段。因此也改变了过去服务业与制造业相区别的属性——与制造业的生产地点与其消费地点可以分开不同,服务业离不开其消费地点——依靠互联网平台,服务业和消费地点可以分开,而且是无障碍的。如电子商务的网络直播间可以设在远离市场的产地,快递则可把产品迅速送达消费者。

13.3-3 建立自主可控的现代产业链供应链

现阶段的经济全球化具有产品内分工的趋势。同一种产品在全球范围内各个国家和地区布局生产、流通和营销环节,形成中间品贸易即产品内贸易。相应地建立连接研发、生产、销售、服务等全过程、各环节的全球性跨企业网络组织。全球产业链（价值链）的各个环节在全球布局，是要吸纳和整合全球最优资源和市场，尤其是技术供给。某种产品的生产环节在全球布局就形成产业链。在产业链上不同环节的中间品供应就产生供应链。处于产业链的不同环节有不同的附加值就产生价值链。因此，现代供应链也就是全球产业链、全球价值链的反映。一国产业在全球价值链中所处的地位反映其产业的国际水准。建设现代化产业体系的重要方面是培育自主可控的现代产业链供应链。

当前国际竞争进入了一个全球价值链竞争的阶段。中国目前依靠比较优势所嵌入的价值链大多处于全球价值链的低端环节，附加值太低。处于价值链低端的加工制造环节，关键核心技术环节不在中国的居多，中国创造部分少，品牌用外国的多。模仿和引进不能缩短与发达国家的技术差距。附加值低导致勤劳不富裕，尤其是不掌握核心技术和关键技术就会受制于人。这与中国作为世界第二大经济体的地位很不相称。因此需要培育的新动能是，依靠创新驱动，产业攀升全球价值链中高端，不仅要从低端的价值链环节进入中高端环节，而且要建立以我为主的全球价值链。

产业链不同环节的附加价值形成价值链曲线。明确产业链的价值链曲线对产业链的创新链布局有十分重要的意义，对围绕产业链部署创新链有导向作用。从附加值分析，产业链的不同环节有不同的附加价值。影响不同环节附加值大小的决定性因素主要涉及：该环节对整条产业链的影响程度；该环节的科技含量；该环节劳动的复杂程度。产业的价值链有两条曲线：一条是 U 型曲线，即微笑曲线；一条是倒 U 型曲线，即武藏曲线。

微笑曲线指的是在产业链各环节上的附加值呈现 U 型走势，处于 U 型曲线底部的生产、组装环节附加值最低，处于其左边的高精密度加工、研发、设计环节和右边的物流、销售、服务环节附加值呈逐渐提高的走势，如图 13.1。

在微笑曲线中，除了研发环节，销售和服务环节是产品及其价值实现的环节，对整条产业链也有重大影响，因此这两个环节的附加值也高。加工组装环节之所以附加值低，原因是该环节主要是依靠便宜的土地、廉价的劳动

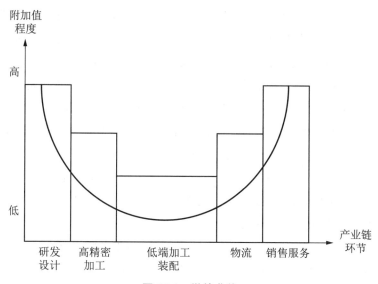

图 13.1　微笑曲线

力,科技含量和劳动复杂程度都低,对整个产业链的影响程度低。2004 年时由日本索尼中村研究所的所长中村末广提出的武藏曲线进一步指出在高精度加工环节,不仅有较高的科技含量,劳动的复杂程度也高,在研发设计环节需要更多的创新和创意,技术含量最高(见图 13.2)。武藏曲线说明在一些高端产业,加工组装环节附加价值是最高的。最为典型的是,集成电路产

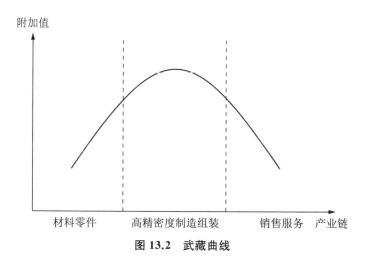

图 13.2　武藏曲线

业的晶圆制造是最难突破的一个环节。从产业链来看,集成电路主要包括芯片设计、晶圆制造和封装测试三大核心环节。此外还有为晶圆制造与封装测试环节提供所需材料及专业设备支撑的产业链,其中 IC(半导体元件)制造占比达到 57%,是附加值最高的一个环节。显然,武藏曲线是对微笑曲线的补充,强调的是高精密度制造组装环节有更高的附加值。

因此,在符合微笑曲线的产业链中,低端环节攀升价值链中高端提高附加值的途径在于往产业链的高精密度加工和设计、研发等上游环节或者市场营销环节攀升。现在中国产业攀升全球价值链中高端面临的问题,不只是处于中高端环节在位者的阻碍,还在于处于中高端的国外环节中间品的断供,也就是全球产业链的断链。

中国的产业和企业参与产品内的国际分工,也就参与了产业链的外循环,目前主要有两个方向:一个是以我为主的产业链进入外循环,依托的是以我为主的核心技术和关键技术,在外循环中利用具有高端技术的零部件配套,利用国际市场。另一个是中国的产业和企业嵌入以国外跨国公司为主导的全球产业链,基本上处于其中低端环节。应该说,中国在参与这两个方向的全球产业链分工中获得了全球化红利,产业基础得到了提升。

长期以来欧美发达国家的跨国公司大都处于全球价值链的研发和营销环节两端,掌握核心技术和关键技术。跨国公司依靠其在全球价值链中的主导和掌控地位所形成的核心竞争力占据了国际竞争制高点。现在美国挑起贸易争端、科技争端,一方面在全球价值链中高端的环节对中国处于中低端环节的企业断供中间品,另一方面其布局在全球价值链上的中低端环节向新兴经济体国家分流,由此中国企业参与的已有的全球价值链实际上不少已经断链。华为以其世界领先的 5G 技术在世界布局全球价值链,实际上是要打破发达国家在高科技产业领域的垄断地位。美国举其全国之力来阻碍华为科技进步,如高通断供芯片,Arm 断供芯片研发技术,谷歌断供安卓操作系统,AT&T 不与华为合作销售华为手机。所有这些都是在产业链上采取的打压措施。其结果是直接破坏全球供应链(价值链)。反过来也可能导致全球供应链的重组,其中包括倒逼华为等高科技企业重组全球供应链。面对逆全球化的冲击,中国企业需要依靠自身创新能力的提升进入可能被打压的供应链环节。产业链国外循环受阻的环节转向国内后,产业链的内循环需要疏通产业上下游关系,最为重要的是保持产业链供应链的稳定性,提升供给体系对国内需求的适配性。这就是习近平总书记提出的"围绕产业链部署创新链,发展科技含量高、市场竞争力强、带动作用大、经济效益好的战略性新兴产业,把科技创新真正落到产业发展上"。①

产业链转向内循环为主体的关键是在疏通产业链上下游关系中重组供应链和产业链,使中断的国际产业链环节能够在国内找到替代,保持产业链供应链的稳定性和竞争力。具体地说,涉及两个方向:一是以我为主的全球产业链在国外的高技术环节转向国内。以我为主的全球产业链,虽然是以我自主知识产权的核心技术优势为主导,但并不是每个环节都拥有关键核心技术。以我为主的产业链布局在国外的产业链环节的零部件供应商是世界级高科技企业。现在被断供的环节转向国内同样要求相应供应环节具备高端科技水平,进入产业链的零部件的国内供应商也应该达到世界级的高科技水平,否则所形成的全球价值链还是没有国际竞争力的。二是处于全球价值链的中低端环节向中高端环节攀升。中国大部分产业和企业在原先的全球价值链中拥有关键技术和核心技术的中高端环节布局在国外。在低端环节上,附加值低、受制于人。在此背景下,中国企业的积极选择是在迈向全球价值链的中高端基础上重组产业链。其路径是围绕产业链部署创新链,把科技创新真正落到产业发展上,产生具有自主知识产权的关键技术和核心技术。其现实基础是,中国的大部分处于全球价值链中低端环节的产业和企业经过多年为中高端环节配套的实践,有条件边干边学,对处于高端环节的技术进行消化吸收再创新,以此掌握中高端环节的核心技术,从而在关键零部件,如汽车和飞机的发动机、半导体的芯片、手机的智能系统等方面取得突破。在此基础上,中国原先处于中低端的产业可能迈向中高端甚至形成以我为主的产业链,实现产业链现代化。

产业链外循环受到打击和断供的环节的技术都是高端的,相当部分是国内技术供给的短板。产业链循环由外转内的堵点在于相关环节的技术供给不足。这意味着建设现代化产业体系需要着力解决与产业链需求相适配的"技术供给",改变中国关键核心技术受制于人,产业处于全球价值链中低端

---

① 中共中央文献研究室编:《习近平关于社会主义经济建设论述摘编》,第132页。

的现状。这些"卡脖子"技术环节的国内替代就需要创新攻关。如果不能突破,产业链的内循环就不可能顺畅,新发展格局就难以形成。根据产业链现代化要求,产业链环节转向国内,不仅仅是寻求替代,而是要求替代的技术更高,质量更好。当前中国原始创新成果少,存在关键核心技术的"卡脖子"问题,主要原因是技术创新领域的供给激励不足。一方面,基础研究不仅投入少,更为突出的问题是基础研究不是以创新核心关键技术为导向。另一方面,基础研究成果转化为新技术、新产业的通道不畅。这同时也表明,畅通国民经济内循环包括畅通基础研究成果转化的通道。实践证明,产学研协同创新,在协同创新的平台上做好科技创新和产业创新深度融合,是畅通科技成果转化的有效路径。

产业链的顺畅循环不仅需要围绕产业链部署创新链,还需要围绕产业链部署供应链。实践中不少产业链的断链是因为供应链的断链。产业链循环的畅通既涉及需求又涉及供给,产业链上的每一个环节都会存在前向和后向的需求问题,产业链的每一个环节也都存在中间品的供给问题。目前产业链循环断链的国外环节并非都是国内不能配套,或者不具备相应的技术供给条件。当年外商直接投资纷纷涌入中国,就是看准中国有完整的供应链。这种完整的供应链能够支撑中国转向国民经济内循环为主体的新发展格局。克服供应链不畅,不仅涉及替代国外环节的关键核心技术的突破,还涉及流通体系的高效顺畅,其中包括克服因体制、信息和技术等原因造成的供应链栓塞。在数字经济背景下,加快发展物联网,可以利用信息和技术顺畅供应链,降低物流成本。

参阅

洪银兴:《培育新动能:供给侧结构性改革的升级版》,《经济科学》2018年第3期。

14

创新型经济和高水平科技的
自立自强

  诺贝尔经济学奖获得者库兹涅茨考察了欧美发达国家近百年经济发展的进程，在他的关于现代经济增长的定义中，"标志着现今这个经济时代的重大创新是科学被广泛地运用于经济生产领域的问题"；具体地说，"我们最好把现代经济增长看作是以划时代的创造发明为基础的过程。这种创造发明就是实用知识的增加丰富了世界范围内技术和社会知识的存量，当它被开发利用时就成为生产高速增长和表现现代经济特征的结构迅速变化的源泉"。[①]根据罗斯托的分析，起飞阶段和起飞以后的现代化阶段，发展的动力是不一样的。经济起飞靠投资推动，较高的投资率成为实现起飞重要条件。而在起飞以后的现代化阶段，基本动力就转向了创新驱动。这个理论界定同中国发展的现实是一致的。发展动力不转向创新驱动，现代化也就成为空话。

---

① 库兹涅茨：《现代经济增长》，第 7、250 页。

14.1　创新的含义和作用

创新,顾名思义,即创造新的,走前人没有走过的路,包括创造新思想、新理论、新技术、新制度、新文化等。从经济发展方式来谈创新,科技和产业创新是核心,是创新驱动经济发展的原动力。不仅要求提高科技创新能力,还要求科学新发现迅速孵化为新技术、新产品,从而转化为现实生产力,并且能够源源不断地提供新技术、新产品。

最早的创新思想可追溯到马克思在《资本论》中所提出的自然科学在技术进步中的作用。根据马克思的概括,"智力劳动特别是自然科学的发展"是社会生产力发展的重要来源。①改革开放初期,邓小平就明确提出"科学技术是第一生产力"。进入新时代,习近平提出的新发展理念明确"创新是引领发展的第一动力"。

14.1-1　作为经济学范畴的创新

最早直接提出创新概念的是美国经济学家熊彼特。他指出:创新即生产要素的新组合,包括五个方面创新:采用一种新的产品;采用一种新的生产方法;开辟一个新的市场;掠取或控制原材料或半制成品的一种新的供应来源;实现任何一种工业的新的组织。②人们通常将此简单概括为:产品创新、技术创新、市场创新和组织制度创新。企业家精神就归结为创新精神。

弗里曼在《新帕尔格雷夫经济学大辞典》中撰写的"创新"词条,明确创新是指新发明(新产品、新工艺、新方法或新制度)第一次运用到经济中去的尝试。此定义特别强调"第一次运用"。创新作为新发明第一次引入商业中的全过程,包括发明、创新和创新的扩散三重概念。其中发明是指为新的或改进的产品、工艺或制度而建立的新思想、图纸或模型,通常表达一种前所

---

① 马克思:《资本论》第三卷,第97页。
② 熊彼特:《经济发展理论》,第73页。

未有的构思。创新的扩散是指创新的成果经过全体潜在采纳者之手扩散提高全社会生产率。①这样我们可以对创新作广义的和狭义的解释。狭义的创新，只是指重大科学发明的应用，通常就是我们现在讲的孵化高新技术。广义的创新则包括发明、创新和创新的扩散的全过程，涉及科学和技术两个方面的创新。

诺贝尔经济学奖得主费尔普斯对创新的定义是：创新是指新工艺、新产品在世界上的某个地方成为新的生产实践。他特别强调经济学家与科学家对创新定义的差别：对经济学家来说，创新就是指新实践，而不仅仅是开发；而科学家则习惯把新工艺和新产品的发明都称为创新，不管用户是否接受。

国际经济合作组织（OECD）对创新的定义较为具体：一种新的或作出重大改进的产品（商品和服务）或工艺，一种新的市场经营模式，或在商业实践、工作组织或外部关系中的一种新的组织方式的实施过程。

以上各家提出的创新定义有一个共同的特点，就是强调创意和新发明的应用。就如熊彼特当年所说的，"仅仅制造出令人满意的肥皂是不够的；诱导人们去清洗东西同样是必要的"。现实中有许多创意和发明是充满智慧的，但是没有得到应用，也就没有多大价值。这就是说，发明并不完全等同于创新，创新要求将创意落到实处，创造出应用价值时，这种发明才有创新的价值。

14.1-2　作为经济发展方式的创新

最早将创新驱动作为一个发展阶段提出来的是波特，他把经济发展划分为四个阶段：第一阶段是要素驱动阶段，第二阶段是投资驱动阶段，第三阶段是创新驱动阶段，第四阶段是财富驱动阶段。他认为，企业具有消化吸收和创新改造外国先进技术的能力是一国产业达到创新驱动阶段的关键，也是创新驱动与投资驱动的根本区别。②

索罗在 20 世纪 50 年代提出的经济增长模型包含了技术进步的作用。根据他对增长原因测度的结果，促进人均收入增长的主要因素是资本投资

---

① 《新帕尔格雷夫经济学大辞典》第 2 册，经济科学出版社 1996 年版，第 925 页。
② 波特：《国家竞争优势》，第 567 页。

和技术进步。在这两者之间技术进步的影响更为显著。根据他的统计分析，美国经济增长大约有80％源于技术创新，仅20％源于资本积累。这意味着带来更多产出的原因是"技术的进步以及工人技能的提高"①。可见技术创新在现代经济增长中的作用十分显著。

20世纪80年代末、90年代初，西方国家产生的所谓新经济的重要标志是科学技术迅速在生产和社会生活各个方面广泛应用，以知识创新为基础的知识经济的特征越来越明显。对经济新现象作出理论概括的便是新增长理论。先后对新增长理论的创立和发展作出贡献的学者有罗默、卢卡斯等。新增长理论从内生性技术进步出发解释了技术进步的源泉，以及由此产生的经济增长效应。所谓内生性技术进步，是指技术进步成为经济系统的内生变量，技术进步率应该由经济中用于研究和开发的资源所占份额所决定。新增长理论提出了除资本、劳动力外新的影响收益的生产因素即知识和人力资本。

罗默将知识作为一个独立的要素引入增长模型，并认为知识的积累是现代经济增长的重要因素。知识不仅形成自身的递增效应，而且能够渗透于资本和劳动力等生产要素，使资本和劳动力等生产要素也产生递增收益，从而使整个经济的规模收益递增。因而罗默模型是一个规模收益递增模型，这已被近年来知识经济发展的实践所证明。

卢卡斯增长模型的基本思想是：人力资本积累是经济增长的源泉。人力资本积累也具有内生性特点。教育投资形式的人力资本积累也会产生提高全社会生产率的收益递增的外部正效应。各国的生产率差别可以用人力资本积累水平的差别来说明。卢卡斯等人认为专业化的知识技能和人力资本积累也可以产生递增的收益并使其他投入收益及总规模收益递增，人力资本是现代经济增长的决定因素和永久动力。

新增长理论的基本政策主张，一是重视研发（R&D）的投入，二是重视人力资本的投入。前者突出知识创造，后者突出知识传播。现代发展理论根据资本的属性将资本区分为自然资本、物质资本、知识资本和人力资本四种

---

① 索罗：《论经济增长》，载廖理等：《探求智慧之旅》，第196页。

类型。从新增长理论可以看出,经济增长的要素不仅包括资本、劳动和土地等有形要素,还包括知识资本和人力资本之类的无形要素。随着以信息技术为代表的新经济的出现,无形要素对经济增长所起的作用越来越大,研究这些无形要素对中国经济有着极为重要的意义。

2014年11月9日,国家主席习近平在亚太经合组织工商领导人峰会开幕式上的演讲中,把从要素驱动、投资驱动转向创新驱动称为经济新常态的一个重要方面。长期以来中国的经济发展基本上处于要素驱动和投资驱动阶段。要素驱动即依靠物质资源投入的经济发展;投资驱动即依靠高积累低消费的经济发展。经济发展到当前阶段,出现的新常态是:一方面,物质资源和低成本劳动力供给严重不足,要素驱动的经济发展方式不可持续。另一方面,人民群众不可能长期忍受高积累低消费。不仅如此,经济发展的主拉动力将由投资转向消费。在此背景下,中国经济的发展需要从要素驱动、投资驱动转向创新驱动。创新驱动成为新的经济发展方式,可以从以下四个方面来说明:

第一,现有的资源容量(尤其是能源和土地)难以支撑经济的持续增长,必须寻求经济增长新的驱动力。创新驱动就是创造新的发展要素。知识和技术本身就是无形要素,创新的新知识、新技术,是新的发展要素,不仅可以替代物质资源投入,而且是效率更高的要素。当然,创新驱动不完全是不要投入物质资源,但它可以使投入的物质资源有更高的产出。

第二,中国正在推进的工业化伴有严重的环境污染和生态平衡的破坏。由工业文明转向生态文明的基本要求是人和自然和谐共生,相应地,经济发展就要控制环境污染,减少碳排放,以及修复被破坏的生态。其路径不是一般地控制和放慢工业化进程,而是依靠科技创新开发并应用低碳技术、能源清洁化技术、循环经济技术,发展环保产业,从而实现对高排放、高能耗产业和技术的强制淘汰和替代。

第三,国家的竞争力在于其产业创新与升级的能力。产业结构优化升级需要有创新的新兴产业来带动。2008年爆发的国际金融危机正在催生新的科技革命和产业革命,中国成为世界第二大经济体后,没有理由再错过新科技和产业革命的机会,需要依靠科技和产业创新,发展处于世界前沿的新兴产业,占领世界经济科技的制高点,从而提高产业的国际竞争力。

第四,中国经济体大而不富,原因是许多中国制造的产品处于价值链的低端,核心技术、关键技术不在我们这里,品牌也不在我们这里。由此产生高产值低收益问题。尤其是受世界百年未有之大变局的影响,许多外循环环节遇到发达国家的断供。这些环节转到国内相当多的是"卡脖子"技术。要改变这种状况只能是转变发展方式,依靠创新驱动由中国制造转为中国创造,进入价值链的中高端,突破"卡脖子"技术。依靠原创性自主创新技术可以增加中国产品和服务的附加值,提高中国产品的品牌价值。

显然,创新驱动的发展方式不只是解决效率问题,还要提高经济增长的质量和效益,培育技术、质量、品牌的竞争优势。所谓创新驱动就是依靠知识资本、人力资本和激励创新制度等无形要素实现要素的新组合,促进科学技术成果在生产和商业上的应用和扩散,并且创造新的增长要素。这就是依靠科技创新创造的新技术、新产品和新产业来推动经济增长。根据转变经济发展方式的要求,创新驱动需要培育发展新动能。一方面,提高现有发展要素的科技含量。包括利用知识、技术、企业组织制度和商业模式等创新要素对资本、劳动力、物质资源等有形要素进行新组合;以创新的知识和技术改造物质资本,提高劳动者素质,进行科学管理。各种物质要素经过新知识和新发明的介入和组合提高了创新能力,就形成内生性增长,创造出新的发展要素。另一方面,发展新经济。经济发展的每一个时期都会产生反映当时最新科技水平的新产业和新动能,即所谓新经济。现在的新经济则是在互联网和人工智能技术推动下产生的新兴产业,涉及高端服务业中的"互联网＋"、物联网、云计算、电子商务等新兴业态,先进制造业中的智能制造、机器人、柔性化生产和定制化生产等。这就是2016年G20杭州峰会通过的《二十国集团创新增长蓝图》对创新涵义的阐述:创新是指在技术、产品或流程中体现的新的和能创造价值的理念。创新包括推出新的或明显改进的产品、商品或服务,源自创意和技术进步的工艺流程,在商业实践、生产方式或对外关系中采用的新的营销或组织方式。创新涵盖了以科技创新为核心的广泛领域,是推动全球可持续发展的主要动力之一,在诸多领域发挥着重要作用,包括促进经济增长、就业、创业和结构性改革,提高生产力和竞争力,为民众提供更好的服务并应对全球性挑战。

创新驱动的着力点是以全球视野谋划和推动创新,提高原始创新、集成创新和引进消化吸收再创新能力。就如习近平所指出的,实施创新驱动发展战略,最根本的是要增强自主创新能力,最紧迫的是要破除体制机制障碍,最大限度解放和激发科技作为第一生产力所蕴藏的巨大潜能。

14.2 科技创新是创新型经济的核心

进入知识经济时代后,新技术直接来源于科学新发现。技术创新上升为科技创新。在我们所考察的创新发展理念中,核心是科技创新。科技创新是知识创新和技术创新的结合。谁牵住了科技创新这个牛鼻子,谁走好了科技创新这步先手棋,谁就能占领先机、赢得优势。显然,创新能否成为引领发展的第一动力,关键在科技创新。

14.2-1 科技创新的趋势

创新型经济体现资源节约和环境友好的要求,是以知识和人才为依托,以创新为主要驱动力,以发展拥有自主知识产权的新技术和新产品为着力点,以创新产业为标志的经济。

已有的创新定义都是强调新发明、新技术应用的实践,那么作为其源头的知识创新、科学发现是否属于经济学中的创新呢?马克思认为,决定劳动生产力的要素包括:"工人的平均熟练程度,科学的发展水平和它在工艺上应用的程度,生产过程的社会结合,生产资料的规模和效能,以及自然条件。"[1]这里,生产力的要素包括"科学的发展水平和它在工艺上应用的程度"。马克思在《资本论》手稿中指出:科学在资本主义产生以前就已存在,但在此以前并没有成为生产力的要素。为什么只是在进入资本主义生产方式阶段后,科学才成为生产力要素呢?马克思的回答是:只是在进入资本主义生产阶段后,"科学因素第一次被有意识地和广泛地加以发展,应用并体现在生活中,其规模是以往的时代根本想象不到的"[2]。在《资本论》手稿中

---

[1] 马克思:《资本论》第一卷,第53页。
[2] 《马克思恩格斯文集》第8卷,第358—359页。

还可以看到这么一个观点:"只有资本主义生产方式才第一次使自然科学为直接的生产过程服务,同时,生产的发展反过来又为从理论上征服自然提供了手段,科学获得的使命是:成为生产财富的手段,成为致富的手段。"①这就是说,科学、人类理论的进步,只有在被自觉地广泛应用时,才成为生产力要素。其表现是:"这种资本主义生产第一次在相当大的程度上为自然科学创造了进行研究、观察、实验的物质手段。由于自然科学被资本用作致富手段,从而科学本身也成为那些发展科学的人的致富手段,所以,搞科学的人为了探索科学的实际应用而互相竞争。"②

马克思的上述分析实际上指出了科学成为生产力要素从而成为生产力的必要条件是科学被用于生产过程。科学若不在生产中应用,被束之高阁,就不是生产力。科学在生产中得到应用,连同科学一起成为生产力。中国现阶段实施创新驱动发展战略,不仅需要推进基础性科学研究,更要重视科学的应用,推动科技成果转化为直接的生产力。为此需要有足够的资本推向科学研究和科技成果的转化,包括基于科技创新成果的发明。

20世纪90年代针对发达国家进入知识经济时代的趋势,国际经济合作组织发表《以知识为基础的经济》报告,明确提出国家创新体系的概念,不仅区分了知识创新和技术创新,还揭示了两者在国家创新体系中的相互关系。现实的技术创新就源自两个方面:一是颠覆性创新,这是基于科学新发现的创新。二是渐进性创新,这是基于产业的创新。科技创新包含知识创新和技术创新两个方面。科技创新的源头或者是科学新发现所产生的原创性创新成果,或者是对引进的先进技术的再创新,从而形成拥有自主知识产权的核心技术和关键技术。国家创新体系包括知识创新和技术创新三大系统:一是以企业为主体、市场为导向、产学研相结合的技术创新体系。二是知识创新体系,包括基础研究、前沿技术研究、社会公益技术研究等。三是产业创新体系。

知识创新即知识创造领域的创新。与其他资源不同,知识不仅可以共享,而且通过应用实现知识的增长。知识创新主体是大学及科学家。原创

① 《马克思恩格斯文集》第8卷,第357页。
② 同上书,第359页。

性技术、颠覆性技术一般都是来源于科学的新发现即知识创新成果。在新科技革命的背景下，核心技术是国之重器，培育核心技术的技术创新的源头在大学和科研机构的科学新发现。基础研究的目标是发现并创造处于前沿的核心技术。因此，科技创新全过程的起点是知识创新。对技术进步，过去常用的概念是技术创新，现在突出科技创新。这实际上反映创新源头的改变。过去技术创新相当多地源于生产中经验的积累、技术的改进、企业内的新技术研发。即使是由科学发现到推动技术进步，也会间隔很长的时间，一般情况下都是先有科技创新后有产业创新。从科学上的重大发现到产业上的应用，间隔的时间相当长。现在的革命性变化是，科学上的重大发现转化为现实生产力的时间越来越短，从科学发现到生产应用（尤其是产业创新）几乎是同时进行的。例如，新材料的发现、信息技术和生物技术的突破都迅速转化为相应的新技术。这种建立在科技创新基础上以科学发现为源头的科技进步模式，体现知识创新（科学发现）和技术创新的密切衔接和融合，实现大的技术跨越。正是科学新发现迅速转化为新技术，使知识创新成为经济学上的创新的环节或源头。

技术创新形成实实在在的新技术、新产品。现代科技进步的特点和趋势是，科学新发现越来越成为科技创新的源头，而且原始创新的成果一般都是由科学新发现转化的技术。因此企业的技术创新对大学提供知识创新成果的需求越来越强烈。其原因不只是企业创新需要从大学获取新知识，而且也需要通过大学获取国际最新的科学知识。依托大学利用国际最新科学发现进行技术创新，技术创新就可能在许多领域得到当今世界最新科学成果的推动。

国家创新体系理论所要求的要素的新组合不仅仅是企业对已有要素的组合，而且是要对创新的三方面工作（科学发现工作、对发明成果进行转化工作、采用新技术）进行新组合。这就是对知识创新和技术创新的新组合，形成大学和企业的合作创新，重要的是加快科技成果向现实生产力的转化。国家创新体系理论更为强调知识创新系统和技术创新系统两个系统之间的衔接和集成，包括大学、企业和消费者之间的互动。这需要完善科技创新评价标准、激励机制、转化机制。尤其是构建产学研协同创新的体系和平台，在这里形成科学家和企业家的协同和互动。科学家的知识创新瞄准前沿技术,企业家的技术创新瞄准市场需求。两者在同一个平台上协同就可以既有能力抢占科技发展的制高点,又可以使研发的新技术有商业化和产业化价值。

14.2-2 依托科技创新的产业创新

就创新的内容来说可以区分科技创新和产业创新,对推进现代化来说,创新应该是包含了科技创新和产业创新的内在融合。科技现代化的直接作用是产业现代化,形成自主可控的现代化产业体系。这就是说,创新要实,实就实在产业化创新。由此形成新的增长点,既包括前瞻性培育战略性新兴产业,实现高科技产业化,又包括传统产业现代化。实现工业化与信息化、绿色化的融合,还要创新改造传统产业的新技术。围绕产业链部署创新链,围绕创新链布局产业链,不仅要依靠具有自主知识产权的创新成果突破产业链上的"卡脖子"技术,还要推动产业迈上全球价值链中高端。

现代化是由产业创新直接推动的,建设现代化产业体系就成为推进中国式现代化的题中应有之义。研究世界现代化史,可以发现推动现代化的产业创新的内容无一不是科技创新的成果。每一次产业革命都是科技革命推动的。科技革命即科学的突破性发现,产业革命即科技革命导致的产业的革命性变化。第一次现代化浪潮是由以机械化为标志的第一次产业革命推动的,其背景是发生了蒸汽机的科技革命。第二次现代化浪潮是由以电动机和内燃机普遍应用为标志的第二次产业革命推动的,其背景是发生了电气化的科技革命。第三次现代化浪潮则是如里夫金所说的,"互联网信息技术与可再生能源的出现让我们迎来了第三次工业革命"[1],其背景则是发生了信息化为代表的新科技革命。

产业创新是科技创新的目标。过去的技术创新着重在产品和工艺创新。现在,竞争力是以产业水准作为度量单位的,国家的竞争力在于其产业创新与升级的能力。因此产业创新依托科技创新,科技创新是先导,产业创新成为创新的终端目标。现代经济增长的实践证明,先行国家的产业结构转型升级都是在科学技术取得重大突破基础上实现的。这意味着科学技术不仅

---

① 里夫金:《第三次工业革命》,第31页。

是第一生产力,还是产业结构转型升级的第一推动力。科技创新及其成果的高速扩散是推动产业结构高度化的重要因素。没有科学技术的突破就不会有新产业的产生,没有新技术的扩散就不可能有产业结构整体水准的提升。

当前世界范围内同产业创新融合的重大科技创新,突出表现在以下方面:一是数字技术及由此产生的大数据产业。工业化时期数据量大约每十年翻一番,现在数据量每两年就翻一番。大数据依托计算机和互联网。经过现代数字技术采集、分析和处理的大数据越来越成为经济发展的资源。浩瀚的数据海洋就如同工业社会的石油资源,蕴含着巨大的生产力和商机,谁掌握了大数据技术,谁就掌握了发展的资源和主动权。现代科技创新,例如人工智能,其智能化的基础就是大数据。因此数据已经成为经济发展的关键生产要素。二是先进制造。依托信息技术、人工智能等新科技,产生 3D 打印、无人驾驶、智能化、柔性化、网络化的先进制造业。先进制造不仅会从源头上有效缓解资源环境压力,而且会引发制造业及其相关产业链的重大变革。三是量子调控。科学家们开始调控量子世界,这将极大推动信息、能源、材料科学的发展,带来新的产业革命。量子通信已经开始走向实用化,这将从根本上解决通信安全问题,同时将形成新兴通信产业。四是人造生命。2010 年第一个人造细菌细胞诞生,打破了生命和非生命的界限,为在实验室研究生命起源开辟了新途径。未来五至十年人造生命将创造出新的生命繁衍方式。这些不仅对人类认识生命本质具有重要意义,而且在医药、能源、材料、农业、环境等方面展现出巨大的潜力和应用前景。依托重大科技突破,世界范围的产业出现高端化趋势,移动互联网、智能终端、大数据、云计算、高端芯片等新一代信息技术发展将带动众多产业变革和创新。

提出科技创新和产业创新对接的重要原因是中国这两个方面的创新严重脱节。一方面,中国的科技人才和科技论文数量已居世界之首;另一方面,中国的产业水准还处于中低端,即使是高新技术产业,也还缺少自己的原创性核心技术和关键技术。因此中国转向创新驱动经济发展,基本要求是强化科技同经济对接,创新成果同产业对接,创新项目同现实生产力对接。这几个方面归结为科技创新和产业创新的对接。

14.2-3　产学研协同创新

明确了科技创新的源头,紧接着的问题就是推动知识创新和技术创新的无缝对接,从而使科学发现成果向产品和技术及时并有效转化,推动新技术、新产业、新业态蓬勃发展。从熊彼特等经济学家开始,技术创新主要指的是企业家创新。与此不同的是,中国的技术创新体系指的是以企业为主体、市场为导向、产学研相结合的技术创新体系。

产学研协同意味着大学与企业分别作为知识创新主体和技术创新主体在进入孵化新技术领域中的协同关系。产学研协同表现为大学及其科学家同企业及其企业家的协同,实质是产业发展、人才培养和科学研究的一体化,建立起协同创新的平台。大学的科学家进入产学研协同创新平台意味着其知识创新向前走一步延伸到了孵化阶段,不限于创造知识,还要将科学研究成果推向应用。而对企业来说,企业的技术创新不限于自身的研发力量,企业进入产学研协同创新平台,就将技术创新环节延伸到了大学提供的科研成果的孵化创新阶段。在协同创新平台上科学家和企业家共同研发新技术。在孵化阶段知识创新主体和技术创新主体交汇,形成企业家和科学家的互动合作。在高新技术孵化阶段,科学家带着知识创新的成果进入,企业家则带着市场需求进入。在产学研协同之前,创新是偶然的、个体化的行为。在协同创新平台上技术创新体系与知识创新体系对接后,高校多年的科研积累释放出来,源源不断地把实验室里的最新科技转变为新技术和新产品。

在产学研协同创新的平台上,知识创新和技术创新两个主体的合作不是一般的项目合作,而是以产业创新为导向的长期合作,因此可能实现大的技术跨越,甚至带来产业结构的革命性变化。孵化新技术领域从一定意义上说是将大学"顶天"的成果"立地",依据基础研究成果创造核心技术。企业作为技术创新的主体进入孵化新技术领域,不仅仅是在采用新技术方面成为主体,更是在孵化新技术方面成为主体。科学家和企业家在同一创新平台上直接交汇和协同,需要两个方面的转型:一方面,通过科技体制改革推动大学的知识创新延伸到孵化阶段,大学的创新不限于创造知识,还往前走一步,将科学研究成果推向应用,参与孵化新技术。另一方面,推动企业的技术创新不停留在接受新技术转移的水平上,而是要将技术创新环节延伸到新技术的孵化创新阶段。这样就形成企业家和科学家的互动合作。在同一个协同创新平台上,科学家和企业家(包括企业研发人员)追求的目标和角色发生了转换。追求学术价值的科学家需要以市场为导向,实现创新成果的商业价值,追求商业价值的企业家需要以技术的先进性为导向。两者的相互导向,使创新成果既有高的科技含量,又有好的市场前景。而且,科学家和企业家共建的产学研协同创新平台是开放的,并不只是以进入平台的大学和科学家的科研成果作为孵化新技术的来源,进入平台的科学家还会根据企业家的需求利用国内外的创新成果为之提供科学思想,从而在平台上源源不断地开发新技术。科学新发现的价值就在于经过科学家和企业家的协同研发创新多种新技术。

政府介入创新最为重要的是对企业的技术创新与大学的知识创新两大创新系统的集成。集成创新即创新系统中各个环节之间围绕某个创新目标的集合、协调和衔接,从而形成协同创新。政府对包括产学研在内的创新系统进行整体协调和集成的主要方式是搭建产学研合作创新平台并给予支持。正是在这一意义上,中国的产学研协同创新还需要加上"政",即政产学研协同创新。

14.3 高水平科技的自立自强

本来,后发国家的现代化可以通过引进和模仿从发达国家获取技术,这被称为后发优势。但是实践证明最前沿的技术是引不进来的。尤其是当中国的科技水平显著提升,接近现代化水平时,就会遇到发达国家断供、"卡脖子"等阻碍中国科技进步的堵截。这就是习近平指出的,"近代以来,西方国家之所以能称雄世界,一个重要原因就是掌握了高端科技。真正的核心技术是买不来的。正所谓'国之利器,不可以示人'。只有拥有强大的科技创新能力,才能提高我国国际竞争力"[1]。这就提出科技的自立自强的要求:以

---

[1] 中共中央文献研究室编:《习近平关于科技创新论述摘编》,第39—40页。

原创性创新成果,突破发达国家的围堵和遏制,占领科技和产业的世界制高点。就要如党的二十大要求的,坚持创新在我国现代化建设全局中的核心地位,把科技自立自强作为国家发展的战略支撑。科技创新的目标即:面向世界科技前沿、面向经济主战场、面向国家重大需求、面向人民生命健康。

14.3-1 科技创新由外生转向内生

创新驱动作为发展方式本身也有个从外生向内生转变的问题,这就是转变技术进步的模式。驱动经济增长的科技创新战略有内生和外生两种。外生型创新战略主要表现是:创新的先进技术大都是引进和模仿的,创新的先进产业是加工代工型的。这种模式的技术进步基本上属于国外创新技术的扩散,创新的源头在国外。采用的新技术,是国外已经成熟的技术,核心技术关键技术不在我们这里。因此外生性技术进步的意义在于缩短技术的国际差距,但不能进入国际前沿。全球价值链分工也是这样:产业结构中高端的研发环节的附加值高,基本上处于发达国家;产业结构低端的制造环节的附加值低,基本上处于发展中国家。中国基本上是以比较优势嵌入全球价值链的。也就是高科技产品的中国制造部分基本上是利用资源和低成本劳动力的环节,处于价值链低端,核心技术和关键技术环节不在中国的居多,中国创造部分少,品牌用外国的多。其后果一是在关键技术上受制于人,二是高产值、低附加值。

库兹涅茨在考察现代经济增长时指出,新发明和新技术"大部分是发达国家的产物,任何国家的经济增长都依赖于这些发明的利用"[1]。因此,"某个特定国家对现代经济增长的参与是一个学习和直接利用国际性技术和社会知识的问题"[2]。面对先行国家的现代科学技术,发展中国家的现代化的一个必要途径是分享和利用国际最新科学技术。这是发展经济学所讲的发展中国家的"后发优势":发展中国家与发达国家之间在创新投入上的差异,可以通过国际贸易得到改善,因为国际贸易可以促进知识在国际的传播,减少后进国家的研究开发费用,从而间接达到增加发展中国家资本积累的目的。

---

[1] 库兹涅茨:《现代经济增长》,第250页。
[2] 同上书,第255页。

实践证明,这种利用国际知识传播创造的"后发优势",在发展中国家科技落后、科技创新能力不强的阶段可能是成立的。改革开放开启以后中国依靠开放型经济,引进和利用外资,确实学习和分享了国际先进技术。但是,这种路径创新的源头在国外,驱动发展的先进技术很大程度上是外生的。引进的科技在发达国家已经是成熟技术,发展的新产业也是国际市场上开始产能过剩的产业。外生的创新技术不能改变后进地位,也谈不上现代化,更会受制于人。当中国进入推进现代化新阶段,科技创新能力明显增强时,这种后发优势将逐渐衰减。面对中国的崛起,西方发达国家会在"中国威胁论"的幌子下竭力打压中国的经济和科技发展。越是接近现代化水平,引进高端技术的障碍越大。中国式现代化所需要的高端技术已经难以直接引进,需要抛弃等待引进国外新技术的观念,也不能对"以市场换技术"有过高的期望。

中国的科技创新已从以跟踪为主转向跟踪和并跑、领跑并存的新阶段。跟踪国际新技术的技术创新当然是需要的,但不能进入国际前沿。中国成为世界第二大经济体后,技术创新不能只是停留在跟随创新的阶段,不仅要同发达国家并跑,更要领跑。这就需要立足自主创新,形成具有自主知识产权的关键技术和核心技术。目前中国同发达国家的科技经济实力差距体现在创新能力上。由跟跑转向并跑和领跑的科技创新关键是在创新的源头上提高创新能力。包括科学新发现所产生的原创性创新成果,对引进的先进技术的再创新,从而形成拥有自主知识产权的核心技术和关键技术。着力点就是加大进入世界前沿的基础研究的力度。提高知识创新能力的路径包括实施一批国家重大科技项目,在重大创新领域组建一批国家实验室,产生突破性重大知识创新成果。不仅如此,由于新技术的知识产权限制,新技术的国际流动性明显弱于科学和知识的国际流动性。大学利用国际最新科学发现进行技术创新,可能实现技术的跨越。依托大学的知识创新,企业的技术创新就可能在许多领域得到当今世界最新科学技术的推动。

14.3-2 内生性科技创新的主要路径

无论是中国所处的发展阶段还是国际环境,都要求中国的科技创新走内生性的自立自强之路。内生性科技创新突出国家发展目标导向的基础性研究,原创性创新成果,具有自主知识产权的关键技术和核心技术,以及掌握核心国际前沿技术的产业,强调的是自主创新,自主知识产权。特别是在中国开启现代化新征程,与国外技术距离缩短甚至进入并跑和领跑阶段时,只有依靠自主创新的科技推动的内生经济增长才是可靠的可持续的。

现在,中国走内生性科技创新之路的主客观条件已经具备。世界是平的。虽然发达国家在许多技术领域对中国实施断供、脱钩,但经济全球化和科技全球化的互动趋势没有变,信息化和数字化所推动的新科技革命的机会对各个国家都是均等的。尤其是在科学研究领域的信息、人才交流是难以阻挠的。在全球化、信息化、网络化的条件下,中国与其他发达国家进入同一创新的起跑线的基础性条件是,中国在许多重要领域已经具备了自主研发新技术的能力,有一批高水平研究型大学和科研机构,有能力跟踪世界高科技发展,大学和科研机构掌握的高科技的国际差距相对来说,要比高科技产业的国际差距小,科学研究没有国界。特别不能忽视的是我们的举国体制,有能力集中科技力量对关键核心技术攻关。

一是与发达国家并跑。所谓并跑就是与国际接轨,与发达国家科技创新的主攻方向一致。库兹涅茨把现代经济增长看作是以划时代的创造发明为基础的一个过程:不管创新资源的来源如何,科技和产业的时代划分是以许多国家所共有的创造发明为依据的。在现代,具有划时代意义的共有的创造发明是数字化、智能化、绿色化科技。这些新科技同样成为中国科技创新的主攻方向,表明中国与发达国家并跑。人家能够开发的新科技、新产业,我们同样也可以研究和开发。只有凭借并跑中的科技创新才能进行平等的新科技相关问题的国际交流和对话,提升自己的科技创新能力,突破发达国家对中国断供的"卡脖子"技术。

二是在重要科技领域领跑。中国式现代化不只是追赶发达国家,还要逐步赶超发达国家。赶超发达国家现代化水平的中国式现代化,首先是科技现代化赶超,也就是在重要科技领域成为领跑者。所谓领跑就是与未来接轨,直接瞄准国际最新技术取得突破性进展。在重要科技领域成为全球领跑者,在前沿交叉领域成为开拓者,成为世界主要科学中心和创新高地。这种领跑者地位不是在实现现代化以后形成,而是在现代化进程中就要不断开拓领跑领域。只有这样,才能实现中国式现代化的目标。

三是进入科技和产业竞争新赛道。当前阶段的新经济是数字经济。发展数字经济是把握新一轮科技革命和产业变革新机遇的战略选择。在数字经济这个新赛道上与发达国家并跑乃至领跑,进入国际前沿,必将加快中国的现代化进程。

四是开放式创新。内生性自主创新不等于封闭创新。党的二十大提出形成具有全球竞争力的开放创新生态的要求。这种开放创新生态主要涉及三个方面。第一,重视研究型大学的基础性研究的开放。原因是基础研究的信息交流、科学家的交流遇到的障碍相对要小,可以在创新源头上增强创新能力。第二,重视创新人才的引进和合作。如党的二十大所要求的加快建设世界重要人才中心和创新高地,形成人才国际竞争的比较优势。第三,以规则、规制、管理、标准等方面的制度型开放创造法治化的创新环境,尤其是知识产权保护制度达到国际标准。

14.4 科技创新的机制和激励创新的体制

科学技术突破和高科技产业化是科学技术现代化不可分割的两个方面,明确了内生性科技创新与产业创新的融合关系,进一步的研究就是内生性创新体系的构建。

14.4-1 科技创新体系

科技创新体系的构成通常包括从事基础研究的知识创新体系和从事技术研发的技术创新体系。基于中国式现代化的要求,科技创新体系还必须增加一个,即现代化产业体系。原因是科技创新最终要落脚到产业创新上。这样中国的内生性科技创新体系就是知识创新体系—技术创新体系—产业创新体系之间的互动和衔接。整个创新链如图 14.1 所示。

图 14.1 创新链环节

构建内生性科技创新体系的目标是具有自主知识产权的关键技术和核心技术创新，以及现代化产业体系建设。关键在三个方面：一是提高科技创新能力，尤其是知识创新能力；二是实现好知识创新和技术创新的对接，提供原创性关键核心技术；三是实现好科技创新与产业创新的有效衔接，使科技和产业进入世界制高点。

首先，基础研究的关键核心技术目标导向。知识创新体系包括基础研究、前沿技术研究、社会公益性技术研究。关键核心技术是国之重器。现代化需要基础研究创造突破性科研成果，从而在工艺、产品和服务领域创造出颠覆性的变革。这种变革或改变现有的市场格局，或创造出全新的产业和市场。在知识创新体系中，研究型大学及其科学家是创新主体，是突破性科研成果的源头。内生性科技创新的关键是在创新的源头上提高创新能力，突出基础研究以核心关键技术的创新为导向。也就是习近平指出的坚持目标导向和自由探索"两条腿走路"，把世界科技前沿同国家重大战略需求和经济社会发展目标结合起来，统筹遵循科学发展规律提出的前沿问题和重大应用研究中抽象出的理论问题，凝练基础研究关键科学问题。[①]

其次，孵化新技术环节的产学研协同。知识创新体系与技术创新体系的衔接在科学新发现孵化为新技术环节。内生性科技创新的重要表现是基础研究成果及时转化为新技术。而在现实中，科学研究与产业实践是脱节的，企业技术创新与高校的知识创新没有很好地对接，表现为科技与产业"两张皮"。在经济学中，技术市场的供求信息是最不对称的。这可以说是基础研究成果得不到及时转化的一个重要原因。大学的创新成果得不到需求，也就没有创新的方向和动力。企业搜寻不到技术创新所需的技术信息，也就难以实现创新。显然，内生性创新体系要求克服这种科技创新链中知识创新与技术创新的脱节现象。产学研的协同创新则提供了知识创新和技术创新有机衔接的机制和路径。通过构建产学研协同创新体系促进科技成果的快速转化，并推动科学研究面向产业创新需求，可以促使形成科技发展与产业发展共同进步的局面。在以科学新发现为源头的创新路线图中，孵化高

① 《习近平在中共中央政治局第三次集体学习时强调切实加强基础研究夯实科技自立自强根基》，《人民日报》2023 年 2 月 23 日。

新技术环节,是连接知识创新和技术创新的桥梁和纽带。越来越多的新技术、新产品和新企业在这个阶段产生。当前世界范围科技创新的新趋势是,技术创新和知识创新在高新技术孵化阶段相互交汇。一方面,技术创新的先导环节前移到科学向技术的转化过程。另一方面,知识创新的环节延伸到科学知识转化为生产力的领域。显然,高科技的孵化领域成为知识创新和技术创新的交汇点对内生性创新体系建设意义重大。

最后,产业链对接创新链。产业基础高级化和产业链现代化,是建设现代化产业体系的重要内容,突出表现在两个方面。一是发展战略性新兴产业,涉及国家竞争优势的再造。也就是在高新技术产业化的同时实现产业基础高级化。一个国家和地区的现代化,最为重要的是发展该时代处于领先地位的新兴产业,特别是进行主导产业的更新,培育可与世界级竞争对手较劲的产业。围绕战略性新兴产业建立一批各具特色具有国际竞争优势、自主可控的世界级制造业集群。二是产业链现代化。现代国际竞争是全球产业链的竞争。美国阻碍中国技术进步的重要路径就是利用产业链对中国的高科技企业断供技术、中间产品和市场。由此提出产业链重组的要求。内生性产业创新体系构建路径,就是围绕产业链部署创新链,发展科技含量高、市场竞争力强、带动作用大、经济效益好的战略性新兴产业,具体包括短板产业补链、优势产业延链、传统产业升链、新兴产业建链。从一定意义上说,产业创新链就是在产学研深度融合中知识创新—技术创新—产业创新有效衔接所形成的创新链条。

14.4-2 科技创新不同阶段的收益和风险

费尔普斯指出,"事实上,所有创新都有偶然或者随机的因素。在一定程度上,新产品开发成功和得到商业化应用都是概率问题","创新是走向未知的历程"。[①]创新的过程,最大的障碍是存在不确定性和风险。当然,风险与收益对称,高风险伴随着高收益。科技创新活动不成功则已,一旦成功,将会获得高收益。一般说来,谁投资谁收益,反过来也可以说,谁收益谁投资,同时也要承担投资风险。

---

① 费尔普斯:《大繁荣:大众创新如何带来国家繁荣》,第36页。

创新的潜在收益区分为社会收益和私人收益。从总体上说,创新的阶段越是靠前,创新成果的社会收益越是明显,也就是创新收益难以收敛到哪个私人投资者。通常所说的创新成果的外溢性主要就是指此。创新投资的阶段越是靠后,创新成果的私人收益便越是明显。也就是创新收益能够收敛到私人投资者(或企业性质的投资者)。中间阶段则是社会和私人收益兼有,越是靠前,社会收益越大,越是靠后,私人收益越大。

用信息经济学方法对创新投入的各个阶段作风险—收益比较:就风险程度来说,创新投入的阶段离市场越近,信息越是完全,风险越小;离市场越远,信息越不完全,风险越大。就投资的潜在收益来说,越是靠近市场,竞争越激烈,潜在收益越小。离市场越远,竞争越不激烈,潜在收益越大。归结起来,就科技创新成果而言,从研发到进入市场全过程各个阶段,创新投入的风险和收益都是由高到低的系列,风险和收益是对等的。

在创新起始阶段即基础研究阶段,其创新成果具有基础性、公益性和公共性。创新收益的外溢性是明显的。得益者是全社会,不可能完全收敛到某个私人投资者。与此同时,这个阶段投资的风险也是最大的,私人投资者一般不会轻易进入。因此这个阶段的创新投入主体无疑是代表社会利益的政府,以及公共基金。当然不排斥希望获取创新成果的私人投资者提前进入。

在科技创新链的终点阶段即创新成果产业化阶段,创新收益具有明显的收敛性,谁投资谁收益。而且这个阶段本身就在市场上,这个阶段的市场信息较其他阶段更为完全,风险最小。当然,这个阶段的竞争也最激烈。因此这个阶段的创新投资主体,毫无疑问是企业。

在创新链的研发新技术阶段,创新收益和风险实际上不是单一的。从总体上说,研发的新技术,无论是自己采用,或是转让,还是用于创业,都可能有明确的私人受益者,相应地就应该有明确的私人投资者,哪怕是风险投资者。而且,孵化出的新技术必须具有商业价值和产业化价值,能够确定其商业价值的只能是企业。因此,研发新技术的投资主体应该是企业。但是,第一,研发的新技术还是会有一定程度的外溢性,社会也可能得到一定的益处。第二,这个阶段离市场还是有距离的,市场信息不完全,存在较大的风险,一般投资者为了避险而不敢进入。而这个阶段对整个创新过程是最为重要的。由此提出政府进入的必要性。政府作为社会利益的代表需要向众创空间和孵化器提供必要的引导性投入，当然不是包揽其全部投入。

科技创业阶段，既是研发阶段的延伸，又是采用新技术阶段的开端。这是创新的中游和下游之间的连接阶段。创业收益无疑都归创业者。在科技创业阶段（包括企业采用新技术的初期阶段）存在较大的风险。但一旦创业成功，潜在收益也很大。因此这个阶段的投资主要是创业者的投资和风险投资者的投资。为了激励科技创业降低其投资风险，政府主要是为之创造良好的投资环境，同时也可以为之提供较为优惠的风险投资（注意这是投资，而不是投入）及科技金融贷款的支持。

硅谷成功之道，除了靠近大学外，更为重要的是活跃着一批风投公司。它们一般从孵化新技术阶段就开始对所选择的项目进行投资，直至利用孵化的新技术的科技创业阶段。没有活跃的风险投资，就不会有活跃的科技创业活动。就如奈特所指出的，"在现代经济中新企业的创建和建成后企业的经营之间的分离的趋势很明显。一部分投资者创建企业的目的是从企业的正常经营中得到收益。更多的人则期望从建成后的企业的出售中获得利润，然后再用这些资本进行新的风险投资活动"；在现代经济中，虽然创业投资存在不确定性，但"相当多的且数目日益增加的个人和公司将其主要精力放在新企业的创建上"。①其目的不是追求做股东取得股权收益，而是追求股权转让收益，期望从建成后的企业的出售中退出，然后再用这些资本进行新的风险投资活动。这些风险投资者的存在可以说是现代经济充满创新活力的原因所在。

14.4-3　科技企业家及其创新职能

企业是创新主体，不等于说所有企业都能成为创新主体，关键是企业中要有创新的组织者。这个组织者就是企业家，尤其是科技企业家。

对企业家的创新素质和职能，从熊彼特开始，经济学家们早有一系列的界定和论述。熊彼特把生产要素新组合的实现称为"企业"，把职能是实现新组合的人称为"企业家"。根据熊彼特的定义，经营者只有在从事创新活

---

① 奈特：《风险、不确定性和利润》，中国人民大学出版社2005年版，第187页。

动时才成为企业家。"每一个人只有当他实际上'实现新组合'时才是一个企业家,一旦他建立起他的企业以后,也就是当他安定下来经营这个企业,就像其他的人经营他们的企业一样的时候,他就失去了这种资格。这自然是一条规则。"①创新有风险,厌恶风险就没有创新。因此企业家的创新精神就被归结为敢于承担风险的精神。就是说,企业家不但不厌恶风险,而且敢冒风险、勇于开拓、不断创新。这是企业家的基本素质。

以上创新素质和精神,科技企业家都必须具备,但对科技企业家来说,只是具备这些还是不够的。科技企业家需要有特定的素质和功能,这是由科技创新的特点和在科技创新条件下企业特定的创新地位决定的。

原有的企业家理论特别强调彰显企业家的独立个性,突出企业家独立自主的创新活动。而在技术创新提升为科技创新后,企业不能只是在自身的范围内从事产品和技术创新,必须利用最新科技成果。在科技创新中,对企业家来说,有了创新的企业家精神还不够,还需要具有创新的思维,具有围绕创新组合生产要素(创新要素)尤其是协调产学研各方的能力。只有这样,才能使创新获得成功。对企业的技术创新与大学的知识创新两大创新系统进行集成,对多个主体进入的新技术孵化活动进行组织协调。这种职能不是一般的企业家能够做到的,需要科技企业家发挥作用。在这里企业家的创新活动就由彰显个性转变为突出协同创新。这种协同创新有两层含义:第一,由于企业家的组织和协调,产学研各个创新主体之间形成互动和交互作用。第二,科技企业家所推动的企业创新的动力不只是竞争,更是合作,尤其是进入其创新链的各个主体间的合作。

企业从孵化新技术阶段就进入的创新过程具有不确定性、协同性和连续性的特点。科技企业家需要以其战略、组织和财务安排来加以应对和组织。企业的创新投资是一种直接投资,它面对的是技术、市场和竞争环境的不确定性。在这些不确定因素下,企业确定创新投资的方向、方式和投资战略。这本身体现科技企业家敢冒风险的素质和洞察市场的能力。企业从新技术孵化阶段就进入创新过程,也就延长了整个创新阶段,体现企业创新的长期行为,由此也产生创新的连续性和不间断性。科技企业家的组织职能就在

---

① 熊彼特:《经济发展理论》,第22—93页。

于不间断地引导创新并根据最终的市场目标及时调整创新方向,直至开发出品质更高、成本更低的产品进入市场并取得财务回报。

技术创新本质上是科技企业家行为导向。其对技术创新的两个方面都进行了引导,既实施科学新发现孵化新技术的导向,又实施市场对技术创新的导向。科技企业家的这种导向实际上是主动连接市场和科技创新过程。在原来意义的创新的市场导向中,从市场提出需求到研发适应市场需求的新技术需要经过多个阶段,从市场导向到技术创新需要一系列的"试错",从而产生创新风险和成本。而在科技企业家引导和创造消费者同科技创新结合进行的模式中,科技创新和市场导向直接互动,就不存在传统的市场导向的创新模式中所要经历的阶段和"试错"成本,因而可以加快创新的过程,减少创新的风险。当然这种创新行为一般的企业家是难以做到的,只有科技企业家才能做到。成功的科技企业家既能实现孵化的新技术导向,又能实现消费者导向,由此开发的技术和产品一般都有良好的市场前景。

科技企业家不只是主要的投资者,更是孵化新技术的引导者。一方面,科技企业家具有企业家的素质,能够洞察市场需求,体现以市场为导向。另一方面,科技企业家具有科学家的素质,能够洞察科学新发现的科学价值,体现创新成果的先进性。现实中有的企业家办的企业没有科技含量,原因是它缺乏科学家的素质;有的科学家办的企业不成功,原因是他不是企业家。在创新过程中科技企业家起着主导作用。新技术的选择和采用,新技术的市场前景,孵化新技术的投入都是企业家主导的。实际上在过去的技术创新中也有企业家与科学家的合作,那主要是项目合作,项目完成,如果没有新的项目,合作就结束。现在由科技企业家主导的产学研的合作创新引发的新现象是构建合作创新的组织(平台)。

科技企业家对技术创新行为的引导不是随意的、盲目的,本身受企业家对创新的价值取向的支配。企业家的革新,并非不分青红皂白地去找"风险",而是一种有目的、有系统的活动,是刻苦的追求与科学的变化,响应变化,努力从中捕捉革新的机会。也就是熊彼特所讲的:"为了他的成功,更主要的与其说是敏锐和精力充沛,不如说是某种精细。它能抓住眼前的机会。"[①]由此提

[①]　熊彼特:《经济发展理论》,第22—93页。

出了对企业家实施创新决策和创新行为的科学性要求。企业家创新决策和行为的价值取向也就是创新技术的价值主张。

作为企业家,就有社会责任的要求,例如关心社会福祉,重视环境保护,关爱弱势群体,等等。除此以外,对科技企业家来说,其社会责任还有两方面要求:第一,由科技创新成果的社会影响所决定,创新成果既可能给社会带来福利,也可能带来危害。例如发明的三聚氰胺被用于牛奶生产就严重危害人类健康。现在市场上出现的所谓"毒胶囊""地沟油"等都可以说是科技成果,但它们绝不能是科技企业家所为。因此科技企业家的创新目标必须与其社会责任相一致。创造出人民得到福利的新技术,例如节能环保的绿色化技术,就是科技企业家社会责任所在。第二,企业家创新行为的国家目标导向。科技创新的国家目标即解决国家急需的重大科技问题。国家目标主要通过国家重大的科技创新计划和产业政策体现。前者主要由科学家实施,后者则主要由企业家实施。具有社会责任的科技企业家会主动将自己的创新行为与国家目标(主要是产业政策)衔接。作为理性的企业家,不只是适应国家目标的导向,甚至可能以自己的创造影响国家科技目标和相关科技政策的制定和调整。

在肯定从科学新发现孵化为新技术阶段就开始进入,进而进入技术创新链最前端的科技企业家的作用时,不能忽视处于技术创新链后端的企业家。只要他们致力于创新,从事研发和采用新技术的创新活动,就是企业家,尽管不一定是科技企业家。他们与科技企业家配合并互动,提升全社会的创新能力。

14.4-4 共享创新成果价值和共担创新风险

在科技创业中,从理论上讲,创新创业的参与者应该共享收益,也要共担风险。创新活动不同于一般的经济活动。这可从三个方面说明:

第一,创新的动力源。在市场经济条件下,一般的经济活动市场机制(竞争)是重要动力机制。但是,对创新来说,只是靠市场的压力还是不够的,创新的动力还需要有市场以外的激励机制。首先,创新是有风险的。在短期内往往是只有投入,没有收益,甚至有失败的风险。其次,创新产品市场信息不完全,创新成果能否为市场接受也是不确定的。这直接影响创新成本补偿和收益。再者,创新收益不能完全收敛到创新者。其原因,一是创新的知识和技术具有外溢性,实际上带有公共品的性质。二是创新成本明显大于复制成本,对创新成果进行复制几乎是没有成本的。没有从事创新投入的其他厂商通过复制仿冒从创新成果中得到收益,结果是降低创新者收益。所有这些表明,对创新驱动需要特定的制度安排。创新动力就在于保证创新成本得到补偿并得到创新收益。需要补偿的创新成本不仅包括创新投入,还包括风险成本和机会成本。保障创新者的创新收益的制度安排就是明确并保障创新技术的厂商拥有垄断收益权(专利之类的知识产权)。

第二,科技企业所追求的目标。依靠科技成果创业的企业同一般的靠物质资本所组织起来的企业不同:一方面它是知识资本、企业家人力资本和风险资本的集合,另一方面它是整个经营团队创业。科技创新和创业是融为一体的。其运行目标既不同于一般的资本所有者追求企业利润最大化,不同于一般的经营者追求经营规模最大化,也不同于风险投资者从建成后的企业出售中获利。科技企业追求企业的整体的创新价值。参与者对创新价值有共享的要求,都有实现自身价值的要求。创新的信息资源的共享带来创新成果的共享,因此,其中无论是哪一个参与者的收入,都依赖整个创新成果及企业的整体价值。每个创新参与者只有在创新企业的整体价值提升中才能得到利益。科技创业成功,企业价值整体提升,就成为所有创业者的共同利益追求。

具体地说,在科技创新创业的全过程中,各个主体有各自的价值追求和相应的功能发挥。知识资本追求创新成果价值的实现,正是其创意及新的知识和技术成为科技创业的初始要素。其知识资本和人力资本价值可以随着企业市场价值的提升而提高。风险投资者,他也不能单纯作为资本所有者在其中获利,只有在创办的科技企业上市或股权转让后才能得到自己的收益。科技企业家追求科技企业的成长和长期发展,在实现创新成果价值的同时不断创造科技企业的新动能。创业者的收入与企业在股票市场上的市场价值紧密联系起来,将来企业一旦上市或出售给大公司,其潜在的市场价值十分可观。因此,科技创业企业所追求的目标是依靠创新提升企业的整体价值。

第三,创新由上游进入中游阶段,以及由中游进入下游阶段,再由下游进入高新技术产业化阶段,关键在各个阶段之间的过渡及相应的资本的推动。这意味着科技创新每个阶段的参与各方都有价值追求。每个参与创新者都有实现自身价值的要求,体现在创新收益始终得到符合自身贡献的财务回报和非财务回报。其中最为突出的是在科技创新中建立激励产学研协同创新的机制。在产学研协同创新的平台上,除了受雇于企业的科学家外,大学及科学家参与研发的目标与企业不完全相同,科技水平及其成果价值是其追求的主要目标。具体地说是延续科学研究所需要的资金投入,以最终充分实现其科学研究的价值。当然,还需要明确其参与研发出的新技术的知识产权的归属或分享。对企业来说,把大学及其科学家吸引来的途径,就是为之提供充分的延伸研究的资金和相关的条件,使其享有知识产权,并作为参与创新收益分配的依据。

现实中,从提出创意到创新再到创业不是一个人就能完成的。费尔普斯描述的大众创新、万众创业的景象就是:有创新思想的人士提出创意;不同的投资主体参与进来,例如天使投资人、风险投资家、商业银行、储蓄银行和风险投资基金为创意提供风险投资;不同生产商加入进来,如创业公司、大公司及其分支机构围绕创意进行创新创业的实践;创新成果出来后又有各种市场推广,包括制定市场策略和广告宣传等活动;终端客户又会对创新成果进行评价和学习,在这里消费者也介入并引导创新。既然创新活动不可能由单个人完成,就需要根据各自的能力进行专业化分工,做到各尽所能。如费尔普斯所描述的,某些人全身心地负责新产品构思和设计;某些人专注于金融,选择值得投资的新公司;某些人与开发新产品的企业家共事;某些人专注于市场推广等业务。基于以上分析,对科技创业的激励就涉及以下内容:

第一,提出创意者合法地取得创意收益(如专利收入),投资人得到投资收益,企业家得到报酬。但共担风险不等于平均分担风险。在实践中,进行创新激励机制的设计时,对不同的创新参与者应该有不同等的激励。各类资本在科技创业中的作用不是半斤八两般相等的。在科技创业初期,以科技成果和创意表现的知识资本起着主导作用。有了科技成果,有了创意,才会有创办企业的知识资本,创业的物质资本是被知识资本招来的。这种作用会在科技创业的利益分享和风险分担中反映出来。从创新成果的财产权利分析,依靠创新成果创业的企业的股权结构不能只是投入的资金份额,还必须包括科技创业者的知识产权和人力资本股权。创业成功,知识资本以其知识产权和股权分享收益。就风险分担来说,为激励创意,在创意者的创意取得成功后其价值得到实现并获得相应的收益,创新若不成功,只是承担其创意价值没有实现的风险,相对来说经济风险较小。而对真正或者说实际承担创新失败经济风险的风险投资者,需要明确其高风险高收益。原因是风险投资收益有明显的收敛性,风险投资公司是风险投资的主体。风险投资公司之所以愿意承担风险,原因是其投资在多个创新创业项目上,其中某个或几个项目一旦成功会有大的收益,足够弥补失败项目的支出。这就是风险大收益也大的含义。由于创新的技术具有外溢性的特点,政府对创新应该有投入。政府通过建设科技园、孵化器和众创空间的方式提供引导性投入,也可以在一定程度上减轻风险投资者的风险压力。

第二,创新收益的分配制度更为重视知识资本的作用。与传统企业不同,科技企业不仅仅是劳动和资本的结合,它还是高科技的思想(知识)与资本的结合。知识资本和人力资本是科技创新和创业之"本",各种创新要素由科技企业家黏合和集成。一般的创业主要靠资本(资金),是以资本(资金)招技术。物质资本雇佣劳动,知识和技术也就成为资本的生产力。科技创业主要靠知识和技术,是以知识和技术招资本。物质资本被知识资本所雇佣,从属于知识资本。科技创业资本是科学家的知识资本、企业家的人力资本和风险投资家的金融资本的集合。相较物质资本,知识资本和人力资本增值的速度更快,增值能力更强。虽然风险投资家也拥有高含量的知识资本和人力资本,但是与科技企业的创办者相比,风险投资毕竟是为之服务的。就像微软公司这样成功的科技企业首先归功于比尔·盖茨这样的科技企业家,而不是哪一位风险投资者。特别是风险投资家可以随时退出,企业家必须持续经营企业。因此科技企业中所谓的按要素分配,既不是按劳分配为主体,也不是按物质资本要素分配为主体,应该是按知识资本和企业家人力资本要素分配为主体。也就是说,知识资本和人力资本是分配的中心。

第三,分配制度要使科技创业团队成员各得其所。科技创业者一般是个团队。实施构思新产品的项目通常要先组建一个有创造力的团队,实施商业化生产和推广新产品的项目往往要先设立一家由若干人组成的公司。在团队里科技人才是多方面专业人才的集合,而且科技创业不只是组织科技创新活动,还要经营企业,参与市场活动。这意味着科技创业是各类人才的共同创业。优秀的科技企业是由团队造就的。因此需要对整个团队进行创新激励。科技创业的经济体是整个创业和经营团队。整个创业和经营团队中,科技创业者的价值实现的主要形式是股权激励,创新成果即知识产权需要在创业的企业中股权化。科技创业者也可以以其人力资本价值获得企业股权。这样,无论是哪一个参与者的收入,都依赖整个创新成果及企业的整体价值。

第四,激励科技创业的方式。在硅谷,大部分科技创新企业对创业团队成员的分配主要形式是股票期权。股票期权不只是经理人持有的,还被用于吸引创新人才进入创新型新兴企业,作为其报酬。知识资本和人力资本价值可以随着企业市场价值的提升而提高。科技企业用于分配的价值就是股票市场实现创新企业和企业家价值,就是说科技创业企业的运行目标是在资本市场上获得最高的价值评价。创业板市场支持风险投资和科技创业。较主板市场宽松许多的上市条件使创新企业的首次公开发行上市变得大为容易,其功能是对新创企业的预期价值进行市场评价。不仅是为风险投资提供顺畅的退出机制,使风险资本在孵化出高新技术和企业后及时退出并得到回报,保证风险投资的可持续,更是激励为创新作出贡献的企业家、风险投资家和高技术人员。公司上市意味着持有企业股权的经营者和高技术人才为科技创业作出贡献而得到股权收益和巨额的回报。创业公司不断挂牌上市,每天诞生百万富翁,在这种股权收益的刺激中何愁不产生科技企业家。

参阅

洪银兴、刘爱文:《内生性科技创新引领中国式现代化的理论和实践逻辑》,《马克思主义与现实》2023 年第 3 期。

15

开放型经济和高水平
对外开放

自改革开放以来,在全球化经济的背景下,中国对外开放,发展外向型经济,直至建立开放型经济,利用了国际、国内两个资源,国际、国内两个市场。中国的经济发展也从开放型经济中取得了红利。现在中国经济发展达到了上中等收入国家水平,进出口商品总量达到世界第一,中国成为世界第二大外资流入国。进入新发展阶段,面对世界百年未遇之大变局,中国需要构建以内循环为主体、内循环与外循环相互促进的新发展格局。在这种新发展格局中需要根据开放发展的新理念,在更高水平上对外开放,培育国际经济合作竞争新优势。

15.1 经济全球化新趋势和对外开放的高水平

开放是国家繁荣发展的必由之路。改革开放以来指导开放的经济理论,突出利用国际、国内两个资源两个市场,尤其是在开放中获取国际前沿高新技术。即使在发达国家主导的经济全球化背景下,中国的开放仍然获得了全球化的红利。现在的开放型经济也进入了新时代。与超级大国推行反全球化的政策相反,作为世界第二大经济体的中国扛起了继续推动经济全球化的大旗。中国的开放型经济是参与全球化经济的载体。开放型经济即以开放的制度和政策利用国际资源和国际市场。现在中国已经明确扩大内需成为经济发展的战略基点。但这并不意味着经济发展不再需要外需,不再需要开放;而是要提升开放型经济的水平。遵循习近平总书记关于构建人类命运共同体的重要论述,新时代中国式现代化要建立高质量的开放型经济体系。

15.1-1 发展中国家的"两缺口"模型

发展经济学家钱纳里等人曾经用基于宏观经济基本平衡式的"两缺口"模型来说明发展中国家引进和利用外资的意义。

宏观经济的基本平衡式为:

消费+储蓄+进口=消费+投资+出口

这意味着:(1)进口可以增强国内的供给能力;(2)出口成为拉动经济增长的三驾马车之一。

进一步地分析,发展中国家往往存在两个缺口:

第一个缺口即储蓄缺口:储蓄<投资

在开放经济中,国内储蓄不足所产生的资金缺口,可以由引进的相应数量的外资来弥补,即:

储蓄+外资=投资

第二个缺口,即外汇缺口:进口>出口

在开放经济中,进口大于出口所产生的外汇缺口,同样可以由引进的相应数量的外资来弥补,即:

进口+外资=出口

发展中国家通过引进外资平衡外汇和储蓄两个缺口的意义,不仅仅是数量上的平衡,而且是质的提升。引进的外资利用得好,能同时平衡两个缺口。比如,一个外资项目以机器设备形式进入发展中国家,一方面它是进口,这些进口不需要相应的出口来抵付;另一方面它又是投资,这笔投资不需要动用国内储蓄。对于发展中国家来说,建立有效引进和利用外资的机制,便能使经济不完全依赖国内储蓄能力而实现更快的增长。进一步说,发展中国家引进外资不只是解决资金问题,同时也是引进管理、技术等要素和进入国际市场的通道。发展中国家利用外资平衡"两缺口",表明了对外开放的两大内容:一是进入和利用国际市场,二是获取和利用国际资源。

发展中国家对外开放的意义,不只是平衡"两缺口",更为重要的是获取现代科技和知识。根据库兹涅茨的分析,对世界范围内技术、知识存量的开发利用,是生产高速增长和发展中国家进入现代增长阶段的标志。

15.1-2　经济全球化趋势及其效应

经济全球化这个概念是在 20 世纪 80 年代后期开始广泛流行的。国际货币基金组织(IMF)的解释是:经济全球化是指跨国商品与服务贸易及资本流动规模和形式的增加,以及技术的广泛迅速传播使世界各国经济的相互依赖性增强。经济合作与发展组织(OECD)的解释是:经济、市场、技术与通信形式都越来越具有全球特征。包括生产的全球化、贸易的全球化、金融的全球化。在经济全球化的过程中,世界各国经济联系日益加强,相互依赖程度日益提高,各国经济规则不断趋于一致,国际经济协调机制不断强化。在现代以互联网为代表的信息技术革命对经济全球化起了重要的推动作用。

经济全球化的一个重要特征是资源和生产要素可以在国际流动,一国的禀赋资源供给条件可以借助新技术革命的成果来改变,也可以借助开放获取国际生产要素来改变和优化。

首先,在当代,依托于新科技革命的经济全球化,再加上互联网的作用,不仅是产品,资本、劳动、技术、管理等各种要素都可以跨国流动。而且,依靠科技革命成果,某些物质和劳动要素可以被新技术,如新材料、新能源、机器人等替代。这就打破了传统的只是依靠资源禀赋进行国际分工的教条。这样,各国的产业分工不再依据其资源禀赋的比较优势,而在于其获取国际生产要素的竞争优势。

其次,在生产要素国际流动基础上产生先进产业的国际转移和重组。相对于资本、技术和管理等流动性要素,各个国家还有一些要素不能流动或流动性较弱,比如一国的土地等自然资源、产业配套能力,以及制度政策环境等。因此,产业的国际转移和重组,实际上是可流动的要素追逐不能流动的要素进行的全球产业重组的过程。中国形成的"世界工厂"就体现了制造业产业的国际转移。中国依靠政治稳定、基本经济制度优越、基础设施完备、人力资源充沛、市场大容量、供应链完备,成为跨国公司产业转移的首选地,从而聚集了大量的优质国际生产要素。先进生产要素,如技术、标准、品牌、国际营销网络、市场竞争制度、企业家及企业家精神等,与中国丰裕的生产要素如低价优质的劳动力相结合,大大激发了潜在的生产能力,使中国迅速成为世界先进制造业的生产基地。中国发展起的先进制造业绝非只是用比较优势理论可以说明的。

再则,在产品内国际分工体系下,最终产品的生产往往不再由任何一个国家独立进行,而是多国环节和要素共同参与,形成全球产业链。各国是以各自的优势要素,分别参与产品链条上某个环节的生产,形成产业链条、产品工序的分解和全球化配置,各自专注于价值增值环节中具有相对竞争优势的核心业务。在这种全球价值链上,各个国家和企业的竞争优势得到充分发挥。对发展中国家来说,或许只是进入主要使用其劳动和土地资源的低端环节,附加值也是最低的,但由此获取了全球价值链的进入通道,参与了高科技产品的生产,甚至有机会攀升全球价值链的更高环节。不仅如此,发展中国家也可依靠其具有自主知识产权构建占主导的全球价值链,通过全球价值链的全球配置,在世界范围获取先进生产要素。

长期以来,虽然经济全球化是由发达国家主导的,发达国家在其中获利更多,但发展中国家在其中也得到了发展。就如斯蒂格利茨等人所说:"全球化意味着世界经济更加融合,这是贸易、观念和资本的流动不断增加,以及跨国公司的投资活动所造成的多国生产的网络的出现造成的。"[1]

经济全球化对发展中国家的影响突出表现在以下方面:首先,贸易的显著增长是全球化的一个重要方面。发展中国家依靠其比较优势参与国际分工,在进出口贸易中获取全球化红利。其次,国际资本流动成为发展的一支

① 迈耶、斯蒂格利茨:《发展经济学前沿未来展望》,中国财政经济出版社 2003 年版,第 168 页。

重要力量。发展中国家要实现工业化、现代化和城市化需要大量的资本。国内储蓄不足,因此产生的储蓄缺口通过引进外资来弥补。在全球化背景下,工业国家的金融市场已经融入全球化金融体系,空前规模的资本得以在这些经济体中配置,并流向发展中经济体。流入发展中国家的外资实际上属于金融的全球配置,发展中国家的资本也可能融入全球化金融体系而走出去。再则,国际经济运行规则的全球化。以 WTO 规则和自由贸易区为代表,一系列旨在推进贸易自由化的原则包括无歧视待遇原则、最惠国待遇原则、国民待遇原则、关税减让原则、互惠原则、取消数量限制原则、透明度原则和禁止倾销原则。各国通过加入 WTO 或建立自由贸易区等路径与国际经济运行规则接轨,克服各种类型的保护主义,由此也带动了本国的经济体制改革。

显然,发展中国家主动融入经济全球化可以在经济全球化中获取较大利益。中国的改革开放一开始正遇上经济全球化的机遇,获取的全球化利益是十分明显的。首先是利用国际资源。跨国公司在发展中国家的直接投资,就具有一揽子或一个包裹的性质。在包裹中不仅有资金,还有发展中国家更难获得的其他要素。这些要素不仅对工业化过程是十分必要的,而且对赶上一个日益复杂且迅速变化的国际社会也是必不可少的。这些要素包括先进的技术、管理方法,也包括受过良好训练的专门人才,同时还有与国际市场的广泛的现成联系。其次是利用国际市场。参与全球化经济实际上是参与国际分工,相应地就需要国际市场提供进口品和出口品。中国这么大的经济体不可能自给自足,尤其是成为“世界工厂”后,更要以世界为市场。国际竞争力反映在国际市场份额上,因此国际市场的需求对大经济体而言不能小觑。实践证明,开放型经济的效益是明显的。引进了外资,引进了技术,引进了管理,这些要素同中国的劳动力和土地要素结合,推动了经济的快速增长。第三是外商投资企业带来了国外先进产业,推动了中国产业结构的提升,缩短了中国产业发展水平的国际差距。同时,外贸对中国尤其是沿海开放地区的经济增长起到了不小的发动机作用。

现在讨论开放型经济转型必须注意到全球化经济的新态势。2008 年爆发全球金融危机以及接着爆发欧美主权债务危机以来,欧美国家经济处于长期的衰退和低迷状态,导致世界经济增长速度整体放缓。与其经济衰退相伴,以美国为代表的发达国家推行再工业化和保护主义,实施"美国优先"等投资和贸易政策。尤其是在中国产业进入的产业链供应链上断供核心关键技术及相应的产品,当中国的某些科技和产业水平接近其水平时,其打压和阻挠的力度会更大。这是在经济全球化中的逆全球化趋势。

15.2 新发展格局下的开放发展

基于世界百年未有之大变局构建的以国内大循环为主体、国内国际双循环相互促进的新发展格局,是中国经济现代化的路径选择。新发展格局不排斥对外开放,但要升级对外开放。新发展格局是更高水平的对外开放。改革开放后,中国主要以资源禀赋的比较优势融入经济全球化。中国开启现代化新征程,对外开放也进入新时代。更高质量的开放发展,意味着不仅需要在开放中获取国际资源和市场,更要获取高端技术。

15.2-1 更高水平的对外开放

强调内循环为主体,绝不意味着降低开放发展的作用。无论是内循环还是外循环,都离不开开放发展。走和平发展道路的现代化需要更高质量的开放发展。2013 年,国家主席习近平在博鳌亚洲论坛上指出:"中国将在更大范围、更宽领域、更深层次上提高开放型经济水平。"[1]2016 年 9 月 3 日,习近平主席在二十国集团工商峰会开幕式上指出:"我们应该增进利益共赢的联动,推动构建和优化全球价值链,扩大各方参与,打造全球增长共赢链,引导好经济全球化走向。"[2]

面对发达国家的贸易保护主义以及贸易摩擦,发展中国家在顺应经济全球化大趋势中做好自己的事,尤其是要通过进一步的深化改革,夯实扩大对外开放的国内基础,把开放的大门越开越大,树立发展中国家维护和倡导贸易和投资自由化、维护多边贸易体制、坚定推动经济全球化健康持续发展的

---

① 中共中央文献研究室编:《习近平关于社会主义经济建设论述摘编》,第 287 页。
② 习近平:《中国发展新起点 全球增长新蓝图》,《人民日报》2016 年 9 月 4 日。

形象,推动经济全球化朝着"更加开放、包容、普惠、平衡、共赢"的"全球增长共赢链"方向发展。

开放发展涉及要素的全球配置。站在国内国际两个大局相互联系的高度,审视中国和世界的发展。只有开放才能获取现代化所需的国际资源尤其是创新要素。开放发展无论是在过去、现在还是在将来,都是中国发展的重要动力源。中国开放的大门不会关闭,只会越开越大。发挥国内大循环的主导作用并不意味着自我封闭,而是要让国内市场发挥资源配置和经济增长中的决定性作用,改变中国参与国际竞争的形式、方式和途径,以国内国际双循环代替"两头在外、大进大出"的外循环格局,同时要使国内市场与国际市场链接起来、互动起来,以宏大顺畅的国内经济循环,更好吸引、优化、重新配置全球资源与要素,全面提升中国产业技术水平,培育中国参与国际经济竞争和合作的新优势。由此出发,中国的开放发展有如下特点:

首先,构建开放型自主可控产业体系。中国经济融入经济全球化绝不意味着中国要根据全球化分工来确定自身的产业结构和相应的对外开放的方向。中国的产业体系必须自主可控,反映大国经济的特征,根据自身发展的需要,推动对外开放。这是自主可控的现代产业体系的基础。但是这意味着进入新发展阶段的对外开放不再是出口导向。出口导向就是以国际市场需求作为本国产业发展的方向。这种战略对小的经济体可能是有效的,但对大经济体来说,虽然在一定时间内在部分地区实施也可能是有效的,但长期来看不一定有效。出口导向存在对国际市场的依赖性,而且存在不可控的风险。中国是大国经济,中国的工业化、现代化不能单纯地建立在依靠出口的产业基础上,而需要有自主的可控的产业体系。基于内需的对外开放,不是以国际市场需求为导向安排自身的产业,而是以国内需求为导向安排开放的方向和战略选择;突出的是围绕自身发展需要参与利用国际市场、有效配置国际资源,目标在于增强自身的国际竞争力,在开放中提升质量和效益。参与国际分工,注重产业结构的升级,特别是发展战略性新兴产业,占领科技和产业发展的世界制高点。自主创新是在吸引、整合全球人才先进技术等创新要素的基础上,以我为主导的创新。要把扩大开放、吸引全球创新要素聚集和自主研发结合起来,为自主可控的产业体系奠定坚实的技术基础。

其次,建设人类命运共同体。其内涵就是:坚持对话协商,建设一个持久和平的世界;坚持共建共享,建设一个普遍安全的世界;坚持合作共赢,建设一个共同繁荣的世界;坚持交流互鉴,建设一个开放包容的世界;坚持绿色低碳,建设一个清洁美丽的世界。根据构建人类命运共同体的思想,建设"丝绸之路经济带"和"21世纪海上丝绸之路"的战略构想以政策沟通、设施联通、贸易畅通、资金融通、民心相通为主要内容,全方位推进与沿线国家的合作,构建利益共同体、命运共同体和责任共同体,深化与沿线国家多层次经贸合作,带动国内沿边、内陆地区发展。

最后,推动形成全面开放新格局。中国的对外开放是从沿海地区率先开放开始的。进入新发展阶段,2018年4月,习近平主席在博鳌亚洲论坛上提出:"坚持引进来和走出去并重,推动形成陆海内外联动、东西双向互济的开放格局,实行高水平的贸易和投资自由化便利化政策,探索建设中国特色自由贸易港。"①对外开放新格局具体表现在四个方面:其一,按照习近平总书记在党的二十大报告中提出的战略部署,推动共建"一带一路"高质量发展。优化区域开放布局,巩固东部沿海地区开放先导地位,提高中西部和东北地区开放水平。其二,进口与出口并重。利用中国大市场的优势,以进口促出口。其三,扩大引进外资的领域和深度。以负面清单保障进一步放开对外资进入的限制,尤其是金融领域的进一步开放。其四,建立对外开放的新载体。为推动资源和商品更为便利的国际流动,实行高水平的贸易和投资自由化便利化政策,如设立自由贸易试验区、自由贸易港等。对引进的外资以创新为导向进行选择,鼓励外资在中国本土创新研发新技术。

15.2-2　制度型开放

中国现有的开放型经济体制可简单概括为政策性开放。先是特区政策,后是沿海开放政策,明确对外开放是基本国策。这种政策以融入国际分工体系和全球市场为目标,以优惠政策和差别待遇为基础,促进利用外资和大规模出口;以开发区为载体,吸引外商直接投资企业。

---

① 《习近平谈治国理政》第三卷,外文出版社2020年版,第193—194页。

进入新发展阶段，推进更高层次更高质量的对外开放，开放型经济体制需要更进一步。转向制度型开放，也就是对外开放的相关制度与国际通行的标准接轨。其实质是全面对标对接国际高标准市场规则体系。具体表现在规则、规制、管理、标准等方面对接国际竞争方式，对引进国际要素的规制、知识产权保护制度，以及营商环境等制度安排进行优化。利用制度型开放，升级外商直接投资。在有序放宽市场准入的同时，注重外资质量。

对外开放以来，中国主要在各类开发区吸引外资。对外开放初期，为吸引外资采取了一系列积极措施，打造有吸引力的环境。如在硬环境方面建设各类开发区（经济技术开发区、工业园等），进行"几通一平"的基础设施建设；在软环境方面最为突出的是税收优惠和各地提供的土地使用费等方面的优惠。实践证明，以各类开发区作为开放型经济的载体是成功的，外资在开发区集聚产生了明显的发展效应：开发区成为各个地区对外开放度最高的区域，开发区也形成了当地新兴产业的集群。

中国经济进入新阶段后，开发区本身也需要升级。现有的开发区基本上是按照世界工厂的模式建设的。开发区提供的条件基本上是廉价的土地和劳动力资源，以及较为宽松的环境资源容量的约束。现在在许多地区，特别是先行开放的地区，所有这些条件越来越不具备，特别是使用廉价的农民工也接近极限。实际上，靠廉价劳动力和自然资源吸引的外资往往是科技含量低的外资，或者说高科技不在中国的外资。并且，全球金融危机爆发以后，外资远没有危机前那么充裕。这些新问题对现有的开发区模式提出了挑战。

创新导向的开放型经济更为重视国际先进发展要素的流动，所要吸引的国际发展要素更多的是创新要素，所要建设的开发区不是一般的出口加工区，所要吸引的外资也不是一般的只是使用廉价劳动力和土地资源的低端环节的投资。这意味着吸引国际要素不像开放初期那样饥不择食，而是根据自身发展需要有卜选择：一是对要素的选择，偏重创新要素，尤其是人才和科技；二是对外资的选择，更为偏重其所进入的项目和环节的科技含量；三是对进入企业的选择，更为偏重拥有知识产权技术的高端人才的科技企业；四是对资本形态的选择，更为偏重现代服务业投资，尤其是支持科技创业的风险投资。基于这些要素选择，中国对外资进入的领域进一步放宽。

基于上述开放型经济的转型,吸引国际发展要素的环境也需要转型和进一步改善。在硬环境方面除了过去的"几通一平"以外,还要进一步提升城市化和网络化水平。在软环境方面就不能延续过去的依靠税收和土地使用费等方面的优惠,而是要突出国民待遇,突出法治化的营商环境建设,尤其是"负面清单"制度下的公平待遇。

从国内各地发展各类开发区的实践看,开发区是产业集聚区,是先进生产要素的集聚区,是各地发展经济的增长点。开发区不仅可用于开放型经济,同样也可用于发展创新型经济。特别是开发区本来就有开放的功能,令其向创新功能转型,其作用会更大。开发区转型升级的基本方向是由原来引进国外资源和国外产业的主要载体转变为发展创新型经济的引领区。这种开发区功能的转变提出了对开发区评价标准的改变。过去开发区的主要评价标准是引进多少外资,产出多少 GDP。苏南地区开发区转型的重要方面,即是由世界工厂向世界工厂的研发和孵化基地转型,使工业园成为高科技的孵化园。与此相应,对开发区的评价就要更多关注引进多少大学的研发机构,孵化出多少新技术、新产品。

特别要关注自由贸易区在开放型经济新体制中的作用。传统的自由贸易区(FTA)是根据多个国家之间的协议设立的包括协议国(地区)在内的区域经济贸易团体,多个国家或地区(经济体)之间彼此给予各种贸易优惠政策(如零关税)。随着自由贸易区数量的持续增长,自由贸易区的功能也在不断扩展。早在 20 世纪 70 年代,以转口和进出口贸易为主的自由贸易区和以出口加工为主的自由贸易区就已经开始相互融合,自由贸易区的功能趋向综合化。原料、零部件、半成品和成品都可在区内自由进出,在区内可以进行进出口贸易、转口贸易、保税仓储、商品展销、制造、拆装、改装、加标签、分类、与其他货物混合加工等商业活动。因此,世界上多数自由贸易区通常都具有进出口贸易、转口贸易、仓储、加工、商品展示、金融等多种功能,这些功能综合起来就会大大提高自由贸易区的运行效率和抗风险能力。

中国在 2013 年建立的中国(上海)自由贸易试验区是根据本国法律法规在本国境内设立的区域,采取境内关外的贸易行为。与国际上传统自由贸易区多个国家共同制定贸易规则不同,上海自贸试验区的贸易规则由自己制定,实行准入前国民待遇加负面清单的管理方式。在自贸试验区内,改革和开放的政策、措施先行先试。其中包括:扩大投资领域开放,选择金融、航运、商贸、文化等服务领域扩大开放;探索建立负面清单管理模式,逐步形成与国际接轨的外商投资管理制度;改革境外投资管理方式,支持试验区内各类投资主体开展多种形式的境外投资;推进贸易发展方式转变。积极培育贸易新型业态和功能,推动贸易转型升级;深化国际贸易结算中心试点,鼓励企业统筹开展国际国内贸易,实现内外贸一体化发展;提升国际航运服务能级;深化金融领域开放创新,建立与自贸试验区相适应的外汇管理体制,促进跨境融资便利化;推动金融服务业向符合条件的民营资本和外资金融机构全面开放,鼓励金融市场产品创新,等等。

至 2023 年,中国已设立 21 个自贸试验区及海南自贸港,它们的一个重要使命就是要在贸易自由、投资自由、资金流动自由、运输自由、人员停居留和就业自由、数据流动自由等方面先行先试。今后中国自贸试验区还会进一步扩大,将紧扣制度创新这一核心,可以依托自贸区(港)的"改革试验田"功能,围绕建设开放新高地,扩大制度型开放。充分发挥自贸区与自贸港的引领作用,赋予其更大改革自主权,放宽市场准入限制,有序扩大服务业开放,进一步完善外商投资准入负面清单管理制度、涉外法律体系、产权保护和知识产权保护制度、海外企业管理与保护制度等,优化公平竞争环境,深入开展贸易和投资自由化便利化改革创新,以推动形成更高水平开放型经济新体制。

制度型开放还要注意统筹发展与安全的关系,防范和化解影响中国现代化进程的各种风险,构筑与更高水平开放相匹配的监管和风险防控体系。世界金融危机、通货膨胀的输入,国际市场及汇率风险,全球产业链中的脱钩断链等等,都可能危及国家经济安全,而经济安全是国家安全的基础。因此,越是开放,越要重视安全。统筹好发展和安全两件大事,就要求建立多元平衡、安全高效的全面开放体系,有效防范各类风险连锁联动。

15.3　创造国际竞争新优势

习近平总书记在 2016 年第十六次全面深化改革领导小组会议上明确提

出:加快形成有利于培育新的比较优势和竞争优势的制度安排的要求。党的二十大提出加快建设世界重要人才中心和创新高地,着力形成人才国际竞争的比较优势。这就明确了新的比较优势的内涵。所谓新的比较优势,也就是竞争优势。它不是建立在原来的资源禀赋比较优势基础上的,而是建立在基于创新驱动而产生的核心技术上的竞争优势。这就是习近平所讲的:"国际经济竞争甚至综合国力竞争,说到底就是创新能力的竞争。谁能在创新上下先手棋,谁就能掌握主动。"①

15.3-1 资源禀赋的比较优势的衰减

最一般地说,国际交换之所以必要,是因为存在国际分工,国际分工使得各个国家专业化的生产最适合本国生产的产品,通过国际贸易可使贸易双方获得更大的福利。

对近现代国际贸易影响最大的是赫克歇尔、俄林的资源禀赋模型(简称H-O模型)。资源禀赋学说是指,各个国家的资源禀赋存在差异,有的劳动力资源丰富,有的自然资源丰富,有的资本资源丰富。各个国家分工生产使用本国最丰富的生产要素的产品,经过国际贸易,各国获得最大的福利。具体地说,发达国家有资本和技术的优势,因此生产和出口资本和技术密集型产品,发展中国家有劳动力和自然资源丰富的优势,生产和出口劳动和自然资源密集型产品,大家都能得到贸易利益。

中国作为发展中大国,最初的对外开放就是按这种比较优势来推进的。在贸易结构上,致力于劳动密集、资源密集和高能源消耗高排放产品的生产和出口。在引进和利用国际资源上,以廉价的劳动力和土地资源为条件引进外资。外商投资企业进入中国的环节在产业链上基本上属于劳动和资源密集环节,包括需要更多利用环境资源的生产,也就是以资源禀赋的比较优势嵌入全球价值链。具体表现是,以加工贸易方式进入全球价值链的加工组装环节。所谓加工贸易,是指企业从国外进口原材料、零部件,在本国加工后再出口,赚取其中的附加值。建立在加工贸易基础上的贸易结构所取

① 中共中央文献研究室编:《习近平关于社会主义经济建设论述摘编》,第125页。

得的出口效益并不高。在全球价值链低端环节上的加工贸易是以引进的国际资源来利用中国低工资的劳动力和廉价的自然资源(尤其是土地和环境),核心技术和关键技术不在中国,是国外提供的。中国企业附加的只是劳动价值,严格地说仍然是劳动密集型产品出口。因此虽然中国的出口产品数量大,但附加值不高。据估计许多加工贸易出口收入中有70%部分是支付给进口品的。有许多出口品看起来是高科技产品(如电脑),但在中国进行的基本上是使用劳动力的加工组装环节。

随着经济全球化的深入,基于资源禀赋的劳动和资源的比较优势正在终结。比较优势对发展中国家的意义明显衰减。过去各个国家特别重视产品的比较优势,其背景是存在严重的贸易壁垒。经济全球化包括自由贸易的全球化、投资的全球化、金融的全球化。全球化意味着国内市场国际化。外国资本进入意味着一国独有的劳动资源、自然资源可以被进入的外国资本所利用。而且,生产要素、资源可以在国际流动,在新技术革命浪潮推动下,资源、劳动可以被资本和技术所替代。这样,某个国家的资源优势在全球化条件下没有过去那么明显。而且所谓的国际竞争也不完全是过去意义的民族产品的竞争,可能是中国制造的外国品牌的产品与外国制造的外国品牌的竞争。在国内市场上也可能出现都是利用国内资源的外国品牌之间的竞争。所有这些表明,大部分发展中国家所具有的自然资源和劳动力资源的比较优势在国际竞争中不再具有明显的竞争优势。

利用本国相对充裕的资源生产的产品在国际竞争中不一定具有竞争优势,原因是在世界上可能有多个国家依据资源禀赋提供相同的劳动密集型产品,如服装鞋帽之类的产品。同样的劳动密集型产品在不同的国家生产,其竞争力是大不一样的。有的国家因其有较高的技术或较多的资本投入而有质量较高的产品或知名度较高的品牌。这实际上是资本和技术对劳动的替代。面对这种竞争,中国许多具有资源禀赋比较优势的产品已经不具有国际竞争优势。

劳动密集型产品不一定是低成本的。发展中国家主要出口劳动密集型产品的可能性是,在各个国家要素租金存在差别的条件下,劳动丰裕的发展中国家的工资/租金比率偏低。问题是经济全球化不可避免地包含各个国家要素价格(包括劳动价格)出现均等化趋势。就像中国,近年来特别是在经济开放程度高的沿海地区,劳动密集型产品中的劳动成本有提高的趋势,这时的资源禀赋的比较优势有下降的趋势,其结果是进一步降低劳动密集型产品的国际竞争力。

在资源和劳动密集型产品优势衰退的同时,依靠比较优势处于全球价值链低端的环节也面临着低端锁不定问题,或者说难以为继问题。首先,从基于比较优势的附加值分析来看,低端制造(加工组装)和中高端制造环节的附加值差别很大。核心技术和关键技术环节不在中国的居多,中国创造部分少,品牌也是用外国的多。这种依靠比较优势嵌入全球价值链的地位与中国经济已经达到的整体地位已不相称。其次,曾有的资源禀赋比较优势已不复存在。处于价值链低端的环节获取的附加值本来就很低。近年来出现的新情况是劳动力和土地供给已明显趋紧,成本大幅度上升,环境标准约束也大为严格。这意味着劳动力和资源环境不再具有比较优势。随着劳动和土地价格的上涨,附加值进一步降低。再则,劳动力和自然资源的比较优势是建立在低价格的基础上的,随着这些要素的充裕度降低,相对劳动力价格,劳动生产率不具有优势;相对土地价格,土地生产力不具有优势。显然,开放型经济难以继续建立在低劳动成本和充裕劳动力的基础上,更不能长期在国内生产利用环境资源的出口品。许多以利用中国劳动力、土地和环境为主要取向的外资企业开始向其他国家转移就是证明。

2008年爆发的全球金融危机重创出口需求,特别是劳动密集型产品的国际市场需求严重下降,这也推动了西方发达国家产业结构的转型。即使是在技术和资金有比较优势的发达国家也要发展劳动密集型产业,提供就业岗位。它们一方面以各种壁垒阻碍国外劳动密集型产品进入,另一方面依靠其资本和技术的优势提升劳动密集型产业以在竞争中挤压发展中国家的劳动密集型出口产品。与此同时,国际贸易摩擦日益频繁,各个国家保护主义抬头。这样,对中国的挑战,就不仅是劳动密集型产品出口收益低,还遇到保护主义的抵制。由此,中国的劳动密集型产品的国际市场环境和贸易条件更为恶劣,这就使中国长期实施的以劳动力作为比较优势的出口战略难以为继。

15.3-2 创造新的比较优势和竞争优势

国际竞争中的竞争优势突出的是产业优势。长期以来人们讲到国际产业分工只是停留在技术密集型、资本密集型和劳动密集型产业之间的分工。近年来与全球化新态势相关的国际产业分工又有了新的特点：

一是三次产业的国际分工，即农业国、工业国和服务业为主的国家区分。具体地说，世界上分为三类国家：一类是消费和服务主导型国家，一类是制造业和出口主导型国家，还有一类是资源型国家。2008年全球金融危机以后这三类国家都在转型。消费和服务主导型国家虽然又富又强，但面对严重的就业问题，需要发展制造业并扩大出口，如美国提出再工业化和出口五年翻一番。制造业和出口主导型国家存在大而不富的问题，为解决富裕问题，需要转向消费拉动和发展服务业。而一些资源富裕的国家为了解决富而不强的问题，需要建立独立的制造业体系。

二是全球价值链分工。各个国家按产业链各个环节进行分工，例如某种高科技产品的生产在多个国家完成，其附加值高的研发环节在发达国家，而附加值低的制造环节则在不发达国家。一国产业在全球价值链中的地位是其科技和产业竞争力的集中体现。过去中国基本上处于全球价值链的低端环节。现在中国的科技创新已经进入同发达国家并跑乃至领跑阶段。与此相应，中国企业所处的全球价值链地位也应相应提升，争取在价值链中的主导地位，一方面向研发、设计等产业链上游部分进行拓展，另一方面向物流、品牌、销售渠道等下游部分延伸。与此同时，低端的加工组装环节递次攀升进入技术和质量要求更高、附加值更高的元器件制造环节。

应该说，利用资源禀赋比较优势的对外开放在发展的初期阶段是成功的。否则中国不可能进入全球化经济，不可能利用国际资源和国际市场在较短的时间内实现跨越式发展。进入新时代，既要肯定这种开放结构的成果，又要防止可能陷入"比较优势陷阱"的风险。依靠资源禀赋的比较优势参与国际分工和国际贸易，以利用劳动力、土地和环境资源的环节吸引和利用外资，虽然能够获取一定的贸易和投资的利益，但不能改变自身对发达国家的经济技术和市场的依附地位，无法缩短与发达国家的经济技术差距。

中国要由世界经济大国向世界经济强国转变,就不能仅仅依靠劳动力和自然资源的比较优势谋求贸易利益,而是要在更大范围、更高层次上发挥资本和技术的作用,尽快缩小与发达国家的技术差距。就中国自身发展的要求来说,参与全球化经济就不能只是谋求贸易利益,还要尽快缩短与发达国家的经济技术差距。资源禀赋比较优势会冻结我们和发达国家的差距。只有谋求竞争优势才能缩短与发达国家的差距。

何为竞争优势?根据迈克尔·波特的分析,竞争优势理论与比较优势理论的区别突出在三个方面:首先,竞争优势理论以国家作为经济单元,更多地指向国家层面的开放战略。其次,竞争优势理论强调依靠品质特色和新产品创新创造新的竞争优势。所以,"新的国家竞争优势理论必须把'技术进步'和'创新'列为思考的重点"[1]。最后,竞争优势理论强调的是产业优势:"一国产业是否拥有可与世界级竞争对手较劲的竞争优势"[2],并以此作为目标,推进科技和产业创新形成国家竞争优势。

竞争优势理论以创新和技术进步为重点,强调核心竞争力是技术、品牌、服务和质量。其中尤其重视两个方面的优势,一个是核心技术的优势,核心技术是国之重器;另一个是产业优势,拥有可与世界级竞争对手较劲的竞争优势。谋求竞争优势的基本途径是依靠科技和产业创新推动国内产业结构升级,特别是发展与其他发达国家相同水平的新兴产业,形成能与世界级竞争对手较劲的具有竞争优势的产业结构。这体现了增长的内生性和创新驱动性,也是参与外循环的支撑。针对已有的建立在利用中国资源和劳动力比较优势上的开放型经济模式的发展效应正在衰减,中国应该不断提高要素质量,培育高级生产要素,促进比较优势的动态演进,以不断提升中国企业整合各类先进要素进行创新活动和全球化经营的能力,全面提升中国产业的国际竞争力和产业链环节的科技含量和附加价值。从而不断提高中国在国际分工体系中的地位,提高中国在经济全球化红利分配中的获益能力,提高中国参与经济全球化的安全性。

---

[1]　波特:《国家竞争优势》(上),第18页。
[2]　同上书,第23页。

转向竞争优势实际上是比较优势的升级,就如劳动力资源丰富的优势要成为国际竞争的优势,必须有个转换过程。转换的关节点是将高新技术,包括从国外引进的高技术与丰富的劳动力资源结合,由此产生真正的比较竞争优势。如果将引进国外生产要素和国内生产要素结合进来考虑,那应该是指,引进的国外资金、国外先进技术,不仅要同中国丰富而高素质的劳动力相结合,还需要吸引世界上高端人才,形成国际的人才和创新高地。

参与全球化经济和国际竞争的战略,由资源禀赋的比较优势转向竞争优势,需要:依靠科技创新培育竞争优势,形成具有全球竞争力的开放创新生态,着力引进创新资源(尤其是创新人才),进行开放式创新,攻关处于国际前沿引领产业创新的具有自主知识产权的核心技术和关键技术,重视研究型大学的基础性研究的开放。过去通过引进外资来利用国际资源,如今在开放式创新下,则要根据创新链环节需要着力引进掌握高端核心技术的科技和管理人才。

15.4 由出口导向型开放向内循环为主体型开放的转变

国际经济关系不仅包括商品的国际流通,还包括资本、技术和劳动力等生产要素的国际流动。中国的经济发展不仅要充分利用国内资源,还要充分吸收和利用国际资源。中国在进入上中等收入发展阶段后,发展更高层次的开放型经济,服从于提升国际竞争力和发展内循环为主体型开放型经济的需要,突出在要素的国际自由流动中获取更多的发展要素。

15.4-1 出口导向型开放战略的终结

当年的亚洲"四小龙"实现经济起飞的一个重要经验就是实行出口导向的发展战略。中国在 20 世纪 80 年代后期在沿海地区发展外向型经济也是采取出口导向战略。当时的"三来一补"、加工贸易基本上是围绕出口导向战略进行的。出口导向的发展战略是根据出口的需要安排产业和贸易结构,安排国际竞争策略。一方面利用自身资源和劳动力便宜的比较优势,另一方面存在对国际市场的依赖性。应该说,这种出口导向型开放型经济在当时的积极效果是明显的。现在的国际国内经济环境发生了重大变化。

从国际上看,2008年爆发的全球金融危机直接打击的是出口导向型开放型经济。直到现在世界经济仍然低迷,不能指望出口需求有较大增长。同时,全球化经济中的中心和外围的格局正在改变。长期以来,世界经济的中心一直在美、德、日等发达国家。中国作为发展中国家一直处于外围。中国的GDP总量进入世界第二大经济体,进出口贸易居世界第一以后,中国开始由外围转向中心。所谓中心,一方面是指在世界一定范围内成为经济增长的中心,另一方面是指中国的市场总体规模进入世界市场的前列。中国市场的国际影响力的增强意味着中国市场正在成为重要的世界市场,进而意味着进入中国市场也是进入世界市场。并且,由于市场距离和信息获取等原因,内循环的交易成本更低。

从国内看,中国的许多出口品,尤其是劳动密集型产品,一方面其国际产能过剩问题越来越严重;另一方面由于土地和劳动成本的增加,不仅出口产品竞争力下降,对制造业外资进入的吸引力也随之下降。特别是在相当长时期中国发展外向型经济实际上只是在沿海地区推进的,外需导向的经济只是拉动了这一部分区域的经济发展。而广大的中西部地区处于外向型经济的边缘,不仅得不到外需的拉动,而且由于东部沿海地区面向海外,中西部地区经济得不到东部地区的带动,地区差距进一步扩大。现在,中国已进入上中等收入国家发展阶段,不仅融入全球化的东部沿海地区有着强劲的发展能力,而且中西部地区强烈的发展需求,以及针对东西部发展不平衡所进行的协调都会提供巨大的内需和发展机会。

15.4-2 内循环为主体下的开放经济

在出口导向的外向型经济难以继续成为中国现阶段发展的引擎时,国内经济发展的需求正在成为新的引擎。

增长的引擎由外转向内,绝不意味着回到封闭经济,而是要转向更高层次更高效益的开放经济。与以出口为导向来安排国内的产业发展的出口导向型开放不同,内循环为主体的开放型经济的基本要求是:根据培育国内科技和产业优势的需要利用国际资源和国际市场,包括创新要素的引进,外商直接投资的升级,引资引技引智并举,推动开放式创新。如习近平所要求的:要更大力度吸引和利用外资。纵观全球,发达国家和新兴经济体都把吸引和利用外资作为重大国策,招商引资国际竞争更加激烈。依托中国超大规模市场优势,以国内大循环吸引全球资源要素,既要把优质存量外资留下来,还要把更多高质量外资吸引过来,提升贸易投资合作质量和水平。①与此相应的开放发展主要特征是坚持"出"和"进"并重,利用超大规模的国内市场,以高质量的"进"促高水平的"出",有效畅通国内国际双循环。尤其关注国内循环中遇到的技术供给堵点环节的产品和技术进口。在此基础上的"出"是提高出口质量,包括以绿色产品出口替代资源密集型、高能耗高污染产品出口,以科技密集型产品出口替代劳动和资源密集型产品出口。实行高水平的贸易和投资自由化便利化政策,加快建设贸易强国,维护多元稳定的国际经济格局。因此,基于新发展格局的开放型经济有如下特点:

首先是产业的自主可控。出口导向型一般是发展本国资源禀赋具有比较优势的产业,如劳动密集型、资源密集型产业。内循环为主体则是依靠科技和产业创新推动国内产业结构的升级,特别是发展与其他发达国家相同方向的战略性新兴产业,形成能与世界级竞争对手较劲的产业结构,以体现增长的内生性和创新驱动性。表面上看这是由外向拉动转向内生发展,实际上是以科技和产业创新提升中国产业的国际竞争力。与过去以"三来一补"等方式利用国内劳动力和环境资源的制造环节的外商投资不同,引进外资要以其科技水准进行选择:外资进入的环节应该主要集中在产业链的中高端环节;外资进入的产业应该是国际领先的新兴产业,在中国完成产业链的"补链""扩链""强链"。

其次是国际资源的高水平选择。当今的国际经济是要素流动为主导的经济。中国的现代化需要创新驱动,所需的资源主要是创新要素。由于历

---

① 习近平:《当前经济工作的几个重大问题》,《求是》2023年第4期。

史和发展水平的原因,先进的创新资源主要还集聚在发达国家。因此,新阶段开放型经济的重点是引进创新要素。过去的发展重点在增长,基本上是资本推动的,其他如技术和管理等发展要素基本上跟着资本走。相应地,开放型经济基本上是通过引进外资来利用其他国际资源(国外先进的技术和管理)。现在发展的重点转向创新,各种创新要素是跟着人才走的。相应地,发展创新型经济需要通过引进高端创新人才来利用其他国际创新要素。当然,创新高地建设是吸引高端创新人才的基本条件。

最后是全球价值链环节攀升。全球价值链本身就是对外开放链。产品内分工成为国际分工的主流后,国际竞争突出表现为全球价值链的竞争。目前中国虽然也有部分以我为主的全球价值链,但从总体上说大部分产业环节处于全球价值链的低端,附加值低。现在,在国外的价值链高端环节又遇到发达国家的断供和断链。因此,新发展格局下的开放型经济需要围绕产业链部署创新链,依靠创新驱动攀升全球价值链中高端,使参与国内国际双循环的环节与创新链融合,提升产业链现代化水平。产业链"走出去"布局,并不仅仅是为了获取稀缺的资源,还要增强中国企业市场竞争优势。具体来讲,一是要推动中国品牌企业参与境外基础设施建设和产能合作,推动中国高铁、电力、通信、工程机械以及汽车、飞机、电子等以我为主的产业链走向世界,向极具市场潜力的新兴市场渗透和延伸。"一带一路"产业链布局将是国际产能合作的重要平台,相关国家也可以共享中国发展成果,与中国企业互利共赢。

15.4-3 以获取创新要素为导向的开放经济

在经济发展起步阶段的建立在资源和劳动的比较优势基础上的出口导向战略,是在国内经济发展能力和国际竞争力严重落后于发达国家的条件下实施的。当国家经济发展能力提高时单纯的出口导向和低水平的出口对经济增长的引擎作用就会明显减弱。这个时候需要的是国内产业结构的升级,特别是发展与其他发达国家相同的新兴产业,占领科技和产业的世界制高点。产业转型升级需要创新驱动,也就是发展创新型经济。创新型经济依托的是人才、科技、管理之类的创新要素,目标是发展具有自主知识产权的核心技术和关键技术，着力于产业创新，体现增长的内生性和创新驱动性。增长的引擎转向创新驱动，不是回到封闭经济，恰恰是还要发挥开放型经济的引擎作用。当然它是在创新型经济这个主引擎作用的条件下发挥作用的。开放型经济如果还要继续发挥经济增长的引擎作用，也需要转型升级，这就是以创新为导向发展开放型经济。

竞争优势需要培育。中国开放型经济转型升级的方向是着力引进创新资源，以培育产业优势。当今的国际经济是要素流动为主导的经济。过去中国通过引进外资来利用国际资源，原因是各种要素如技术和管理跟着资本走。现在转向创新驱动意味着需要转向人才引进，原因是各种创新要素跟着人才走。高端创新要素，特别是高端人才相当多地聚集在发达国家，需要利用开放型经济着力从发达国家引进高端科技和管理人才。

科技和知识没有国界。我们这样后起的发展中国家，要进入现代增长阶段，就必须充分地开发世界知识和技术的存量为我所用，并且要提高利用效率。根据库兹涅茨的分析，对世界范围内技术社会知识存量的开发利用，是生产高速增长和发展中国家进入现代增长阶段的标志。在他看来，不管其所用资源的来源如何，任何单个国家的经济增长都有其国外的基础，这反映一国的经济增长对世界知识存量的依赖性。由于各个国家都是依赖对世界知识存量的利用进入现代增长阶段的，发展中国家与发达国家的经济差距可以用对世界知识和技术存量的开发利用的差别来说明：进入现代增长阶段的时间越晚，非利用的技术和社会知识存量越大，与发达国家相比的经济劣势就越大。①较迟进入现代经济增长阶段的国家有个后发优势，即进入的时间越迟，技术资源越丰富，可供选择的范围也越大。但是由于国情不同，一个国家的选择不仅取决于进入现代增长阶段的时间，还要依据这个国家的面积、自然资源、历史传统等方面的特点。

开发利用世界知识和技术存量的载体很多，其途径可能是外资的带入，也可能是人才的带入。这里特别要指出智力的引进问题。发展中国家受过教育的有技能的人才流向发达国家被称为智力外流。从一方面说这是一种人力资本的流失，但从另一方面说流入发达国家的人才在国外经过人力资

---

① 库兹涅茨：《现代经济增长》，第253页。

本投资学得新技术后回国,便成为引入和利用世界知识和技术存量的载体,其利用效率也是最高的。因此,在争夺智力人才的国际竞争中,我们不必依靠封锁国际人才流动的方式来保持人才,相反应积极鼓励并疏导人才的国际流动。我们要在竞争中吸引载有国外先进技术的人才。

现代教育的普及是利用国际发展要素的基础性条件。根据库兹涅茨的观点,无论在哪一个国家,现代经济增长都是指增加使用和分享那些超出本国传统知识的东西,而不是说一个国家对新知识的利用和分享就等于隶属别国。这意味着一个国家的经济增长日益受别国新知识的影响。因此发展中国家有效地分享世界知识和技术存量的必要途径有两个方面,一是高度重视教育事业,培养一大批能够吸收、掌握和发展现代科学技术的劳动者;二是提高献身于发展科技知识的人力资源的比例。

以创新为导向的开放型经济有两个方面替代:一是出口替代,即依靠创新以高科技的绿色产品出口替代劳动密集型和资源密集型产品出口,也就是提高出口产品的科技含量,特别是要减少能源和环境出口(高能源消耗高污染品出口)。我们不能满足于出口品进入美国的超级市场,更要进入其高端市场。因此扩大战略性新兴产业产品和服务的国际市场尤为重要。二是进口替代,过去讲的进口替代指的是以国产品替代进口品,这里讲的是以先进技术和高端人才进口来替代一般消费品进口,以提升自身的科技水平和创新能力,形成自身的竞争优势,支持高科技产品的出口。

以创新为导向的开放型经济也会要求外商直接投资转型升级。过去的外商投资企业通过"三来一补"等方式使其利用国内劳动力和环境资源的制造环节进入中国,其带来的技术和产业基本上是其国内的成熟技术和成熟产业,不是先进技术和产业。现在以创新为导向,对进入的外资及其带来的技术就要有更高的要求。一方面,要求其高新技术研发环节的进入,提高中国本土制造的附加价值。另一方面,要求进入的产业是国际先进的新兴产业。鼓励外资在中国本土创新研发新技术成为吸引外资的重要导向。

首先是提高引进外资的层次,鼓励外资企业在中国本土研发、创新技术。创新无国界。创新型经济不仅仅指本土企业创新,也包括外资企业在中国本土的不断创新。在劳动成本和土地价格不再具有优势时,我们需要强化人力资本优势、优化创新环境,鼓励外资科技企业和研发中心的进入,促使外资进入的环节向价值链的高端环节和研发环节延伸。这样,外资进入中国所要利用的不完全是廉价的劳动力和不受约束的环境资源,而是高素质的人力资本和创新环境。国际直接投资也进入转型升级阶段。也就是更多的高新技术外资替代一般技术外资,外资将世界领先的技术和产业基地放在中国成为可能。

其次是扩大外资进入的领域。国际直接投资进入的行业由着重于制造业扩展到现代服务业。原因是创新型经济所需要的国际资源的支持不仅是制造业技术,还需要与现代服务业相关的管理和服务的支持,涉及金融、保险、运输、信息服务、电子商务、现代物流业等。其中服务外包又是利用中国高智力劳动力的重要途径。国内一些从事外包服务的企业和员工在参与外包服务中边干边学,提高了自身的创新能力。

再次是扩大金融的对外开放。利用国际资源不只是利用外商直接投资,还需要通过金融业的对外开放吸引和利用国际金融资本,由吸引产业资本向吸引和利用金融资本拓展。其途径包括:吸引国际金融机构和金融公司进入中国;鼓励中国企业到境外资本市场上市;在国际金融市场募集资金;逐步放开外国投资者进入中国资本市场的限制。尤其是要吸引国际风险投资公司进入参与中国的科技创新和科技创业。

党的二十大要求形成具有全球竞争力的开放创新生态。科技创新是开放的,涉及各个创新主体的创新活动相互开放。强调对外开放创新有特别重要的意义。中国式现代化需要科技现代化先行。当中国的科技水平接近发达国家水平时,很难再靠引进技术来实现科技和创新了。尤其是还面临着发达国家高端技术的"卡脖子"。因此,可行的途径是在开放创新中与国际高端创新要素结合,共同进行有自主知识产权的高端技术创新。目前相当部分"卡脖子"技术源自基础研究,这就需要以基础研究的开放式创新为突破口,利用和引进国际创新资源(尤其是创新人才),进行开放式的基础科技创新,创造出有自主知识产权的原创性科技成果。与此相应,开放创新生态就涉及:一是突出高端人才的引进。这些人才进入国内的大学、科研机构、研发平台和科技企业,可以引领科技创新和创业。二是把主要从事基础研究的大学和科研机构推向开放创新的前台。科研部门可以通过开放性实验室、开放式研究平台吸引和引进国际科学家参与高端核心技术的研发。

不仅瞄准产业链上的"卡脖子"技术,而且瞄准国际前沿技术,以最新的原创性科技引领国内国际双循环。三是实施严格的知识产权保护制度,保障创新者的创新收益。四是建立通畅而有效的基础研究成果转化为新技术的机制和平台。

参阅

洪银兴:《参与全球经济治理:攀升全球价值链中高端》,《南京大学学报》2017 年第 4 期。

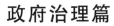

政府治理篇

16

国家治理体系和治理能力
现代化

党的十八届三中全会通过《中共中央关于全面深化改革若干重大问题的决定》，提出把"完善和发展中国特色社会主义制度，推进国家治理体系和治理能力现代化"作为全面深化改革的总目标。所谓国家治理体系，是管理国家的制度体系，包括经济、政治、文化、社会、生态文明和党的建设等各领域体制机制、法律法规安排，也就是一整套紧密相连、相互协调的国家制度。所谓国家治理能力是运用国家制度管理社会各方面事务的能力。国家治理体系现代化，是指适应时代变化，既改革不适应实践发展要求的体制机制、法律法规，又不断构建新的体制机制、法律法规，使各方面制度更加科学、更加完善，实现党、国家、社会各项事务治理制度化、规范化、程序化。中国所要建立的现代化经济体系的重要方面是建立充分发挥市场作用、更好发挥政府作用的经济体制。

16.1　社会主义市场经济中的政府作用

一国国民经济包含三个主体的经济活动。家庭向企业提供劳动、资本、土地等各种生产要素，并从企业取得相应的报酬。企业向家庭购买各种生产要素并向家庭提供各种商品和劳务。公共部门通过税收、服务性收费和公共支出来与企业和家庭发生联系，参与国民经济。国民经济运行出现不均衡时，政府可以通过调节税收和支出，居民可以通过调节消费与储蓄，企业可以通过改变投资与生产，来使国民经济重新恢复稳定。企业和家庭为主体的活动，是属于私人经济的活动，也可以说是市场经济活动。政府为主体的活动，是属于公共经济的活动。市场作用和政府作用的职能是不同的。政府干预经济并不都是与克服市场失灵相关的。它还在不存在市场失灵的场合起作用，其职能是实现国家的福利目标。因此，政府对市场不仅仅是替代，还是补充的机制。

人们进入市场的决策存在着个人选择和社会（集体）选择的区别。社会是个人的集合，每个个人具有一系列独特的偏好。因此定义"社会需要什么"就成为社会选择的问题。所谓社会选择，就是设法总合个人偏好的过程。在市场上存在单独个人选择偏好的条件下，所形成的集体选择，是由社会福利函数来说明的。根据对社会福利函数或社会选择函数的文献的探讨，社会福利是社会中各个人所购买的货物和所提供的生产要素以及任何其他有关变量的函数，即社会所有个人效用水平的函数。在现实中，社会保障、国家安全、公共卫生和教育等属于社会福利函数的内容，不可能靠在市场调节下的个人追求个人效用函数来实现。因此，政府的职能主要是保持宏观经济稳定，加强和优化公共服务，保障公平竞争，加强市场监管，维护市场秩序，弥补市场失灵，推动可持续发展，促进共同富裕。

既然已经明确了市场决定资源配置的格局，政府决定的资源配置就要作相应调整，包括大幅度减少政府对资源的直接配置。当然，全社会的资源除了进入市场的市场资源外，还有公共资源。市场对资源配置的决定性作用不能扩大到公共资源的配置。公共资源的配置不能由市场决定，原因是市场配置资源遵循效率原则,而公共资源配置则要服从国家目标遵循公平原则。公共资源是未明确私人所有权的资源,涉及自然资源、政府的法律和政策资源,以及公共财政提供的公共性投资和消费性支出等。应该说,中国政府掌握着较为丰富的公共资源。这是中国举国体制的基础。制度优势决定了具有集中力量办大事的能力,这也是政府推动中国式现代化的基础。

面对市场对资源配置的决定性作用,凡是市场能做的、比政府做得更好的都交给市场。但这并不意味着不要政府对经济的干预。在市场作用对资源配置起决定性作用后,政府不再是市场资源配置的主体,而是从市场资源的分配者变为监管者。作为社会主义国家的政府,其职能既要推动发展,还要进行科学的宏观调控。

16.1-1　推动发展

政府推动发展,除了推动对外开放外,突出在以下三个方面。

其一,推动经济结构转型升级。在中国,制约长期发展的主要是经济结构问题,尤其是产业、城乡和区域结构。结构性问题不仅在于其失衡,尤为突出在处于低水准。针对经济结构问题,固然要充分发挥市场优胜劣汰和自由选择机制,但是对发展中的大国而言,经济结构调整显然不能完全靠市场自发调节。面对产业结构转型升级的需求,政府前瞻性培育战略性新兴产业,有重点地扶持主导产业和高新技术产业,都需要国家的产业和科技政策来引导。面对城乡和区域结构失衡,也需要政府来协调,如此才足以促使发展要素由先发展地区流向后发展地区,打破市场经济环境下后发展地区发展要素稀薄的魔咒。

其二,推动创新。一般说来,市场竞争能够提供创新动力,技术创新也需要市场导向。但是对科技创新而言,只靠市场是不够的,原因在于如斯蒂格利茨所说的,标准的市场经济模型"忽视了创新的作用"。没有包含技术创新的核心内容。[①]因此他认为政府发挥更大作用的方面"是作为创新的推进器"。原因有两方面:第一,创新的知识和技术具有外溢性,社会可以从中得益,具有公共性,其收益并不会只是收敛到某个个人。第二,标准的市场

[①]　斯蒂格利茨:《社会主义向何处去》,第 160 页。

经济理论只是解决市场对已有资源的配置,而创新不是配置已有资源,而是创造新资源。为推动创新,实施重大科学创新计划,集成技术创新与知识创新,引导孵化新技术,为集聚创新要素而进行知识资本和人力资本投资,建设创新的新基建等基础设施,以及保护知识产权,都需要政府作为。

其三,促进共同富裕。中国式现代化绝不能出现两极分化现象。政府主导的再分配环节起着关键性作用,其主要路径有四个:第一,完善累进的所得税制度和累进的财富税制度,以缩小收入和财富差距。第二,促进优质公共服务资源(如优质教育资源和医疗资源)在城乡、区域配置均等化。第三,完善针对相对贫困群体的社会保障制度。不仅要进一步提升在脱贫攻坚中推进的义务教育、基本医疗、住房安全三保障的水平,还要进一步扩大社会保障的范围,特别是增加基本养老保险的内容。第四,加大转移支付力度,促进不同区域、城乡在发展中实现共同富裕。按此要求,需要建立和完善政府保障基本、社会多元参与、全民共建共享的公共服务体系。公共服务要覆盖到在幼有所育、劳有所得、学有所教、病有所医、老有所养、住有所居、弱有所扶和拥军优属等各个领域,体现社会主义制度的优越性。

其四,针对社会发展滞后于经济发展的状况,政府特别要注重社会发展,将社会发展与社会管理有机结合起来。突出在文化、教育、健康等方面的现代化建设。

16.1-2 科学的宏观调控

市场决定资源配置基本上是解决微观经济效益。而实现宏观经济的总量均衡,克服高失业和高通货膨胀之类的宏观失控,则要靠政府的宏观调控。政府主要的经济职能就是萨缪尔森所讲的四项:提高经济效率,改善收入分配,稳定宏观经济,维持国际收支平衡。[①]

习近平总书记在党的十八届三中全会上的讲话中指出:"科学的宏观调控,有效的政府治理,是发挥社会主义市场经济体制优势的内在要求。"[②]宏观调控是政府的基本职能之一。其内容包括:发挥国家发展规划的战略导

---

① 萨缪尔森、诺德豪斯:《经济学》(英文版·第十六版),机械工业出版社 1998 年版,第 35 页。

② 中共中央文献研究室编:《习近平关于社会主义经济建设论述摘编》,第 60 页。

向作用,健全财政、货币、产业、区域等经济政策协调机制。首先是稳增长调结构调控机制创新。促增长的关键是保障市场对资源配置起决定性作用,更好发挥政府作用,实现消费、投资、出口三驾马车协同拉动经济增长。明确宏观经济运行的合理区间,将其作为政府宏观调控的目标取向和运用依据,根据实际情况灵活、差别化地进行定向调控。其次是经济调控手段创新。供给侧和需求侧是管理和调控宏观经济的两个基本手段。需求侧管理重在解决总量问题,注重短期;供给侧调控重在解决结构问题,注重长期。二者都是实现高质量推进现代化的有效方式。最后是经济安全保障机制创新。现代化的进程不能被发生经济危机的风险所打断,统筹发展与安全是政府调控的着力点。强化经济安全风险预警、防控和能力建设,提升粮食、能源、金融等领域安全发展能力。

16.2 克服政府失灵和政府治理现代化

如果说有市场失灵,那么也同样有政府失灵。市场失灵并不意味着可以推论政府干预必然有效。就如施蒂格勒所说:“市场导致缺乏效率和不公平的情况并不意味着可以推论政府的干预必然导致情况的改善。”①施蒂格勒将这种推论比喻为皇帝对两个乐手的比赛的裁决:只听了第一个乐手的演奏,觉得不满意,就将奖杯授予第二个乐手。这就是说政府纠正市场经济失灵的措施也不一定是“灵”的。原因是,政策是由人制定和实施的,而他们的行为反过来受各种法规、习惯、激励等因素的影响,存在有限理性。他们也是在信息不完全以及各种约束条件下作决策的。而且,政府的管理者往往以自身的偏好指导其行动,甚至政府的决策可能反映不同利益集团的相对力量。最为明显的是在不少国家,政府广泛地采用财政政策和货币政策干预经济并不像人们所说的那样灵。在许多国家出现的高通货膨胀、高政府赤字、低增长等一系列问题,往往反映政府行为失灵。特别是在政府集中分配的资源较多、计划性较强的国家,一旦发生政府失灵,其损失之大远远超

---

① 施蒂格勒:《产业组织和政府管制》,上海三联书店 1993 年版。

过市场失灵。这又促使人们探究政府在市场经济条件下能干些什么、应该怎样干等问题。

阿特金森和施蒂格勒在《公共经济学》一书中特别告诫读者:应用国家作用的福利经济学观点时必须十分谨慎。对政府行为作经济分析,可以利用公共选择提供的分析工具,把政府纳入收益—成本的框架内分析,提供判别政府行为的标准。政府行为只有在提供的社会总收益大于总成本时,才是合理的。这就对政府的性质和行为有了一个客观的评判准则。不合这一准则的任何政府都是"官僚化的"、"垄断的",应该得到改革。

公共选择理论提供的政府失灵理论,并非以政府能力缺陷为基础,而是以制度性缺陷为基础。政府效率所面临的不是经济方面的挑战,而是制度方面的挑战,其突出问题是官僚主义。其原因是:进行政治活动的主体也是经济人,对成本、收益的计算指导着他的行为。政治活动主体往往是在为自己服务的前提下服务社会。政府机构的官僚在现存的制度约束下追求自己的利益最大化,因此他们的行为目标同整个社会福利最大化目标未必一致,甚至有可能发生冲突。世界银行 1997 年出版的世界发展报告《变革世界中的政府》提出:"善治(good governance)"或"有效治理"是一个国家尤其是发展中国家实现发展的关键。善治需要治理能力现代化。善治就不能只是靠国家治理,还需要辅之以社会治理,依靠社会组织进行社会管理。

16.2-1 公共政策目标

社会主义经济的一个重要特征是国家作用比较强大。马克思当年在《共产党宣言》中就提出:"无产阶级将利用自己的政治统治,一步一步地夺取资产阶级的全部资本,把一切生产工具集中在国家即组织成为统治经济的无产阶级手里,并且尽可能快地增加生产力的总量。"①国家的作用包括:剥夺地产,把地租用于国家支出;把信贷集中在国家手里;把全部运输业集中在国家手里;按照共同的计划增加国家工厂和生产工具,等等。在社会主义实践中,虽然没有采取马克思当年设想的资源高度集中在国家手里的模式,但国家作用比资本主义国家强大是无疑的。经过 40 多年的改革开放,以国家

---

① 《马克思恩格斯文集》第 2 卷,第 52 页。

为主体的公共经济在国民经济中的份额比过去大大降低,但其作用仍然较大。这是由社会主义国家的性质决定的。首先,国家仍然保留着国有经济,国有经济控制国民经济命脉,城镇土地国有。其次,国家财政支出占 GDP 的份额保持较高比重。再则,国家主导的一些公益性项目采取 PPP 模式,吸引私人资本参加,实际上放大了公共经济。最后,国家实行举国体制,实施的宏观调控政策的影响是全局性的,对企业和家庭运行的经济都有直接的深刻的影响。在此背景下,正确选择公共政策目标尤为重要。

公共政策的目标选择是多元的,其中包括效率、公平、增长、稳定、安全等。这些目标有的可能兼得,但有的对经济运行并非都是同方向的。这就有个选择顺序问题。

如前所述,在实践中,政府并不都是在市场失灵的领域发挥作用。政府的职能是要实现国家的福利目标,因此政府对市场不仅仅是替代,还是补充,而社会福利是社会所有个人效用水平的函数。亚当·斯密"看不见的手"理论是指每个人都追求私人利益,在一只"看不见的手"的调节下来实现社会利益。诺思对此进行了批评,他认为并不是所有的社会利益都是每个人在追求自己的私人利益中实现的,实际上,如果大家都斤斤计较自己的个人得失,那么许多社会利益是不能够实现的。社会保障、国家安全、公共教育等社会福利必须由政府承担起来。

首先是增长和稳定问题,任何一个国家的公共政策都会提出经济增长率目标,但增长不是越高越好。原因是经济增长都需要资源投入,资源不可能是无限供给的,对经济增长的市场需求也是有限度的。通货膨胀和高失业率就分别是经济增长过热和过冷的表现。这就提出经济稳定的公共政策目标。在经济出现不稳定时就得进行宏观调控。但是,任何时期采取的宏观调控政策都是短期的,达到预定调控目标时,就需退出。增长则是长期的。公共政策目标需要寻求经济长期稳定增长的方式和路径。

其次是效率与公平。任何国家每个时期的资源都是有限的,因此资源配置效率是任何一个国家都要关注的。帕累托最优是资源有效配置的评判标准。人们也在实践中发现,市场决定资源配置是最为有效的。与此相应,国家的公共政策必然要支持并为市场决定资源配置提供足够的空间。但市场失灵之处也恰恰在这里暴露出来。资源流向高效率的行业、地区和企业,不可避免地产生贫富两极分化。贫富两极分化也会影响效率的提高,与社会主义要求相左。习近平指出,中国式现代化"既要创造比资本主义更高的效率,又要更有效地维护社会公平,实现效率与公平相兼顾、相促进、相统一"。①相应的公共政策就不能只是依靠市场配置资源,也不能只是追求效率,需要作为社会公共利益的代表追求公平目标,其配置公共资源就不能像市场那样只追求效率目标。表现在按公共需要公平地提供公共产品。

最后是经济安全。从20世纪90年代爆发东南亚金融危机,到本世纪初的华尔街股市危机,到2007年的美国次贷危机和紧接着的2008年的全球金融危机,危机接连不断,影响面越来越广,而且再健康的经济体都抵御不了外来的危机影响。这说明经济风险时时存在,既可能有"黑天鹅",也可能有"灰犀牛"。因此各国的公共政策都必须包含经济安全的目标。所要规避的风险既有自身原因造成的风险,也有非自身原因的风险,如市场风险、宏观风险、国际市场风险等。尤其要防止系统性金融风险,保持金融的稳定。

总的来说,公共政策所关注的公平、稳定和安全等政策目标是建立在效率和增长目标由市场决定资源量来实现的基础上的。而且,政府在干预经济时本身也有效率问题。"政策设计中的效率问题永远是公共经济学的核心主题。"②例如,政府干预经济不能影响市场调节,以免影响市场调节的效率;政府取得收入必须考虑以最小成本取得;政府配置公共产品也要讲究效率,既要克服免费搭车,又要防止养懒人。

16.2-2 政府作用与市场决定资源配置的有效衔接

在政府与市场的作用上,不能认为强市场就一定是弱政府。政府作用和市场作用不一定是此消彼长的对立。以长三角地区为例,这里既有政府的强力推动,又有市场的强大作用。原因就在于,政府和市场不在同一层面发挥作用,政府没有过多干预市场作用的领域。政府强在为市场有效运行创造好环境,如法治、人和的软环境,重要基础设施的硬环境;政府强在自身财

---

① 《习近平在学习贯彻党的二十大精神研讨班开班式上发表重要讲话》,新华社 2023年2月7日。

② 迈尔斯:《公共经济学》,中国人民大学出版社2001年版,第5页。

力,没有与民争利;政府强在对各级政府的基本现代化的指标导引和考核。政府也会作为本地企业的总代表推介本地企业。这种政府的强力推动实际上是支持市场充分发挥作用。因此,这里强市场的重要标志是,世界500强企业和规模型民营企业蜂拥而至高度集聚。当然,随着市场对资源配置起决定性作用的理论被确认,这种强政府和强市场的合作方式也需要转型。

在市场对资源配置起决定性作用后,更好发挥政府作用的一个重要标志是政府行为本身也要遵守市场秩序。政府作用机制要同市场机制衔接,政府配置公共资源同市场配置市场资源应该结合进行。

首先,在克服市场失灵方面,政府作用要尊重市场决定的方向。市场决定资源配置必然是资源流向高效率的地区、高效率的部门、高效率的企业。坚持公平竞争的市场规则运行能够保证结果的效率,但不能保证结果的公平。由此产生的贫富分化反映市场失灵。①社会主义市场经济的运行既有效率目标又有公平目标,政府有责任促进社会公平正义,克服这种市场失灵,以体现社会主义的要求。为了保证市场配置资源的效率,政府贯彻公平目标的作用就主要是不和市场进入同一个层面,也就是不进入市场决定的资源配置领域,而是进入收入分配领域,依法规范企业初次分配行为,更多地通过再分配和主导社会保障解决公平问题。即使要协调区域发展,政府也是在不改变资源由市场决定的流向的前提下利用自己掌握的财政资源和公共资源按公平原则进行转移支付,或者进行重大基础设施建设为吸引发达地区企业进入不发达地区创造外部条件。

其次,在提供公共服务方面,政府作用要尊重市场规律,利用市场机制。必须由政府提供的公共服务,并非都要由政府部门生产和运作,有许多方面私人部门生产和营运更有效率。政府通过向私人部门购买服务的方式可能使公共服务更为有效、更有质量。例如推进城乡发展一体化的重要方面是推进基本公共服务的城乡均等化,在广大的农村城镇所要提供的基本公共

---

① 斯蒂格利茨在《不平等的代价》中指出:"已为共知的市场经济最黑暗的一面就是大量的并且日益加剧的不平等,它使得美国的社会结构和经济的可持续受到了挑战:富人变得愈富,而其他人却面临着与美国梦不相称的困苦。"(机械工业出版社2013年版,第3页)

服务不可能都由政府包揽,也可采取购买服务的方式。筹集公共资源也是这样。如城市建设的资金方面,可以由政府为主导建立透明规范的城市建设投融资机制,其中包括地方政府通过发债等多种方式拓宽城市建设融资渠道,允许社会资本通过特许经营等方式参与城市基础设施投资和运营。再如保护环境方面,政府也可利用排污收费和排污权交易之类的市场方式来进行干预。

最后,在维持市场秩序方面,政府要建立遵从市场秩序的文化和道德规范。市场秩序的道德基础即诚信问题。只有当交易者建立在诚信基础上,各种市场规范才能起作用。社会信用体系建设涉及两个方面,一是制度性信用,即通过各种法定的和非法定的方式建立健全征信体系,通过法律手段严厉打击欺诈等失信行为。二是道德性信用,即褒扬诚信,鞭挞失信,形成全社会共同遵守的道德观和价值观。这两方面相辅相成,克服机会主义行为,使诚信成为自觉的行为,也就是自觉地遵从市场秩序。

推进现代化必然带来经济和社会的转型,不完全的市场、不完全的信息必然会给社会、企业和个人带来更多的不确定性。例如,生产要素的市场价格、消费品的市场价格、企业的并购重组、水电的供应、房地产市场行情等,会经常发生不确定的变化;福利制度等改革,会引发社会矛盾甚至一定程度上的社会冲突;农民问题、失业问题、贫富差距问题,会不时地困扰现代化的进程。因此政府需要建立保障社会公平和保障社会稳定的社会机制。主要涉及:建立包括养老、医疗、失业在内的社会保障制度;建立以减轻社会摩擦为目标的地方各利益群体的利益协调机制;建立以公平为目标的收入分配的社会调节机制;建立政府官员与企业家相互沟通和监督的制度。政府要确保为社会各阶层,包括弱势群体提供一个安全、平等和民主的制度环境。政府要从社会长远发展出发,提供稳定的就业、义务教育和社会保障,调节贫富差距,打击违法犯罪,确保社会健康发展。

改革开放以来,由于中国市场经济体制快速建立,政府对市场的监管不到位,市场上经常会出现假冒伪劣产品和市场交易失信欺诈现象,从而严重扭曲了市场与社会的关系,政府也因此承担了监管失灵的责任。因此,建立市场与社会的协调互动关系,不仅要求企业作为市场主体自觉承担必要的社会责任,还要政府提供法治化市场环境,为社会和消费者提供可信赖的产品和服务。

16.2-3 规范政府行为

规范政府行为是基于政府失灵提出来的。政府失灵主要有三大表现：一是政府职能的错位，政府权力的滥用都会引起市场秩序的混乱。二是政府超越了所应该拥有的权限，直接介入了企业的微观经营活动，可能造成企业行为机制的扭曲。三是政府自身存在的官僚主义、寻租、行政垄断等几大问题。除此以外，"由于政策制定者个人主观认知的困难也会造成政府的失灵"[①]。

在市场经济条件下，政府失灵的制度性表现主要有：一是政府管制。政府管制排斥市场作用。政府对自然垄断行业如自来水、电力、煤气等行业的管制，主要采取国家定价或限价的方式，结果往往是产出下降，供不应求；政府对非自然垄断行业的管制主要采取保护某个或某些行业或给予其优惠的方式，其结果往往是缺乏有效竞争而导致成本和价格提高。二是寻租，寻租即利用权力寻求"租金"，寻租活动总是同政府权力相联系的，或者是政府官员直接利用权力，或者是企业借助政府权力。问题的本质在于政府运用自身的权力制造出某种垄断权益，导致腐败。三是官僚主义。官僚主义导致政府扩张。政府机构存在自增长机制，社会中官员越多，"官员敛取物"就越有可能增加。

公共选择理论从三个方面揭示政府机构的低效率趋势。第一，政府机构垄断服务供给，由于没有竞争，就无法判断其支出是否合理，或其提供的服务是否太少。第二，政府机构追求规模最大化，而不是成本最小化。这是因为机构规模越大，在预算安排中讨价还价的能力就越强，提升的机会越多，权力越大，各种非货币性待遇就越高。而成本与收入之间的分离，意味着资源的错误配置的程度加深，追求成本最小化的激励机制受到抑制。第三，政府机构会使浪费最大化，而不是提供的服务最大化。[②]以上政府失灵的制度性缺陷归结起来就是政府权力过大、政府作用范围过大。

---

① 豪斯赛尼：《不确定性与认知欠缺导致欠发达国家的政府失灵》，载《经济社会体制比较》2004 年第 2 期。

② 高鸿业、吴易风：《现代西方经济学》（下册），经济科学出版社 1995 年版。

既然政府失灵是由其制度性原因造成的,建设现代政府的途径就是制定政府行为规则,规范政府行为。包括对寻租行为的约束,对管制行为的约束,对官僚主义行为的约束。这几个方面也是现代化进程中政府改革的重点。国家治理的现代化方向就是建设有限有效政府。只有权力有限、规模有限的政府才可能是有效的政府。为了最大限度地克服政府失灵,需要通过有效的制度安排对政府权力及政府增长进行约束。一是政府干预范围有限,二是政府干预手段有限,三是政府规模有限。规范政府行为不仅靠财政和税收的约束,还要靠法治。政府权力应受到宪法的限制。政府的赋税权力要满足一致性、普遍性和非歧视性要求。

推进国家治理体系和治理能力现代化,势必要求对国家的行政制度、决策制度、司法制度、预算制度、监督制度等进行系统性的改革。约束公权利的核心是推进民主制度,让公民的选票真正起到约束官员、约束政府的作用。各种权利之间应有互相制衡机制。保障公民政治权利与约束政治权力是需要同时进行的。这就需要不断完善法治,建设"法治中国"。

政府的基本职能是实现社会福利目标。针对社会发展滞后于经济发展的状况,政府特别要注重社会发展,将社会发展与社会管理有机结合起来。要积极回应公众的需求,主动、灵活、低成本地对外界情况的变化和不同利益的需求作出富有成效的反馈。政府的工作绩效要时刻接受公众的考察和评判,对政府部门实施绩效管理,既可以作为检验行政效能与政府服务品质的诱因机制,又可以激励公务员的责任感和荣誉感。

政府绩效评价就是根据管理的效率、能力、服务质量、公共责任和社会公众满意程度等方面的判断,对政府公共部门管理过程中投入、产出、中期成果和最终成果所反映的绩效进行评定,以加强、改善公共责任机制,使政府在管理公共事务、传递公共服务和提高生活质量等方面具有竞争力。政府绩效评价的基本要求是提高政府治理水平。世界银行专家设计了六个评价政府治理能力的指标,这就是:(1)政府效能;(2)监管质量;(3)法治;(4)腐败控制;(5)政治稳定;(6)民众参与。

政府绩效评价与政府的政绩观一致。在原有的单纯追求经济增长的发展观中,GDP指标成了各级政府的主要政绩所在。以新发展理念评价政府绩效,不仅要考核GDP指标,更要考核无法用GDP反映的指标。其中包括居民收入和富裕程度指标、环境保护指标、资源消耗水平指标。如果要考虑以人为本的发展观,政府政绩标准还要涉及人的全面发展的要求。富民不仅要在物质上富有,还要求在精神上富有,其中包括享受政治上的民主,以及现代文化和教育方面的熏陶。显然,现代化所要求的 GDP 指标可以提前达到,生活质量的指标、环境质量的指标、精神文明的指标、政治文明的指标、法制完备的指标等不可能像 GDP 指标那样那么快就能实现。这些都会成为现代化进程中需要动态考核的政府绩效。

政府的治理能力还体现在各级政府对本地区现代化的推进和引导上。一些地区在推进全面小康和现代化时有个成功的经验,就是指标引导。有的省将小康和现代化目标分解为 20 多个分项指标,然后考核各个地区小康和现代化建设的进度,效果非常明显。但是进入新时代,指标导引的缺陷暴露出来:指标数字难以进行定性分析,统一指标不能反映各个地方的现代化特色。如有的地方工业比重大,有的地方农业比重大;有的地方是发展功能区,有的地方是生态功能区。统一的现代化指标体系面对不同区域容易导致同构化,也不切合实际。为体现现代化进程中治理能力现代化要求,政府对现代化进程的引导和考核需要由指标导引转向法治和标准引导。首先是加强现代化的法治规范建设。深圳推进现代化的经验就是法治化和市场化先行。法治化的重要方面是为现代化营造法治化营商环境,市场化的重要方面是为现代化培育和建设现代市场。其次是制定现代化的标准,以现代化标准引导现代化进程。标准就是党的二十大所提出的到 2035 年基本实现现代化在经济上的目标:进入创新型国家前列;基本实现新型工业化、信息化、城镇化、农业现代化,建成现代化经济体系;美丽中国建设目标基本实现;形成对外开放新格局;人均国内生产总值达到中等发达国家水平;中等收入群体显著扩大;全体人民共同富裕取得更为明显的实质性进展。在此标准下,允许各个地区的现代化标准下有特色、有创造。

总的来说,国家治理体系与治理能力现代化的政府,是一个内部权限分工合理、职责范围有限、高效运转、与市场和社会良性互动的政府体系。国家治理体系和治理能力的现代化,需要理顺各治理主体的功能与定位,正确处理好政府、市场、企业及社会的关系。

16.3 政府规制及其改革

新中国成立以后逐步建立起计划经济体制直至改革开放。计划经济条件下的政府是近乎万能的政府,政府对经济和社会的管理,是一种单一计划性的、全能型的、直接的行政管理或管制,政府成为万能的管制型政府。计划经济体制基本上是一种以政府计划行政管理为中心的经济运行机制。它具有如下的特征:首先,政府管理是政府计划管理,政府成了"计划政府",整个社会的经济运行、发展与调控是以政府和政府的计划为中心。政府管理经济活动以计划工具或手段为中心,这种计划是行政指令。政府经济管理刚性有余,弹性不足,缺乏回旋余地。其次,政府的经济管理是全能型的。政府管理经济无所不包,事无巨细。宏观、微观事务不分,管理职能混杂,资产管理、运行调节、公共秩序浑然一体。最后,政府的经济管理是直接性的。政府管理经济直接调控所有的经济对象,因而无需也无法通过市场和社会中介组织进行间接管理。显然,这样的政府管理及其职能势必会限制地方、企事业单位和劳动者的积极性和创造性。

转向市场经济意味着政府的转型,即由计划经济的政府转向市场经济的政府。对转型国家来说,政府必须为市场经济提供制度基础,这是实现经济转型的前提。政府要为市场经济的运作提供基本必需的制度、规则及框架,包括宪法制度、产权界定和保护、契约的执行、金融制度、公司法、反垄断法、知识产权保护法等。

经过 40 多年的改革开放和经济建设,中国的经济发展达到了较高的水平,GDP 总量位居世界第二,人均 GDP 水平达到上中等收入国家水平。现在由于以下原因,政府职能需要转型。首先,中国在转向市场经济体制以后,市场对资源配置起决定性作用,相应地,政府就不能再是经济建设型政府,需要转型为与市场经济相适应的公共服务型政府。其次,随着经济的发展,政府承担建设职能的弊病越来越暴露出来:一是助长了地方保护主义,市场分割,政出多门;二是以 GDP 为官员政绩考核的主要指标,造成许多低效率的投资,政府的社会服务功能受到抑制,在失业问题、弱势群体的保护方面难以充分发挥作用;三是市场机制发挥作用的空间被压缩,行政垄断和审批事项增多;四是政府权力的异化,公共利益部门化,权力寻租无法避免;五是政府的社会公信力降低,社会信用体系遭破坏,容易形成畸形的市场经济。所有这些表明,建设型政府走到了尽头。

基于以上原因,政府转型的基本趋向是收缩直至取消经济建设型政府的职能,逐渐成为执行"经济调节、市场监管、社会管理和公共服务职能"的政府。中共十八届三中全会提出国有资本继续控股经营的自然垄断行业,实行以政企分开、政资分开、特许经营、政府监管为主要内容的改革,根据不同行业特点实行网运分开,放开竞争性业务,推进公共资源配置市场化,进一步破除各种形式的行政垄断。所有这些改革可以归结为政府规制的改革。

16.3-1　政府规制

政府规制(有的地方称为政府管制)是政府的微观管理职能,旨在为市场运行及企业行为建立规则,确保市场的有序运转。政府规制是政府依据一定的规则对微观经济主体的活动进行限制和规范的行为。政府规制的主体即规制者是政府,政府通过立法或其他形式被授予规制权;政府规制的客体即被规制者是各种微观经济主体,主要是企业。政府规制的主要手段是制定和执行各种规则或制度。

政府规制是针对市场失灵的制度安排,是针对微观经济主体的行为而制定和实施公共政策的过程,是从公共利益出发制定和实施规制的过程。目的是限制被规制者滥用权力、垄断价格等行为,防止发生无效率的资源配置,确保社会公平,增进社会福利,实现社会的公共利益。

市场经济的理论与实践都证明竞争产生效率,因此市场上需要反垄断,尤其是反垄断行为。这里讲的政府规制是针对在一定时期允许存在垄断的领域所要进行的规制,主要涉及由于生产和配送方面的规模经济效益、网络经济效益、范围经济效益、沉淀成本、资源稀缺性等原因,被限定为一家或极少数几家的产业。包括自然垄断行业和少数非自然垄断行业。在这里,由一家或极少数几家企业提供产品或服务,通常比多家企业提供相同数量的产品或服务,能实现最大生产效率,即达到最小平均成本。

政府对垄断行业的规制主要有如下任务:首先,垄断行业不是谁都可以进入的,否则就是自由竞争行业,同时垄断行业也不是所有环节都需要垄断、限制竞争。这就需要政府规制,既要限制进入,又要限制垄断。其次,在自然垄断行业的经营企业,具有相当大的市场垄断力量,存在企业和消费者之间的信息不对称。如果政府不对这些企业进行规制,它们就会利用其垄断力量和垄断地位,通过制定垄断高价谋取超额垄断利润,损害用户和消费者的利益,从而扭曲社会分配效率。因此,政府规制的又一任务是防止企业利用其垄断地位谋取高额垄断利润,保护社会公共利益。

总的来说,对允许存在垄断的领域,政府规制是为了防止发生低效率的资源配置,确保利用者的公平利用。政府利用法律权限,通过许可和认可等手段,对企业的进入、退出、价格、服务的数量和质量、投资、财务、会计等方面的活动进行规制,具体地说包括:

(1)进入和退出的规制。进入规制首先是指政府对企业进入某一行业的规制。政府对行业进入进行规制的主要目的,一是将企业纳入依法经营、接受政府监督的范围;二是为了获得行业的规模经济效益、范围经济效益;三是为了有效限制生产者和消费者的数量,防止过度竞争。退出规制是政府为了保证供给的稳定性,对企业实行退出规制,目的是保证社会公众的消费利益不受到损害。如果企业从自然垄断行业中退出,会使供给得不到保障,损害社会公众的利益。为此,政府必须规定企业退出该供给要对该供给有某种替代,以承担退出该行业的"供给责任"。

(2)价格规制。它主要指在受规制行业中,政府从资源有效配置和服务的公平供给出发,对价格体系和价格水平进行规制,以限制垄断企业制定垄断价格。价格规制的内容有:第一,价格水平的规制。政府可以采取规定最高限价的方式来规制企业的价格或收费水平。第二,价格结构的规制。价格结构是指将企业提供的商品或服务的价格与商品或服务的实际需求结构结合起来的各种价格或收费组合。价格结构规制的目的是监督企业把许多共同成本合理地分摊到各种商品或服务之中,由不同类型的顾客分担,既保证价格结构有利于实现资源的充分利用,又防止发生不适当的价格或收费歧视,确保收费的合理和公正。

(3)数量规制。它是指在自然垄断行业中,政府为了防止因投资过多(过少)或产出过多(过少)而造成价格波动、资源浪费或有效供给不足而采取的规制。数量规制的主要手段除了产量规制,更为重要的是投资规制。广义的投资规制包括对实业投资和金融投资的规制。狭义的投资规制是指实业投资的规制,主要包括对被规制者投资项目的立项决策、项目能力、项目收益的审核和批准。政府规制者既要鼓励社会投资,以满足不断增长的商品和服务的需求,又要防止重复投资和过度竞争,还要对投资品的最优组合进行规制,以保证投资收益。

政府规制的实践表明,政府规制的实施效果并不理想。对自然垄断行业的管制中,政府通过限价政策来消除垄断企业的超额利润。然而在垄断企业的平均成本随产量增加而下降的情况下,企业的边际成本小于平均成本,若政府规定价格等于边际成本,则垄断企业必然会以减少产量供给来减少管制带来的损失。现实中经常出现的政府限价,垄断企业产品供不应求,就是这个原因。另一类是对非自然垄断行业的管制,规制的主要方式是限制进入,保护现有厂商而反对新的竞争者。其结果往往导致成本和价格的提高。

西方学者对政府规制不理想的原因作了多方面考察。佩兹曼在1976年发表的《走向更为一般的管制理论》一文中认为,政府和利益集团对管制都有一定的需求,并非为了所谓的"公共利益"。政府所采取的管制政策实际上是为特殊利益集团服务的。正是利益集团提出对政府管制的需求,政府才提供了管制的供给。还有学者认为,即使政府对市场缺陷的纠正是正确的,政府的能力也是有限的。如施蒂格勒在《管制者能管制什么?——电力部门实例》中,通过实证分析,说明了对电力公用事业的管制没有任何显著的效果。①施蒂格勒以国家干预产业结构为例说明国家管制成本:国家可以而且确实通过禁止或强制,取走或给予资金等方式有选择地帮助或损害了许多产业。国家拥有一种在纯理论上即使是最有势力的公民也不能分享的资源:强制权。国家可以通过税收获取金钱,还可以决定资源的运动和在未经同意的情况下制定家庭和厂商的经济决策。这些权力就为一个产业利用国家提高盈利提供了可能性。一个产业谋求从国家得到的主要政策有四种:(1)直接的货币补贴;(2)阻碍新竞争者的进入;(3)对替代品和补充品生

---

① 施蒂格勒:《产业组织和政府管制》,上海三联书店1993年版。

产的干预;(4)固定价格。当一个产业取得国家的权力支持时,该产业得到了好处,但其他人则会受到损害,这是国家管理成本的一个方面。问题不仅在于此,政府管制并不是免费提供的。一个产业为得到政府的支持,需要为之提供费用。其中包括游说的费用,向政府官员支付某种"价格"。为取得政府的管制而付出这些成本后,并不能取得相应的收益,原因是管制机构不能控制企业的日常运行。

总的来说,规制机构和部门的垄断造成的低效率问题已经非常严重,改革政府规制成为必要。

16.3-2 政府规制的改革

20世纪80年代,世界各地在电信、电力、铁路、煤气、自来水等自然垄断行业中掀起了"管制改革"的浪潮,由垄断走向竞争已成为世界各地自然垄断产业市场化改革的主导趋势。

2014年诺贝尔经济学奖得主梯若尔和拉丰共同开创了激励理论的一个最新的应用领域——新规制经济学。在代表性著作《政府采购和规制中的激励理论》(1993)和《电信竞争》(2000)中,他们探索将信息经济学与激励理论的基本思想和方法应用于垄断行业的规制理论,创建了一个关于激励性规制的一般框架,成功地解决了不对称信息下的规制问题。根据他们的理论以及一些国家规制改革的实践,规制改革理论主要涉及以下内容:

首先,规制改革的必要性在于,在政府与企业的信息不对称条件下,市场竞争和监控结合,可以使高效能的激励方案得以实施。

其次,规制改革的可能性在于科技进步和企业组织创新成果的推动。信息技术的普遍运用,使某些受规制产业的性质发生了巨大变化,不再具有自然垄断的性质。就是说,由于技术的发展,自然垄断的边界发生了变化,出现了产业间的替代竞争,例如电报被传真代替,电话被移动通信代替。这使对相关行业的规制手段失去了现实的必要性。因此技术的创新推动了规制的放松。一些原先受规制的部门交给市场可能更有效率。专业化分工的发展也改变了自然垄断的范围。一般来说,在某个自然垄断产业的新生期,市场容量小,生产过程的各个环节规模较小,因而企业大都是垂直一体化的全能型企业。随着产业的发展和产业需求的扩大,各个生产环节的规模大到足以独立进行,企业内部的垂直一体化分工便转化为社会专业化分工。其中有相当部分生产环节不具有自然垄断性质。就如电力,其中的发电环节、电力设备生产环节就具有明显的竞争性。因此在电力行业之类的自然垄断行业可能分离出相当多的部门,退出政府规制的范围。

最后,规制改革的主要走向是放松管制,引入竞争,转向激励性规制。所谓放松规制,是指市场调节更有效率的部门退出政府规制。所谓引入竞争机制,是指让有效率的竞争者进入,把竞争机制引入自然垄断产业,可以提高规制部门的效率。所谓激励是指以业绩为基础,在激励与单纯获取政府收入之间进行权衡,选择激励,可以换来成本的降低和效益的提高。①具体地表现在以下方面:

一是规制的放松,哪个部门市场调节更有效率,政府规制就要从哪个部门退出。进一步说,政府规制的领域只能限于自然垄断领域,非自然垄断行业应该逐步退出政府规制的范围。针对不再具有自然垄断性质的某些行业部门,如电信行业,令其退出政府规制,转为竞争性行业。针对某些产业环节适合于竞争而其他环节适合于垄断经营的混合产业结构,规制改革的措施是,将竞争性业务从垄断性业务中分离出来,并防止在某个产业环节居于垄断地位的厂商将其垄断势力扩展到该产业的其他环节。例如电力行业的规制改革,只是保留网络部分的垄断和国家定价,而把发电、电力设备生产、供电服务等环节作为竞争性环节交给市场。

二是在规制部门引入竞争,开放自然垄断行业市场,允许新企业进入,强化市场竞争及其对经济效率的刺激作用。相关措施有:对价格规制、进入规制、投资规制等主要政府规制项目,由认可制转变为许可制,或由许可制、认可制转变为申报制,以缩小政府规制涉及的范围。

三是对规制企业提供激励,对被规制的企业实行政企分离,使自然垄断领域的经营企业成为自主经营、自负盈亏的竞争主体。首先,建立以业绩为基础的规制。给予被规制企业提高内部效率刺激的激励性规制;其次,赋予被规制企业以更多的确定商品价格或服务收费的自由度,使被规制企业更加趋于按商业原则经营。各种激励性规制方式使企业受到了利润刺激或竞

①　让·拉丰:《电信竞争》,人民邮电出版社2001年版。

争刺激,对于促进企业降低成本、提高生产效率及资源配置效率具有积极意义。但是,各种激励性规制方式也不是尽善尽美的,需要在转型实践中不断完善。

参阅

洪银兴:《社会主义基本经济制度的创新和优势》,《红旗文稿》2020年第1期。

17

基本公共服务和公共服务型政府

公共经济也就是以政府为主体的经济活动。与企业和家庭追求自身利益为目标的活动不同,政府活动主要是为了社会目标而存在。尽管政府的经济活动也要讲究效率和成本,但它更多地考虑社会公正和公平。在市场经济中,政府的作用主要表现在提供公共服务、维护市场秩序、影响收入分配、优化资源配置、稳定宏观经济等方面。在社会主义现代化进程中实现共同富裕,需要政府在再分配领域起主导作用。政府主导的再分配主要涉及税收和公共产品的供给。这两个方面正是政府主导推进共同富裕的基本路径。党的二十大要求加大税收、社会保障、转移支付等的调节力度。实行累进的所得税制度和累进的财富税制度具有合理调节高收入,克服一部分人收入和财产占有畸高的效应。从一定意义上说,税收是享用公共品的代价,高收入者一般能享用更多的公共品。从高收入者那里获取高额的税收收入用于增加低收入人群的公共产品供给,这种转移支付是推进共同富裕的重要再分配方式。

17.1 基本公共服务的公平属性

公共产品的概念是对应于私人产品而产生并存在的。私人产品是指由市场提供的,需要通过市场交易获得的产品。这些产品之所以必须通过市场交易,原因是其具有竞争性和消费的排他性特征。在国家存在的情况下,公共产品通常表现为由国家的公共财政支出来提供,并以税收的形式获取其费用,满足社会共同需要的产品和服务。一个国家的国防、公共体育设施、基础研究、基础教育、法律体系、防洪堤坝、空气污染控制、消防、路灯、天气预报等都是公共产品。公共产品具有两个特征:非排他性和非竞争性。

首先,关于非排他性。对于私人产品,拥有所有权的个人可以独享产品给他带来的效用,并可以排斥其他任何人对该产品的占有和消费,这就是排他性。然而,对公共产品来说,排斥其他消费者在技术上是无法实现的。比如,由国家提供的国防服务,地区防洪设施、社区环境,以及城市道路、桥梁和公共照明所提供的公共服务,都不能排除其他消费者。如果要排他,成本可能是非常昂贵的。

其次,关于非竞争性。对于私人产品来说,新增他人消费便会增加边际成本。由此消费私人产品存在竞争性。而对于公共产品,在一定范围内,任何人对某一公共产品的消费都不会影响其他人对这一产品的消费。例如,并不因为人口的增加而使一个地区居民对防洪设施的消费减少。同样,对于一个容量足够大的网站,在网络不拥挤的情况下,增加一个在线用户对其他网上的使用者的影响是微不足道的。公共产品消费的非竞争性意味着增加一个人消费的边际成本等于零。增加一个或者更多的消费者(直到容量约束界限)并不增加公共产品提供的可变成本,因此不会增加其边际成本。

根据公共性的纯度,公共产品可以分为纯公共产品和非纯公共产品。公共性纯度与非排他性的程度相关。政府责任越大,公共财政的支付越多,公共性的纯度越高,私人支付和投资的程度也低。相反,公共性的纯度越低,私人支付和私人资本进入的范围越大。这样,依公共性的纯度就可以产生在享用不同公共产品上免费、支付部分费用的不同级别。具体地说,所谓纯公共产品是指国防、国家安全、公共卫生、公共设施等,这些产品完全由政府提供,不可能要求消费者另外付费。而非纯公共产品是处于公共产品和私人产品之间,如医疗、教育、公共交通等,一方面政府要提供费用,但又不能完全提供费用,消费者需要部分付费,因而具有部分竞争性和部分排他的。还有一种拥挤性产品,例如道路、图书馆、社区的绿地等随着消费者人数的增加可能导致拥挤,对这类非纯公共产品就需要通过向消费者收费来克服拥挤。拥挤性公共产品的使用数量超过一定程度后产生排他性,同时出现竞争性。针对拥挤性公共产品收费,实现某种方式的排他,可保证必要的享用效益,同时也是对公共设施的保护。

基本公共服务是由政府为主导提供的公共性服务而非商业性服务。其内容包括城乡公共设施建设,教育、科技、文化、卫生、体育等公共事业,以及对社会成员的社会保障制度。由于基本公共服务全部或部分由公共财政支付,因此基本公共服务具有公共产品的属性。

政府要确保为社会各阶层,包括贫困家庭提供一个公平而充分的公共产品供给制度。国际劳工组织在 1976 年的一篇研究报告中对贫困家庭的基本需要下的定义有两点:"首先,它包括一个家庭在个人消费上的基本最低要求,如充足的食物、居所、服装、家庭设施和服务。其次,它包括由社会提供并使社会受益的基本服务,如安全饮用水、环境卫生、公共交通、健康与教育设施。"[1]发展经济学家拉尼斯等人也是这么认为的:"仅仅以收入为基础来定义贫困的方法有一个严重的缺陷,即它没有考虑对公共品,如医疗、教育、可饮用水的获得以及卫生的最低限度的支配权。"[2]显然,扩大对贫困家庭的公共产品的覆盖面,就是要向贫困家庭提供与其他阶层平等的公共产品和公共服务,包括达到一定水准的教育、公共卫生、公共服务和公共安全,达到普遍覆盖面的社会保障制度。

社会主义国家的政府是人民的政府。公共产品的属性决定了政府的责任。政府决不能把自己应该承担的提供基本公共服务的职能都推给市场。随着中国市场化改革的深入,有人试图将市场化原则扩大到公共产品的分

---

① 欧曼等:《战后发展理论》,中国发展出版社 2000 年版,第 79 页。

② 费景汉、拉尼斯:《增长和发展:演进观点》,商务印书馆 2004 年版,第 405 页。

配领域,强调公共产品供给的效率原则。有些地方的政府甚至通过各种方式退出公共产品的供给领域(即"私有化"),如卖学校、卖医院、卖幼儿园。有些提供公共产品的部门通过乱收费乱涨价等途径来谋求市场化收入。所有这些违背公平原则的公共产品供给所产生的直接后果是放弃公平性,造成社会的不和谐。如果连承担克服市场失灵职责的政府在分配公共产品时也只讲效率原则,那还有谁来讲公平,如何才能实现社会的和谐呢?

提高居民的基本公共服务水平实际上涉及扩大公共消费问题。在新发展格局中,扩大消费需求不仅仅是扩大居民个人消费,还包括扩大公共消费。公共消费除了政府本身在国防、安全、行政管理等方面的消费外,还包括居民享受到的公共服务方面的消费。在社会主义制度和举国体制背景下,居民所能享受的公共消费内容更广泛,水平更高。公共消费的增加会在很大程度上增强居民的消费需求。党的二十大报告中提出"健全基本公共服务体系,提高公共服务水平,增强均衡性和可及性,扎实推进共同富裕"。其内容包括增大用于科学、文化教育、卫生保健、环境保护等方面的消费比重。特别要重视三个方面的消费:一是健康中国建设,其作用不只是提高人民的健康水平,还在加大力度推进生物技术和医疗技术的科技进步方面成为经济发展的新动能。二是教育优先,加强人力资本投资。三是健全政府为主导的社会保障体系,扩大社会保障的覆盖面。尤其是随着老龄化社会的到来,各类养老服务机构和设施的建设都成为扩大公共消费的重要内容,同时会促使居民因无后顾之忧而扩大当前消费。

建立公平可持续的社会保障制度是公共产品供给的重要渠道。各个国家现代化水平再高都会存在收入差距,都会存在需要社会救助的群体。因此所有现代化国家都把社会保障制度看作社会的安全网。中国作为社会主义国家,体现公平正义要求,更要重视社会保障制度建设。为防止和克服贫困化而建立完善的社会保障制度是实现共同富裕的重要途径。这就是党的二十大提出的,社会保障体系是人民生活的安全网和社会运行的稳定器,须健全覆盖全民、统筹城乡、公平统一、安全规范、可持续的多层次社会保障体系。

在社会主义现代化进程中推动共同富裕,虽然不排除不同家庭存在一定程度的私人产品的差别,但不同家庭享用公共产品和基本公共服务的权利则应该是无差别、公平的,体现"精准"和"普惠"。原因是主导公共产品供给的国家是代表全体人民利益的。进入上中等收入阶段以后,随着市场化改革和全面小康社会的建成,一方面,人民群众对教育、医疗、社会治安、生态环境等方面的公共服务的关切度显著提高;另一方面,共享发展要求基本公共服务均等化。满足这些要求,涉及政府主导的公共品的供给制度的改革和完善问题。

面对扩大的区域差距、城乡差距,推进基本公共服务区域、城乡均等化,包括使农村基本具备现代生活条件,使不发达地区能够享受到同等的公共消费水平,着力推进基本公共服务均等化,由此还可提高低收入群体的消费水平。中国现阶段所需要推进的基本公共服务的均等化,很大程度上聚焦于解决优质医疗和教育资源在不同地区的均等化,体现政府主导的共同富裕要求。纯公共产品的无差别提供应该是没有问题的,关键是解决需要享用者付费享用的非纯公共产品(准公共产品)的无差别提供问题。也就是说,基本公共服务均等化,有的主要由公共产品来满足,有的则要由公共产品来引导。

对不都由国家财政负担的公共物品和设施,即准公共产品或称非纯公共产品,居民会通过不同程度的付费的形式享用。谁消费谁付费,多消费多付费,不仅体现受益原则,而且体现公平原则,也是解决公共产品供给充分性的必要途径。教育和医疗卫生的作用都同人力资本相关,两者的享用具有私人性一面,享用者付费也是自然的。对这类基本公共服务,消费者支付费用,只是一个成本补偿问题,或者是全部或者是部分地补偿成本。消费者付费享用公共品的服务不能排除政府在这些领域的有为。

就基本公共服务来说,公共部门的职能是满足尽量普遍的公共需求,为最广大的居民提供价格可承受的基本服务。这种价格一般是中低收入的居民所能接受的。为了保证基本公共服务的中低收入者准则的贯彻,公共财政需要根据居民需求的结构性变化而进行相应调整。对于同一类的公共需求,不同的人群对其要求不一样,而且是可变的。由于有区域、收入、传统、家庭状况等各种差异,一部分需求可以退出公共需求转为市场需求。例如,在教育、医疗、治安等需求中可以分离出适合高收入阶层的需求,越来越发达的保健品需求是在基本的医疗服务基础上产生的更高质量的,因而也可能是更高价格的需求,可以由相应的市场来提供。又如家庭教育,想得到额外教育的家庭,可以花费额外的代价,支付额外的价格,聘请私人教师,进商业性教育机构接受教育培训等。这样,很多原本属于公共需求的服务可以由市场和自主经营的企业有效地提供,对于这类高层次的需求,市场能够创造供给,公共财政不必要进行资助。

总的来说,在市场经济发达、人们的收入水平达到一定程度后,产生细分化的教育、医疗市场,这些服务在市场中产生,并由市场来供给。这部分需求退出政府资助的公共需求范围后,政府可以集中财力用于满足中低收入居民在义务教育、社会治安、公共卫生、基本医疗等方面的公共需求。当然,随着现代化进程的深入,现阶段某些高收入阶层的高额消费需求,也可能逐渐成为全体人民所必要的基本公共服务需求。

17.2　增强公共产品的供给能力

公共产品供给的充分程度取决于公共产品的供给能力。共同富裕所要求的基本公共服务的供给不仅要无差别,还要充分。这就涉及公共财政能力的提升及相应的再分配能力问题。虽然中国是举国体制,公共产品的供给能力归根到底还是要由生产力发展水平决定,现实中还取决于财政的集聚能力。在发展中大国,地区发展水平很不平衡,还有中央财政和地方财政的分级管理问题,在许多后发展地区满足公共产品需求,需要中央财政的转移支付。在现有的财政集聚能力下,政府无论如何无法满足日益增长的公共产品的需求。这意味着要增强公共财政的能力,发展社会生产力,完善税收制度,增加财政收入。

首先是完善税收制度。从一定意义上说税收是享用公共品的代价。高收入者一般能享用更多的公共品。通过累进的所得税制度和累进的财富税制度,一方面合理调节高收入,克服一部分人收入和财产占有畸高;另一方面,实际上是把从高收入者那里获取的税收收入用于增加低收入人群的公共产品供给。这种转移支付是推进共同富裕的再分配方式。当然,税收制度改革和完善需要有明确的增加税源的目标,税率、税种和起征点的安排需要以此为目标。

其次是利用市场经济。各个方面对公共产品的强烈需求,提出了公共产品供给的充分性问题。由于国家财政能力的不足,政府不能完全包揽全部公共服务。增强财政能力固然要靠经济增长和国民收入的分配,但更多的还是要利用市场经济及其工具。

现实中无法满足的公共产品需求主要是结构性的,例如所谓的上学难是上好学校难,看病难是看好医生难。这是优质教育、医疗资源供给不足和配置不均衡问题。在这种情况下,要提高公共产品的供给能力。除了政府加大投入外,需要允许私人和企业进入公共产品的供给领域,以弥补公共产品供给的不足。私人和企业进入公共服务领域产生的积极效应是增加此类公共服务的供给能力。这在经济学中被解释为利他主义。如果一个人有强烈的公益心和社会责任,他就有动机向其他人免费提供公共产品。这可以说是私人和企业承担社会责任的行为。责任感、道义感等等,都是社会提倡的,但是不排斥私人或企业进入的行为具有市场性和营利性。不由政府来提供而由私人和企业进入的那部分公共需求,特别是分离出的适合高收入阶层的需求,如义务教育以外的教育,公共卫生以外的在基本医疗服务基础上产生的更高质量的保健需求,因而也可能是更高价格的需求,就不属于基本公共服务了。对于这部分高层次需求,市场能够创造并提供供给,可以由私人和自主经营的企业通过市场有效地提供,公共财政不必要进行资助。

政府也可以采取购买服务的方式提供公共服务。公共产品尤其是非纯公共产品都由政府提供,并不总是有效,既不能保证充分供给,也不能保证效率。现实中不乏许多公共产品由私人来提供的例子。公共产品和私人产品一样,都是根据一定的生产函数生产的,且都应该符合效率要求。由于某种需要控制或者其他方面的原因,政府可以设立公共企业来生产公共产品。然而,在现实生活中,公共产品由公共部门来提供,并不意味着都由公共部门来生产。有许多方面私人部门生产和营运更有效率。因此中共十八届三中全会要求推广政府购买服务,凡属事务性管理服务,原则上都要引入竞争机制,通过合同、委托等方式向社会购买。公共部门提供的公共产品的生产,可以招标、承包等方式由私人部门来完成。

私人部门提供公共产品的一个重要路径是参与政府与社会资本合营的基础设施项目建设,即PPP模式。中共十八届三中全会提出建立透明规范的城市建设投融资机制，允许地方政府通过发债等多种方式拓宽城市建设融资渠道，允许社会资本通过特许经营等方式参与城市基础设施投资和运营。PPP即"Public-Private-Partnership"的首字母缩写，是指政府与私人组织之间，以特许权协议为基础，彼此之间形成一种伙伴式的合作关系，并通过签署合同来明确双方的权利和义务，以确保合作的顺利完成，最终使合作各方达到比预期单独行动更为有利的结果。PPP模式将部分政府责任以特许经营权方式转移给社会主体（企业），政府与社会主体建立起"利益共享、风险共担、全程合作"的共同体关系。这种模式既可以使政府的财政负担减轻，又可以使社会主体的投资风险减小。

私人企业进入公共产品供给领域的行为具有市场性。他们不会因为进入公共部门而改变其行为目标，由此产生公共服务的市场性与公平性的矛盾。在存在私人投资进入的非纯公共产品供给中需要防止公共性行为被"俘获"。在公共性行为被"俘获"时，即使私人和企业进入了非纯公共产品供给领域，不但不会缓和公共产品的供求矛盾，还会加剧这种矛盾。为了防止公共产品的公共性行为被"俘获"，需要强调以下三点：

第一，提供基本公共服务的部门坚持以公有制为主体，其从事公共服务需要得到公共财政支持，其行为尤其是价格和服务质量能起主导作用。为了增加各类公共产品供给，在市场经济条件下，可以推进社会公益事业投资多元化的改革，特别是将民间资本引入公共物品供给中，以弥补公共品供给的不足。但是，私人投资进入公共产品供给领域只是补充，不是替代。具体地说，私人办幼儿园、学校、医院是补充，不能代替公共服务。中国的市场化无论发展到何种程度，都不能发展到公共产品私有化，政府不能放弃本来应该承担的职能，不能把本来应该承担的公共服务交给市场。公共领域改革不能走竞争性领域中的"国退民进"的道路，必须是"民进国不退"。例如增加私立医院不能减少公立医院。不仅如此，还要在公共产品供给领域保持主体地位。否则社会公平和社会和谐就失去政府导向，失去基本的骨干力量，社会也得不到稳定。

第二，在私人资本作为补充进入基本公共服务领域后，政府及其公共财政要坚守公平原则，并能保持导向性，突出公立学校、医院等公共部门的公共性行为的导向性。对公共部门来说，无论对其享用是否需要付费、付多大的费用,都会有政府的投入,或者是直接的投入,或者是政策的投入,包含了纳税人的支付。因此这类公共部门虽然需要进行经济核算,但不能以营利为目的,不能采取和私人、企业同样的市场行为。如果要讲效率只能体现在公共产品的生产和管理方面。而对公共产品的享用或公共产品的分配,则只能讲公平。即使是对不由政府来提供而由私人和企业提供的那部分公共服务产品,政府也要起到足够的引导作用。就是说,公共财政行为不能被私人行为"俘获"。政府在每个公共需求层面上,都要追求公平目标,对私人和企业提供的服务行为加强监管。这样,即使是私人和企业也要服务于共同富裕。

第三,政府既要加大教育和医疗的投入,以增加优质教育和医疗资源的供给,减轻此类事业单位以收抵支的压力,以平抑公共性教育和医疗的价格,更要加大对接受教育和医疗的低收入家庭的公共财政救助。政府的作为主要在三个方面。一是规范收费。公共性部门获得的收费收入,相当部分是垄断性收入,政府要通过有效的价格监管制度和机制,防止这些单位以垄断性价格行为侵害消费者的利益。二是加大教育和医疗等公共部门的投入,以增加优质教育和医疗资源的供给。通过收费来解决享用公共产品的拥挤性问题,是被动的。现代化的进程中需要逐步增加拥挤性公共产品的公共性投资,以增加供给,降低拥挤程度。三是加大对接受教育和医疗的低收入家庭的救助,以保证中低收入人民能够公平享受到基本的公共服务。特别是对义务教育和公共卫生,政府应该承担更大的责任。例如减免义务教育学杂费,减免卫生防疫费用,减免法律诉讼费用等。这是政府推动共同富裕的具体体现。

面对经济发展水平及其产生的地方政府财政能力的差距,为了增强后发展地区和农村基本公共服务的能力,基本公共服务的供给能力与当地的GDP和财政收入脱钩,中央财政加大对后发展地区的转移支付的力度,对实现现代化的跨越尤为重要。

17.3 公共服务型政府建设

中国各地的政府基本上还是经济建设型政府。随着社会主义市场经济的发展,以及相应的政府职能的转换,为全体人民提供基本公共服务将成为政府的基本职能,相应地提出建设公共服务型政府的要求。

公共服务型政府具有如下特点:首先,公共服务型政府是"公共"政府。属于公共部门,向社会提供公共产品,服务于社会的公共利益,是公共服务型政府的首要特征。将政府的作用界定在公共领域,也就限定了政府作用的范围。在公共服务的领域之外的活动,不受政府权力直接干预,只受市场规律支配和法律规范制约。其次,公共服务型政府是"服务"政府。政府行政具有"服务性",是一种服务性质的行为。行政的过程就是服务的过程。政府提供公共产品服务具有以下特点:(1)法定的服务;(2)无差别服务;(3)非竞争的服务;(4)面向全社会的服务。再则,政府提供社会福利服务。政府通过建立各种有关机构,提供导向性资金,创办和管理社会福利、社会救济、社会保险、环境保护、治理污染等项事业。

作为向社会主义市场经济转型的国家,中国建设公共服务型政府,其内容包括三个方面:第一,建设完整的政府公共服务体系。公共服务需要制度化,政府提供基于宪法权利的、公平的、制度性的、可发展性的公共服务。以完善基础性公共服务为原则,使人人平等享有基本公共服务。第二,建立适应中国国情的公共服务模式。中国是发展中国家,人口众多,中国的社会保障和公共服务要从基本国情出发,渐进发展、稳步提高。政府公共服务的分配应该符合公平、正义原则,满足全体公民最基本的公共需要,如使每一个人都享有基本医疗保健。尤其是中国在经济尚不发达的条件下提前进入了老龄社会,针对老龄人口的公共设施和公共服务成为各级政府的重要建设内容。第三,着力满足弱势低收入群体的基本需要,如针对老龄人口的基本养老服务、针对贫困人口的最低生活保障、针对所有适龄儿童的义务教育公共服务等等,扩大公共服务的覆盖面,第四,调整政府绩效评估指标,把公共服务支出占财政支出比重的增长、公共服务水平的提高等纳入政府绩效评估体系中。由于相当种类的公共服务水平很难通过投入或产出水平来衡量,因此最终的衡量指标只能是公民的评价,是公民满意程度。

建设公共服务型政府,必须建立公共财政制度。公共财政是与市场经济相适应的一种财政类型和模式。公共财政是与市场经济体制相辅相成的。在市场对资源配置起决定性作用的同时,政府通过财政手段配置公共资源,弥补市场失灵和市场缺陷,以期更好地实现资源有效配置、公平分配和经济稳定。公共财政是政府配置公共资源的主要途径,公共资源配置要服从公平目标,体现社会公平正义。但公共资源的生产和配置过程还是要讲效率,与市场有机衔接。世界银行在 1997 年的世界发展报告中指出,每一个政府的核心使命包括五项最基本的责任,即:确定法律基础;保持一个未被破坏的政策环境,包括保持宏观经济的稳定;投资于基本的社会服务和社会基础设施;保护弱势群体;保护环境。①这五项公共服务型政府职能主要通过公共财政安排来实现。公共经济既会影响市场配置资源的有效性,也会影响政府配置公共资源的有效性,还会影响政府自身履行职能的有效性。为此需要从提高政府效率和保障社会公平的角度研究公共物品提供、价格管制、宏观调控等方面的政府行为。

政府提供基本公共服务也就参与了公共产品的分配,由此就可能产生利用权力的腐败——这在公共选择理论中称为政府官员的"寻租"行为,从而影响政府干预经济活动的效果。

经济租原指支付给生产要素的报酬超过为获得该要素供应所必须支付的报酬部分,相当于马克思所讲的超额利润。要素所得到的报酬等于要素的机会成本时不会有经济利润的存在,租金就是要素收入超过其机会成本的部分。若一个产业中要素的收入高于其他产业的要素收入,该产业就存在这种要素的经济租。自由竞争使任何要素在任何产业产生的经济租都不会长久存在。短期内,只要存在自由竞争,一个产业就会因技术进步、企业家创新等产生经济租,但竞争也导致要素在产业间自由流动,终将使要素在该产业中的收入和在其他产业中的收入一致起来,经济租消失。

在正常市场秩序下人们依据自己的资本、能力和机会追求利益最大化。其结果产生有利社会的正外部效应:资源的有效利用和社会总福利的增加。这种追求利益最大化的行为无可厚非。但是,若人们不是依赖自己的投入,而是利用社会赋予的权力追求自身的经济利益,其活动的性质就变成了"寻租"。

寻租即利用权力寻求"租金",包括两个层次。一是企业向政府有关官

① 蒋云根:《公共管理与公共政策》,东华大学出版社 2005 年版,第 295 页。

员交租,寻求在某种政府保护的制度环境下阻碍生产要素在不同行业之间的自由流动,阻止其他企业进入竞争,以维护其垄断地位,维护既得的经济利益或对既得经济利益进行再分配,从而寻得租金。二是政府机关某些官员利用权力设租和收取租金。这种寻租行为阻止了社会从市场竞争中获益,降低了社会福利。例如,实施许可证制度往往把其他潜在的竞争者拒于门外。企业为了从政府那里获得许可证之类的批件和有利于自己的政策,就得向政府有关部门缴租。这不但导致政府腐败,同时也是资源的浪费。这种制度安排一方面导致从消费者向寻租者的价值转移,另一方面鼓励潜在竞争者投入本来可能用于其他生产目的的资源去进行寻租。人们或者是去获得某种人为稀缺机会的权力的最初分配,或者是当别的特权所有者被取消资格时去取而代之。

政府官员的寻租,在不同体制下有不同的方式。在计划经济体制下,某些计划部门的官员可能在分配投资项目时寻租。计划经济体制被打破后,又出现审批经济,某些审批部门官员可能在审批公司上市或某种项目时寻租。可以料想,转到登记经济后,寻租现象就可能大大减少。

显然,寻租活动总是同政府权力相联系的,或者是政府官员直接利用权力,或者是企业借助政府权力。问题的本质在于政府运用自身的权力制造出某种垄断权益,并阻碍竞争。因此,约束政府权力,规范政府行为,并且着力反腐败,可以在制度上克服权力寻租。

参阅

洪银兴:《关于市场决定资源配置和更好发挥政府作用的理论说明》,《经济理论与经济管理》2014 年第 10 期。

宏观经济与健全宏观经济治理体系

　　宏观经济是一国的总体经济,不仅涉及经济增长,还涉及总供给和总需求的平衡问题,以及受此影响的失业和通货膨胀问题。在发展中国家,宏观经济还有个结构问题,尤其是产业结构问题。宏观经济环境直接影响微观经济主体的经济行为。宏观经济平衡和稳定是宏观调控目标。国家治理体系和治理能力现代化,很大程度体现在宏观调控的能力上。科学的宏观调控,有效的政府治理,是在市场对资源配置起决定性作用的背景下政府更好发挥作用的现实要求。党的二十大要求健全宏观经济治理体系,发挥国家发展规划的战略导向作用,加强财政政策和货币政策协调配合,着力扩大内需,增强消费对经济发展的基础性作用和投资对优化供给结构的关键作用。

18.1　宏观经济及其运行目标

　　习近平总书记指出,"科学的宏观调控,有效的政府治理,是发挥社会主义市场经济体制优势的内在要求"。①创新和完善宏观调控,需要发挥国家发展规划的战略导向作用,健全财政、货币、产业、区域等经济政策协调机制。促增长的关键是保障市场对资源配置起决定性作用,更好发挥政府作用,实现消费、投资、出口三驾马车协同拉动经济增长。宏观经济总量平衡需要明确宏观经济运行的合理区间,将其作为政府宏观调控的目标取向和运用依据,根据实际情况灵活、差别化地进行定向调控。管理和调控宏观经济的两个基本手段中,需求侧管理重在解决总量问题、注重短期,供给侧调控则重在解决结构问题、注重长期,二者协同作用是调节宏观经济的有效方式。统筹发展与安全是政府调控的着力点。

18.1-1　宏观经济运行的主要目标

宏观经济运行综合反映国民经济的发展水平和运行质量。一般的经济分析把宏观经济运行的具体目标列为:经济增长、充分就业、稳定物价、国际收支平衡和优化经济结构五个方面。这几个方面不是截然分开的,有一定的联系,或者是正向的,或者是反向的。例如,经济增长同充分就业就是正向的,经济增长就能实现充分就业,相反,经济负增长,就业就不会充分。而就业率同物价水平就是反向的。根据菲利普斯曲线,失业率同通货膨胀存在交替关系,失业率低,通货膨胀率高,反之,失业率高,通货膨胀率低。这两者的关系也不是绝对的,可能存在双高或双低的现象。不管怎么说,各个国家的宏观调控都把防止高失业率和高通货膨胀率作为主要的调控目标。中国也是这样,但作为社会主义国家,尤其重视就业,把就业放在优先地位。

（1）经济增长和就业优先。经济增长通常表现为一定时期中国家（地区）实际国内生产总值的增长率。经济增长是社会财富增加和综合国力增强的重要标志,是社会发展和人民生活水平提高的物质基础。经济增长率有潜在增长率和实际增长率。对经济增长来说,不仅要求增长,即实际增长率达到潜在增长率,还要求稳定和可持续,尤其要防止经济增长率的大起大

---

① 中共中央文献研究室编:《习近平关于社会主义经济建设论述摘编》,第60页。

落。因此经济增长率往往成为一定时期宏观调控的目标值。社会主义国家的宏观调控要把促进经济平稳较快增长摆在重要位置,其相关的目标就是就业优先。充分就业是指每一个有意愿工作的劳动者按照他们愿意接受的报酬水平全部找到工作的一种状态。就业是民生之本。社会主义国家本身就有实现充分就业的制度要求。但在现实中有多种因素影响充分就业。例如,周期性经济波动实际上会产生劳动力就业的周期性波动,改变二元结构的农业发展会游离较大数量的农业剩余劳动力,需要进入城市和非农产业就业;科技进步的加快会造成结构性失业;经济改革和经济转型也会造成较大的就业压力。所有这些问题在中国这样的人口众多的大国会更为突出。体现以人民为中心的社会主义国家,要把增加就业放在宏观调控的优先地位,把改善就业环境和增加就业岗位放在突出的位置,制定更加科学的发展战略,实施更高水平的宏观经济管理。不只是在经济增速处于上行时实现充分就业,在经济增速处于下行时也要把充分就业作为宏观调控的优先目标。让每一个有劳动能力的人都有参加劳动的机会,为劳动者的全面发展创造条件。

(2)稳定物价。价格总水平是宏观经济的晴雨表。保持物价总水平的基本稳定,既要防止通货膨胀又要防止通货紧缩。稳定的物价总水平是国民经济健康协调发展的重要标志,也是企业和居民形成稳定生产和消费预期的重要前提。通货膨胀表现为物价总水平明显上涨,降低居民购买力。其原因可能是经济过热,也可能是供应链断裂。通货紧缩表现为经济过冷,物价总水平明显下跌,在普遍损害生产者利益的同时导致就业不足。两者都会影响市场主体对经济前景的判断和信心,对经济发展和社会稳定产生负面影响。因此,宏观调控把稳定物价作为重要目标,将价格总水平的变动保持在经济顺畅运行所允许而居民又能承受的范围之内。为此,既要促进经济增长,又要疏通供应链。

(3)国际收支平衡。国际收支平衡涉及国际经贸的经常项目、资本项目和金融交易的国际收支基本保持平衡。其主要表现是外汇供求平衡。在开放经济条件下,国际收支平衡与否直接影响国内总供求的状况。国际收支不平衡表现为逆差和顺差两种情况,与进出口状况相关。进口大于出口即逆差,进口小于出口即顺差。长期或大量逆差会使本国外汇储备减少,商品的国际竞争力下降,国内资源外流加剧,外债增加;长期或大量顺差尽管会增加外汇储备,但也会产生增发本国货币的压力,加剧本国的外贸依存度,为经济增长带来不确定性。此外,在金融全球化背景下,跨境资本流动也会影响一国的国际收支。20世纪90年代以来,随着经济全球化进程加快,国际资本流动的数量和频率也急剧上升,金融市场呈现出快速融合的趋势。国际资本流动有助于国与国之间的资金融通,却也加剧了国际金融局势的动荡,致使全球多地频繁爆发金融危机。因此,需要结合国内社会供求的总量平衡和结构平衡的状况,有效利用国际和国内两个市场、两种资源,调控好国际收支的规模和结构。既要调节好进出口规模,又要调节好资本的跨境流动,其重要的调节信号是汇率的升降。

（4）优化经济结构。经济结构在宏观上主要涉及城乡结构、产业结构、区域结构等。在以发达国家为对象的西方的宏观经济学中,经济结构是市场机制自发调节的,政府通常不加干涉。但是,对于像中国这样的发展中国家来说,不仅调节结构的市场机制不完善,而且经济结构严重不协调,甚至处于低端水准。经济发展和宏观平衡很大程度上要靠结构调整来推动。如果仅仅依靠市场机制来调节经济结构,不仅周期过长,而且会进一步扩大与发达国家的差距。因此,政府需要在优化经济结构中发挥调节作用。供给侧结构性改革就起这种作用。优化经济结构可以从生产要素的合理配置中获得最大的经济效益。优化经济结构,就是在各产业、各部门、各种产品之间保持合理的发展比例,在地区之间实现协调发展,充分发挥主导产业对国民经济的带动作用,推动产业结构优化和升级。其路径是,制定和落实各项产业政策和区域发展政策,利用经济手段引导经济结构的演进。调节经济结构就如马克思再生产理论所指出的社会总产品及其实现问题,归根结底是"按比例"问题。马克思指出:"要想得到和各种不同的需要量相适应的产品量,就要付出各种不同的和一定量的社会总劳动量。这种按一定比例分配社会劳动的必要性,决不可能被社会生产的一定形式所取消,而可能改变的只是它的表现方式,这是不言而喻的。自然规律是根本不能取消的。在不同的历史条件下能够发生变化的,只是这些规律借以实现的形式。"①

概括而言,宏观经济运行的总体状况主要涉及价格总水平、利率总水平、汇率总水平和就业总水平。这是宏观经济运行的主要观察指标,也是市场决定资源配置后国家干预经济的宏观调控指标。同时考虑到中国作为发展中国家的状况,国家需要对重大经济结构进行协调。

18.1-2　宏观经济总量关系

在市场经济中,供给和需求是理解市场状况的基本范畴。从宏观的角度看,总供给和总需求是总和的市场供求关系。一定时期一国的经济总量即总产出可以从总供给和总需求两个方面分析。社会总供给是指一个国家(地区)在一定时期内,可提供给全社会使用的商品和服务的总量,也就是总收入,涉及储蓄和消费。在开放经济条件下,还包括进口的商品和服务。社会总需求是指一个国家(地区)在一定时期内,全社会对商品和服务的有支付能力的需求总量。社会总需求大体包括投资需求、消费需求。在开放经济条件下,社会总需求还包括出口需求。宏观经济的基本平衡式为:总供给＝总需求。如前所述,总供给与总需求的平衡即:消费＋储蓄＋进口＝消费＋投资＋出口,其中投资和消费属于内需。

投资与消费是 GDP 创造的两面。投资创造 GDP,消费也创造 GDP。就是说,经济增长的拉动力实际上有两个链条。投资拉动的链条是:扩大投资需求(投入)—经济增长(GDP 增长)—扩大投资需求(投入)。消费需求拉动的链条是:扩大消费需求—经济增长(GDP 增长)—扩大消费需求。这两个链条共同的作用是都能扩大生产,前者直接提高生产能力,从而创造出更多的 GDP;后者则是对生产提出需求,每增加一分消费都会增加 GDP(当然消费不等于浪费)。因此,扩大内需的内容就是拉伸投资拉动的链条和消费需求拉动链条。扩大内需市场不仅需要发现,更要去开拓。其主要途径包括:扩大民间投资需求,保持投资合理增长;建立扩大消费需求长效机制,扩大国内市场规模。

一般说来,一国经济发展的动力有供给推动和需求拉动之分,需求拉动

---

① 《马克思恩格斯选集》第 4 卷,人民出版社 1995 年版,第 580 页。

又有外需拉动和内需拉动之分。外需拉动，一是扩大出口，二是引进和利用外资。在国外需求拉动力下降的背景下，中国经济发展的引擎需要由外转内，即由依赖国外需求转向内需。扩大国内需求以拉动经济增长，反映中国经济体制转向市场经济的要求，而且是大国特征。国际经验表明，无论是发达国家还是发展中国家，大国经济发展主要依靠内需。只有立足扩大内需，坚持以扩大内需为战略基点，才能真正增强经济发展的内生动力，使我们的发展有可靠的基础。在内循环为主体的经济中，消费和投资对经济增长都起着重要作用。关键是解决内循环的内生动力和可靠性问题。

首先，发挥消费对经济增长的基础作用。长期以来中国经济增长的主拉动力一直是投资。2007年召开的党的十七大明确提出，促进经济增长由主要依靠投资、出口拉动向依靠消费、投资、出口协调拉动转变。这就明确赋予了消费在拉动经济增长中的动力地位。2012年，党的十八大报告则进一步指出经济发展要更多地依靠消费拉动。这就明确了在进入新时代后中国经济增长的主拉动力。现实中，从2012年起消费对经济增长的贡献率明显上升。

前述总供给和总需求的均衡式为：消费＋储蓄＝消费＋投资。按此公式又进一步推导出等号左边的消费和等号右边的消费的关系。等号左边的消费属于总供给范围，相对于储蓄，指的是经过分配所形成的用于消费的收入（消费基金）。等号右边的消费指的是最终消费所形成的消费需求。在一定时期中两者的不均衡关系可能有两种情况：(1)消费供给＜消费需求。如果要坚持扩大消费需求，可行的途径，一是减少储蓄，二是扩大消费信用。(2)消费供给＞消费需求。如果要坚持扩大消费需求，就需要一系列的宏观政策，促使消费的供给充分转化为消费需求。

长期以来国内消费需求不足归结起来主要在两个方面：一是在国民收入分配中消费份额（供给）长期偏低。二是由于消费预期等原因，即使有较高份额的消费供给，人们仍然不愿意或不敢用于当期的消费支出。这就需要解决好能消费、愿消费和敢消费的问题。

其次，发挥投资需求对优化供给结构的关键作用。虽然已经明确消费需求对经济增长的基础性作用，但不能就此否认或轻视投资需求的作用。在今后一个时期，经济增长主拉动力的转换需要有个过程，投资的拉动力还有惯性,消费的拉动力还需要培育。不仅如此,中国作为发展中国家,在基础设施等方面还存在短板,在经济增长动力不足时,适当扩大投资需求,对增长的拉动作用还是能迅速见效的。要求是结构优化,更多地依靠投资需求结构。

依据"储蓄＝投资"的宏观均衡式来分析现实中的储蓄与投资的平衡关系。两者的不平衡有以下两种情况:(1)储蓄＞投资。这是指投资需求不足,也就是投资不足以动员闲置的资源实现充分就业。实现平衡的途径,要么是扩大投资需求,要么是充分动员储蓄足够地转为投资需求。投资相对于储蓄的缺口就对金融提出需求。第一种情况主要发生在实行紧缩性宏观调控时。(2)储蓄＜投资。这是指投资需求旺盛,储蓄不足造成资金短缺,储蓄充分转化为投资后还是满足不了投资需求。实现平衡的途径,要么是增加储蓄供给,使储蓄更多地转化为投资,要么是控制投资需求,包括紧缩银根。这种情况可以说是发展中国家的常态,发展中国家的投资需求始终是旺盛的。

从总体上说发展中国家只要进入发展阶段而不是在停滞阶段都会有强烈的资金需求。一方面,工业化需要足够的资金积累,用于发展制造业及相关的资金密集、周转时间长的基础产业和基础设施的建设。另一方面,城市化需要为农村人口转向城市提供足够的城市设施。城市要成为现代化的中心就需要建设现代化设施发展现代服务业,这些都需要足够的资金投入。再一方面,高科技产业化的进程需要足够的创业投资(风险投资)用于高科技的研发、孵化并在此基础上创立科技企业。

面对旺盛的资金需求,发展中国家要实现经济快速增长,都会努力采取有效的机制动员居民储蓄。中国长期以来就是基于人口红利,依靠农业剩余劳动力转移以及长期实行的低收入广就业政策,实现了在低人均 GDP 基础上的高积累。而在进入中等收入国家发展阶段,全面实行社会主义市场经济体制,人民对美好生活的需求日益增长,原有的高积累(高储蓄)机制基本上不能继续。在此基础上,需要寻求新的动员积累的机制,与过去不同的是,充分利用市场机制,动员企业和居民的自愿性积累(储蓄)。

即使消费需求对经济增长起着主拉动力作用,也不能忽视投资需求对经济增长的关键性作用。更不要说在消费需求拉动的发展方式还没有完全到位的条件下,保持投资的合理增长,启动新的投资项目,可以有效地推动内需的扩大。

18.1-3 宏观经济的总量失衡

积累(储蓄)和消费的比例是一个国家重要的宏观比例关系。社会消费力直接影响宏观经济的均衡,消费率压得过低,投资率过高,不可避免地导致经济危机,也即依靠高投资实现的高增长是不可靠的。为了加大消费对经济增长的拉动力,需要提高居民收入在国民收入分配中的比重,从而适当提高消费率,支持经济增长由投资拉动为主导转向以消费拉动为主导。

社会总供求的矛盾运动综合反映了社会经济运行的全部过程,其基本状况包括社会供求的总量平衡与失衡、社会供求的结构平衡与失衡。一般说来,社会供求之间的不平衡只要保持在一定幅度内,就不影响国民经济的正常运转。当不平衡的程度影响到国民经济的正常运转,社会总供给与社会总需求之间的失衡就成为重大的社会经济问题。社会总供给与社会总需求的总量失衡有两种基本形式,即社会总需求大于社会总供给、社会总需求小于社会总供给。

在现实中宏观的总供给与总需求平衡的状态像"刀刃"一样窄,这就是说宏观总量的不平衡的波动是常态。为此需要区分正常的经济波动和异常的经济波动,这一般与经济的周期性波动相关。所谓经济周期性波动,是指国民经济运行中所呈现的扩张与收缩不断交替的波浪式运动过程。正常的经济波动指经济波动的幅度保持在一定的范围内即合理区间内,其对国民经济的运行不构成危害。如果波动的幅度过大,超过一定的范围,将会对国民经济运行构成严重危害,这样的经济波动称为异常的经济波动。因此,宏观调控的一个重要任务是防止产生异常的经济波动,熨平大起大落的经济波动。

社会总需求大于社会总供给,表现为需求膨胀或供给短缺。社会总需求充足通常有利于缓解就业压力,但社会总需求过度膨胀又可能引发严重的通货膨胀。在通货膨胀情况下,由于货币贬值、购买力下降,人们化储蓄为消费会减少投资从而使经济增长率下降;币值不稳定影响经济核算,影响货币作为流通手段和支付手段正常发挥功能,出现货币追逐商品;价格攀升导致相对价格关系紊乱,市场信号失真,经济协调失灵,造成社会资源巨大浪费。扭曲的价格会扭曲收入和财富分配。由于社会成员在经济结构中的角色和地位不同,物价上涨对每个人的影响也不同。对那些领取固定收入的中低收入者来说,他们的实际收入(支付能力)会因通货膨胀而下降。对于企业主来说,通货膨胀有可能使他们增加货币收入,但当他们作为消费者时支付能力也会下降。对于债务人来说,通货膨胀会使实际债务负担降低,而债权人的财富却因此缩水。通货膨胀所带来的收入和财富分配格局的改变,是社会不稳定的一个根源。

社会总需求小于社会总供给,表现为有效需求不足或供给过剩。如投资不足、消费需求萎缩、出口不振、企业开工不足、失业人口增加,甚至出现严重的通货紧缩。通货紧缩会导致经济衰退,导致许多企业经营困难直至减产或停产。通货紧缩引发金融风险,使银行体系陷入危机。由于企业经营不景气,银行贷款难以及时收回,如果企业资不抵债被迫清算,呆账坏账会在银行堆积。这些因素会诱发存款人向银行挤兑,从而可能引起银行破产,甚至引起整个金融体系的连锁反应。通货紧缩导致人们对经济产生悲观乃至恐慌情绪,从而加速经济衰退。企业破产、工人失业、银行倒闭与人们对未来的心理预期相互作用,会引起人们持币观望甚至强制储蓄,违约增加、解脱无望、信心丧失还会导致投资进一步萎缩,使经济陷入螺旋式下降的恶性循环当中。

经济增长主要由消费需求拉动,一方面是指相对于投资和出口,消费需求更旺,对经济增长的拉动力更大;另一方面,从总供给和总需求的平衡式分析,要实现经济增长,就需要作为供给的消费收入转化为消费需求。如果消费供给小于消费需求,那就需要减少储蓄增加消费以满足消费需求侧对消费供给侧的需求。

18.2 健全宏观经济治理体系

党的二十大就健全宏观经济治理体系提出的要求是,发挥国家发展规划的战略导向作用,加强财政政策和货币政策协调配合,着力扩大内需,增强消费对经济发展的基础性作用和投资对优化供给结构的关键作用。健全现代预算制度,优化税制结构,完善财政转移支付体系。深化金融体制改革,建设现代中央银行制度,加强和完善现代金融监管,强化金融稳定保障体系,依法将各类金融活动全部纳入监管,守住不发生系统性风险底线。这种宏观治理体系体现社会主义市场经济的特点和优势。注重长短结合并调动各方积极性,强调各项宏观政策的统筹协调综合平衡。

18.2-1 市场对资源配置起决定性作用下宏观调控的内容

在市场对资源配置起决定性作用的背景下政府更好发挥作用的重要方面,是对宏观经济进行有效调控,实现国民经济又好又快发展。宏观调控,是指国家为实现国民经济总供给与总需求的平衡,保证国民经济持续、稳定、协调发展,运用经济、法律、行政手段对国民经济在宏观上实施的调节与控制。政府作为宏观调控主体运用调控手段,通过一定的传导机制,作用于一定的调控对象,达到预期的调控目标。宏观调控的内容就是党的十八届三中全会所要求的"总量平衡、结构优化、防范风险、稳定预期"。

所谓总量平衡,就是宏观调控价格总水平、就业总水平、利率总水平,以实现宏观总量均衡。具体地说,通过货币政策和财政政策的松紧来影响总需求和总供给的变动,进而实现经济的扩张或收缩。既要防止高通货膨胀率,又要防止高失业率。这是所有市场经济体制中都要明确的宏观调控目标。由于总量均衡是经济增长的综合反映,因此总量平衡目标又具体化为稳增长的要求,防止经济的大起大落。

结构优化则是中国宏观调控目标的特色。中国的经济结构不合理实际上是宏观问题,是当前中国经济发展中遇到的最为突出的问题,具体表现在经济增长动力结构、城乡二元结构、产业结构、分配结构等方面。而发展转型与促进结构调整是当前阶段不可逾越的重要发展目标,结构性政策尤其是产业政策更能应对中国当前的经济常态,同时能更有效地促进结构调整、加快转型。特别是在中国经济发展进入经济增长换挡期、结构调整阵痛期和前期政策消化期"三期叠加"的背景下,推进供给侧结构性改革、优化结构理应成为宏观调控的内容。

2018年以后中国经济既面临中美贸易摩擦,又面临经济增速下行的压力。在此背景下中央突出六个"稳",即"稳就业、稳金融、稳外贸、稳外资、稳投资、稳预期"，落脚点就是稳预期。预期就是对未来的信心。经济学中有适应性预期和理性预期的概念，认为人们当前的一切投融资行为、生产经营活动，以及消费行为，都是基于对未来经济走势的理性判断和预期。"稳预期"就是引导人们对未来经济走势有稳定的预期，从而树立对宏观经济走势的信心。信心胜似黄金。稳预期是保证宏观经济持续、平稳、健康发展的重要方面。这样宏观调控又有了预期管理和稳预期的任务。稳预期包含了一系列的政策措施，包括政府对各种所有制经济政策的稳定，以及对企业的减税降费等。

防范风险是在进入全球化经济和市场经济背景下提出来的。2008 年爆发的全球金融危机就提出了防止经济风险的国际传递问题。市场经济条件下利用金融工具的资本无限制扩张，以及"脱实向虚"，都可能潜伏系统性金融风险。经济的周期性波动也会产生风险。风险及不确定性一旦成为现实，就可能对整个经济造成重大损失。因此，防范风险尤其是防范系统性金融风险就成为新时代中国经济宏观调控的重要目标。

这样，中国经济的宏观调控目标就形成了"总量＋结构＋防风险"的组合。按此组合，宏观调控目标是"以供给侧结构性改革为主线，稳增长、促改革、调结构、惠民生、防风险"。

针对宏观经济波动的周期性特点，国家对宏观经济的调节可明确为逆周期调节。经济周期即危机、停滞、复苏、繁荣、危机的波动周期，简单地说是"收缩—过热"阶段的交替。现实的经济运行具有顺周期特点。在经济上行阶段，各种经济资源尤其是金融资源加速投放导致经济过热；而在经济下行阶段，各种资源加速退出，经济加速紧缩。宏观逆周期调节的思路简单地说，就是拉高谷底，削平顶峰，熨平波动幅度。实现逆周期调节的政策目标，需加强财政、货币、信贷和产业等政策工具的协调运用。第一，实施积极的财政政策和稳健的货币政策。经济扩张时要防止投资过热、经济过热；经济收缩时要扩大融资总量，增加财政投资，鼓励产业投资。第二，资本监管制度的"逆周期"调节，根据经济周期的变化动态调整资本充足率，以实现在经济萧条时适度放松监管标准，在经济过热时适时提高监管标准。第三，建立逆周期的信贷调节机制，平抑信贷周期。

18.2-2　宏观经济的合理区间

宏观经济运行的合理区间概念是在中国进入新时代后提出的。2015 年 10 月 21 日,国家主席习近平出席在伦敦金融城举行的中英工商峰会时指出:"当前,中国经济运行总体平稳,稳增长、促改革、调结构、惠民生、防风险都稳中有进,主要指标处于合理区间和预期目标之内。"并且强调:"中国经济运行将始终保持在合理区间,不会硬着陆。"①

宏观经济运行的合理区间是指,根据宏观经济运行相关影响因素的综合判断,确定宏观经济的主要指标处在一个合理的区间内,并将其作为政府进行科学宏观调控的目标取向和宏观调控政策运用的主要依据与要求。②宏观调控要能达到预期目标的关键是准确判断合理区间的上限和下限。西方宏观经济学中的菲利普斯曲线说明了通货膨胀率与失业率的反向关系,据此可以一般地测定人民群众对通货膨胀和失业率的承受程度,由此明确合理区间的上限和下限。

合理区间的上限即通货膨胀率的下限。根据经验数据,中国进入新世纪以来,通货膨胀率超过 5％的有两个年份,即 2008 年(5.9％)和 2011 年(5.4％)。这两个年份的上年经济增长率均处于高位,即 2007 年的 11.4％和 2010 年的 10.3％。中国经济进入中高速增长以来通货膨胀率呈下降趋势,降到 2012 年的 3.25％、2013 年的 2.6％。根据经验数据,达到合理区间上限的通货膨胀率的下限,一般是在经济过热时通货膨胀率达到 4％以上。与此相关,影响通货膨胀率提高的承受能力指标有两个,一是恩格尔系数。恩格尔系数高意味着居民的较大部分收入要用于食品消费,因此受通货膨胀率提高的影响较大,反之,恩格尔系数低,受通货膨胀率提高的影响较小。二是货币需求结构。货币有交易需求和投机需求。如果进入虚拟资本市场的有投机需求的货币数量比重较高,货币投放数量的增加并不意味通货膨胀率的相应提高。2008 年末,中国广义货币 M2 为 47.5166 万亿元,GDP 总量为 31.4045 万亿元,M2/GDP 比值为 1.51。2018 年 12 月末,中国广义货币

---

① 习近平在 2015 年中英工商峰会上的致辞,2015 年 10 月 21 日。

② 黄泰岩:《经济新常态下宏观调控的合理区间》,《光明日报》2015 年 6 月 10 日。

余额为 182.67 万亿元,当年 GDP 总量为 90.03 万亿元,M2/GDP 比值为 2.02。2008 年通货膨胀率为 5.90%,2018 年通货膨胀率为 3.13%。2018 年的 M2/GDP 的比值明显高于 2008 年,但通货膨胀率明显低于 2008 年,可见通货膨胀率的影响因素不完全在于 M2/GDP 的比值。

合理区间的下限由两个因素决定:一是失业率的上限。过高的失业率产生于过低的经济增长率,由此产生经济增长率的下限。需要注意,现行的失业率数据是登记失业率,起码没有完全将农民工和没有找到工作的大学毕业生群体登记在内,同时这几年新增劳动人口也在减少。所以,登记失业率数据比实际的失业率要低。二是居民收入水平。人口新增条件下居民收入不下降,是经济增长率的下限。

这样,在上述上限和下限之间就有一个合理区间。合理区间内就是市场充分发挥作用的区间,在此区间国家就不需要随意地进行调控,货币政策也可以是中性的。但是为了防止经济运行越出合理区间的上限和下限时出现大起大落所导致的经济破坏,以及相应的强调节所带来的较大的调节成本,在接近上限和下限时国家需要及时进行微调。在此基础上的宏观调控方式包括:区间调控、定向调控和相机调控。

18.2-3　区间调控和定向调控

明确了宏观经济的合理区间,也就创新了区间调控方式。区间调控最大的创新点就是形成了"目标+区间"的新调控目标定位。经济运行不是线性的,它总会在一定范围内波动。用"区间"目标代替"点位"目标,增加了对运行波动的容忍度,增加了宏观政策的稳定度,防止了宏观政策的频繁调整,有利于市场预期的稳定。在合理区间内国家不要随意出手调控经济。只是在达到或接近通货膨胀率的下限或失业率的上限时才要实施紧缩或宽松的宏观调控政策。这就告别了过去相机抉择随时出手的宏观调控常态。这种宏观调控新常态的意义在于,宏观调控的政策手段不再成为推动经济增长的手段,给市场的自主作用留出更大的空间,真正实现由"政策经济"向市场经济的转变,从而实现经济增长由政府推动向市场推动的转变。

区间调控把经济增长率、通货膨胀率和失业率三个重要的宏观经济指标组合起来,分别作为经济运行的"上限"和"下限",这就防止了单目标可能带来的风险。复合目标组成的区间目标代替单一目标,防止了顾此失彼,更易于稳定市场主体对政策的预期,提高宏观调控的精准度。如果确有需要只是采取定向的微刺激。

区间调控并不意味着在合理区间内国家不作任何调控,而是不搞"大水漫灌"式的调控,而是要进行定向调控。定向调控包括两方面内容:一是以调结构为重点。明确守住稳增长、保就业的"下限"和防通胀的"上限",集中精力转方式调结构,保持宏观政策基本取向不动摇,以增强市场信心、稳定社会预期。这是对宏观调控这一常规总量手段赋予了结构工具的内涵。二是在接近合理区间的上限或下限时进行微调,采取定向调控。如通过对特定产业、特定企业有针对性地降税、降费、降准、降息,增强它们的活力。这是宏观调控的精准化、定向化。有保有压,有扶有控,根据实际情况灵活、差别化地制定调控政策。

区间调控与定向调控各有侧重,区间调控侧重于稳总量,定向调控注重调结构。两者紧密结合,形成稳增长调结构合力,丰富了宏观调控的目标内涵和方式手段,是中国宏观调控实践对宏观调控理论的重大贡献。①

定向调控的重要特点是不一味地搞"大水漫灌",而是抓住重点领域和关键环节,抓住经济发展中的突出矛盾和结构性问题,更多依靠改革的办法,更多运用市场的力量,有针对性地实施"喷灌""滴灌",从而更加有效地"激活力、补短板、强实体"。近期定向调控的核心内容是,针对小微企业和农村金融的定向降准,加快铁路建设,以及加快棚户区改造等措施。政策强调差异化和问题导向,有针对性地解决突出的矛盾与问题,实行定向减税和普遍性降费,拓宽小微企业税收优惠政策范围。灵活运用货币政策工具,采取定向降准、定向再贷款、非对称降息等措施,不断加大对经济社会发展薄弱环节的支持力度。

18.3 宏观调控手段和政策工具

随着市场经济的发展和国内外经济的交叉影响,经济运行越来越复杂,

---

① 马建堂等:《新常态下我国宏观调控思路和方式的重大创新》,《国家行政学院学报》2015年第5期。

不确定性越来越大。由于保持经济平稳发展无法通过市场本身来自发实现,因此就需要创新和完善宏观调控,需要发挥国家发展规划的战略导向作用,健全财政、货币、产业、区域等经济政策协调机制。

18.3-1 经济发展规划的战略导向

发展规划与公共政策是政府推动发展的两个重要机制。经济发展规划是有关经济发展的战略规划,是指一个国家对于社会和经济发展的全局性、长期性问题的总谋划和总方针,包括战略指导思想、战略目标、战略阶段、战略重点和战略对策等内容。发展规划需要通过公共政策的推动来实现。发展规划具有战略性、前瞻性、导向性。发展规划在发展中国家受到重视的原因在于,国家规划在克服发展中的主要障碍,保持经济持续而高速增长时提供了必不可少的制度和管制机制。"经济规划可以被描述为一种政府有意识地周密尝试,旨在跨期协调长远经济决策的制定,影响、指导,甚至在某些情况下控制一个国家的基本变量(收入、消费、就业、投资、储蓄、出口、进口等)的水平和增长,从而实现一系列预先设定好的目标。简单地来讲,一个经济计划就是给定时期所要达到的一套特定的量化经济目标,并采用国家化战略来实现这些目标。"[①]例如,中国的五年发展规划。"五年计划/规划"是国民经济发展规划的一部分,主要是对全国重大建设项目、生产力分布和国民经济等做出规划,为国民经济发展远景规定目标和方向。"五年计划/规划"与国民经济的发展紧密结合,在中国经济发展的不同历史阶段表现出鲜明的阶段性特征。中国作为社会主义发展中国家,在经济社会发展中既有资源配置又有制度变迁的重大战略任务。重视对计划手段的运用,体现社会主义制度的优越性。经济规划和计划要根据经济社会发展的需要和社会财力物力的可能,统筹规划、合理制定经济社会发展的战略和宏观调控的目标,并通过实施各种政策促进经济结构优化和国民经济的平稳较快发展。

国家的经济发展规划还有两个政策导向,一个是产业政策,另一个是区域发展战略。

产业政策是指根据国际经济发展趋势和国民经济的发展目标,选择和确

---

① 托达罗:《发展经济学》,机械工业出版社 2011 年版,第 334 页。

定支持哪些产业、限制哪些产业，以促进产业结构优化的政策。产业政策对于实现国民经济的结构平衡并由此推动总量平衡具有重要作用，因此是宏观调控的重要政策。产业政策包括产业结构政策和产业组织政策两个方面。产业结构是产业政策的直接调节对象。产业政策通常指的是产业结构政策，是国家根据产业演进趋势，规划产业结构调整目标和发展序列，选择和确立对国民经济发展和产业结构高级化具有较大关联效应的主导产业部门，通过政府的经济计划、经济立法、经济措施实行社会资源的重点配置，扶植战略产业的成长，实现产业结构升级，推动整个经济发展。产业结构政策实际上是一种产业保护与扶持政策，直接影响宏观经济的结构。实施产业政策，就有产业组织政策，既可以由国家直接投资来进行，也可以通过间接的经济手段利用市场作用来进行。国家直接投资具有力度大、见效快的特点。对于那些对未来发展有重大引领作用的战略产业和对当前经济发展产生制约作用的"瓶颈"产业，采取国家直接投资的方式可以在较短的时间取得比较明显的效果，但国家的选择并不都是准确的。运用间接经济手段实施的产业政策，是通过价格、税收、利率等经济杠杆对经济主体的行为施以间接的影响，使其投资和生产行为符合政府优化产业结构的要求，这里尤其要重视市场对资源配置的决定性作用。因此，产业政策的实施体现政府和市场作用的结合。

区域政策是政府干预区域经济、规范区域经济主体的经济行为。面对发展中大国区域发展不平衡的现状，根据协调发展的理念，区域经济政策的基本功能就是对全国区域经济发展进行统筹和协调，从生产力在全国合理布局的角度，把每个区域都纳入全国经济发展之中。既要彰显发达地区的优势，又要推动各个地区的协调发展。在开放初期，国家对沿海实施率先开放政策，沿海地区的发展潜力得到充分释放。现在需要突出沿海和内地协调发展，发展政策趋向一致。而根据新时代区域发展的要求，需要重塑经济地理，推进毗邻地区区域经济一体化。例如，京津冀协调发展、长三角经济一体化、长江经济带建设、粤港澳大湾区世界级城市群建设均上升为国家战略。同时，在区域发展规划上根据绿色发展的要求，制定区域内发展区和生态区的功能区规划。

18.3-2　财政政策及其工具

财政政策是国家根据一定时期的经济社会发展目标和经济状况制定的用来指导财政工作和处理财政关系的基本方针和基本准则,包括财政收入政策、财政支出政策和财政收支总量关系政策。财政的经济调控职能可以通过政府购买、政府转移支付和税收调节等手段来实现。通过运用财政政策和货币政策以及适当的政策组合,达到国民经济总供给与总需求之间的平衡,并求得稳定的经济增长。

服从于国家宏观调控的总体目标,财政政策可分为扩张性政策、紧缩性政策和中性政策。财政政策的手段主要包括税收、预算、国债和转移支付等。

税收是国家为了向社会提供公共产品、满足社会共同需要,按照法律的规定,参与社会产品的分配,强制、无偿取得财政收入的一种规范形式。它体现了一定社会制度下国家与纳税人在征税、纳税的利益分配上的一种特定分配关系。在社会主义市场经济条件下,对企业和个人资金的使用,主要通过税收政策来予以调节,即通过税金的征收或免征、多征或少征,税率的变化,以及税种的选择进行间接调节,以实现社会供求的平衡。对社会总需求主要通过财政的盈余、平衡和赤字政策来调节。在社会总需求小于社会总供给的情况下,即在经济不景气时期,可以用减税方法,增加居民可支配收入或降低企业的投资成本,促进消费和投资,从而刺激总需求的增长;也可以运用财政的赤字政策,扩大社会总需求。在社会总需求大于社会总供给的情况下,则可以通过增税措施,减少居民可支配收入和企业投资成本,减少消费和投资。

预算是经法定程序审核批准的国家年度集中性财政收支计划。预算具有时效性、阶段性、法令性和公开性。国债是国家以其信用为基础,按照债券的一般原则,通过向社会筹集资金所形成的债权债务关系。国债是由国家发行的债券,是向投资者出具的、承诺在一定时期支付利息和到期偿还本金的债权债务凭证。国债的发行主体是国家,所以它具有最高的信用度,被认为是最安全的投资工具。转移支付是指各级政府之间为解决财政失衡而通过一定的形式和途径转移财政资金的活动,是政府财政资金的单方面的无偿转移,体现的是非市场性的分配关系。转移支付是一种平衡经济发展水平和解决贫富差距的财务方法。

在实行扩张性财政政策时,调控手段主要是减税和增加财政预算支出,实行赤字财政政策,也包括发行政府债券。而在实行紧缩性财政政策时,调控手段主要是增税和减少财政预算支出,实行盈余财政政策。中性财政政策则主要是财政收支平衡的政策。一般说来,相比货币政策,财政政策更多地用于调节结构。

18.3-3 货币政策及其工具

货币政策是指中央银行通过增加或减少货币供给量来影响利率,进而影响投资和消费的政策。主要目标是保持币值稳定。中央银行制定和执行货币政策,维护金融稳定,防范和化解金融风险。货币供给和货币需求与社会总供给和社会总需求之间存在密切的内在联系,货币供求平衡对社会总供求平衡也有重要影响。当货币供给量小于货币需求量时,会造成社会总需求小于社会总供给,有效需求不足,通货紧缩,生产萎缩;货币供给量大于货币需求量时,又容易造成社会总需求大于社会总供给,需求膨胀导致商品供应短缺,物价总水平上涨。正因为货币供求变动有宏观经济效应,所以可以运用货币政策调节货币供求关系来实现社会总需求与社会总供给的平衡。

在社会主义市场经济中,对货币供给量的调控是中央银行的重要职能。货币政策工具是指中央银行为调控货币政策中介目标而采取的政策手段。货币政策的运用更多反映在货币供应量和流通货币的把控方面。随着经济体制由计划经济向市场经济转变,对货币供给量的调控也由行政直接调控转变为运用经济手段进行间接调控。货币政策工具主要包括公开市场业务、存款准备金、再贷款或贴现、利率政策、汇率政策,以及商业银行票据再贴现率等。

利率政策是中央银行根据宏观经济运行的态势,适时地对利率水平和利率结构进行适当调整,进而影响社会资金供需关系,实现调控宏观经济的既定目标。有效的利率政策可以调控资金流向和利用结构,进而影响宏观经济的供需结构和产业结构调整,对于促进企业合理筹资,提高资本的使用效益都有重要帮助。利率政策工具主要有中央银行基准利率的调整、金融机构法定存贷款利率的调整、金融机构存贷款利率浮动范围的设定与调整,以及对各类利率结构和档次进行调整等相关政策。

汇率政策是指一个国家(或地区)政府为达到一定的经济或者社会目标,通过颁布相关政策规定,决定本国货币与外国货币比价变动水平或控制调整范围而采取的相关政策。一个国家的汇率政策对于国际贸易和国际资本的流动具有重要的影响,必须采取有效汇率政策并有效地加以利用来保证本国经济的可持续发展。汇率制度传统上分为固定汇率制度和浮动汇率制度两大类。汇率政策工具主要有汇率制度的选择、汇率水平的确定以及汇率水平的变动和调整。中国实行的是以市场供求为基础、参考一篮子货币价格、有管理的浮动汇率制度。

法定准备金率指的是各家商业银行在中央银行的法定存款准备金率。紧缩货币投放时提高准备金率,扩大货币投放时降低准备金率。再贴现率是商业银行或专业银行用已同客户办理过贴现的未到期合格商业票据向中央银行再行贴现时所支付的利率。再贴现是中央银行对商业银行提供贷款的一种特别形式,也是中央银行控制信贷规模和货币供给量的一个重要手段。当经济过热时中央银行提高再贴现率,加重商业银行的筹资成本,迫使其紧缩信贷;反之则降低再贴现率,扩大信贷,刺激经济。

货币政策调控的市场化特征也越来越明显。除了灵活使用再贴现、再贷款、常备借贷便利、差别存款准备金率等工具稳定货币流动性外,还通过冻结续做长期票据、常备借贷便利等创新调控组合,处理好短期流动性与长期流动性的关系。公开市场业务是指中央银行通过买进或卖出有价证券,吞吐基础货币,调节货币供应量的活动。当中央银行认为需要收缩银根时,便卖出证券,相应地收回一部分基础货币,减少金融机构可用资金的数量;相反,当中央银行认为需要放松银根时,便买入证券,扩大基础货币供应,直接增加金融机构可用资金的数量。

本来货币政策主要是调节需求总量,但其定向调控也在一定程度上起着调结构的作用。例如,央行多次采取定向降准和定向再贷款等操作,力图为小微企业和"三农"提供必要的资金支持,保证小微企业和"三农"的贷款维持较快增长水平。其中包括央行扩大支农再贷款和支小再贷款,为"三农"和小微企业"广开源"。央行通过几次定向降准的方式,拓展资金来源,引导加大信贷投放，优化信贷结构。

现实的宏观调控中还有财政政策和货币政策的搭配使用的问题。如可视宏观总量失控的程度实行：紧的财政政策与紧的货币政策的搭配，松的财政政策与紧的货币政策的搭配，紧的财政政策与松的货币政策的搭配，以及松的财政政策与松的货币政策的搭配。这里松和紧也可分别用积极和稳健来表述。中国近期的宏观调控实行的是积极的财政政策和稳健的货币政策的搭配。

18.3-4　防范系统性金融风险的宏观审慎政策

现实中系统性金融风险的产生有多种通道，例如依赖于信贷扩张的资本无序扩张会引发金融风险。现实中出现的一个个资本扩张后的"暴雷"都拖累了提供信贷的银行，造成银行风险。资本的脱实向虚也会产生金融风险。国际金融危机的输入也是产生系统性金融风险的重要通道。因此，党的十九大报告为防范系统性金融风险提出了"健全货币政策和宏观审慎政策双支柱调控框架"。"货币政策＋宏观审慎政策"双支柱调控框架是金融调控方式的重要创新。其必要性就如斯蒂格利茨所指出的，传统的监管工具都具有顺周期的偏斜，银行的顺周期行为无法遏制繁荣时期的过度风险行为和经济危机时的经济下滑。因此他认为，"关键的政策问题是如何将反周期要素引入到审慎性管理和监督中来"。[1]

"货币政策＋宏观审慎政策"双支柱调控框架不是简单地调节总需求，而是要兼顾结构性和稳定性政策。这就要求在释放一些货币政策工具的同时，兼顾产业升级导向和可持续发展导向。探索建立"货币政策＋宏观审慎政策"双支柱调控框架，实际上就是寻求两者间的有机互动，在货币政策发挥作用的同时，通过实施审慎政策工具来有效防范和化解系统性金融风险。

传统央行政策框架以货币政策为核心，主要关注的是经济周期和货币政策。货币政策的主要目标是通过逆周期调节来平抑经济周期波动，维护物价稳定。这种框架对应对高通胀起到了良好的作用。但以 CPI（商品价格）为锚的货币政策框架也存在缺陷，即使 CPI 较为稳定，资产价格和金融市场的波动也可能很大。一是不同市场存在结构性问题，在部分市场还比较冷

---

[1]　斯蒂格利茨：《稳定与增长》，中信出版社 2008 年版，第 85 页。

的同时有的市场可能已经偏热,作为总量调节工具的货币政策难以完全兼顾不同的市场和主体。二是房地产等资产市场天然容易加杠杆,容易出现顺周期波动,这就使利率等价格调节机制难以有效发挥作用,需要宏观审慎政策对杠杆水平进行逆周期的调节。

健全宏观审慎政策框架,并与货币政策相互配合,能够更好地将币值稳定和金融稳定结合起来。货币政策与宏观审慎政策都可以进行逆周期调节,都具有宏观管理的属性。货币政策主要针对整体经济和总量问题,侧重于物价水平的稳定,以及经济和就业增长;而宏观审慎政策则直接和集中作用于金融体系本身,能够"对症下药",侧重于维护金融稳定和防范系统性金融风险。二者可以相互补充和强化。

宏观审慎管理是国际金融危机后进行国际金融管理改革的核心内容。它是指从宏观角度、逆周期的角度进行防范管理,防范由金融体系顺周期波动和跨部门传染导致的系统性风险,维护货币和金融体系的稳定。目前,国际社会强化宏观审慎政策的努力已取得积极进展,货币政策和宏观审慎政策的结合就是在发挥货币政策有效性的同时降低金融体系的风险度。由于不同金融机构之间风险传递及放大的可能性不一样,所以,宏观审慎管理不是各具体部门微观审慎管理的简单加总,而需要由央行和金融主管部门站在全国宏观经济运行的高度来组织实施。

宏观审慎政策不同于具体的货币政策,它没有独立的政策工具。在具体实施中宏观审慎政策和货币政策必相配合,二者有效结合,既保证资本的供需平衡,还要关注调结构和控风险问题。如果二者没有很好地融合,即便短期来看货币政策有效果,但从长远看其负作用也不容忽视,可能还会对经济的可持续发展有严重影响。所以,宏观审慎防风险政策和货币政策的有效结合是要在促增长和防风险之间取得平衡,同时还要考虑经济结构调整和效率提升方面的问题。

参阅

洪银兴:《中国共产党领导建设新中国的经济发展思想演进》,《管理世界》2021年第4期。

主要参考文献

《马克思恩格斯全集》第 46 卷，人民出版社 1980 年版。

《马克思恩格斯文集》，人民出版社 2009 年版。

马克思:《资本论》第一卷，人民出版社 2004 年版。

马克思:《资本论》第二卷，人民出版社 2004 年版。

马克思:《资本论》第三卷，人民出版社 2004 年版。

《列宁专题文集论资本主义》，人民出版社 2009 年版。

《邓小平文选》(1975—1982)，人民出版社 1983 年版。

《邓小平文选》第二卷，人民出版社 1983 年版。

《邓小平文选》第三卷，人民出版社 1993 年版。

《习近平谈治国理政》第一卷，外文出版社 2018 年版。

《习近平谈治国理政》第二卷，外文出版社 2017 年版。

《习近平谈治国理政》第三卷，外文出版社 2020 年版。

习近平:《之江新语》，浙江人民出版社 2013 年版。

习近平:《论坚持全面深化改革》，中央文献出版社 2018 年版。

习近平:《在深入推动长江经济带发展座谈会上的讲话》，《求是》2019 年第 17 期。

习近平:《在经济社会领域专家座谈会上的讲话》，人民出版社 2020 年版。

《习近平总书记 2021 年 1 月 11 日在省部级主要领导干部学习贯彻党的十九届五中
全会精神专题研讨班上的讲话》，《求是》2021 年第 9 期。

习近平:《把握新发展阶段，贯彻新发展理念，构建新发展格局》，《求是》2021 年第
9 期。

习近平:《不断开拓当代中国马克思主义政治经济学新境界》，《求是》2021 年第
16 期。

习近平:《扎实推动共同富裕》，《求是》2021 年第 20 期。

习近平:《不断做强做优做大我国数字经济》，《求是》2022 年第 2 期。

习近平:《当前经济工作的几个重大问题》,《求是》2023 年第 4 期。

中共中央文献研究室:《三中全会以来重要文献选编》(上),中央文献出版社 2011 年版。

中共中央文献研究室:《十八大以来重要文献选编》(上),中央文献出版社 2018 年版。

中共中央文献研究室编:《习近平关于科技创新论述摘编》,中央文献出版社 2016 年版。

中共中央文献研究室编:《习近平关于社会主义经济建设论述摘编》,中央文献出版社 2017 年版。

《中共中央、国务院关于加快建设全国统一大市场的意见》,人民出版社 2022 年版。

阿恩特:《经济发展思想史》,商务印书馆 1999 年版。

阿尔伯特·赫希曼:《经济发展战略》,经济科学出版社 1991 年版。

阿西莫格鲁:《现代经济增长导论》,中信出版集团 2019 年版。

奥肯:《平等和效率——重大的抉择》,华夏出版社 1987 年版。

波特:《国家竞争优势》,华夏出版社 2002 年版。

费尔普斯:《大繁荣:大众创新如何带来国家繁荣》,中信出版社 2013 年版。

费景汉、拉尼斯:《增长和发展:演进观点》,商务印书馆 2004 年版。

弗里德曼:《自由选择》,商务印书馆 1982 年版。

高鸿业、吴易风:《现代西方经济学》,经济科学出版社 1995 年版。

戈尔丁:《发展》,译林出版社 2022 年版。

豪斯赛尼:《不确定性与认证欠缺导致欠发达国家的政府失灵》,载《经济社会体制比较》2004 年第 2 期。

洪银兴、桂林:《公平竞争背景下国有资本做强做优做大路径——马克思资本和市场理论的应用》,《中国工业经济》2021 年第 1 期。

洪银兴、刘爱文:《内生性科技创新引领中国式现代化的理论和实践逻辑》,《马克思主义与现实》2023 年第 3 期。

洪银兴、任保平:《数字经济与实体经济深度融合的内涵和途径》,《中国工业经济》2023 年第 3 期。

洪银兴、任保平:《新时代发展经济学》,高等教育出版社 2019 年版。

洪银兴:《经济转型与发展之中国道路》,高等教育出版社 2014 年版。

洪银兴:《可持续发展经济学》,商务印书馆 2000 年版。

洪银兴:《市场秩序和规范》,格致出版社、上海三联书店和上海人民出版社 2015 年版。

洪银兴:《中国经济学的学科特点和理论创新》,《南京大学学报(哲学·人文科学·社会科学)》2023 年第 2 期。

洪银兴:《中国式现代化论纲》,江苏人民出版社 2022 年版。

洪银兴:《中国特色社会主义政治经济学财富理论的探讨——基于马克思的财富理论的延展性思考》,《经济研究》2020 年第 5 期。

黄泰岩:《经济新常态下宏观调控的合理区间》,《光明日报》2015 年 6 月 10 日。

吉利斯等:《发展经济学》,中国人民大学出版社 1998 年版。

蒋云根:《公共管理与公共政策》,东华大学出版社 2005 年版。

库兹涅茨:《现代经济增长》,北京经济学院出版社 1989 年版。

库兹韦尔:《人工智能的未来:揭示人类思维的奥秘》,浙江人民出版社 2016 年版。

拉丰、梯若尔:《电信竞争》,人民邮电出版社 2001 年版/中国人民大学出版社 2017 年版。

里夫金:《第三次工业革命》,中信出版社 2012 年版。

联合国贸易和发展组织:《世界投资报告 2017——投资与数字经济》,南开大学出版社 2017 年版。

廖理:《探求智慧之旅》,北京大学出版社 2000 年版。

刘易斯:《二元经济论》,北京经济学院出版社 1989 年版。

陆学艺主编:《当代中国社会阶层研究报告》,社会科学文献出版社 2002 年版。

罗兰:《转型与经济学》,北京大学出版社 2002 年版。

罗默、罗赫利:《高级宏观经济学》,上海财经大学出版社 2015 年版。

罗纳德·麦金农:《经济发展中的货币和资本》,上海人民出版社 1997 年版。

罗纳德·麦金农:《经济市场化的次序》,上海三联书店、上海人民出版社 1997 年版。

迈尔斯:《公共经济学》,中国人民大学出版社 2001 年版。

迈克尔·托达罗、斯蒂芬·史密斯:《发展经济学》第 12 版,机械工业出版社 2014/2020 年版。

迈耶、斯蒂格利茨:《发展经济学前沿:未来展望》,中国财政经济出版社 2003 年版。

缪尔达尔:《经济理论和不发达地区》,伦敦达克沃斯出版公司 1957 年版。

奈特:《风险、不确定性和利润》,中国人民大学出版社 2005 年版。

诺思、托马斯:《西方世界的兴起》,华夏出版社 2009 年版。

诺思:《经济史中的结构与变迁》,上海三联书店 1994/1999 年版。

欧曼等:《战后发展理论》,中国发展出版社 2000 年版。

皮凯蒂:《21 世纪资本论》,中信出版社 2014 年版。

钱德勒:《看得见的手》,商务印书馆 2017 年版。

钱纳里:《工业化与经济增长的比较研究》,上海三联书店 1989 年版。

钱颖一:《剖析现代经济学》,《中国经济报告》2019 年 3 月。

青木昌彦:《比较制度分析》,上海远东出版社 2002 年版。

青木昌彦等:《政府在东亚经济发展中的作用》,中国经济出版社 1998 年版。

萨缪尔森、诺德豪斯:《经济学》(英文版·第十六版),机械工业出版社 1998 年版。

萨缪尔森:《经济学》,商务印书馆 1979 年版。

施蒂格勒:《产业组织和政府管制》,上海三联书店 1993 年版。

史密斯:《经济学中的理性》,中国人民大学出版社 2013 年版。

舒尔茨:《改造传统农业》,商务印书馆 1987 年版。

斯蒂格利茨、尤素福:《东亚奇迹的反思》,中国人民大学出版社 2013 年版。

斯蒂格利茨:《不平等的代价》,机械工业出版社 2013 年版。

斯蒂格利茨:《社会主义向何处去》,吉林人民出版社 1998 年版。

斯蒂格利茨:《稳定与增长》,中信出版社 2008 年版。

斯密:《国民财富的性质和原因的研究》下卷,商务印书馆 1974 年版。

速水佑次郎、拉坦:《农业发展的国际分析》,中国社会科学出版社 2000 年版。

索罗:《论经济增长》,载廖理等:《探求智慧之旅》,北京大学出版社 2000 年版。

梯若尔:《数字时代的竞争与产业挑战(上)》,《中国经济报告》2021 年 8 月 19 日。

威廉姆森:《资本主义经济制度》,纽约自由出版社 1985 年英文版。

席勒:《金融新秩序》,中国人民大学出版社 2004 年版。

夏皮罗、瓦里安:《信息规则》,中国人民大学出版社 2000 年版。

《新帕尔格雷夫经济学大辞典》,经济科学出版社 1996 年版。

熊彼特:《经济发展理论》,商务印书馆 1990 年版。

后　记

　　研究和分析当代中国经济问题需要掌握基本的经济学理论和方法,尤其需要中国自主经济学知识体系指导。出于此目的撰写本书。本书写作的基础主要有三个:一是 2018 年 8 月国家社科基金立项"加快构建中国特色社会主义哲学社会科学学科体系学术体系话语体系"重大研究项目,其中的专项项目"新时代中国特色经济学基本理论问题研究"委托我为主持人。我在主持该项目研究中对建设中国自主经济学知识体系有了较为深刻的感悟。二是 2021 年我和任保平、安同良教授共同策划牵头申报的《中国发展经济学》成功入选国家教材委员会规划的首批中国经济学系列教材。我在主持该教材编写的过程中对一系列中国发展问题有了较为深入的研究。三是我在南京大学为理论经济学专业的研究生上了多年的"中国经济分析"的课程,这一课程就是讲中国故事的经济学分析课程,对我来说就有个教学相长的过程。在本书写作过程中正逢党的二十大召开,党的二十大精神就成为本书的指导思想。

　　经济学从产生起就是研究经济制度、经济运行和经济发展规律的学科。中国经济学以中国经济为对象,讲中国故事,研究当代中国经济制度、运行和发展的规律。本书的研究偏重于中国特色社会主义政治经济学和中国发展经济学。其原因,一是自己的专业所长。从我 1980 年攻读政治经济学硕士学位、1984 年攻读政治经济学博士学位起到现在,我的专业一直是政治经济学。而且,1988 年博士毕业后我长期研究经济发展问题。二是这两门学科在中国经济学中可以说是核心部分。首先,中国特色社会主义政治经济学对中国经济学而言是具有指导地位的学科。其次,中国是发展中大国,发展是中国的头等大事。现在开启的中国式现代化的新征程提出了一系列新的发展问题,中国发展经济学原理就成为中国经济学的重要内容。当然,本书在阐述中国经济学原理时也会涉及中国经济学的其他分支。因此,本书可以说是对构建中国自主经济学知识体系的尝试。

本书的结构安排是一种尝试。全书根据导论、制度、发展和国家治理的逻辑分为四篇。第一篇为导论,除了系统介绍中国经济学的学科体系外,明确以财富范畴作为全书的逻辑起点,突出中国式现代化目标、进程和道路分析,试图以此作为全书的主线。第二篇为基本经济制度篇,涉及所有制结构、分配制度和市场经济。本书的特点是先分析市场经济,原因是中国的所有制结构调整和分配制度的改革是从市场化改革入手推进的。不仅如此,本书对基本经济制度的研究还深入到与基本经济制度相关的数字经济、资本、产权和共同富裕的分析,从而使经济制度分析更为具体,也就包含了经济运行分析的内容。第三篇经济发展篇,研究新发展阶段、新发展格局、新发展理念,特别关注进入现代化新征程后的发展问题,涉及现代化产业体系、高水平科技自立自强和高水平对外开放的分析。第四篇国家治理篇,研究国家治理体系、公共经济及宏观调控等方面。从体系结构和内容的安排上体现问题导向,在系统回答中国、人民、时代和世界之问中建构中国经济学自主知识体系。

我的博士学位论文《经济运行的均衡与非均衡分析》1988 年在上海三联书店推出的“当代经济学系列丛书·当代经济学文库”中出版,后来 2007 年我的《市场秩序和规范》又在该文库中出版。这两本书又先后在 2015 年和 2020 年再版。本书是我在“当代经济学文库”出版的第三部学术著作。从一定意义上说,这三本书代表我自认为学术研究的三个高度。非常感谢上海三联书店、上海人民出版社、格致出版社对我的学术研究成果的肯定和支持。本书的出版尤其要感谢格致出版社忻雁翔副总编的精心编辑,她对本书的完善起了很大的作用。

感谢沈艳枝副教授,她高水平地将本书的目录和摘要译成英文。

洪银兴

2023 年 10 月于南京大学

图书在版编目(CIP)数据

中国经济学概论 / 洪银兴著. — 上海 ：格致出版
社 ：上海人民出版社，2024.1(2025.4 重印)
(当代经济学系列丛书 / 陈昕主编. 当代经济学文
库)
ISBN 978 - 7 - 5432 - 3520 - 5

Ⅰ. ①中… Ⅱ. ①洪… Ⅲ. ①中国经济-概论 Ⅳ.
①F12

中国国家版本馆 CIP 数据核字(2023)第 217700 号

责任编辑　忻雁翔
装帧设计　王晓阳

当代经济学系列丛书·当代经济学文库
中国经济学概论
洪银兴　著

出　　版　格致出版社
　　　　　上海三联书店
　　　　　上海人民出版社
　　　　　(201101　上海市闵行区号景路 159 弄 C 座)
发　　行　上海人民出版社发行中心
印　　刷　上海商务联西印刷有限公司
开　　本　710×1000　1/16
印　　张　26.25
插　　页　2
字　　数　397,000
版　　次　2024 年 1 月第 1 版
印　　次　2025 年 4 月第 2 次印刷
ISBN 978 - 7 - 5432 - 3520 - 5/F·1548
定　　价　108.00 元

当代经济学文库

市场秩序和规范/洪银兴著

现代三大经济理论体系的比较与综合/樊纲著

国际竞争论/陈琦伟著

社会主义微观经济均衡论/潘振民　罗首初著

经济发展中的收入分配(修订版)/陈宗胜著

充分信息与国有企业改革/林毅夫　蔡昉　李周著

以工代赈与缓解贫困/朱玲　蒋中一著

国际贸易与国际投资中的利益分配/王新奎著

中国资金流动分析/贝多广著

低效率经济学/胡汝银著

社会主义经济通货膨胀导论/史晋川著

现代经济增长中的结构效应/周振华著

经济转轨时期的产业政策/江小涓著

失业经济学/袁志刚著

国际收支论/周八骏著

社会主义宏观经济分析/符钢战　史正富　金重仁著

财政补贴经济分析/李扬著

汇率论/张志超著

服务经济发展:中国经济大变局之趋势/周振华著

长期经济增长中的公共支出研究/金戈著

公平与集体行动的逻辑/夏纪军著

国有企业的双重效率损失与经济增长/刘瑞明著

产业规制的主体行为及其效应/何大安著

中国的农地制度、农地流转和农地投资/黄季焜著

宏观经济结构研究:理论、方法与实证/任泽平著

技术进步、结构变化和经济增长/陈体标著

解析中国:基于讨价还价博弈的渐进改革逻辑/童乙伦著

货币政策与财政政策协调配合:理论与中国经验/王旭祥著

大国综合优势/欧阳峣著

国际贸易与产业集聚的互动机制研究/钱学锋著

中国式分权、内生的财政政策与宏观经济稳定:理论与实证/方红生著

中国经济现代化透视:经验与未来/胡书东著

从狭义价值论到广义价值论/蔡继明著

大转型:互联的关系型合约理论与中国奇迹/王永钦著

收入和财富分配不平等:动态视角/王弟海著

制度、治理与会计:基于中国制度背景的实证会计研究/李增泉　孙铮著

自由意志下的集团选择:集体利益及其实现的经济理论/曾军平著

教育、收入增长与收入差距：中国农村的经验分析/邓曲恒著
健康需求与医疗保障制度建设：对中国农村的研究/封进著
市场的本质：人类行为的视角与方法/朱海就著
产业集聚与中国地区差距研究/范剑勇著
中国区域经济发展中的市场整合与工业集聚/陆铭　陈钊著
经济发展与收入不平等：方法和证据/万广华著
选择行为的理性与非理性融合/何大安著
边缘性进入与二元管制放松/白让让著
中国的过渡经济学/盛洪主编
分工与交易/盛洪编著
中国的工业改革与经济增长：问题与解释/张军著
货币政策与经济增长/武剑著
经济发展中的中央与地方关系/胡书东著
劳动与资本双重过剩下的经济发展/王检贵著
国际区域产业结构分析导论/汪斌著
信息化与产业融合/周振华著
企业的进入退出与产业组织政策/杨蕙馨著
中国转轨过程中的产权和市场/刘小玄著
企业的产权分析/费方域著
经济转轨中的企业重构：产权改革与放松管制/陈钊著
企业剩余索取权：分享安排与剩余计量/谢德仁著
水权解释/王亚华著
劳动力流动的政治经济学/蔡昉等著
工资和就业的议价理论：对中国二元就业体制的效率考察/陆铭著
居民资产与消费选择行为分析/臧旭恒著
中国消费函数分析/臧旭恒著
中国经济转型时期信贷配给问题研究/文远华著
信贷紧缩、银行重组与金融发展/钱小安著
投资运行机理分析引论/何大安著
偏好、信念、信息与证券价格/张圣平著
金融发展的路径依赖与金融自由化/彭兴韵著